WIENER GEOGRAPHISCHE SCHRIFTEN

GEGRÜNDET VON LEOPOLD G. SCHEIDL

HERAUSGEGEBEN VON KARL A. SINNHUBER

GEOGRAPHISCHES INSTITUT DER HOCHSCHULE FÜR WELTHANDEL IN WIEN

43/44/45

BEITRÄGE
ZUR
WIRTSCHAFTSGEOGRAPHIE

I. TEIL

Herausgegeben von

ERHART WINKLER und HERWIG LECHLEITNER

Wien 1975

VERLAG FERDINAND HIRT, WIEN

Der Druck dieser Schriftenreihe wird dankenswerterweise unterstützt
durch das Bundesministerium für Wissenschaft und Forschung
und die Österreichische Gesellschaft für Wirtschaftsraumforschung
an der Hochschule für Welthandel in Wien

ISBN 3 7019 5136 5

Druck: Ferdinand Berger & Söhne OHG, 3580 Horn, Niederösterreich

Dem Andenken an
LEOPOLD G. SCHEIDL
(† 15. Dezember 1974)
gewidmet
von seinen Mitarbeitern
und Schülern

Foto von Fayer-Wien

LEOPOLD G. SCHEIDL

1904—1974

Inhaltsverzeichnis

Vorwort

Am 11. Mai 1974 hatte Leopold G. Scheidl sein siebentes Lebensjahrzehnt vollendet — am 15. Dezember desselben Jahres wurde er durch ein jähes Herzversagen aus einem bis zuletzt arbeitsreichen Leben abberufen. In tiefer Erschütterung mußten sich seine Familie, seine Freunde, Mitarbeiter und Schüler einem Geschick beugen, das zahlreiche Pläne zunichte machte, manches Begonnene unterbrach und in mehreren wissenschaftlichen Organisationen schmerzlich empfundene Lücken aufriß.

Leben, Werk und Bedeutung des Verblichenen werden erst im nächstfolgenden Band der Wiener Geographischen Schriften dargestellt und gewürdigt werden können. Die hier vorliegenden „Beiträge zur Wirtschaftsgeographie" waren lange vor dem Trauerfall als Festgabe aus Anlaß von Professor Scheidls 70. Geburtstag verfaßt und zum Druck gegeben worden. Die unterzeichneten Herausgeber, denen es nicht mehr vergönnt war, Ihrem Habilitationsvater und Freund diesen Band überreichen zu können, widmen ihn nun im Namen der Autoren seinem Andenken.

Die „Beiträge zur Wirtschaftsgeographie" erscheinen in zwei Teilen, wobei — im Gegensatz zur „Festschrift" von 1965/67 [1] — für die Zweiteilung nicht thematische Überlegungen, sondern der Zeitpunkt des Einlangens der Manuskripte maßgeblich war. Der zweite Teil wird neben verspätet vorgelegten Beiträgen die oben genannte Würdigung des Verewigten und ein Verzeichnis seiner Schriften enthalten, ferner Vorträge des Festkolloquiums vom 28. Juni 1974 aus Anlaß von Professor Scheidls Entpflichtung vom Lehramt an der Hochschule für Welthandel in Wien, so E. Weigts Laudatio und J. Matznetters Festvortrag über „Wirtschaftsgeographische Kenntnis und Erkenntnis als Basis einer Umweltforschung".

Im Vergleich zur „Festschrift" von 1965/67 ist die Zahl der Autoren diesmal weit kleiner, da aus finanziellen Gründen leider die zahlreichen Freunde Professor Scheidls in aller Welt nicht zur Teilnahme eingeladen werden konnten. Die Verfasser der Aufsätze gehören jenem Personenkreis an, der mit dem Verewigten durch Tätigkeit am Geographischen Institut der Hochschule für Welthandel — als Gastprofessor, Lehrbeauftragter, Assistent oder Dissertant — besonders eng verbunden war.

Die Unterzeichneten nehmen gerne die Gelegenheit wahr, dem Vorstand und den Mitgliedern der Österreichischen Gesellschaft für Wirtschaftsraumforschung für die große finanzielle Hilfe zu danken, ohne die das Erscheinen dieser „Beiträge zur Wirtschaftsgeographie" ebensowenig möglich gewesen wäre wie das Erscheinen vieler bisheriger Nummern der Wiener Geographischen Schriften. Sie bitten ferner die Autoren des Bandes um Entschuldigung für das verspätete Erscheinen, das durch ein Zusammentreffen mehrerer widriger Umstände verursacht wurde.

E. Winkler   H. Lechleitner

---

[1] Festschrift Leopold G. Scheidl zum 60. Geburtstag. I. Teil, hrsg. von H. BAUMGARTNER, L. BECKEL, H. FISCHER, F. MAYER und F. ZWITTKOVITS, Wien 1965 (Nr. 18—23 der Wiener Geographischen Schriften); II. Teil, hrsg. von L. BECKEL und H. LECHLEITNER, Kartographische Bearbeitung F. MAYER und K. SCHAPPELWEIN, Wien 1967 (Nr. 24—29 der Reihe).

ALLGEMEINE GEOGRAPHIE

Möglichkeiten, Vorteile und Gefahren einer internationalen Signaturenvereinheitlichung in der Kartographie

Erik Arnberger, Wien

Kartographische Ausdrucksformen und die in ihnen verwendete Signaturensprache stellen heute weltweit verbreitete Informationsmittel dar, welche in adäquater Weise das örtliche und regionale Nebeneinander auf der Erdoberfläche wiederzugeben vermögen. Kein anderes Informationsmittel ist hiezu auch nur annähernd gleichwertig geeignet und zwar aus folgenden Gründen:

1. Die textliche Darstellung, weil die Worte aufeinander folgen und damit zwar eine Gedankenfolge und eine Genetik — also das Nacheinander —, nicht aber gleichzeitig auffaßbar und vergleichbar das Nebeneinander im Raum vermittelt werden kann. Eine Bildbeschreibung ist als Rauminformation immer prekär!

2. Die zahlenmäßig tabellarische Darstellung, weil sie nur die Möglichkeit bietet, über koordinatengebundene Werte Lageinformationen zu geben, die Auffassungskraft und der Ablauf der Denkprozesse des Menschen es aber nicht gestatten, viele solche Werte und Lageangaben gedanklich und vorstellungsmäßig zu vergleichen und sachlich und räumlich zu korrelieren.

3. Die Diagrammdarstellung, weil sie ihre Aussagen für Einzelobjekte oder Objektgruppen nur in raumisolierter oder in raumabstrakter Form durchführt.

4. Die bildhafte Darstellung, weil ihr die klare begriffliche Zuordnung und Abgrenzung der Objekte fehlt und eine raummetrische Auswertung nur sehr beschränkt oder überhaupt nicht durchführbar ist.

Sehr wesentlich für die kartographische Darstellungsform ist die Tatsache, daß sie sich — wie andere Mitteilungsmittel — ebenfalls verschiedentlicher *Schriftzeichen* bedient. Wir können daher mit Recht von einem Kartenlesen sprechen.

In unserer lateinischen Schrift kommen wir im allgemeinen mit einer sehr geringen Zahl von Buchstaben aus, um mit ihrer Hilfe Worte zu bilden und durch diese wieder die kompliziertesten Texte niederzulegen.

Die chinesische Schrift hingegen hat sich aus einer Wortschrift entwickelt, die kein akustisches Spiegelbild des Lautkomplexes, sondern ein optisches Darstellungsmittel von Ideen (Wortbegriffen) ist. Es gibt also grundsätzlich so viele Zeichen wie Begriffe. Wer diese Zeichen und die Methode des Lesens der chinesischen Schrift beherrscht, kann chinesische Texte auffassen, ohne der chinesischen Sprache mächtig zu sein. Diese Wortschrift ist ursprünglich aus Bildern und Symbolen entstanden und weist diesbezüglich Ähnlichkeit mit manchen Signaturen der Kartenschrift auf. Die Gesamtzahl der chinesischen Schriftzeichen in der heutigen Schriftform beträgt etwa 40 000, von denen allerdings die Hälfte nur sehr selten verwendet wird. Das könnte ungefähr der Zahl der Begriffe entsprechen, die sich für die Darstellung in der thematischen Kartographie aus allen Sachgebieten ergeben, welche sich der Karte als Ausdrucksmittel bedienen. Für den Durchschnittsgebrauch genügen in der chinesischen Schrift etwa 1000 bis 4000 Zeichen.

Auch die Kartographie arbeitet u. a. mit Signaturen und Symbolen, welche allerdings zur *Begriffsdarstellung* verwendet werden. Da viele Signaturen an ganz bestimmte Begriffe gebunden sind, ist auch in der Kartographie die Zahl der notwendigen Zeichen um ein Vielfaches höher, als bei unserer, für textliche Darstellungen verwendeten Buchstabenschrift.

In der *thematischen Kartographie,* welche im Verhältnis zur topographischen mit einer unvergleichlich größeren *Vielfalt von Begriffen* zu arbeiten hat, sind Signaturen im allgemeinen nur innerhalb desselben Kartenwerkes zur Darstellung eines bestimmten Sachgebietes an gleiche Begriffe gebunden; sonst werden gleiche Signaturenformen (z. B. Kreis, Quadrat, Dreieck) für verschiedene Begriffe verwendet. Nur diesem Umstand verdanken wir es, daß wir in der Kartographie nicht zehntausende Begriffssymbole erfinden und verwenden müssen — und damit das Kartenbild einem chinesischen Schriftbild gleicht —, sondern mit einigen hundert Signaturen auskommen.

Um den erheblichen Zeitaufwand, den die Festlegung eines Signaturenschlüssels für eine Karte erfordert, zu vermindern oder ganz zu ersparen und gleichzeitig die Vergleichbarkeit der Kartenwerke untereinander weltweit zu fördern, sind seit vielen Jahren Bestrebungen im Gange, einheitliche, allen Zwecken dienende Signaturenschlüssel zur Darstellung einzelner Sachgebiete zu entwickeln und international einzuführen. Ermutigt wurden diese Bestrebungen durch diesbezügliche Erfolge auf einzelnen Gebieten, wie z. B. dem der Meteorologie und der Geologie.

Grundsätzlich muß zu diesem Problem folgendes festgestellt werden:

1. Die Bestrebungen um eine internationale Vereinheitlichung der kartographischen Signaturensprache sind im Hinblick auf eine weltweite Verständigungsmöglichkeit sehr zu begrüßen.

2. Signaturfestlegungen und -vereinheitlichungen sind aber nur für einzelne, nicht aber für alle Sachgebiete kartographischer Darstellung sinnvoll.

3. Die Signaturenfestlegung darf nicht zu einer Behinderung der kartographisch-methodischen und wissenschaftlichen Ausdrucksmöglichkeiten führen.

Überlegen wir uns vorerst, welche graphischen Kartenelemente heute bereits Eigenschaften besitzen können, um *weltweit in gleicher Weise aufgefaßt* und richtig ausgedeutet zu werden:

1. Kartennetz (kartographische Abbildung der Koordinatenlinien einer beliebigen Fläche in die Kartenebene) und Kartengitter (System gleichabständiger, sich rechtwinkelig schneidender gerader Linien zur raschen Lageermittlung aus der Karte) [1], soweit Konstruktionsweisen, Berechnung und Eigenschaften auf Grund internationalen Gebrauches bekannt oder leicht eruierbar sind.

2. Isolinien und insbesondere Isohypsen einschließlich der mit ihnen verbundenen Scharungseigenschaften.

---

[1] Definitionen der in dieser Arbeit gebrauchten Begriffe siehe in: Die Kartographie und ihre Randgebiete (Enzyklopädie der Kartographie), Band I, bearbeitet von E. ARNBERGER und I. KRETSCHMER. Wien, Verlag Deuticke, 1974.
Weiters: Fachwörterbuch Benennungen und Definitionen im deutschen Vermessungswesen, Heft 8-Kartographie, Kartenvervielfältigung. Frankfurt a. M., Verlag des Instituts für Angewandte Geodäsie, 1911.
Mehrsprachiges Wörterbuch kartographischer Fachbegriffe. Wiesbaden, Verlag F. Steiner, 1973.

3. Darstellung des individuellen Verlaufes und der Ausdehnung von Gewässern (abgesehen von weiteren Aussagen über Größeneinstufung, Fließgeschwindigkeit und Durchflußmengen u. dgl.).

4. Kartographische Mittel unmittelbarer Anschaulichkeit der Geländeplastik (z. B. Schräglichtschummerung).

5. Genetische Felszeichnung (individuell bildhafte, die geologisch-tektonisch und morphologisch bedingten Formen herausarbeitende Felszeichnung).

6. Einzelne Zeichen der Kleinformenwiedergabe (Hangabrisse, Gräben usw.).

7. Siedlungsgrundrisse, soweit die Kennzeichnung für „bebaute Flächen" keiner weiteren Erklärung bedarf.

8. Kennzeichnung der Hauptkulturartenverbreitung, soweit zu ihrer Wiedergabe sprechende Signaturen oder weltweit assoziationsfähige Farben verwendet werden.

9. Sprechende Signaturen und assoziationsfähige Farben für andere Darstellungsobjekte, deren Aussehen und Eigenschaften weltweit bekannt sind.

10. Alle bereits international eingeführten, vereinheitlichten Signaturen und Signaturenschlüssel.

Wenn wir von den letztgenannten Formengruppen absehen, handelt es sich in erster Linie um Inhalte topographischer Karten und um graphische Elemente der topographischen Grundlage thematischer Karten.

Jede Signatur benötigt für ihre Ableitung eine *doppelte Abstraktion*, nämlich eine begriffliche und eine graphische. Die *begriffliche* fußt auf der sachlichen Entscheidung der Zuordnung von Objekten zu Objektgruppen im Rahmen einer Hierarchie von Begriffen und Oberbegriffen sowie der eindeutigen Erfassung der Objektstruktur zum Zweck der Begriffsbeschreibung (Definition) und Begriffsabgrenzung. Die *graphische Abstraktion* kann entweder vom Aussehen und der Gestalt des Objektes ausgehen oder von ihr unabhängig sein und wird im Hinblick auf die Gruppen- und Kombinationsfähigkeit der Formen [2] und ihre Wirkung im graphischen Gefüge der Kartenelemente vorgenommen.

Überlegen wir vorerst die *Voraussetzungen,* welche gegeben sein müssen, um eine Festlegung und *weltweite Vereinheitlichung* von Kartensignaturenschlüsseln vornehmen zu können:

(a) Die *qualitative* Abgrenzung jener Begriffe, die an bestimmte Signaturenformen gebunden werden soll, muß exakt und international sinnvoll festlegbar sein. Dies ist z. B. in der Meteorologie für die Signaturen der synoptischen Karten der Fall. Die Signaturen für Wolkenarten z. B. sind auf der ganzen Erde gleich festlegbar, da auch die Erscheinungsformen, die Entstehungsursachen und die Definitionen weltweit gleich sind.

(b) Für eine Vereinheitlichung der *quantitativen* Signaturendarstellung müssen ganz bestimmte Werte und Quantitätsstufen weltweit repräsentativ sein, wie z. B. Windstärken und Bewölkungsgrade in Wetterkarten, die Stärke der Erdbeben in Erdbebenkarten u. dgl. m.

(c) Die Darstellungsobjekte müssen möglichst *einfacher* Natur und ihrer Bedeutung nach auf der ganzen Erde annähernd vergleichbar sein.

(d) Modellvorstellungen für darzustellende Objekte müssen weitgehend *gesichert* sein. Hypothetische Modelle scheiden für eine weltweite Signaturen-

---

[2] Siehe E. ARNBERGER: Handbuch der thematischen Kartographie. Wien, Deuticke, 1966, S. 221 ff.

vereinheitlichung aus, da sie dem Wandel der Anschauungen zu stark unterworfen sind.

(e) Graphisch mehrschichtige Signaturen und Signaturen, deren Elemente Aussagen über komplizierte oder sich ändernde Objektstrukturen geben oder kausale, insbesondere genetische Hinweise zu anderen Karteninhalten veranschaulichen, scheiden für eine Vereinheitlichung ebenfalls aus, da solche Zusammenhänge auf *regional unterschiedlichen Kausalkomplexen* beruhen.

(f) Signaturhafte *Korrelationsdiagramme* entziehen sich allen Vereinheitlichungsbestrebungen, da durch sie individuelle Objektstrukturen wiedergegeben werden und die Zahl der Möglichkeiten unendlich ist. Dies gilt auch dann, wenn durch signaturhafte graphische Elemente die Zuordnung zu Typen angegeben wird.

Für eine internationale Signaturenvereinheitlichung sind am ehesten noch die *topographischen Karten* größerer und mittlerer Maßstäbe geeignet. Sie wäre nach Maßstäben oder Maßstabsgruppen vorzunehmen. Doch selbst in der topographischen Kartographie bietet für solche Bestrebungen der *lokale* und *regionale Bedeutungsunterschied* und -wandel der Objekte nicht unerhebliche Schwierigkeiten: So kann z. B. die Darstellung einer Siedlung mit nur einem Dutzend Häusern im fast siedlungsleeren Lappland infolge ihrer Bedeutung als Stützpunkt menschlichen Lebens und Wirtschaftslebens in einer Karte 1 : 2 Millionen noch sinnvoll sein, während ihre Ausscheidung im Verdichtungsraum, z. B. des Ruhrgebietes, selbst in einem vielfach größeren Maßstab absurd wäre. Die Größe darzustellender Waldflächen und der Begriff Wald wechselt je nachdem, ob wir die großen Trockenräume der Erde oder die Waldgebiete Sibiriens betrachten. Die Zahl solcher Beispiele kann beliebig vermehrt werden.

Topographische Karten sind aber schon deshalb für eine internationale Signaturensprache besonders geeignet, da sie auf der ganzen Erde vorwiegend der allgemeinen Orientierung — also dem gleichen Verwendungszweck — dienen und daher die Ansprüche der Benützer an sie und die *Zielsetzung der Bearbeitung* weltweit sind. Ihre Gestaltungsregeln nach der Zweckbestimmung lassen sich nach einer geringen Zahl von Zweckbestimmungstypen einschränken (z. B. Karten für den Bergsteiger, Wanderkarten, Schulhandkarten, topographische Originalaufnahmekarten).

In der *thematischen Kartographie* bieten sich für eine internationale Signaturenabsprache zwei Sachgebietsgruppen an:

1. Karten, die der *weltweiten Kommunikation* der Menschen dienen und Unterlagen für die Aktivitäten im Rahmen übernationaler Normen darstellen (z. B. Flugsicherungskarten, allgemeine Flugnavigationskarten, Schiffahrtskarten, Seuchenkarten usw.).

2. Karten, die an *Naturgesetzmäßigkeiten* gebundene qualitative Eigenschaften darstellen und deren begriffliche und genetische Einordnung auf weltweit wirkenden Gesetzen beruhen (geologische Verhältnisse, petrographische Gegebenheiten, Meeresströmungen, Klimaverhältnisse).

Für eine adäquate Umsetzung der Darstellungsinhalte stehen uns nicht nur verschiedene Ausdrucksformen zur Verfügung, sondern diese erfolgt auch auf der Grundlage maßgeblicher Gestaltungsprinzipien. Wir können eine kartographische Ausdrucksform nur dann als geglückt bezeichnen, wenn es gelungen ist, geometrische Grundlage, darzustellenden Objektinhalt und graphische Form miteinander zu integrieren.

Der Verfasser hat an anderer Stelle eingehend ausgeführt[3], daß sich die Unzahl kartographischer Erzeugnisse trotz der außerordentlichen Vielfalt der thematischen Inhalte, der unerschöpflichen Gestaltungsmöglichkeiten und einer schon kaum mehr systematisierbaren Zahl von Kartenarten nach ihren Sachgebieten, graphisch auf nur *vier Grundprinzipien* zurückführen lassen. Diese sind:

1. Das Lageprinzip oder topographische Prinzip: Sein Ziel ist die möglichst exakte Ortslagedarstellung und die lagerichtige Abgrenzung flächenhafter Verbreitungen. Die quantitative Wiedergabe erfolgt durch kleine Signaturen nach einem gestuften Signaturenschlüssel.

2. Das Diagrammprinzip: Es verwendet zur qualitativen und quantitativen Objektdarstellung Diagramme. Durch diese ist nicht nur eine Merkmalsaufgliederung und -korrelation möglich, sondern es kann auch eine genaue und meßbare Aussage über die Objektwerte — allerdings auf Kosten der Lagegenauigkeit — geboten werden.

3. Das bildstatistische Prinzip: Es verwendet Werteinheitensignaturen, deren Auszählung ebenfalls eine möglichst genaue Information über die Objektgrößen bietet.

4. Das bildhafte Prinzip: Es verwendet bildhafte Figuren, welche vom Kartenleser nur ein ganz geringes Maß an Abstraktion verlangen.

Nur das topographische oder Lageprinzip führt zur Karte, alle anderen Prinzipien ergeben Kartogramme. Die Objektumsetzung erfolgt bei jedem Prinzip über ganz bestimmte, speziell hiefür geeignete Signaturenarten und Darstellungsmethoden. Für die Bestrebungen einer Signaturenvereinheitlichung und internationalen Signaturenabsprache ist lediglich die graphische Gestaltung nach dem topographischen Prinzip voll geeignet. Beim Diagrammprinzip und bildstatistischen Prinzip sind die Voraussetzungen nur in sehr eingeschränktem Maße und zwar vor allem in der Festlegung bestimmter Signaturenfarben gegeben. Beim bildhaften Prinzip können wir zwischen bildhaft typisierendem und individuell bildhaftem Prinzip unterscheiden. Letzteres ist für eine Vereinheitlichung ganz ungeeignet.

Für die Objektumsetzung stehen uns nun zahlreiche *Signaturenarten* zur Verfügung, die sich drei großen Gruppen zuordnen lassen:

(a) Punktartige Signaturen zur adäquaten Darstellung ortsgebundener Objekte.

(b) Linien- oder bandartige Signaturen zur adäquaten Wiedergabe linienhaft reduzierter oder streckenbezogener Objektinhalte.

(c) Flächenartige Signaturen zur adäquaten Darstellung raumerfüllender oder raumbezogener Objekte.

Diese Grundformen graphischen Ausdrucks lassen sich mit den Grundmöglichkeiten der kartographischen Aussageform in einem rechteckigen Bezugsschema korrelieren, wie dies von meinem Schüler und Mitarbeiter F. KELNHOFER versucht wurde[4].

Vom Verfasser wurde bereits oben betont, daß eine internationale Vereinheitlichung von Signaturen leicht möglich ist, wenn nur in *analytischer*

---

[3] E. ARNBERGER,: Die Signaturenfrage in der thematischen Kartographie. Mitt. d. Österr. Geogr. Ges., Band 105, Wien 1963, Heft 1/II, S. 202—234 und 24 Tafeln.
Siehe auch:
E. ARNBERGER: Das topographische, graphische, bildstatistische und bildhafte Prinzip in der Kartographie. Internat. Jahrb. f. Kartographie. IV, 1964, S. 30—52.
[4] Beiträge zur Systematik und allgemeinen Strukturlehre der thematischen Kartographie ergänzt durch Anwendungsbeispiele aus der Bevölkerungskartographie. Wien, H. Böhlaus, 1971. Siehe besonders Teil II, Beilage 1.

Weise elementare Sachverhalte wiederzugeben sind. Für die moderne Zielsetzung inhaltlicher Aussagen in der thematischen Kartographie sind jedoch
solche elementaranalytische, einschichtige Karten uninteressant geworden.
Komplexanalytische Aussageformen bieten die Möglichkeit, die Genetik und
die Kausalbezüge der Darstellungsobjekte wiederzugeben. Dies ist aber das
moderne Anliegen aller integrativen Raumwissenschaften.

Bei den zu verwendenden Signaturen haben wir daher vorerst immer
zwei Eigenschaften zu überprüfen. Es sind dies: Das Ausmaß der vorhandenen
Gruppenfähigkeit, worunter wir die Eignung einer Signatur verstehen, unter
Beibehaltung wesentlicher Formelemente durch geringe zeichnerische Verände-
rung eine große Zahl von Variationen — also abgeleitete Sekundärformen —
zu ermöglichen. Als weitere wesentliche Eigenschaft ist das Ausmaß der
Kombinationsfähigkeit festzustellen, worunter wir die Eignung einer Signatur
verstehen, durch Kombination mit den Formen oder Formelementen anderer
Signaturen die gegenseitigen Beziehungen und Kombinationen verschiedener
Sachverhalte und verschiedener Begriffe zum Ausdruck zu bringen.

Durch den vollen Einsatz dieser beiden Möglichkeiten eröffnen wir uns
die ganze Vielfalt kartographischen Ausdrucks, *entfernen* uns aber damit
in gleichem Maß von den Voraussetzungen für eine weltweit einheitliche
Begriffsbindung. Die zusätzliche Kombination von Form und Farbe erweitert
das Feld der Ausdrucksmöglichkeit noch mehr. Eine richtige Gestaltung solcher
kombinierter Signatureninhalte kann erst auf Grund einer Rangordnung
der Aussagen erfolgen, die dann mit den *Rangordnungsstufen der graphischen
Gestaltungselemente* zu korrelieren sind (siehe Abbildung).

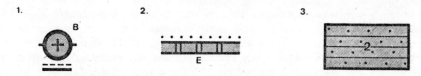

Abbildung 1: Rangordnungsstufen der graphischen Gestaltung:
Primärform und Farbe der Signatur, farbliche Ausfüllung der Signatur (hier durch
Grauton angegeben), sekundäre graphische Gestaltung der Signatur (z. B.: Pluszeichen,
Querstriche, Punkte) und Zusatzzeichen (z. B.: B, Unterstreichungslinien, E, 2).
1.: Positionssignatur, 2.: Linien- bzw. Bandsignatur, 3.: Flächensignatur.

Als Stufen der graphischen Gestaltungselemente können unterschieden
werden:

1. Primärform (z. B. Umriß oder äußere Form) und Farbe der Signatur.
2. Farbliche Ausfüllung der Signatur.
3. Sekundäre graphische Gestaltung der Signatur.
4. Zusatzzeichen.

Die *große Zahl von Kombinationsmöglichkeiten* für solche zusammengesetzte Signaturen läßt es aussichtslos erscheinen, ein weltweit verbindliches
System für ihre Bildung zu finden.

Die gleichen Bedenken ergeben sich auch im Hinblick auf die Normung
von Signaturenschlüsseln zur *Darstellung von Typen.* Ausgangsbasis für die
Signaturengestaltung ist hier jeweils eine *Modellvorstellung* und ihre begriff-
lich möglichst klare Beschreibung und Abgrenzung. Solche Modellvorstellungen
sind aspektgebunden und unterliegen einem ständigen Wandel, entsprechend
dem Fortschritt der Erkenntnis. Die *Zahl* solcher Modellvorstellungen, welche

für eine Aussage in kartographischen Ausdrucksformen in Betracht kommen, ist *unendlich*. Da kartographische Signaturen stets Begriffe wiedergeben, stellt sich die unlösbare Aufgabe, für eine unendliche Zahl von größtenteils im Wandel befindlichen und vielfach gar nicht bekannten Begriffen Signaturen festzulegen.

Die Signaturen für ganz einfache Typen, für deren Konstituierung nur ganz wenige Kriterien herangezogen wurden, sind oft aus *Diagrammen* abgeleitet, in denen über diese eine quantitative Aussage veranschaulicht wird (z. B. Klimadiagramme). Auf diese Weise kann eine hohe Assoziationsfähigkeit solcher Typenzeichen erreicht werden. Die Abbildung 2 bietet ein Beispiel für die Ableitung von Typenzeichen aus Diagrammen für die Darstellung von Fremdenverkehrsorten nach der Saisondauer und der Frequenz. Auch solche Typenzeichen entziehen sich vielfach den Bestrebungen einer internationalen Standardisierung.

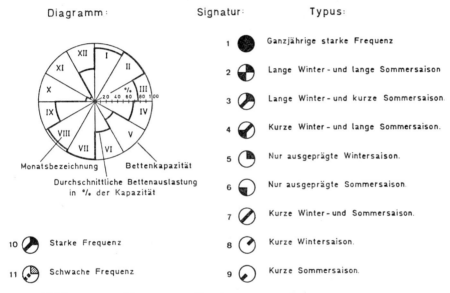

Abbildung 2: Vom Diagramm zur Signatur:
Ableitung der Typenzeichen aus dem Diagramm. Beispiel aus der Darstellung des Fremdenverkehrs (Typen von Fremdenverkehrsorten nach der Saisondauer und der Frequenz).
Aus: E. ARNBERGER: Typen des Fremdenverkehrs und ihre Darstellung in Karten. In: Untersuchungen zur thematischen Kartographie (3. Teil). Veröff. d. Akademie f. Raumforsch. u. Landesplanung, Forschungs- und Sitzungsberichte, Band 86 (S. 101).

Die Probleme der internationalen Standardisierung von Kartensymbolen wurden in der Literatur in jüngerer Zeit öfters behandelt. Drei Stellungnahmen sollen hier gegenüber gestellt werden [5]:

Chr. BOARD stellt in seiner Arbeit „Cartographic Communication and Standardization" (1973, S. 236) fest:

„Die Standardisierung thematischer Karten wird nicht durch wissenschaftliche, sondern durch künstlerische Aspekte der Kartographie verzögert. Dank

---

[5] Zusammenfassungen der Arbeiten der genannten Autoren in den angegebenen Jahrgängen des Internationalen Jahrbuches für Kartographie. Siehe Literaturverzeichnis.

existierender Vereinbarungen hat das Nichtgelingen der Standardisierung die kartographische Kommunikation nicht spürbar behindert. Sprache und Kartographie sind Zweige der Semiotik. Die Standardisierung der Karten-Syntax und ein ausgeprägtes Bewußtsein der Probleme, denen sich der Interpret von Symbolen gegenübersieht, haben die Fortschritte in der kartographischen Semantik überrundet, und das ist das größte Hindernis auf dem Weg zur Standardisierung. Die herkömmliche Verwendung von Farben unterstützt zwar die Kommunikation, aber es sind weitere technische und wissenschaftliche Untersuchungen notwendig, ehe eine endgültige Standardisierung der Farben vorgenommen werden kann."

Diese Stellungnahme geht wohl an den Problemen überhaupt vorbei! Künstlerische Aspekte mögen zeitweise die Entwicklung der Geländedarstellungsmethoden in der topographischen Kartographie (z. B. den Weg zu einer geometrisch integrierten Felsdarstellung) gehemmt haben, die thematische Kartographie hingegen war und ist bis zum heutigen Tage eher durch das laienhafte „Herumprobieren" nach dem Motto „mal sehen, was dabei herauskommt" von Leuten belastet, welchen das kartographische Fachwissen ebenso fehlt wie das unbedingt notwendige künstlerische und psychologische Einfühlungsvermögen. Die Kartographie ist heute unbestritten eine selbständige Wissenschaft, wieweit sie sich eine Befruchtung aus den Erkenntnissen der Semiotik erhoffen darf, kann nicht von jemandem festgestellt werden, der nicht auch Fachmann auf dem Gebiet der Kartographie ist. Nach dem „Mehrsprachigen Wörterbuch kartographischer Fachbegriffe" der International Cartographic Association, Commission II, ist die Semiologie auch ein Teilgebiet der theoretischen Kartographie, das die Darstellungselemente und die Kartenzeichen in ihren Eigenschaften und Beziehungen zu den dargestellten Gegenständen und zum Kartenbenutzer untersucht. Diese Definition entspricht einer richtigen Standortbestimmung im System der Wissenschaften.

Die großen Schwierigkeiten und Probleme der Standardisierung faßt F. Joly in seiner Arbeit „Problèmes de standardisation en cartographie thématique" (1971, S. 119) folgendermaßen zusammen:

„Es ist zu wünschen, daß im Hinblick auf die übergroße Menge der thematischen Karten nach rationellen Prinzipien zur Standardisierung gesucht wird, die vor allem für eine Generalisierung der kartographischen Methoden in der Industrie, der geomorphologischen Kartographie, unerläßlich ist."

„Jedoch erscheint eine völlige Standardisierung auf dem Gebiet der thematischen Kartographie weder möglich noch auch wünschenswert. Wenn sie auch für Karten, die einen gegenwärtigen Zustand wiedergeben, angebracht wäre, so wäre sie doch schädlich für Karten, die der Wiedergabe von Forschungsergebnissen vorbehalten sind. Auf jeden Fall stellt sie uns vor Probleme, die zu lösen eher Aufgabe von Forschern als von Technikern ist".

Joly läßt in seiner Stellungnahme die *Gefahr* durchblicken, welche eine *starre Standardisierung für die Entwicklung der wissenschaftlichen Aussagemöglichkeit und -kraft* kartographischer Ausdrucksformen mit sich bringen könnte!

Besonders treffend äußert sich H. Robinson in seiner Arbeit „An International Standard Symbolism for Thematic Maps: Approaches and Problems" (1973, S. 26), der als führender Fachmann auf dem Gebiet der Kartographie in den USA die Möglichkeiten und Grenzen sehr klar erkennt:

„Eine einheitliche Darstellung der Signaturen in thematischen Karten hat Vor- und Nachteile; es ist ein kompliziertes Problem, weil Kommunikation einbegriffen ist. Eine erfolgreiche Behandlung muß systematisch erfolgen, und die zwei möglichen Systeme müßten basieren (A) auf dem Thema der Karte und (B) auf dem Zweck der Karte. Das erste System (A) würde gewisse Schwierigkeiten bieten im Hinblick auf: (1) die Notwendigkeit, eine Vereinbarung über eine Klassifizierung des Gegenstandes zu erreichen, (2) die Möglichkeit einer potentiell extremen graphischen Komplexität, (3) eine Reduzierung der gesamten Kommunikation und (4) die Schwierigkeit, daß das System verständlich bleibt".

„Das zweite System (B) würde zusätzlich zu (1) dem Problem der Erzielung eines Übereinkommens, (2) zu einer Hervorhebung von nicht-namentlichen Merkmalen führen, (3) abhängig sein von wesentlichen psycho-physischen Untersuchungen und (4) würde mehrere Untersysteme erforderlich machen, die auf Schwierigkeiten des Kartenlesens basieren".

„Allgemeine Schwierigkeiten bestehen bei jedem Programm in einem starken Widerstand gegen eine Standardisierung aus Prinzip, in dem Einordnen in eines der bereits gebilligten Standardsysteme und in der geringen Anzahl von Forschungsergebnissen über das kartographische Wahrnehmungsvermögen".

ROBINSON spricht mit vollem Recht ein bisher noch ungelöstes, aber für eine internationale Signaturenstandardisierung grundlegendes Problem an, nämlich die *Auffaßbarkeit von Formen und Farben* im kartographischen Gefüge durch den Kartenleser. Auf diesem Gebiet betreten wir fast noch Neuland!

Wohl gibt es zahlreiche Arbeiten aus dem Gebiet der *Gestaltpsychologie*, welche der Auffassung einzelner zwei- und dreidimensionaler geometrischer Formen gewidmet sind, ebenso wurden auch unsymmetrische und unregelmäßige Formen in die Untersuchung einbezogen (z. B. F. T. DUN: Aktualgenetische Untersuchungen des Auffassungsvorganges chinesischer Schriftzeichen. Archiv für die gesamte Psychologie 1939), die Formen und Farben innerhalb des *graphischen Gefüges* kartographischer Ausdrucksformen blieben als Untersuchungsziel bisher aber *weitgehend unbeachtet.* Die Arbeiten der schwedischen Forscher G. EKMAN, R. LINDMAN und W. WILLIAM-OLSSON „A psychophysical Study of Cartographic Symbols" (1961, 1963) untersuchten lediglich den quantitativen Vergleich verschieden großer zwei- und dreidimensionaler geometrischer Figuren, ohne diese in das graphische Strichgefüge einer topographischen Grundlage zu stellen; einer anderen Arbeit von K.-W. REICHHARDT über „Aktualgenetische Untersuchungen der Auffassung einer Landkarte" (1941) mußte der Erfolg versagt sein, da der Autor nicht die Probleme des kartographischen Ausdrucks und das Wesen ihrer Informationsinhalte kannte und die Arbeit daher am Untersuchungsziel vorbeiging.

Bevor wir an eine umfassende Standardisierung von Kartensignaturen erfolgversprechend herantreten dürfen, müßte vorerst der *Brückenschlag zwischen Kartographie und Experimentalpsychologie* vollzogen und durch eine ausreichende Reihe von Untersuchungen einigermaßen Sicherheit über die Auffaßbarkeit von Formen und Farben kartographischer Informationsmittel gewonnen werden.

An der Lehrkanzel für Geographie und Kartographie des Verfassers an der Universität Wien werden seit 1970 zu diesem Zweck einschlägige Arbeiten forciert durchgeführt und hiezu auch Massentests herangezogen. Ein erster

gelungener Versuch liegt in einer Arbeit von K. P. GROHMMANN über „Alters-
und geschlechtsspezifische Unterschiede im Einprägen und Wiedererkennen
kartographischer Figurensignaturen" (1973) vor. Sie bietet eine wertvolle
Grundlage für weitere Untersuchungen, welche einem auch aus psychologischen
Aspekten vollziehbaren logischen Aufbau und einer zweckdienlichen Gestaltung
im Sinne einer objektiven Auffassung der immer bedeutungsvoller werdenden
kartographischen Informationsträger dienlich sein können. Im einführenden
Abschnitt geht der Verfasser auf die Aussagemöglichkeiten kartographischer
Ausdrucksformen ein und faßt die Grundprinzipien der Gestaltung und das
Wesen der Signaturensprache und ihre Bedeutung kurz zusammen. Diese
Ausführungen dienen als Grundlage für die Erörterung der Problemstellung
einer kartographischen Gestaltung nach *wahrnehmungspsychologischen Gesetzen,* wobei GROHMANN auch für die psychologischen Überlegungen eine infor-
mative Übersicht über Methoden und Hauptergebnisse der europäischen Ge-
dächtnisforschung voranstellt. Das Ziel der empirischen Untersuchung, die
2438 Schüler einbezog und auf die Zwecke der Schulkartographie ausgerichtet
war, war die Überprüfung des Einprägens und Wiedererkennens kartographischer Signaturen, welche in eine topographische Grundlage eingetragen sind
(Höhenlinien, Gewässernetz, Verwaltungsgrenzen und wichtigste Orte mit
Namen; Maßstab 1 : 500 000). Es wurde eine umfangreiche Serie von Testblättern
verwendet. Die Stichprobe brachte Erkenntnisse und Beweise bisheriger Annahmen nach folgenden Kriterien:

(a) Geschlechtsspezifische Unterschiede.
(b) Altersspezifische Unterschiede (10,0—13,8jährige Schüler, 13,9—20,0jährige
   Schüler).
(c) Unterschiede nach der äußeren Signaturenform und ihrer Assoziationsfähigkeit (geometrische Formen, sprechende Signaturen).
(d) Unterschiede nach dem Signaturengewicht und der inneren graphischen
   Gestaltung (Hohlform, Vollform, zusätzliche graphische Elemente).
(e) Unterschiede nach der Signaturengröße.
(f) Unterschiede nach der Signaturendichte (weit gestreut, gehäuft).
(g) Unterschiede der quantitativen Einschätzung von Signaturengrößen nach
   ihren Flächen und Rauminhalten (zwei- und dreidimensionale Figuren).

Die erhaltenen Ergebnisse stellen nur einen ersten Baustein zur Klärung
der *psycho-physischen Komponente in der Signaturenfrage* dar. Erst nach
Abschluß einer langen, logisch aufgebauten Testreihe und ihrer vollen Auswertung werden wir über die Auffaßbarkeit der Signaturen jene Erkenntnisse
besitzen, die für ihre Standardisierung als entscheidende Grundlage unbedingt
mit erforderlich sind. In richtiger Einschätzung der Bedeutung solcher Untersuchungen wurde auch im Institut für Kartographie der Österreichischen
Akademie der Wissenschaften 1973 eine Abteilung für experimentalpsycho-
logische Untersuchungen kartographischer Formen und Farben eingerichtet.

Es wäre falsch, die Erörterung der Signaturenstandardisierung nur im
Hinblick auf die Figurensignaturen durchzuführen. Einbezogen müssen auch
alle *adäquaten Darstellungsmittel zur Wiedergabe räumlicher Verbreitungen*
werden, das sind die *Flächenfarben, Flächenraster, Flächenmuster* und *Struktur-
raster* und zwar nicht nur in ihrer einschichtigen, sondern auch graphisch mehrschichtigen Anwendung. Hier öffnet sich ein neues, weites und unbeackertes
Feld. Zur psychologischen kommt hier noch eine außerordentlich komplizierte
technische Problemstellung hinzu.

Oft genug hat die *Verwendung der Farbe* im Flächenkolorit trotz bester Entwurfsplanung nicht zum Erfolg geführt! Die großen Schwierigkeiten deuten sich schon in der Tatsache an, daß wir vom wissenschaftlichen Standpunkt aus gesehen nicht eine, sondern gleich vier „Farbenlehren" oder — exakter ausgedrückt — vier wesentliche Betrachtungsweisen in der Farbenlehre kennen, aus denen die chemische, die physikalische, die physiologische und die psychologische Farbenlehre betrieben werden. Bis zum heutigen Tag ist es noch nicht gelungen, diese miteinander voll zu integrieren. Dazu kommen noch die technischen Farbenlehren und Farbenschemata für die verschiedenen Herstellungs- und Druckverfahren.

Aus der Integration all dieser Aspekte im Hinblick auf den Anwendungsbereich Kartographie entwickelte H. SCHIEDE seit 1957 (siehe Literaturverzeichnis unter 1970) eine *physikalisch-psychophysische Betrachtungsweise der Farbenlehre* (in einem allerersten kleinen Schritt) und trug damit der Tatsache Rechnung, daß diese ein interdisziplinäres Forschungs- und Aufgabengebiet ist. Ziel seiner Bemühungen ist es, Farbenmetrik, Farbenordnung und Farbenassoziationen miteinander zu verknüpfen und damit die Regelhaftigkeit einer nicht nur dem jeweiligen Darstellungsobjekt, sondern auch der Auffassung des Betrachters entsprechenden Farbenwahl aufzuzeigen. Das wäre die unbedingt notwendige Voraussetzung und Grundlage für eine Standardisierung von Farbflächensignaturen in der Kartographie, davon sind wir aber noch weit, weit entfernt! Greifen wir im Hinblick auf eine Farbflächensignaturen-Standardisierung aus der Überfülle ungelöster Probleme und Schwierigkeiten nur einige wenige Beispiele heraus:

Die *Frage der Assoziationsfähigkeit der Farbflächensignaturen:* Sie kann z. B. auf einer naturnahen Farbgebung oder auf dem Empfindungswert einer Farbe basieren. Naturnahe Farben sind für ein und denselben Begriff nach Klima und anderen naturräumlichen oder wirtschaftlichen Voraussetzungen oft sehr unterschiedlich. Welche ist die richtige naturnahe Farbe für „Wald" (Blaugrün, Gelbgrün, Olivgrün usw.) oder für „Baustoffe" (Grau, Braun, Gelb)? Beim Wald kann das naturnahe Grün regional sehr unterschiedlich sein und die assoziationsfähige Farbe für den Oberbegriff Baustoffe läßt sich weltweit gültig wohl kaum vernünftig festlegen.

Auch die kollektiv begründeten oder an die Folklore gebundenen Farbempfindungen weichen voneinander mitunter extrem ab, so daß auch der Empfindungswert einer Farbe regional sehr verschieden beurteilt werden kann.

Die *Frage der Wirkung der Farben im Flächenkolorit:* Eine Reihe von optischen Täuschungen kann das richtige Erkennen der Farben derart beeinträchtigen, daß die objektive Auffassung des Karteninhaltes seitens des Betrachters nicht mehr gegeben ist (z. B. farbiger Simultankontrast, Helligkeitskontrast, Grenzwallbildung usw.). Solchen Erscheinungen kann nicht ausgewichen werden, wenn eine Standardisierung der Farbflächensignaturen bindend vorliegt. Aus dem gleichen Grund kann eine harmonische Farbabstimmung unmöglich werden. In solchen Fällen kämen wir zu Kartenbildern mit international einheitlichen Kartenlegenden, aber mit nur mangelhaft auffaßbarer Kartenaussage!

Die *Frage der mehrschichtigen Flächensignaturendarstellung:* Die Kombination von Farbflächen mit visuellen farbigen Überdruckrastern ist jeweils nur in ganz bestimmten Farbkombinationen erfolgversprechend, deren Kombinationsmöglichkeiten nach Farbrichtung und -konsistenz bei der Standardisierung nicht vorhergesehen werden können.

Die *Frage der Farbbildung:* Eine Flächenfarbensignaturen-Standardisierung muß dazu führen, daß die Farbbildungsmöglichkeiten beim Druck nicht optimal ausgeschöpft werden können und die Kartenherstellung unwirtschaftlich vorgenommen werden muß oder man schließlich von den Normen erheblich abweicht.

Wir haben hier nur einige ganz wenige Überlegungen über Vor- und Nachteile und über die Schwierigkeiten einer Signaturenstandardisierung angeführt und müssen zuletzt noch zu zwei grundsätzlichen Fragen Stellung nehmen:

1. *Weshalb sind wir auf dem Gebiet der theoretischen Kartographie noch nicht so weit,* eine Grundlage zur Lösung nur einiger der angeschnittenen Probleme bieten zu können? Die wissenschaftliche Kartographie hat ihre organischeste Entwicklung im vergangenen Jahrhundert im Schoße der Geographie aufzuweisen gehabt. Im 20. Jahrhundert hat sich die Geographie mehr und mehr anderen Aufgaben und Problemstellungen zugewandt und Kartographie nur noch am Rande und als Hilfsmittel des Ausdruckes betrieben. Auch im Rahmen der Geodäsie nimmt Kartographie lediglich die Stellung eines „Anhängsels" ein. In diesem Jahrhundert hat sich die Kartographie aber endgültig zu einer selbständigen und sehr breiten Wissenschaft entwickelt. Sie besteht zwar in sehr enger Verbindung mit technischen Verfahren, ist aber deshalb keine unbedingt technische Wissenschaft, sondern ihrem Wesen nach eine Formalwissenschaft, wie Mathematik oder Statistik, und in vielen ihrer Teilaufgaben auf interdisziplinäre Zusammenarbeit angewiesen (Experimentalpsychologie, Computertechnik, Informatik). In der westlichen Welt hat die Kartographie als Wissenschaft in der Hochschulausbildung noch nicht jene materielle und personelle Grundlage erhalten, die eine organische Entwicklung der Forschung dieser Wissenschaft garantieren könnten. Die Forschungserfolge sind daher nur an wenige Personen gebunden und können im Rahmen eines großen, sehr notwendigen Konzepts nur Stückwerk sein.

2. *Ist der Zeitpunkt* für die Inangriffnahme einer Signaturenstandardisierung derzeit günstig und überhaupt schon *gegeben?* Für ein generelles Beginnen muß diese Frage unbedingt *verneint* werden. Dies aus drei Gründen:

(a) Es *fehlen die wissenschaftlichen Untersuchungen,* ohne die eine Signaturenstandardisierung Gefahr läuft, in einen Dilettantismus abzugleiten.

(b) Die *Automationsbestrebungen* haben auch in der Kartographie neue Ausblicke für die zukünftige Kartenherstellung gebracht, wobei für die Signaturengestaltung in Zukunft gewisse Voraussetzungen erfüllt werden müssen. In welchem ersten Versuchsstadium sich diese Entwicklung befindet, geht sehr eindeutig aus der jüngeren einschlägigen Literatur hervor [6].

(c) Es ist zu hoffen, daß auch seitens einer weiteren jungen Wissenschaft, der *Informatik,* zum angeschnittenen Fragenkomplex ein kleiner Beitrag geleistet werden wird. Aber auch diesbezüglich ist man über eine erste interdisziplinäre Berührung noch nicht hinausgekommen.

Die Schwierigkeiten des zu beschreitenden Weges werden bewußt, wenn man die im nachstehenden Literaturverzeichnis angegebenen jüngeren Arbei-

---

[6] Siehe K.-H. MEINE,: Bibliographie zur Automation in der Kartographie. Bonn, Institut für Kartographie und Topographie der Universität, 1969. Siehe auch E. ARNBERGER und P. SÖLLNER: Jüngere Literatur zur Automation in der thematischen Kartographie. Beiträge aus dem Seminarbetrieb der Lehrkanzel für Geographie und Kartographie. Wien, Geogr. Institut der Universität Wien, 1973, Band 4.

ten durchstudiert. Wenn die hier gegebenen Ausführungen außer den Möglichkeiten und Vorteilen einer internationalen Signaturenvereinheitlichung auch besonders die damit verbundenen Gefahren für die Weiterentwicklung kartographischer Ausdrucksformen und Methoden und für die wissenschaftliche Aussagekraft der wiedergegebenen Darstellungsinhalte erörterten, dann möge daraus nicht eine grundsätzlich ablehnende Haltung des Verfassers gegenüber Standardisierungsbemühungen abgeleitet werden. Die Stellungnahme möge nur als Mahnung zur wissenschaftlichen Exaktheit und als Warnung vor überstürztem Eifer im Rahmen internationaler Aktivitäten verstanden sein.

Literatur

ARNBERGER, E.: Die Signaturenfrage in der thematischen Kartographie. Mitt. d. Österr. Geogr. Ges., Band 105, 1963, Heft I/II, S. 202—234 und 24 Tafeln.
— Das topographische, graphische, bildstatistische und bildhafte Prinzip in der Kartographie. In: Internat. Jahrb. f. Kartographie, IV. Bd., 1964, S. 30—52 und 3 Kunstdrucktafeln.
— Handbuch der thematischen Kartographie. Wien, Deutike, 1966. XII und 554 S. und 24 Tafeln.
— Die Kartographie als Wissenschaft und ihre Beziehungen zur Geographie und Geodäsie. In: Grundsatzfragen der Kartographie. Wien, Österr. Geogr. Ges., 1970, S. 1—28.
ARTAMANOW, I. D.: Optische Täuschungen. Deutsch-Taschenbücher, Heft 8. Frankfurt a. M. und Zürich, Verlag H. Deutsch, 1967, 109 S. und 4 Tafeln.
BALASUBRAMANYAN, V.: Application of Information Theory to Maps. Internat. Jahrb. f. Kartographie, XI. Bd., 1971, S. 177—181.
BARRIER, M.: Élaboration de symboles pour l'expression synthétique de phénomènes économiques (à partir de données communales). Ebenda, VII. Bd., 1967, S. 153—156.
BELLER, H. K.: Problems in Visual Search. Ebenda, XII. Bd., 1972, S. 137—144.
BERTIN, J.: La langue geographique et la cartographie. Bulletin du Comité français de Cartographie, 1966, Nr. 28.
— Sémiologie graphique. Paris-La Haye, Ed. Mouton, 1967, 431 S.
— Les constantes de la cartographie. Intern. Jahrb. f. Kartographie, XI. Bd., 1971, S. 182—188 und eine Tafel.
BERTINCHAMP. H.-P.: Automationsgerechte kartographische Zeichen. Nachr. a. d. Karten- und Vermessungswesen. Reihe I: Deutsche Beiträge und Informationen. Heft 47. Frankfurt a. M., Inst. f. Angewandte Geodäsie, 1970, S. 7—13 mit einer Tabelle im Anschluß.
BOARD, Ch.: Cartographic Communication and Standardization. Intern. Jahrb. f. Kartographie, XIII. Bd., 1973, S. 229—236.
BOUMA, P. J.: Farbe und Farbwahrnehmung. Einführung in das Studium der Farbreize und Farbempfindlichkeiten. Eindhoven, Philips' Gloeilampenfabrieken, 1951, 358 S.
BUNGE, W.: Metacartography. In: BUNGE, W.: Theoretical Geography. Lund Studies in Geography, Serie C, Nr. 1, Lund 1962, S. 38—71 mit zahlreichen Karten.
DAINVILLE, F. de: L'évolution historique des signes conventionelles cartographiques. Bulletin du Comité français de Cartographie 1967, Nr. 31, S. 164—166.
DJULGEROV, S.: Otnosno gnoseologičnata sášćnost na karta. Sbornik Stat. Kartogr. 1959, 1, S. 10—18.
DUN, F. T.: Aktualgenetische Untersuchung des Auffassungsvorganges chinesischer Schriftzeichen. Archiv f. d. gesamte Psychologie, 104 (1939), S. 131 ff.
EKMAN, G. und K. JUNGE: Psychological Relations in the Perception of Visual Length, Area and Volume, with a Cartographic Application. Reports from the Psychological Laboratory, The University of Stockholm, Nr. 838, 1960.
EKMAN, G., R. LINDMANN und W. WILLIAM-OLSSON: A psychophysical study of cartographic symbols. Ebenda, Nr. 91, 1961.
— A Psychophysical Study of Cartographic Symbols. Geografiska Annaler, Band XLV, 1963, Heft 4, S. 262—271.
FAEGRI, K. und H. GAMS: Entwicklung und Vereinheitlichung der Signaturen für Sediment- und Torfarten. Geologiska Föreningen i Stockholm, Förhandlingar, 59. Band, Jg. 1937, S. 273—284.
FINK, M. H.: Vergleichende Übersicht der für Höhlenpläne vorgeschlagenen und verwendeten Signaturen. Dritter Internationaler Kongreß für Speläologie, Band V, Kommission für konventionelle Zeichen und Terminologie, Wien 1966, S. 161—168 mit Signaturentafeln im Text.
FREITAG, U.: Semiotik und Kartographie. Über die Anwendung kybernetischer Disziplinen in der theoretischen Kartographie. Kartogr. Nachr., 21. Jg., 1971, Heft 5, S. 171—182.
FREYER, R.: Das Modell als Repräsentant des Forschungsgegenstandes. Die Technik, 24. Jg., 1969, Heft 7, S. 435—439.
FREYTAG, J.: Die Inhalt-Formbeziehung bei Informationsquellen sowie einige Kriterien zu ihrer Bestimmung. Informatik, 16. Jg., 1969, Heft 3, S. 26—28.
GAEBLER, V.: Die Legende thematischer Karten. Vermessungstechnik, 15. Jg., 1967, Heft 8, S. 304—309.
— Das Kartenzeichen — Symbol oder konventionelles Zeichen einer Wissenschaft? Ebenda, 16. Jg., 1968, Heft 12, S. 464—465.

GAEBLER, V.: Semiotik und Gestaltung — Ihre Bedeutung für die Kartographie. Ebenda, 17. Jg., 1969, Heft 9, S. 347—349.

GROHMANN, P. K.: Alters- und geschlechtsspezifische Unterschiede im Einprägen und Wiedererkennen kartographischer Figurensignaturen. Diss. a. d. Lehrkanzel f. Geographie und Kartographie d. Universität Wien, Wien 1973, 2 Bände.

HAKE, G.: Der Informationsgehalt der Karte — Merkmale und Maße. In: Grundsatzfragen der Kartographie. Wien, Österr. Geogr. Ges., 1970, S. 119—131.

— Kartographie und Kommunikation. Kartogr. Nachr. 23. Jg., 1973, Heft 4, S. 137—148.

HILLER, H.: Die Vereinheitlichung der kartographischen Darstellung in thematischen Atlanten (Beispiel: Atlas der Deutschen Agrarlandschaft). In: Thematische Kartographie. Ergebnisse des 7. Arbeitskurses Niederdollendorf 1968 der Deutschen Gesellschaft für Kartographie. Mannheim, Bibliographisches Institut, 1970; Textband S. 103—116 und Beilagenband G 1 — G 24.

HOFFMANN, F.: Zur automatisierten Darstellung quantitativer Informationen in thematischen Karten. Vermessungstechnik, 18. Jg., 1970, Heft 6, S. 206—210.

HOTH, Kl. und W. LORENZ: Zur Diskussion über die neuen Symbole für geologische Karten. Zeitschr. f. Angewandte Geologie, Band 8, 1962, Heft 10, S. 542—548.

IMHOF, E.: Thematische Kartographie. Berlin—New York, W. de Gruyter, 1972, 360 S. und 6 Tafeln.

Internationale Farbgebung für geologische Formationen. Geogr. Taschenbuch 1949, Stuttgart, Reise- u. Verkehrsverlag, 1949, S. 205.

International Standards and Recommended Practices Aeronautical Charts, Annex 4 to the Convention on International Civil Aviation. I.C.A.O. 1959.

JEDZINY, G.: Information und Informatik. Informatik, 16. Jg., 1969, Heft 3, S. 3.

JOLY, F.: Problèmes de standardisation en cartographie thématique. Internat. Jahrb. f. Kartographie, XI. Bd., 1971, S. 116—119.

JOLY, F. und St. de BROMMER: Projekt de normalisation de symboles de cartes thématiques. Intern. Jahrb. f. Kartographie, VI. Bd., 1966, S. 47—79.

KEATES, J. S.: Symbols and Meaning in Topographic Maps. Ebenda, XII. Bd., 1972, S. 168—181.

KELLER, W.: Die qualitative Auswahl einzelner Kartenelemente nach dem Ordnungsprinzip im Bereich der geographischen Kartographie. Vermessungstechnik, 18. Jg., 1970, Heft 4, S. 142.

KELNHOFER, F.: Beiträge zur Systematik und allgemeinen Strukturlehre der thematischen Kartographie, ergänzt durch Anwendungsbeispiele aus der Kartographie des Bevölkerungswesens. Veröff. d. Inst. f. Kartographie d. Österr. Akademie der Wiss.: Forschungen zur Theoretischen Kartographie, Band 1., Wien, Österr. Akademie der Wiss., 1971, Teil I: 155 S.; Teil II: 21 S., 15 Beilagen.

KLAUS, G.: Semiotik und Erkenntnistheorie. Berlin 1963.

— Wörterbuch der Kybernetik. Berlin 1968.

KOBLITZ, J.: Redundanz und Reduktion. Informatik, 16. Jg., 1969, Heft 5, S. 5—10.

KOEMAN, C.: The Principle of Communication in Cartography. Internat. Jahrb. f. Kartographie. XI., 1971, S. 169—176.

— Das Kommunikationsprinzip in der Kartographie. Kartogr. Nachr., 22. Jg., 1972, Heft 2, S. 49—54.

KOLÁČNÝ, A.: Kartographische Informationen — ein Grundbegriff und Grundterminus der modernen Kartographie. Internat. Jahrb. f. Kartographie, X. Bd., 1970, S. 186—193.

— Cartographic information. Report of the working group. Ebenda, XI. Bd., 1971, S. 65—68.

KOLÁČNÝ, K.: Das integrierte Informationssystem in der Raum- und Territorialplanung. Mitt. d. Österr. Inst. f. Raumplanung Wien, Nr. 133.

KOMKOV, A. M.: The International Language of Geographical Maps. Internat. Jahrb. f. Kartographie, XI. Bd., 1971, S. 209—215.

KÜPPERS, H.: Farbe. Ursprung, Systematik, Anwendung. München, G. D. W. Callway, 1972, 156 S.

LEBLING, Cl.: Normung der Kartierung. Mitt. d. Geogr. Ges. in Wien, 74. Bd., 1931, Heft 1—3, S. 5—22.

LEHMANN, E.: Symbol Systems in Thematic Cartography. Internat. Jahrb. f. Kartographie, XII. Bd., 1972, S. 28—32 und 2 Tafeln.

— Zur Methodenlehre der Thematischen Kartographie unter den Aspekten neuer disziplinärer Wissenschaften. Vermessungstechnik, 19. Jg., 1971, S. 1—6.

LENGFELD, K.: Gedanken zur Wissenschaftsdisziplin Kartographie. Ebenda, 16. Jg., 1968, S. 370—373.

MICHAJLOV, A. I. und A. I. ČERNY: Grundlagen der Informatik. Moskau 1968.

MICHAJLOV, A. I., ČERNY, A. I. und R. S. GILJAREWSKI: Informatik — eine neue wissenschaftliche Disziplin. Gegenstand, Methoden und Beziehungen zu anderen Wissenschaften. Informatik, 16. Jg., 1969, Heft 1.

MÜHLE, H.: Wünsche der Kartenbenutzer an die Gestaltung von Landkarten. In: Kartengestaltung und Kartenentwurf, Niederdollendorf 1962. Mannheim, Bibliographisches Institut, 1962, S. 55—78.

— Die subjektiven psychologischen Voraussetzungen der Kartenbenützer für die Auffassung einer Landkarte. Ebenda, S. 79—88.

NIKISHOV, M. I. und A. I. PREOBRAZHENSKY: The Problems of the Unification of the Contents and Conventional Signs Standardization on Economic Maps. Internat. Jahrb. f. Kartographie, XI. Bd., 1971, S. 127—136.

OGRISSEK, R.: Bestimmung des relativen Signaturengewichtes durch fotoelektrische Dichtemessung. Ein Beitrag zur thematischen Kartographie. Kartogr. Nachr., 15. Jg., 1965, Heft 2, S. 79—86.

— Die optische Wirkung von Signaturen in thematischen Karten. In: Kartentechnik — Kartengestaltung. IZV-Reihe, Heft 1 der Kammer der Technik, Fachverband Bauwesen, IZV Vermessungswesen und Kartographie, 1966, S. 125—139.

— Die optische Wirkung von Signaturen in thematischen Karten. Vermessungstechnik, 15. Jg., 1967, Heft 2, S. 71—75.

— Einige Probleme der Zeichenerklärung (Legende) in Wirtschaftskarten. Ebenda, 15. Jg., 1967, Heft 11, S. 427—429.

OGRISSEK, R.: Über bestimmte Zusammenhänge von Signaturengewicht, Generalisierung und Automatisierung bei der Kartenherstellung. Ebenda, 16. Jg., 1968, Heft 12, S. 466—467.
— Kartengestaltung, Wissensspeicherung und Redundanz. Untersuchungen über aktuelle Probleme im Konvergenzbereich von Kartenwissenschaft und Informatik. Petermanns Geogr. Mitt., 114. Jg., 1970, 1. Quartalsheft, S. 70—74.
— Der Informationsprozeß und die thematische Karte. Vermessungstechnik, 18. Jg., 1970, Heft 6, S. 226—228.
ORMELING, F.: Thematische kartografie en visuele waarneming. In: Kartografie. Mededelingen van de Kartografische Sectie van het Koninglijk Nederlands Aardrijkskundig Genootschap. Groningen, Nr. 52, 1970, S. 465—475.
PEREIRA, R.: Entwicklung eines Signaturensystems für die Planungskartographie, insbesondere im Bereich der Raumordnung und Landesplanung. Kartogr. Nachr., 21. Jg., 1971, Heft 4, S. 133—148.
PETRASCHEK, W. E.: Zur Diskussion über die internationale metallogenetische Karte. Die Gesichtspunkte für die Darstellung des geologischen Untergrundes und der Lagerstätten. Entwurf einer Legende und einer metallogenetischen Karte von Österreich. Zeitschr. f. Erzbergbau u. Metallhüttenwesen, Bd. 16, 1963, Heft 7, S. 325—327 mit 1 Karte.
PIETKIEWICZ, St.: Um eine einheitliche Auffassung der Stadtgrößen auf geographischen Karten. Petermanns Geogr. Mitt., 102. Jg., 1958, 1. Quartalsheft, S. 61—65.
PREOBRAŽENSKIJ, A. I.: Ökonomische Kartographie. Gotha, VEB H. Haack, 1956, 228 S. u. XXX Farbtafeln.
RADÓ, S. und T. DUDAR: Some Problems of Standardization of Transportation Map Symbols in Thematical Mapping. Internat. Jahrb. f. Kartographie, XI. Bd., 1971, S. 160—164.
RAPPICH, H.: Informationsmittel. Informatik, 16. Jg., 1969, Heft 2.
RATAJSKI, L.: The Methodical Basis of the Standardization of Signs on Economic Maps. Internat. Jahrb. f. Kartographie, XI. Bd. 1971, S. 137—159.
REICHARDT, K.-W.: Aktualgenetische Untersuchungen der Auffassung einer Landkarte. Diss. aus der Psychologischen Anstalt d. Friedrich-Schiller-Universität Jena, Jena 1941, 60 S.
RESNIKOW, L. O.: Erkenntnistheoretische Fragen der Semiotik. Berlin, VEB Deutscher Verlag der Wissenschaften, 1968, 299 S.
ROBINSON, A. H.: The Future of the International Map. The Cartographic Journal, Journal of the British Cartographic Society, June 1965, S. 1—4.
— Psychological Aspects of Color in Cartography. Internat. Jahrb. f. Kartographie, VII. Bd., 1967, S. 50—61.
— An International Standard Symbolism for Thematic Maps. Approaches and Problems. Ebenda XIII. Bd., 1973, S. 19—26.
SALICHTCHEV, K. A.: The Present-day Thematic Cartography and the Tasks of International Collaboration. Ebenda, IX. Bd., 1969, S. 19—28.
SCHIEDE, H.: Das Element Farbe in der thematischen Kartographie. In: Grundsatzfragen der Kartographie. Wien, Österr. Geogr. Ges., 1970, S. 247—268 und 4 Tafeln.
SCHMITHÜSEN, J.: Vorschläge über die Verwendung von bestimmten Leitfarben bei landwirtschaftsgeographischen Nutzflächenkartierungen. Ber. z. deutschen Landeskunde, Bd. 3, 1943, Heft 2, S. 131—133 und eine Farbtafel.
SCHOLZ, E.: Stand der internationalen Arbeiten zur Vereinheitlichung der Legenden für geomorphologische Detailkarten. Geogr. Berichte, Nr. 52/53, 14. Jg., 1969, Heft 3/4, S. 252—264.
SCHULTZE, H. J.: Zur Vereinheitlichung wirtschaftsgeographischer Karten. Raumforsch. u. Raumord., 88. Jg., 1944, Heft 1, S. 7—19 und 4 Tafeln.
SCHWIDEFSKY, K.: Grundgedanken der Informationstheorie. Bildmessung u. Luftbildwesen. Sonderheft 8, Münchner photogrammetrische Wochen 1962, des 30. Jg., 1962, S. 96—104.
SPIESS, E.: Automatisierter Entwurf von Mengendarstellungen. Internat. Jahrb. f. Kartographie, VIII. Bd., 1968, S. 155—161.
— Eigenschaften von Kombinationen graphischer Variablen. Grundsatzfragen der Kartographie, Wien, Österr. Geogr. Ges., 1970, S. 279—293.
— International genormte topographische Karten für den Orientierungslauf. Internat. Jahrb. f. Kartographie, XII. Bd., 1972, S. 124—129.
STAMS, W.: Die Bedeutung der Karte als Modell der Wirklichkeit. In: Wissenschaftliche Konferenz Sozialistischer Umweltgestaltung. Technische Universität Dresden, Manuskriptdruck, 1969.
— Zum Modell-, Informations- und Systembegriff in der Kartographie. Wiss. Zeitschr. d. Technischen Universität Dresden, 20 (1971), Heft 1, S. 287—300.
STEINBUCH, K.: Dimensionen der Information. Kartogr. Nachr., 23. Jg., 1973, Heft 4, S. 129—137.
SUCHOV, V. L.: Théorie d'information en cartographie. III. Internationale Kartographische Konferenz 17. bis 22. April 1967 in Amsterdam (Konferenzpapier).
THROWER, N. J. W.: Relationship and Discordancy in Cartography. Internat. Jahrb. f. Kartographie, VI. Bd., 1966, S. 13—24.
TÖPFER, F.: Zur Bedeutung der Karte als Informationsspeicher. Wiss. Zeitschr. d. Technischen Universität Dresden, 19 (1970), Heft 1, S. 157—159.
TOURNEUR-AUMONT, J.: Uniformisation des signes cartographiques. In: La géographie (Paris), 39. Bd., S. 439—450.
VÁZQUEZ-MAURE, F.: The Uniformity of the Thematic Maps of a Nation. Internat. Jahrb. f. Kartographie, V. Bd., 1965, S. 145—150.
Vorschlag der Subkommission für einheitliche Höhlenplansignaturen. In: Dritter Internationaler Kongreß für Speläologie, Band V, Kommission für konventionelle Zeichen und Terminologie; Wien, Verband Österreichischer Höhlenforscher, 1966, S. 181—182.
VRIES, J. de: Die Vereinheitlichung der Volkskundekarten. Zeitschr. f. Volkskunde, Band 8, 1938, S. 189—192.
WILLIAM-OLSSON, W.: The Commission on a World Population Map: History, Acti-

vities and Recommendations. Geografiska Annaler, Band XLV, 1963, Heft 4, S. 243—250.

WILLIAM-OLSSON, W.: Die Bevölkerungsweltkarte 1 : 1 000 000. Geogr. Taschenbuch 1962/63, Wiesbaden. F. Steiner, 1963, S. 320—322 und 1 Tafel.

WITT, W.: Thematische Kartographie. Methoden und Probleme, Tendenzen und Aufgaben. Veröff. d. Akademie f. Raumforsch. u. Landesplanung, Abhandlungen Band 49, 2. Auflage; Hannover, Jänecke, 1970. 576 S. mit zahlreichen Tafeln.

— Kartographie — Kunst, Semiotik, Kommunikation. Festschrift für Ernst Winkler — Zürich, zum 65. Geburtstag (Manuskript, noch nicht erschienen).

ÖSTERREICH

Standortanalyse der Eisen und Metall verarbeitenden Industrie Österreichs [1]

Gunther Chlupac, Mödling

1. Natürliche Grundlagen und Lokalisationsbedingungen der Eisen und Metall verarbeitenden Industrie [2]

Jede Verarbeitung von Rohstoffen, die ja der originären, d. h. der Urproduktion entstammen, ist grundsätzlich nicht mehr in dem Maße räumlich gebunden, wie dies bei der Urproduktion selbst fast ausnahmslos der Fall ist [3]. Zu dieser Tatsache tritt die Erscheinung, daß in einem ähnlichen Verhältnis wie das Ausgangsmaterial immer mehr verformt, verändert und durch weitere Stoffe ergänzt wird, der dazu notwendige Prozeß, die Erzeugung, immer mehr von anderen Kräften als der Rohstoffbindung bei der Lokalisierung bestimmt wird. Die Ursache ist dabei zweifellos das Kostendenken des nach dem ökonomischen Prinzip handelnden Menschen, der die natürlichen Faktoren erst dann mit Hilfe technischer Mittel verstärken, umlenken oder ausschalten möchte, wenn er dazu eine zwingende ökonomische Notwendigkeit erblickt. Eisen, Stahl und alle übrigen Metalle sind nun Stoffe, bei deren Verarbeitung und Verwertung am Markte infolge der relativ großen Quantitäten und des hohen spezifischen Gewichtes die oben angedeuteten Prinzipien in besonders deutlicher Weise zur Geltung kommen. Obwohl die Entwicklung des Verkehrswesens, insbesondere tarifpolitische Maßnahmen, die räumlichen Abhängigkeiten verflachen, bleibt dieses Prinzip doch unangefochten.

Erst die Technisierung der Verkehrswege und Verkehrsmittel konnte zu Lande und zu Wasser immer weitgehender die Verarbeitung von Eisen und Metallen räumlich von den Erzgewinnungs- und Hüttenbetrieben verlagern, soferne dazu wirtschaftliche Anreize oder zwingende Umstände vorhanden waren. Wenn jedoch die natürlichen Grundlagen so vorteilhaft strukturiert waren, wie etwa in den westeuropäischen Industrieländern, daß z. B. Kohle und Eisen nahe beisammen lagen und diese Gebiete darüber hinaus noch durch eine vortreffliche agrarische Nutzung dicht besiedelt waren und noch weiter besiedelt werden konnten, so waren damit natürlich bedingte Idealzustände vorhanden, die keine entscheidenden Spannungen für eine Standortverlagerung

---

[1] Der vorliegende Beitrag entstammt im wesentlichen der vom Verf. an der Lehrkanzel L. SCHEIDLs ausgearbeiteten Dissertation: Die Eisen und Metall verarbeitende Industrie Österreichs (Standortprobleme, Struktur und Leistung), Wien 1966. Diese Diss. hatte zufolge der großen Anzahl der u. a. mit mehreren Fragebogenaktionen untersuchten Standorte sowie zufolge der Unterschiedlichkeiten in den Standorterfordernissen der beteiligten Industriezweige den Charakter einer Übersichtsarbeit, die z. T. auch die Vorstufe enger abgegrenzter industriegeographischer Einzeluntersuchungen bildete. Vom Verf. wurde in diesem Zusammenhang auch eine Standortekarte über die „Eisen und Metall erzeugende und verarbeitende Industrie Österreichs" für den Österreich-Atlas entworfen, die auch der Diss. beigelegt wurde und nach Möglichkeit zur Illustration dieses Beitrages herangezogen werden sollte; siehe H. BOBEK u. a.: Atlas der Republik Österreich, hrsg. v. d. Österr. Akad. d. Wiss., Karte IX/5, 2. Lieferung, Wien 1963.

[2] Der Begriff „Eisen und Metall verarbeitende Industrie" wird nachstehend mit EMVI abgekürzt. Die im Titel zum Ausdruck kommende Trennung zwischen Eisen und den übrigen Metallen ist ein Zugeständnis an die in Österreich auf diesem Sektor bestehende Terminologie.

[3] Z. B. bildet die technische Sauerstofferzeugung nach dem Prinzip der Luftverflüssigung bei einiger Spitzfindigkeit eine Ausnahme, da der primäre Rohstoff (noch!) eine der wenigen, echten „Ubiquitäten" im Sinne WEBERs ist.

oder Dezentralisierung der Verarbeitungsbetriebe verursachten. Die Entwicklung der EMVI des Ostalpenraumes oder etwa des Bergischen Landes hat jedoch einen von vielseitigen Spannungen gerichteten Weg eingeschlagen. Die ursprünglichste räumliche Bindung erfährt die EMVI derzeit noch immer seitens der vorgelagerten Hüttenbetriebe. Dies gilt umso mehr, je niederstufiger die Erzeugung ist und je mehr das kostenmäßig weniger belastbare Eisen und der Stahl die vorwiegenden Ausgangsmaterialien sind. Betriebe, die eher oder ausschließlich NE-Metalle verarbeiten, zeigen im allgemeinen eine geringere Rohstofforientierung, da die NE-Metalle teurer sind als Eisen oder Stahl[4]. Eine geringe Bindung an die Standorte der Hüttenindustrie weisen z. B. die Erzeugungsbetriebe von Hart- und Sintermetallen auf, da die von ihnen benötigten Ferrometalle zumeist aus weit verstreuten Produktionsstätten stammen. Eine stark abnehmende Rohstoffgebundenheit ist ferner bei allen höherstufigen Erzeugnissen der EMVI vorzufinden.

Die Energie- und Hilfsstofforientierung war früher bei der EMVI und deren Vorläufern sehr stark ausgeprägt, ist jedoch heute infolge der dezentralisierenden Wirkung der örtlich kaum gebundenen Wandelbarkeit von elektrischer und kalorischer Energie in kinetische Energie sehr weit zurückgegangen. Trotzdem ist das vorzufindende Beharrungsvermögen vieler einschlägiger Betriebe in den Alpentälern nicht zuletzt auf die mitunter sehr bedeutenden Energie-Eigenversorgungsanlagen an den Wasserläufen zurückzuführen, die Kostenvorteile mit sich bringen. Dies ist jedoch bereits ein für die heimische Industrie spezifischer Faktor.

Ganz allgemein muß hier noch auf eine Wandlung durch die Verwendung von Erdgas hingewiesen werden. Es zeigt sich, daß die Versorgungsmöglichkeit mit Erdgas, also das Erdgasnetz, auch für die Verarbeitungsindustrie gegenseitig anziehende Kräfte besitzt, da beispielsweise für Gießpfannen, Temper- und Glühöfen, Spritzmaschinen, galvanische Bäder und dergleichen mehr sehr gerne diese fein regulierbare Heizungsmöglichkeit verwendet wird. Die Verwendung von Erdgas ist jedoch eine sehr allgemeine Erscheinung auf dem Energiesektor, da sich auch zahlreiche andere Industriebereiche die transportmäßigen und heizungstechnischen Vorteile des Erdgases zunutze machen. Noch umfangreicher ist die Verwendung des Erdgases natürlich in der Hüttenindustrie, wo heute Hochöfen, SM-Öfen, Glüh-, Schmelz-, Kupol-, Vergütungs- und Kerntrockenöfen mit Erdgas beheizt werden. Ausgesprochen energieorientierte Standorte treten in der Hüttenindustrie auf, insbesondere bei Aluminium-, Roheisen- und Stahlerzeugung und bei verschiedenen elektrolytischen Gewinnungsverfahren. Von den Verarbeitungszweigen weisen lediglich die Gießerei- und Metallindustrie sowie die niederstufigen Zweige der Eisen- und Metallwarenindustrie eine größere Empfindlichkeit gegenüber Energiekosten auf.

Orientierungen nach Hilfsstoffen treten auf dem Eisen- und Metallsektor heute nicht mehr auf, obwohl ein gewisser Einfluß vor allem von Nutzwasser bei der Hüttenindustrie und bei elektrolytischen Erzeugungsprozessen besteht. Auch die in der Gießereiindustrie benötigten Formsande spielen als Hilfsstoffe eine gewisse Rolle.

Die Verkehrs- oder Transportkostenorientierung steht einerseits mit der schon besprochenen Rohstoff- oder Beschaffungsorientierung und andererseits

---

[4] Dies gilt natürlich nicht für bestimmte Qualitäten der Edelstahlindustrie, die mitunter um ein Vielfaches teurer sein können als Buntmetallhalbzeuge.

mit der Absatzorientierung in engem Zusammenhang. Die Verkehrsorientierung der EMVI ist nach der Beschaffungsseite ungleich stärker ausgeprägt als nach dem Absatzmarkt hin. Der Grund dafür liegt wie auch bei den meisten übrigen Industriezweigen in der Tatsache, daß die Streuung der Absatzräume viel größer ist als jene der Beschaffungsräume. Auch zahlenmäßig sind die einzelnen Absatzorte viel häufiger als die Beschaffungsorte. Dies ist zweifellos ein Merkmal, das verschiedenen Industriezweigen anhaftet und völlig im Gegensatz etwa zur landwirtschaftlichen Aufbereitungsindustrie steht, für die jeder Landwirt und Produzent ein Rohstofflieferant ist, während der Absatzraum sowohl völlig gestreut oder von Verarbeitungs- oder Siedlungszentren bestimmt sein kann. Es läßt sich jedoch eine räumliche wirksame Gesetzmäßigkeit bei der EMVI insoferne feststellen, als mit zunehmender Zahl und Verschiedenheit der zu verarbeitenden Vormaterialien eine Standortorientierung der Betriebe zu den Marktzentren oder Zentren sonstiger Industrien oder ganz allgemein zu den Räumen der Bevölkerungsmassierung auftritt. Diese Erscheinung wirkt auch über die politischen Grenzen hinweg, wenn bedeutende Anteile der Produktion in benachbarte Länder exportiert werden. In Österreich neigen zu dieser Absatzmarktorientierung einige Zweige der Eisen- und Metallwarenindustrie und der Maschinenindustrie und vor allem der Stahl- und Eisenbauindustrie. In westeuropäischen Ländern ist der Trend auch bei etlichen anderen einschlägigen Fertigungszweigen, wie etwa bei der Fahrzeugindustrie, zu beobachten. Bei der Beurteilung einzelner Betriebsstandorte nach obigem Gesichtspunkt müssen jedoch vorher alle anderen Möglichkeiten einer Orientierung ausgeschlossen werden.

Die Verkehrsorientierung der EMVI weist auch eine Komponente auf, die nicht den Güterverkehr der Beschaffungs- und Absatzseite berücksichtigt, sondern den Personenverkehr. In städtischen Industrieräumen entsteht eine intensive Wechselwirkung zwischen Großbetrieb und den urbanen Verkehrsmitteln, die sich meistens in ihrer Linienführung und Frequenz den Erfordernissen anpassen müssen. In den letzten Jahren sind auch Fragen des Parkraumes für Großbetriebe zu bedeutsamen Faktoren geworden. Bei Einzelstandorten, vor allem auf dem Lande, sind insbesondere bei weitem Einzugsbereich der Arbeitskräfte Stationsnähe, Zubringerdienste, gut ausgebaute Zufahrtswege und dergleichen mehr auch für den Personenverkehr von Bedeutung bzw. stehen in Wechselwirkung mit lokalen Standortentscheidungen.

Der qualitative und quantitative Zusammenhang zwischen den Leistungen der EMVI und dem Industrialisierungsgrad eines Landes ist besonders eng. Dieser Tatsache muß nähere Beachtung geschenkt werden. Für die Entwicklung einer leistungsfähigen EMVI bedarf es mehr als genügend Rohstoffe, Energie, Expansionsraum und Menschen. Zu diesen prinzipiellen Voraussetzungen tritt die absolute Notwendigkeit einer bereits vorhandenen „Grundindustrialisierung", die ein Mindestmaß an einer anpassungsfähigen und intelligenten Industriearbeiterschaft aufweist und die mitunter den ersten Anstoß zur Entwicklung einer Produktionsgüterindustrie verursacht. Außerdem muß das technische Schulwesen aller Grade gut entwickelt sein, die wissenschaftliche und mathematisch-physikalisch-technologische Forschung muß einen Mindestumfang erreicht haben. Vor allem für jene Zweige der EMVI, welche sich mit der Produktionsgütererzeugung befassen, also für die Maschinen-, Stahl- und Eisenbauindustrie, ist ein genügend großer inländischer Absatzmarkt und daher die Grundindustrialisierung nötig, um jenen unmittelbaren Zusammenhang und

Erfahrungsaustausch mit den Benützern der Produktionsgüter zu sichern, welcher für eine erfolgreiche und expansive technische Weiterentwicklung unerläßlich ist.

Die EMVI ist somit in ihrem qualitativen und quantitativen Potential stark von den übrigen Industriezweigen ihres Wirkungsraumes abhängig. Sie wird daher als Investitionsgüterindustrie erst dann genügend Basis zur Entwicklung finden, wenn zumindest die Grundstoffindustrie ihre ersten Entwicklungsstadien hinter sich gebracht hat. Ein Blick auf die Industriestruktur der Entwicklungsländer bestätigt diese Feststellung.

Die Orientierung nach Arbeitskräften tritt seit den Spannungen auf fast allen mittel- und westeuropäischen Arbeitsmärkten auch für die Eisen und Metall verarbeitende Industrie relativ stark auf, da diese zu den arbeitsintensivsten Wirtschaftszweigen zählt. Die Folgen dieser Tatsache sind einerseits ein umfangreiches Pendlerwesen und andererseits die Standortverlagerung von Betrieben. Der Grad dieser Erscheinung ist allerdings je nach Fertigungszweig unterschiedlich.

Wenn diese konjunkturelle Komponente gleichermaßen die aktuelle, dynamische Seite der Arbeitskraftorientierung darstellt, so gibt es auch eine statische, gleichfalls vom Fertigungszweig abhängige Standortorientierung nach Arbeitskräften. Diese letztere hängt bei der EMVI vom Anteil der zur Erzeugung benötigten Facharbeitskräfte ab. Facharbeiter und ein bestimmtes Reservoir an solchen gibt es jedoch meist nur in großen Städten oder im Nahbereich bestehender Industriezentren. Dies möge hier andeutungsweise genügen, da auf diese Frage noch genauer eingegangen werden wird.

In der EMVI sind auch räumliche Agglomerationen und Konzentrationstendenzen im Sinne WEBERS [5] feststellbar. Unter Agglomeration versteht WEBER die horizontale, räumliche Konzentration von industriellen Erzeugungsbetrieben. Die Gründe dieser Erscheinung liegen in der Dominanz einzelner Faktoren des Agglomerationsraumes. Bei allen Agglomerationen tritt mindestens ein Standortfaktor bedeutend hervor, der gleichartige Betriebe räumlich kumuliert. Bei der EMVI sind es neben den grundlagenbedingten, gemeinsamen Motiven, wie etwa einer Rohstofforientierung, vor allem technologisch-verfahrensmäßige, konkurrenzbedingte Gründe, deren Ursprung zeitlich mitunter weit zurückreicht, wie etwa bei der Büchsenerzeugung, oder die extreme Abhängigkeit von Spezialfacharbeitern, wie dies in der Uhren- und Instrumentenindustrie vorkommt, oder es liegen die Ursachen in gewissen Fühlungsvorteilen mit Großabnehmern anderer Industriezweige oder öffentlicher Stellen, wie dies gelegentlich bei Sparten der Maschinen-, Stahl- und Eisenbauindustrie und bei der Fahrzeugindustrie anzutreffen ist. Die effektiven Erzeugungsbetriebe lassen sich jedoch durch Fühlungsvorteile dieser Art heute nicht mehr lokalisieren. Verwaltungs- oder Geschäftsstellen übernehmen die Wahrung von Fühlungsvorteilen, während die Erzeugungsbetriebe in ihrer Standortwahl nur direkte Standortfaktoren berücksichtigen

Die räumlichen Konzentrationen nicht agglomerativer Art sind vertikale Konzentrationen, die, wie schon eingangs erwähnt worden ist, insbesondere von der Eisen, Stahl und Metall schaffenden Industrie ausgehen, aber auch von den höherstufigen Fertigungsbereichen, soweit deren Erzeugnisse nicht schon aus Finalprodukten bestehen. Die vertikale räumliche Konzentration

---

[5] A. WEBER: Die Reine Theorie des Standortes, 1. Teil: Über den Standort der Industrien. Tübingen 1909.

vom Erzeuger des Finalproduktes in Richtung vorgelagerter Betriebe tritt u. a. bei der Fahrzeugindustrie auf, die Zulieferungsbetriebe in deren Standortwahl wesentlich beeinflussen kann.

Schließlich muß noch in diesem Zusammenhang auf eine international zu beobachtende Entwicklung hingewiesen werden, die unmittelbar nicht sofort zu räumlichen Betriebskonzentrationen führen muß und ihrem Wesen nach von der finanziell-rechtlichen Seite der Unternehmenskonzentration ausgeht. Von der EMVI zählen zu diesen Zweigen die kapitalintensiven Branchen wie etwa die Maschinen-, Motoren,- Fahrzeug- und Flugzeugindustrie. Obwohl solche Unternehmungen anfänglich aus vielen Teilbetrieben bestehen, finden später oft Zusammenlegungen einzelner Werke statt. Als Beispiel sei etwa FIAT erwähnt, ein Konzern, der von Automobilen bis zu Schiffsdieselmotoren, Düsentriebwerken, Flugzeugen, Turbinen und Kraftwerkseinrichtungen einen breiten Sektor der gesamten höherstufigen Eisen und Metall verarbeitenden Industrie bearbeitet. Auch deutsche, britische, französische und amerikanische Konzerne arbeiten in ähnlicher Breite. Die Wirkungen solcher Zusammenschlüsse resultieren in noch stärkerer industrieller Arbeitsteilung bzw. in räumlicher Konzentration gleichartiger Erzeugungsprozesse, soweit nicht sonstige Faktoren Einfluß nehmen. Vielfach kommt es dabei früher oder später zu Stillegungen veralteter, ungünstig liegender Betriebsstätten, und die Chance des Nullpunktes wird insoferne genützt, als konzentrierte Neugründungen an optimalen Standorten vorgenommen werden. In den vergangenen Jahren wurde diese Entwicklung durch den Mangel an Arbeitskräften abgestoppt, sodaß neben räumlichen Konzentrationen auch Dezentralisationen der Erzeugung in Erscheinung treten. Dies ist insbesondere in der europäischen Fahrzeugindustrie, aber auch z. B. in der Elektroindustrie zu beobachten. In diesen Industrien gab es in den vergangenen Jahren Zusammenschlüsse und Aufkäufe gleichartiger Unternehmungen, die überwiegend der Sicherung von Arbeitskräften für die weitere Expansion dienten.

2. Lokalisationstendenzen der Eisen und Metall verarbeitenden Industrie Österreichs

2.1 Standortentwicklungsphasen

Die Standorte der Eisen- und Metallverarbeitung in Österreich sind hinsichtlich ihrer räumlichen Entwicklungsphasen vier wesentlichen Perioden zuzuschreiben:

Periode rohstoffnaher Verhüttung und Verarbeitung

In dieser Periode finden wir die Verhüttung und Verarbeitung absolut rohstofforientiert und damit zugleich dezentralisiert, da eine Vielzahl auch kleinster Erzvorkommen abgebaut wurde („Waldeisen"). Die niederstufige Verarbeitung war lokal energieorientiert und daher in den kurzen Nord-Süd Tälern an den Wasserläufen anzutreffen. Kinetische Energie zum Antrieb der Hämmer lieferten die Flüsse, kalorische Energie zum Reduzieren, Schmelzen oder Erhitzen zwecks Bearbeitung lieferte die Holzkohle. Die Zentren der höherstufigen Verarbeitung waren Handelsstädte mit Stapelrechten, wie z. B. Steyr, Waidhofen a. d. Ybbs, St. Veit a. d. Glan, Althofen und Schwaz. Diese Periode reicht zeitlich uneinheitlich bis etwa 1750—1800.

Periode der beginnenden Industrialisierung

Die Wirtschaftlichkeit technischer Hilfsmittel, neue großtechnische Verfahren und der damit verbundene höhere Kapitaleinsatz zwangen nunmehr zur räumlichen Konzentration in Bergbau, Verhüttung und niederstufiger Verarbeitung. Die Kalt- und Warmwalztechnik sowie die Schmiedetechnik mit den Schmiedepressen und Gesenkschmieden verdrängten den Großteil der Hammerwerke. Die Dampfmaschine bewirkte die Loslösung von den Flußläufen und ermöglichte die Industrialisierung im Flachland und vor allem in Wien. Bevorzugter Entwicklungsraum waren die inneralpinen Längstalfluchten und die Beckenlandschaften (Mur-Mürz-Furche, Unterinntal, Alpenvorland, südliches Wiener Becken und Wien). Der nunmehr mögliche Einsatz von Kohle als neuem Energieträger drängte das österreichische Eisenwesen gegenüber jenem westeuropäischer Länder in die Defensive. Das Eisenbahnwesen entwickelte sich und bewirkte einen ungeheuren Aufschwung der EMVI. Der Bedarf an Eisen, Stahl und Metallen vervielfachte sich. Diese Periode ist bis etwa 1840 anzusetzen.

Periode der Hochindustrialisierung

Die höheren Verarbeitungsstufen der EMVI, vor allem die Maschinen-, Stahl- und Eisenbauindustrie, etablierten sich zumeist verkehrsorientiert längs der entstandenen Bahnlinien in den peripheren Gebieten Wiens, im südlichen Wiener Becken, im Grazer Raum und im Alpenvorland (Stockerau, St. Pölten, Wels). Der Elektromotor begünstigte die Dezentralisierung, führte jedoch oft wieder an die Flußläufe zurück. Die Metallindustrie wuchs über die inländische Rohstoffbasis hinaus. Das Kraftfahrzeugwesen bahnte als neuer Zweig der EMVI seine Entwicklung an. Diese Phase reicht zeitlich bis etwa 1918.

Periode der Stagnation und des neuen Aufschwunges

Die Größenstruktur der EMVI war für die Möglichkeiten der 1. Republik überdimensioniert. Nach Stagnation oder Rückentwicklung einzelner Fertigungszweige erfolgte ein bescheidener Aufschwung in der Kraftfahrzeugindustrie. Die erzwungene Abkehr von den traditionellen östlichen und südöstlichen Märkten in den Jahren 1918 und 1945 wie auch die Industrialisierungswelle der Jahre nach 1938 bevorzugten eher die verkehrs- und rohstofforientierte Standortentwicklung der EMVI im Westen. Die politischen Verhältnisse verstärkten den Westtrend bis zum Jahre 1955. Trotz der Nachholphase, die hernach im östlichen Österreich einsetzte, verzeichneten die Bundesländer Oberösterreich, Kärnten, Salzburg, Tirol und Vorarlberg hinsichtlich ihrer Position in der EMVI gegenüber den traditionellen Räumen Wien, Niederösterreich und Steiermark ein stärkeres Wachstum. Zu dieser Entwicklung trugen die Gründungen in Linz und Ranshofen bedeutend bei, da insbesondere Linz den weiter westlich gelegenen Standorten der EMVI in Salzburg, im Unterinntal sowie auch in Vorarlberg eine räumlich neue Rohstoffbasis bieten konnte. Jedoch auch im Osten Österreichs wurden größere Rüstungsbetriebe aufgebaut, aber im Verlaufe der Kriegs- und Nachkriegsereignisse zumeist wieder total zerstört. Die Marktkonstellation und die niedrigen Eisenpreise begünstigten bis 1960 materialintensive Exporte, wodurch der ohnehin symptomatische Trend zur niederstufigen Fertigung bei der EMVI verstärkt wurde. Erst nach 1960 traten in der EMVI infolge des Wechsels zum Käufermarkt und der anziehenden Konkurrenz wieder Standortfragen in den Mittelpunkt unternehmerischen

Denkens. Zollpolitisch motivierte Standortgründungen traten vor allem in West-österreich auf. In der EMVI kam es insoferne zu Standortspaltungen, als arbeits-intensive Betriebsteile in Räume mit noch nutzbarem Arbeitskräftepotential verlagert wurden. Insgesamt betrachtet erlebte die EMVI jedoch seit 1955 einen starken Aufschwung, wenn auch dabei einige Erzeugungszweige, strukturell bedingt, bedeutenden Wandel erfahren haben.

2.2 Analyse der allgemeinen Standortfaktoren

Es ist naheliegend, einmal sämtliche Einflußgrößen einer Industrielagerung nach der räumlichen Dimension ihrer Ausgangsbasis, Herkunft und Wirkung zu sichten. Dabei möge es zunächst gleichgültig sein, ob der Ursprung solcher Einflußgrößen in der Art und Streuung der natürlichen Grundlagen liegt oder ob er vom Menschen, dem Wirtschaftssubjekt, ausgeht und daher aufgrund technisch-kostenmäßig, wirtschaftspolitisch oder irrational bedingter Willens-äußerungen räumlich wirksam wird. Der Wert einer derartigen Vorgangsweise liegt in der dabei erzielbaren Aufspaltung der verschiedenen Standortorientie-rungen nach ihrer räumlichen Überlagerung.

Auf diese Weise sind bei der EMVI folgende Faktorengruppen festzustellen, die sowohl positiv = fördernd als auch negativ = hemmend interpretiert wer-den können:

(1) überregionale oder Großraumfaktoren
(2) regionale und kleinregionale Faktoren sowie
(3) lokal bedingte Faktoren der Betriebslokalisierung.

Die genannten Gruppen fließen zwar ineinander, doch enthält jede von ihnen charakteristische Einzelfaktoren. Es muß betont werden, daß die Möglich-keiten einer Generalisierung der Standortfaktoren für die gesamte EMVI Österreichs relativ gering sind. Die beobachteten standortemäßigen Ausrich-tungen sind je nach Industriezweig sehr unterschiedlich. Da auf diese Differen-zierungen in einem eigenen Abschnitt eingegangen werden wird, sollen hier nur die gemeinsamen, räumlich bedingten Konnexe behandelt werden.

Zur *großraumbedingten Faktorengruppe* zählt der eigenartige geologische Aufbau der Ostalpen. Nach W. PETRASCHEK [6] ist hinsichtlich der Vererzung der Ostalpen eine „zonare Verteilung" der Erzlagerstätten nachweisbar. Die innerste Vererzungszone wird hiebei von dem erzbringenden Tiefengestein der Zentral-alpen selbst gebildet, wobei vor allem Goldquarzgänge ausgebildet sind, wäh-rend die anschließende nördliche und südliche Grauwackenzone Kupferkies, Fahlerz, Siderit und Magnesit führt und schließlich die jeweils anschließenden Kalkalpen vor allem Blei- und Zinkvorkommen aufweisen. Hinsichtlich der Ost-West-Ausdehnung ist die Vererzung im Westen weitgehend durch Kupfer, Blei und Zink charakterisiert, während der östliche Teil mehr zu eisenhältigen Lagerstätten neigt. Die Ursachen dieser Verteilung der Lagerstätten erblickt PETRASCHEK in der Bildungstemperatur und damit in der Entfernung der einzel-nen Lagerstätten von den Zentralalpen. Leider waren oder sind diese Lager nur vereinzelt wirtschaftlich nutzbar. Die gesamte EMVI des Ostalpenraumes ist zunächst dieser Tatsache zuzuschreiben. Wenn auch immer wieder in den einzelnen Gebieten die Erzgänge versiegten, neue aufgefunden und abgebaut wurden oder sich überhaupt die Erzversorgung völlig umorientieren mußte,

---

[6] W. und W. E. PETRASCHEK: Lagerstättenlehre. Wien 1950, S. 22 f.

so sind viele der heute noch eingenommenen Standorte der Verarbeitungsbetriebe solchen historisch wirksam gewesenen Rohstofforientierungen zuzuschreiben.

Man kann sicher annehmen, daß Österreich ohne den Erzbergbau weit
länger ein agrarischer Wirtschaftsraum geblieben wäre. Noch deutlicher tritt
der großraumbedingte Faktor in Form der klimatischen Verhältnisse und Auswirkungen in Erscheinung. Ohne das günstige, gemäßigte Klima, das sich
natürlich vor allem als siedlungsgeographisch wirksamer Faktor erweist, hätte
kaum neben dem eigentlichen Bergbau schon so frühzeitig eine intensive Weiterverarbeitung der Erze im Ostalpenraum stattgefunden.

In diesem Zusammenhang muß selbstverständlich auch die allgemeine
kulturgeographische Position unseres Raumes berücksichtigt werden. Alle bisher genannten Umstände waren wohl an vielen Orten der Erde gegeben.
Wesentlich war es jedoch für den Ostalpenraum, daß die römische Kultur
und Zivilisation als erste bedeutende Interessengruppe auch die Erze der Ostalpen in steigendem Maße zu nutzen trachtete. Auch der sich langsam entwickelnde alpenländische Menschentypus, der mit großer Erfindungs- und
Gestaltungsgabe versehen ist, muß heute als begünstigender Faktor für die
vielen inzwischen entstandenen Fertigungszweige angesehen werden. Der Ostalpenraum ist ja nicht nur lange das Refugium sich zurückziehender Völker-
schaften gewesen, sondern auch eine Grenz- und Mischzone zwischen Romanen,
Germanen, Slawen und Madjaren [7]. Die aufgezählten Faktoren scheinen vielleicht nur am Rande wichtig zu sein, besitzen jedoch allergrößte Bedeutung.
Zum Vergleich sei z. B. auf tropisch oder subpolar gelegene Erzlagerstätten
hingewiesen. Dort findet aus den oben angeführten naturbedingten Gründen
bisher im wesentlichen keine Weiterverarbeitung der Rohstoffe statt.

Auf der Seite der negativ wirksamen großregionalen Faktoren sei auf folgende Umstände hingewiesen: Für die Eisen und Metall schaffende Industrie
Österreichs ist gegenüber den westeuropäischen Ländern, die in einer jahr-
zehntelangen optimalen Kombination Erze und Steinkohle in benachbarten
Lagern zur Verfügung hatten, der praktisch vollständige Mangel an inländischer Steinkohle zumindest ein großer Nachteil. Ruhrkohle und obermährische
Steinkohle liegen 600 bis 700 km von der österreichischen Schwerindustrie entfernt, ein Umstand, der durch die Fertigstellung des Rhein-Main-Donaukanals
nur kostenmäßig gemildert werden kann. Überseeische Kohle über Triest
kommt noch teurer. Darüber hinaus decken die inländischen — auch qualitativ
unterlegenen — Eisenerzförderungen den Bedarf der stark expandierenden
Eisen und Stahl erzeugenden Industrie kaum mehr zu 50%, sodaß die Basis
der österreichischen Schwerindustrie immer schmäler wird. Die NE-Erze sind
überhaupt viel zu knapp in unserem Lande.

Für die Verarbeitungsindustrie erwachsen aus dieser Rohstoff- und Energie-
situation selbstverständlich standortbedingte Kostennachteile, die sich vor allem
gegenüber den westeuropäischen Konkurrenzindustrien auswirken. Ein weiterer
negativer, großregional bedingter Faktor liegt in der relativen Industriefeind-
lichkeit des gesamten Alpenraumes. Außerhalb des Linzer, Wiener und Grazer
Beckens sind kaum wirklich ideale Industrieeignungsräume in Österreich vorhanden. Die Alpenlängstäler und die Rheinebene können in ihrer Verkehrs-
gunst kaum mit den Flachländern und Beckenlandschaften nordwesteuropäi-

---

[7] L. SCHEIDL: Die industrielle Entwicklung Österreichs. Mitt. d. Österr. Geogr.
Ges., Band 105, Heft 3, Wien 1963, S. 366.

scher Industriegebiete verglichen werden, die von dichten Eisenbahnnetzen sowie von leistungsfähigen Wasserstraßen durchzogen sind und überdies in der Nähe der großen Seehäfen liegen.

Dies sind etwa die wichtigsten natürlichen Faktoren der ersten Gruppe, die in ihrer Gesamtheit die Größenordnung und die Entwicklungsrichtung der EMVI in Österreich wesentlich bestimmt haben.

Innerhalb Österreichs können folgende *regionale Faktoren* für die Standortentwicklung der EMVI als wesentlich betrachtet werden: Die langgestreckte Form des heutigen Staatsgebietes und sein heterogenes Relief verhindern aus Transportüberlegungen eine ähnlich arbeitsteilige Verarbeitung, wie sie in anderen hochindustrialisierten Ländern anzutreffen ist. Es gibt wenig Zweifel darüber, daß Vorarlberg seine wirtschaftlichen Ergänzungsräume im Falle fehlender politischer Grenzen eher in der Schweiz und in Südwestdeutschland fände als im übrigen Österreich. Ähnlich verhält es sich mit Tirol, dessen Industrie engeren Kontakt zu Südtirol und Süddeutschland besäße, oder mit Salzburg, das zumindest teilweise nach Nordwesten ausgerichtet wäre. Diese Reihe läßt sich bis zum industriereichen Wiener Becken und zur Industriestadt Wien ausdehnen, wo die natürlichen wirtschaftlichen Ergänzungsräume eher im Osten und Südosten zu finden wären. Es folgt daraus, daß z. B. für die im Osten konzentrierte EMVI sogar am Inlandsmarkt bei geringen oder gänzlich abgebauten Zollsätzen bei Lieferung nach Westösterreich durch die Frachtkosten z. B. gegenüber südwestdeutschen Lieferanten erhebliche Einbußen an Konkurrenzfähigkeit entstehen können. Dies gilt selbstverständlich nur für frachtempfindliche Erzeugnisse. Für die mangelnde Arbeitsteilung müssen jedoch auch die ungenügenden Verkehrswege zwischen den einzelnen Landesteilen verantwortlich gemacht werden. Es fehlt sowohl an einer durchgehenden Ost-West-Autobahn als auch an der im Bau befindlichen Südautobahn wie auch an den erst zum Teil in Planung oder im Bau befindlichen günstigen Nord-Süd-Autobahnen zwischen den obersteirischen und den oberösterreichischen Industriezentren oder zwischen Kärnten und Salzburg. Aufgrund dieser Mängel sind die gegenüber der Bahn rascheren LKW-Transporte, der Werksverkehr und die Arbeitsteilung mit Zulieferungsbetrieben nur beschränkt oder kostennachteilig möglich. (Die mangelnde Arbeitsteilung mit Zulieferungsbetrieben hatte vor Einführung der Mehrwertsteuer allerdings auch steuerpolitische Gründe.) Besonders die steirische Stahlindustrie bedürfte der autobahnmäßigen Verbindung mit Oberösterreich, wie auch der Linzer Standort einer günstigeren Straßenverbindung zu den steirischen Verarbeitungsbetrieben bedürfte.
Der Grund hiefür liegt u. a. in der allerdings nur zum Teil realisierten Arbeitsteilung in der Halbzeugindustrie [8].

Die siedlungsgeographisch bedingte Massierung der Bevölkerung im Osten des Landes bewirkt auch in der EMVI eine günstigere Arbeitsteilung in diesem Raume. Die unmittelbare Vorstufe der EMVI, die Halbzeugindustrie, konzentriert sich gleichfalls in der östlichen Landeshälfte, insbesondere in dem geräumigen Alpenvorland, im südlichen Wiener Becken und in der Mur-Mürz-

---

[8] Im Rahmen der ehemaligen Eisenholding wurden für die VÖEST der Blechwalzsektor, für die Österreichisch-Alpine Montangesellschaft der Profilwalzsektor und für die Gebr. Böhler & Co. A. G. und für die Schoeller-Bleckmann Stahlwerke A. G. der Edelstahlsektor als Hauptarbeitsgebiete vereinbart. Derzeit sind im Rahmen der durchgeführten Fusionen in der Eisen- und Stahlindustrie gänzlich neue Koordinierungen der Produktionsprogramme im Gang, wobei durch die Kostenwirksamkeit der Standortnachteile im obersteirischen Industrieraum grundlegende Standortfragen mit starken tagespolitischen Akzenten erörtert werden.

Furche. In denselben Räumen sowie in Graz und Wien sind auch die Zentren der Verarbeitung konzentriert, sodaß zum Teil die räumliche Bindung an die Rohstoffe als Standortfaktor sichtbar wird. Der Grad dieser Bindung hängt allerdings sehr von dem Industriezweig ab. Um das Städtedreieck Wien, Linz und Graz (mit dem obersteirischen Industriegebiet) lagert sich ein fast industriefreier Saum meist auch weniger dicht besiedelten Agrarlandes, welches jeweils bis zur Staatsgrenze zugleich auch das wesentlichste Ergänzungs- und Einzugsgebiet an Arbeitskräften für die EMVI abgibt. Infolge der mangelnden Industrie wie auch wegen der politischen Randlage, die eine gewisse wirtschaftliche Sterilität verursacht, kommt es aus diesen Landesteilen zu bedeutendem Pendlerverkehr mit den oben erwähnten Industriezentren.

Ein weiterer regionaler Faktor ist die hohe Bevölkerungsdichte der bereits vorhandenen industriellen Konzentrationsräume in Oberösterreich, in den steirischen und niederösterreichischen Industriegebieten sowie in Wien, aber auch z. B. in Vorarlberg. Die meisten Zweige der EMVI, insbesondere die Maschinenindustrie, benötigen relativ viele Facharbeitskräfte, die wegen ihrer höheren Lebensansprüche stärker den Städten zustreben. Schon aus diesem Grunde sind daher viele Betriebe an die dicht besiedelten Gebiete, an Städte wie Wien, Linz oder Graz, gebunden. Auch Industriezentren, deren Arbeitsinhalt auf einem anderen Sektor liegt, wie etwa die Textilindustrie im südlichen Wiener Becken oder in Vorarlberg, üben gewisse Anziehungskräfte auf einzelne Zweige der EMVI aus. Nur jene größeren Betriebe können im allgemeinen auf einer schmäleren Bevölkerungsbasis existieren, die nicht eine bestimmte Berufs-, Alters- oder Geschlechtsgruppe allein beanspruchen, sondern diesbezüglich einen gestreuten Bedarf an Arbeitskräften aufweisen. Was die Struktur der EMVI Österreichs nach Fertigungszweigen anbelangt, sind starke regionale, durch vorhandene andere Industriezweige bedingte Bestimmungskräfte zu erkennen. Dazu zählen z. B. die fördernde Wirkung der gut entwickelten Landwirtschaft, des Bergbaues, des Kraftwerksbaues, der Holzverarbeitung, Papiererzeugung — wie bereits erwähnt —, der Textilindustrie, der Chemischen Industrie wie auch der Nahrungs- und Genußmittelindustrie, die alle u. a. die Entwicklung spezifischer Sparten der Maschinenindustrie forciert haben. Nicht zu vergessen ist ferner die Rückwirkung des Gesamtkomplexes der EMVI auf bestimmte Teilbereiche, wie dies z. B. hinsichtlich des Baues von Hüttenwerkseinrichtungen, Werkzeugmaschinen usw. zutrifft.

Zu den *kleinregionalen Lokalisationskräften* sind zufolge der besonderen topographischen Struktur Österreichs prinzipiell Flußläufe als natürliche Leitlinien des Verkehrs zu rechnen. Solche natürlich bedingte Lokalisationen führen unter Umständen zu den Gesamterscheinungen der „Industriegassen" und sind wohl historisch gesehen bei der EMVI auf die Energie- und Verkehrsorientierung zurückzuführen, doch haben erst später auch Neugründungen anders orientierter Betriebe das heutige Bild derartiger Industriegassen entstehen lassen. Die Standortentwicklung der EMVI läuft dabei sehr eng mit allgemeinen siedlungsgeographischen Erscheinungen parallel. Die wichtigsten dieser Industriegassen sind von Osten nach Westen betrachtet das Steyrtal, das Traun- und Agertal sowie das Unterinntal und zum Teil auch das österreichische Rheintal. Die extreme Verkehrsorientierung der beiden Schiffsbauanstalten an der Donau kann auch als regional bedingt gelten, wobei allerdings ein hoher Grad einer grundsätzlichen technisch-natürlichen Gebundenheit gegeben ist.

Verschiedene neue Betriebsgründungen, vor allem entlang der nordwest-lichen Grenzräume Österreichs, gehen auf zollpolitische Kalkulationsüberlegun-gen zurück. Mit Hilfe von Zweigbetrieben werden zumeist Montagearbeiten im Zollvormerkverkehr in Österreich erstellt und die Erzeugnisse anschließend exportiert. Es handelt sich dabei vielfach um Betriebe, die zunächst vom Stammhaus mit fertigen Bauteilen beliefert werden, aber später häufig auch vollintegrierte Erzeugungen vornehmen. Die Methode findet auch in anderen Industriezweigen, z. B. bei der Elektroindustrie, Anwendung. Zu unterscheiden sind davon Beteiligungen, Aufkäufe größerer Betriebe und größere Betriebs-neugründungen ausländischer Unternehmungen, die zugleich oder vorwiegend das noch günstige Arbeitskräftepotential zu verwerten trachten. Gründungen dieser Art erfolgen laufend im gesamten Bundesgebiet, wobei jedoch meistens bestehende Betriebsstandorte ausgebaut werden. In letzter Zeit führten derar-tige Ausschöpfungen des Arbeitskräftevolumens der westlichen Grenzräume zu Abwanderungen bestehender Betriebe oder arbeitsintensiver betrieblicher Teil-bereiche in Gebiete mit noch nutzbarem Arbeitskräftepotential. Ausweichlösun-gen bieten sich seit einigen Jahren allerdings auch bei Erzeugungen mit leicht anlernbaren Arbeitstätigkeiten durch den Einsatz von Gastarbeitern an. Hier-bei kommt es damit zu einer Umkehr der Anziehungskräfte, da die bei uns zumeist vorherrschende Seßhaftigkeit der Arbeitskräfte durch die hohe Mobi-lität der Gastarbeiter als Standortfaktor neutralisiert wird.

Damit können nunmehr die *lokalen Standortfaktoren* erörtert werden. All-gemein lokale geographische Tatsachen, wie Grund- und Bodenbeschaffen-heit, kleine Klimaunterschiede, Seehöhe, Windverhältnisse und Niederschlags-mengen sind nur insoferne auf die Standortwahl von Einfluß, als sie zugleich auch starke siedlungsgeographische Auswirkungen besitzen. Vor allem ist ein solcher Einfluß bei jenen Betrieben bemerkbar, die einen historisch bedingten Standort einzunehmen scheinen, in Wirklichkeit aber aus kleinen Handwerks-bzw. Haushandwerksbetrieben entstanden sind und daher eng von lokalen Sied-lungsfaktoren abhängig waren. In solchen Fällen muß daher auf siedlungs-geographische Faktoren zurückgegriffen werden, die natürlich häufig engster lokaler Natur sind. Beispiele hiefür sind im gesamten Untersuchungsraum anzu-treffen.

Innerhalb von größeren Orten oder Städten ist die vorherrschende Wind-richtung ein relativ starkes Weisungselement für die Standorte der EMVI. Ein Blick auf einige Städte mit stark entwickelter einschlägiger Industrie beweist diesen Umstand. Obwohl die Entwicklung von Rauchgasen besonders bei der Schwerindustrie besteht, ist doch vor allem bei den älteren großen Betrieben der EMVI stets ein Heizhaus mit einem entsprechenden Abzug vorhanden. Am deutlichsten sind diesbezüglich die Beispiele Wien und Linz, doch ist die standortlenkende Wirkung auch bei vielen kleinen Städten wie etwa Mödling, Stockerau, St. Pölten oder Wels zu beobachten, wo gleichfalls westliche Winde vorherrschen und daher die Standorte der EMVI eher im Osten zu finden sind. Gelegentlich ist auch bei sehr kleinen Orten, mit nur einem Betrieb, die gleiche Wirkung der Windverhältnisse zu beobachten, allerdings erst bei den Betrieben, die frühestens aus der Gründerzeit stammen, wie dies bei einigen Standorten im südlichen Wiener Becken und im niederösterreichischen Alpenvorland gut zu sehen ist.

Es ist auch bekannt, daß die Güte und damit die Preise der Böden einen weitgehenden Einfluß lokaler Art auf die Industrieniederlassungen ausüben. In den schon dichter verbauten Gebieten spielen die meist sehr hohen Bodenpreise eine ausschlaggebende Rolle. Die peripheren Standorte der Großbetriebe in Wien oder in Graz sind weitgehend auf Einflüsse der Bodenpreise zurückzuführen. Auch die gelegentlich vorkommenden völligen Verlagerungen von Betrieben sind nicht nur dem absoluten Platzmangel für betriebliche Erweiterungen zuzuschreiben, sondern auch der Ausdruck dafür, daß die Werte der verbauten Grundstücke mit der dabei resultierenden Nutzung nicht mehr in Einklang stehen. In Wien führte dies zu etlichen Betriebsverlegungen, wobei die alten Betriebsstätten entweder zu Verwaltungs-, Repräsentations- oder Lagergebäuden umgebaut oder aber die Grundstücke verkauft wurden. Als Beispiel hiefür kann das Industriezentrum Liesing gelten, in dem sich bisher einige Betriebe der EMVI angesiedelt haben, deren ursprüngliche Standorte nahe dem Stadtzentrum lagen. Die Planung größerer Betriebserweiterungen sind natürlich im Falle der Liesinger Betriebe gleichfalls maßgebend an der Verlagerung beteiligt gewesen. Es ist hier der Hinweis angebracht, daß die EMVI vorwiegend an horizontal verlaufende Arbeitsprozesse gebunden ist, die bei der Eisen-, Stahl- und Metallhalbzeugherstellung, beim Eisen- und Stahlkonstruktionsbau sowie natürlich auch beim Großmaschinenbau und beim Bau großer Serien von Fahrzeugen zu einem hohen Flächenbedarf führen. Zum Unterschied zu den genannten Gruppen ist der Raumbedarf bei vielen Sparten der Eisen- und Metallwarenerzeugung und auch im Kleinmaschinenbau relativ gering. Die lokalen Standortentscheidungen sind daher auch von der Produktion über den Platzbedarf her beeinflußt.

Eine sehr lokal bedingte Orientierung ist oft bei kleinen Zulieferbetrieben feststellbar, die sich von anderen Erzeugungstätigkeiten auf die Erfordernisse naheliegender Großbetriebe umstellen oder überhaupt Neugründungen sind. Es handelt sich bei solchen Standorten um eine spezielle Art der Absatzorientierung, da häufig nur e i n wesentlicher Abnehmer die Anziehungskraft ausübt. Solche Fälle treten in der EMVI relativ oft auf. Als Beispiel seien die kleinen Zulieferbetriebe der Steyr-Daimler-Puch A. G. in Graz genannt, welche in Graz selbst und in der Umgebung dieser Stadt liegen, oder ähnliche Verhältnisse, bei den großen Betrieben in Wien, Linz, Steyr und Wels. Die Großbetriebe gehören dabei fast immer der arbeitsintensiven Finalindustrie an. Eine zweite Art der Absatzorientierung kann bei einzelnen Sparten der Eisen- und Metallwarenindustrie beobachtet werden. Hier stellen die Käufer als Gesamtheit, der nahe und dichte Absatzmarkt, die anziehende Kraft dar. Die Auswirkung des Marktes reicht jedoch bei der EMVI nicht zu einer Lokalisierung des Betriebes an einer ganz bestimmten Stelle des Absatzraumes aus, sondern der engere Standort wird durch sonstige, vielfach auch persönliche Faktoren bestimmt. Die Haus- und Küchengeräteindustrie, die Betriebe vieler sonstiger Eisen- und Metallwarenerzeuger und vor allem auch die Zentralheizungs- und Lüftungsbauindustrie neigen zu solchen Absatzorientierungen.

Gelegentlich sind auch intensive Konnexe der EMVI mit anderen, lokal verankerten Industriezweigen anzutreffen, ohne daß von einer Orientierung gesprochen werden kann. Solche Verbindungen bestehen auf verschiedenen Ebenen. Auf der Beschaffungsseite bewirken etwa völlig lokal bedingte Industriekonstellationen die Neuentwicklung von Erzeugnissen. Ein Beispiel hiefür ist in Vöcklabruck gegeben, wo eine Stahlbaufirma zusammen mit einem großen Baustofferzeuger Fertigbauteile herstellt. Ähnliche Symbiosen entwickeln sich in zunehmendem Maße zwischen dem Kunststoffsektor, also der chemischen Industrie, und der Eisen- und Metallwarenindustrie.

Eine zweite Ebene lokaler Ergänzungen ergibt sich aus der je nach Industrieart unterschiedlichen Beschäftigungsstruktur. Die neu aufgebaute Gablonzer Industrie, die fast ausschließlich weibliche Arbeitskräfte einsetzt, befindet sich auf der Traun-Ennsplatte in einer Kleinregion zwischen Steyr, Enns und Wels, deren Charakteristikum das Vorherrschen von Arbeitsplätzen für männliche Arbeitskräfte ist. Auch in Gebieten Niederösterreichs und der Steiermark finden wir ähnliche Konstellationen.

Wegen des hohen spezifischen Gewichtes der verarbeiteten Stoffe, deren Menge und der besonderen Arbeitsintensität der Erzeugung zeigt die EMVI gegenüber anderen Industriezweigen eine besonders starke Bindung an verkehrsmäßig gut aufgeschlossene Standorte. Das heißt, es werden vor allem Umladungen standortmäßig gemieden, sodaß ab einer bestimmten Betriebsgröße auf Bahnanschluß großer Wert gelegt wird. Andererseits bedingt die Arbeitsintensität und die damit verbundene relativ hohe Beschäftigtenzahl zumeist ein ausgezeichnetes lokales Verkehrsnetz für den Personenverkehr. Bei diesem Umstand sind aber auch die starken Gegenwirkungen expandierender Großbetriebe auf die verkehrsmäßige Erschließung und auf den Ausbau der Energie- und Wasserversorgung ihrer Standorte zu beachten. Bei vielen historisch-energieorientierten Standorten in den Bundesländern war der natürliche Verlauf der Flußbetten in Zusammenhang mit kleinen Bauvorteilen bei der Errichtung von Wehr- und Stauanlagen ein sehr lokal begrenzter, aber unmittelbar wirksamer Standortfaktor für die Betriebsgründung. Heute ist eine auch nur annähernd so starke Energieorientierung bei den verarbeitenden Betrieben nicht mehr anzutreffen. Die standortresistenten älteren Betriebe sehen allerdings in den meist vorhandenen Eigenkraftanlagen einen wesentlichen Vorteil. Lokal oder kleinregional bestimmt ist auch die insbesondere bei der Maschinen-, Stahl- und Eisenbauindustrie vorkommende Abhängigkeit von Facharbeitskräften. Ein einschlägig entwickeltes Lehrwesen ist an Orten größerer Zentralität und vor allem an Städte gebunden. Aus der durchgeführten Befragung geht hervor, daß alle facharbeitsintensiven Betriebe außerhalb der großen Zentren der EMVI nur unter besonderem Aufwand, nämlich durch intensive betriebsinterne Ausbildung, den notwendigen Berufsnachwuchs erlangen können. Es ist verständlich, daß an diesbezüglich ungünstigen Standorten eventuelle Betriebserweiterungen schon aus Gründen der Arbeitskräftebeschaffung auf Jahre im voraus geplant werden müssen und deshalb kurzfristig nur geringe Flexibilität der Kapazität besteht.

Die lokal wirksamen Willensäußerungen bestehen für die gesamte Industrie z. B. in kommunalen oder regionalen Flächenwidmungsplänen, Bauverordnungen und direkten Standortlenkungsmaßnahmen. Die direkt wirksamen Standortlenkungen lassen sich vorwiegend auf lokal begrenzte Begünstigungen für Grund- und Bodenerwerb, Gemeindeabgaben, Kredite oder Kredithaftungen, Abschreibungen und dergleichen zurückführen. Es gibt hierbei insoferne Besonderheiten, als im Gegensatz zu ungelenkten Niederlassungen ein Teil der unternehmerischen Standortentscheidung von kommunalen, verbandsmäßigen oder landesbefugten Stellen übernommen werden. Beispiele dazu finden wir u. a. im Burgenland und im Wald- und Mühlviertel, wo einige Betriebe der EMVI angesiedelt werden konnten. Die stärksten Anziehungsmomente bilden dabei die zur Verfügung stehenden Arbeitskräfte, die allerdings meistens kom-

plett umgeschult werden müssen, sowie die erleichterte Kreditaufbringung.
Durch eine kritische Auswahl der Betriebe hinsichtlich der Standorterforder-
nisse soll das Standortrisiko für alle Beteiligten auf ein Mindestmaß reduziert
werden [9]. Der Unternehmer wird in solchen Fällen der Standortlenkung klar
kalkulieren müssen, ob die Vorteile die Nachteile durch zusätzliche Transport-
kosten, teurere Kommunikation, höhere freiwillige Sozialleistungen usw. überwiegen. Auf jeden Fall ist zu berücksichtigen, daß die Standortvorteile solcher
Betriebsgründungen zum Teil nur temporär sein werden. Die Auswahl in Frage
kommender Betriebe erfolgt deshalb mit Bedacht, wobei vor allem Montage-
industrie mit Leichtbauteilen, Erzeugungen ohne Facharbeiterschaft etc. angeworben werden.

In der Folge derartiger Lenkungsmaßnahmen nützen allerdings nicht nur
die bisher weniger industrialisierten Gebiete diese Entwicklung für eine echte
Raumplanung aus, sondern auch alte Industrieorte beginnen immer mehr, durch
Schaffung von Industriegeländen oder Industrieparks auf die Standortentwicklung der EMVI und aller übrigen Verarbeitungsindustrien Einfluß zu nehmen. Dies ist auch vielfach schon im Interesse der Landschaftspflege bzw. des
Fremdenverkehrs notwendig.

Auf persönliche, wehrtechnische oder ähnlich begründete Standorte soll
nicht weiter eingegangen werden.

2.3 Standortfaktoren einzelner Industriezweige

Die aus der räumlichen Lagerung der Betriebe resultierenden ökonomischen,
soziologischen, siedlungs- und verkehrsgeographisch wirksam werdenden Spannungen am Standort differenzieren sich in ihrem Gewicht unter anderem in Abhängigkeit von der Art und Menge der erzeugten Güter und damit eng zu-
sammenhängend von der Anzahl und der fachlichen Qualität der dabei beschäftigten Menschen. Mit der Art der Produkte variieren die Bestimmungsele-
mente dieser Spannungen infolge der relativen Lage zu Rohstoffen, zu Energieträgern, zur Bevölkerungs- und Wirtschaftsstruktur des Umlandes, zum Absatzraum, zum Gefüge der Konkurrenten und der übrigen Wirtschaft sowie aus
der Wirkung räumlich oder sachlich gezielter, wirtschaftspolitischer Maßnahmen.

a. Eisen- und Stahlhalbzeugindustrie

Die angeführte Industriegruppe ist funktional aufzufassen, da sowohl die
Stahlindustrie als auch die Eisen- und Metallwarenindustrie in den niederstufigen Teilbereichen ihrer Erzeugung auf dem Halbzeugsektor tätig sind.

Die Halbzeugindustrie steht am untersten Ende einer Skala der Arbeitsintensität der untersuchten Fertigungszweige. Bei dieser Gruppe dominieren
die Kostenanteile des Rohmaterials und bedingen dadurch auch eine zumeist
enge räumliche Verbundenheit mit der Hütten- und Stahlindustrie. Mit wenigen
Ausnahmen sind alle Standorte der Hütten- und Stahlindustrie zugleich auch
solche der Halbzeugerzeugung. Je bedeutender der Bearbeitungsaufwand wird,
desto weniger können sich die Betriebsstandorte von den Standorten der Metall-
und Stahlgewinnung entfernen. Zur gleichen Erscheinung führt auch die fortschreitende Spezialisierung. Diese Gesetzmäßigkeit widerspiegelt sich in den
bereits weitab von den Rohstoffquellen liegenden Halbzeugbetrieben in Krems,

[9] H. SCHILLING: Kriterien der betrieblichen Standortentscheidung. Mitt. d. Österr.
Inst. f. Raumplanung, Nr. 58, Wien 1963, S. 198.

im Traisen- und Ybbstal oder im südlichen Wiener Becken. Mit der zunehmenden Annäherung der Standorte der Halbzeugindustrie an jene der Weiterverarbeiter tritt auch häufig eine ansteigende Verästelung des Produktionsprogrammes auf.

Der Energiebedarf der Halbzeugindustrie ist relativ hoch und wird häufig teilweise aus eigenen Kraftwerksanlagen bezogen. Dies ist umso leichter, da zufolge historischer Konnexe die Standorte fast durchwegs an Flußläufen liegen. Ein Teil der Energie wird in Form von Erdgas zugeführt (Krems, Traisental, Ybbstal, Ternitz, Mur-Mürz-Furche). Alle Halbzeugbetriebe der EMVI besitzen Bahnanschluß; das Feinblechwalzwerk Krems wird auf dem Wasserweg mit Rohstoffen versorgt und verdankt diesem Verkehrsweg seinen Standort.

Hinsichtlich des Bedarfes an Arbeitskräften werden fast nur Männer und von diesen neben einer Schichte von Facharbeitern meistens nur anlernbare Kräfte benötigt, die fast immer im betrieblichen Rahmen ausgebildet werden. Hier finden wir daher relativ geringe Ansprüche an den Arbeitsmarkt und vor allem keinerlei räumliche Ausrichtungen nach demselben.

b. Gießereiindustrie

Die Gießereiindustrie kann aufgrund des Komplementärcharakters ihrer Produkte und Betriebsstätten in technologischer Vorlagerung zu den meisten übrigen Zweigen der EMVI nicht ohne weiteres isoliert betrachtet werden. Im Zuge betrieblicher Erweiterungen anderer Industriezweige zeigt sich eine deutliche, sowohl finanziell-rechtliche als auch räumliche Angliederungsbereitschaft der Gießereien an die nachgelagerten Zweige der Maschinen-, Fahrzeug- und Elektroindustrie. Erst die Nachkriegsjahre haben infolge der Betriebsexpansionen wieder zu gegenläufigen Tendezen geführt. So erfolgten im Raum Wien und im südlichen Wiener Becken Betriebsneugründungen, die Zweigwerke oder Ausgliederungen des Hauptbetriebes darstellen. Die ausgegliederten Gießereien können nur als Betriebsteile betrachtet werden, obwohl die Anteile der Fremdgußerzeugung oft sehr hoch sind. Die Abhängigkeiten der Fremdgußerzeugung sind bei der Standortwahl kaum von Einfluß bzw. nicht unmittelbar geplant. Eigenständige Standorte der Gießereiindustrie entstanden in Oberösterreich, in der Steiermark und in Tirol.

Aus dieser Situation heraus müssen wir die räumlichen Beziehungen der Gießereistandorte zu betrachten versuchen. Während die angegliederten Betriebe oder neuaufgebauten Zweigwerke auch räumlich auf die Hauptbetriebe ausgerichtet sind, unterliegen die selbständigen Betriebe eher einer Rohstofforientierung. Die Rohstoffe der Gießereiindustrie sind vor allem Gießereiroheisen, aber auch Gußbruch, Schrott und Stahl sowie Leicht- und Schwermetalle. Die durch die übrige EMVI stärker industrialisierten Räume bilden daher für die Gießereiindustrie sowohl Einzugsräume der Rohstoffrückgewinnung wie auch bedeutende Absatzgebiete. Dies gilt ebenso für die Umschmelzbetriebe der später zu behandelnden Metallindustrie. Die Gießereiindustrie ist weiters ihrem Absatzraume nach inlandsorientiert, obwohl indirekt über die nachgelagerte Maschinen- oder Elektroindustrie bedeutende Anteile exportiert werden. Die meisten Betriebe, die große Einzelgußstücke herstellen, tendieren räumlich stärker zu den Rohstoffen, wie etwa die Erzeuger von Grau-, Stahl- und Tempergußstücken. Bei derselben Erzeugungsgruppe sind aber auch Betriebe zu beobachten, die kleine Seriengußteile aus Grau-, Stahl- und Temperguß herstellen und standortmäßig teils als Zulieferer Absatzorientierung aufweisen.

Hinsichtlich des Bedarfes an Arbeitskräften ist keine Ausrichtung der Standorte bemerkbar. Es werden vorwiegend Facharbeiter und anlernbare Hilfskräfte benötigt; weibliche Arbeitskräfte finden wenig Verwendung. Für die Anforderungen an den Verkehrsanschluß ist neben der Betriebsgröße vor allem das maximale Gußstückgewicht, von dem auch viele innerbetriebliche Anlagen abhängen, ausschlaggebend. Der Energiebedarf der Gießereiindustrie ist relativ hoch, führt jedoch kaum zu einer Einflußnahme auf die Standortwahl.

c. Metallindustrie

Die Metallindustrie gliedert sich in Hütten- oder Schmelzbetriebe und in Halbzeugbetriebe. Die Rohstoffe der Metallindustrie kosten um ein Vielfaches mehr als Eisen und Stahl und sind aus diesem Grunde auch eher als Eisen und Stahl in der Lage, standortbedingte Kostenanteile zu tragen. Für die Hüttenbetriebe ist die räumliche Bindung an die Rohstoffquellen noch relativ stark ausgeprägt. Dies gilt z. B. für die Kupferhütte Brixlegg, für die Zinkhütte in Gailitz (Elektrolyse) bzw. für die Bleihütte in Arnoldstein. Eine analoge Bindung finden wir bei den Umschmelzbetrieben, die vor allem in Wien und im südlichen Wiener Becken, also in Haupteinzugsgebieten für Altmetalle, ihre Standorte aufweisen. Eine Sonderstellung nehmen in der Metallindustrie die Aluminiumhütten ein, die sich infolge der hohen Kostenanteile für elektrische Energie (Schmelzflußelektrolyse) auch räumlich an Standorte der Energiegewinnung anlehnen, um Übertragungsverluste zu vermeiden. Sowohl in Ranshofen als auch in Lend sind die Aluminiumhütten durch die Nähe der Kraftwerkskette am Inn bzw. in den Hohen Tauern lokalisiert worden. Soweit die Halbzeugerzeugung nicht schon an die oben erwähnten Orte gebunden ist, tendiert sie zu den Hauptabsatzgebieten im Inland. Als Folge sind die Standorte der Aluminiumhalbzeugerzeugung vor allem in Niederösterreich anzutreffen (Amstetten, Marktl, Triesting- und Piestingtal, südliches Wiener Becken).

Wie bei der Eisen- und Stahlhalbzeugindustrie werden relativ wenig Facharbeiter und wenig Frauen beschäftigt. Auch hier kann also noch mit angelernten Arbeitskräften das Auslangen gefunden werden. Die Struktur der Arbeitskräfte zwingt daher auch bei der Metallindustrie nicht zur Lagerung im dicht industrialisierten Raum. Hinsichtlich der Ansprüche an die Verkehrsmittel ist die Metallindustrie als niederstufiger Produktionszweig meistens an einen Eisenbahnanschluß gebunden. Der Flächenbedarf der Produktionsstätten ist groß, da horizontal verlaufende Arbeitsprozesse vorherrschen [10].

Eine Sonderstellung innerhalb der Metallindustrie genießt der Betrieb in Breitenwang/Tirol, der nahezu sämtliche Rohstoffe importiert und den größten Teil der Erzeugung sogar per Luftfracht exportiert. Für diesen Betrieb gilt keiner der oben genannten Maßstäbe.

d. Eisen- und Metallwarenindustrie

Dieser bedeutende Industriezweig ist durch eine extreme Zahl verschiedenartigster Erzeugnisse gekennzeichnet und zeigt daher ein sehr unterschiedliches Bild seiner Lokalisationstendenzen. An fabrikationstechnisch einfache Erzeugnisse reihen sich die Produkte, die in sehr komplizierten Arbeitsgängen hergestellt werden. Neben Kommerz- und Edelstahl werden u. a. Schwer- und

---

[10] Zurzeit sind im Rahmen der verstaatlichten Metallindustrie Fusionierungen im Gange, die möglicherweise auch standortmäßige Konzentrationen nach sich ziehen könnten.

Leichtmetalle, Kunststoffe, Gummi, Holz und Textilien verarbeitet. Materialintensiven Fertigungen stehen lohnintensive gegenüber, vollkommen inlandsorientierten Erzeugnissen stehen ausschließlich exportorientierte gegenüber, und gewisse Erzeugungssparten kämpfen strukturbedingt um ihre Existenz, während andere entstehen oder vortrefflich jeder Konkurrenz am Weltmarkt standhalten.

Nach dem Einsatz und Verwendungszweck ihrer Produktion betrachtet, erzeugt die Eisen- und Metallwarenindustrie Österreichs sowohl indifferente Vormaterialien wie auch investitionsnahe Güter und auch Konsumgüter. Gemeinsame und allgemein gültige Standortfaktoren sind bei einem so heterogenen Industriezweig nur bedingt anzugeben. Wenn bei dem stark gestreuten Verbreitungsbild der Standorte dieses Fertigungszweiges räumliche Konzentrationen hervorgehoben werden sollen, so muß vor Niederösterreich und Oberösterreich der Raum Wien genannt werden. Wie aus der Betrachtung der Standorte hervorgeht, basiert die in Wien so stark vertretene Eisen- und Metallwarenerzeugung in der Absatzorientierung einzelner Erzeugungsgruppen.

Während die übrigen behandelten Industriezweige in ihrer Standortwahl bis auf wenige Ausnahmen primär dem Industriezeitalter zuzuschreiben sind, wurzelt die Eisen- und Metallwarenerzeugung standortmäßig in den betrieblichen Vorstufen einer handwerklichen Fertigung, das heißt also in alten Gewerbebetrieben. Dies ist auch der Grund für die heute noch so großen räumlichen Streuungen dieser Standorte. In dem Zusammenhang sei an die alten Gewerbe der Wiener Metallgalanteriewarenerzeuger und Instrumentenmacher oder etwa an die Sensen- und Sichelhämmer, die Pfannen- und Nagelschmieden, an die Werkzeug- und Waffenerzeugung und andere ähnlich historisch stark verwurzelte Gewerbe erinnert. Die traditionellen Standorte der Eisen- und Metallwarenindustrie in den Bundesländern gehen auf die teils historische Rohstoff- und Energieorientierung zurück, nach deren Fortfall oder doch strukturell bedingten Abbau heute als bedeutendster Standortvorteil lediglich die in ihrer Bodenständigkeit und sozialen Verwurzelung verfügbaren Facharbeiter angesehen werden müssen. Die gegenwärtigen Spannungen auf dem Arbeitsmarkt verstärken diesen Resistenzfaktor bedeutend. Die bisherigen Feststellungen gelten aber nicht für alle Erzeugungsgruppen der Eisen- und Metallwarenindustrie. Einige Gruppen des Bereiches sind neueren Entstehungsursprunges. Dazu zählen die Haus- und Küchengeräte-, Heiz- und Kochapparate-, Armaturen- und Stahlmöbelerzeugung, die optische Industrie und einige andere Gruppen — zum Teil Nachkriegsgründungen — die in ihrer industriellen Entfaltung weit über die älteren Erzeugungszweige hinausgewachsen sind. Gegenüber den aus dem Gewerbe hervorgegangenen Erzeugungszweigen erzielen die meisten modernen Gruppen auch höhere Wertschöpfungen und sind daher in ihren Standortbeziehungen zur Rohstoff- oder auch Absatzseite sehr flexibel. Andererseits sind darunter hochspezialisierte Erzeugungsgruppen, für welche derzeit lediglich der Arbeitsmarkt entscheidende, räumlich wirksame Spannungen erzeugt (feinmechanische und optische Industrie).

Die niederstufigen, materialintensiven Erzeugungsbetriebe der Eisen- und Metallwarenindustrie sind räumlich stärker an die Rohstoffquellen gebunden als die übrigen Fertigungszweige. Unter den niederstufigen Produkten finden wir Profilwalzstahl, Stahlband, Eisen- und Stahlverbindungselemente, Werkzeuge aller Art und Schneidwaren. Die Betriebsstandorte dieser Gruppe sind vorwiegend in den alten Räumen der Eisenwurzen, aber auch in den übrigen

Gebieten der Steiermark und Niederösterreichs anzutreffen (Traisen- und Ybbstal, Mur- und Mürz-Furche, südliches Wiener Becken). Die höherstufigen Zweige sind vor allem in Wien konzentriert. Eine dritte Gruppe von Betrieben ist über das ganze übrige Bundesgebiet verstreut und kann nur von Fall zu Fall hinsichtlich ihrer Lokalisationsgründe definiert werden. Es handelt sich dabei um Betriebe, die teils historisch verankert sind, teils aber auch arbeitskraftorientierte Nachkriegsgründungen darstellen.

Die Eisen- und Metallwarenindustrie ist regional in etlichen ihrer Bereiche sehr deutlich auf die spezifischen Anforderungen anderer, inländischer Wirtschaftszweige ausgerichtet. Darunter fallen z. B. jene Betriebe in Oberösterreich, Niederösterreich und in der Steiermark, die Geräte für die Milchwirtschaft erzeugen, ferner die Erzeuger von Herd- und Küchenanlagen für Fremdenverkehrsbetriebe und ähnliche gewerbliche Zwecke, teils auch die Jagdwaffenerzeugung und die Werkzeugerzeugung. Der Faktor Arbeitskraft ist zusammen mit der Absatzorientierung für die Wiener Betriebe der Eisen- und Metallwarenindustrie als Lokalisationsfaktor anzusetzen. Zu den Charakteristika des Industriezweiges zählt weiters der starke Einsatz weiblicher Arbeitskräfte. Im Durchschnitt beträgt der Anteil weiblicher Arbeitskräfte etwa 40%. Dieser Anteil entspricht zwar etwa dem österreichischen Industriedurchschnitt, ist jedoch für die EMVI extrem hoch. Als räumlich wirksame Folge ist eine hohe Standortflexibilität der Eisen- und Metallwarenindustrie feststellbar, da es Sparten gibt, die mit bis zu 90% und mehr Frauen arbeiten (Erzeugung von Schmuck, leonischen Waren und Spielwaren). Hinsichtlich der Anforderungen an das Verkehrsnetz und an die Verkehrsmittel, wie auch auf dem Sektor der Energieversorgung, sind bei der höherstufigen Eisen- und Metallwarenindustrie keine besonderen lokalisationswirksamen Tendenzen feststellbar.

e. Maschinen-, Stahl- und Eisenbauindustrie sowie Fahrzeugindustrie [11]

Diese beiden Industriezweige befassen sich mit der Erzeugung mittel- und langfristiger Investitionsgüter und sollen aufgrund ihrer sehr ähnlichen Struktur zusammen untersucht werden. Die wesentlichsten Unterschiede bestehen darin, daß die Fahrzeugindustrie gegenüber der Maschinen-, Stahl- und Eisenbauindustrie zumeist eine größere Anzahl von Ausgangsmaterialien und Bauteilen vorgelagerter Industriezweige benötigt. Diese Tatsache ist auf den komplexen technischen Charakter der Fahrzeuge zurückzuführen, die u. a. aus einer Reihe von Maschinen oder Maschinenelementen bestehen. Es sind daher einzelne Erzeugungsbereiche der Maschinenindustrie der Fahrzeugindustrie vorgelagert (Erzeugung von Explosionsmotoren, Zahnradgetrieben, Druckluftausrüstung usw.). Analog dazu sind Bauelemente der Elektroindustrie im Fahrzeugbau unentbehrlich. Insgesamt betrachtet weist die Fahrzeugindustrie eine umfangreiche vorgelagerte Zubehörindustrie auf, während die Maschinenindustrie in weit geringerem Grade von Zulieferern abhängig ist. In der EMVI Österreichs sind jedoch aus dieser Konstellation technologischer Gegebenheiten keine unterschiedlichen räumlichen Lagerungsweisen erkennbar.

Hinsichtlich der Material- und Arbeitsintensität der Erzeugung sind innerhalb der MSEF deutliche Stufungen wahrnehmbar, welche auch in der räumlichen Verteilung der Betriebe wirksam werden. Zu den relativ niederstufigen

---

[11] Nachfolgend mit MSEF abgekürzt.

Erzeugungsgruppen zählen der Stahlbau, der Dampfkesselbau, Teilbereiche des Waggonbaues, der Landmaschinenindustrie sowie der Zentralheizungs- und Lüftungsbauindustrie. Dieser Umstand führt manchmal zu einer lokalen oder regionalen Begrenzung des Wirkungsbereiches derartiger Betriebe, die sich z. B. im Stahlhoch- und Tiefbau und bei der Zentralheizungs- und Lüftungsbauindustrie deutlich zeigen. Die einzelnen Zweige der MSEF lassen starke spezifische Ausrichtungen ihrer Erzeugung zum Raum und zur Struktur der übrigen Wirtschaft erkennen. Unter diesen Gesichtspunkten betrachtet stehen der Turbinen- und Stahlwasserbau, die Landmaschinenerzeugung, die Erzeugung von Werkzeugmaschinen und vor allem Holzbearbeitungsmaschinen, die Werftindustrie, die Textilmaschinenerzeugung und der Seilbahn-, Skilift- und Sessolliftbau in enger kausaler Verbundenheit mit anderen Industrie- bzw. Wirtschaftsbereichen. Sogar die Fahrzeugindustrie weist etwa anhand der Erzeugung geländegängiger wendiger Nutzfahrzeuge oder der Spezialfahrzeuge für die Landwirtschaft erkennbare Verbindungen zum engeren Raum auf. Die mitunter hohen Exportanteile der MSEF sind sehr geeignet, über diese ursprüngliche Verbundenheit der Erzeugung hinwegzutäuschen. Manche der erwähnten Erzeugungsgruppen zeigen auch eine regionale Ausrichtung mit Tendenzen einer in der Maschinenindustrie eher seltenen Absatzmarktorientierung (Erzeugung von Seilbahnen, Skilifts und Sessellifts in den zentralen und westlichen Bundesländern, Werkzeugmaschinen in Oberösterreich und Wien, Landmaschinen in Oberösterreich, Erzeugung von Textilmaschinenbestandteilen in Vorarlberg und in Niederösterreich usw.). Wenn auch von der Wirtschaftsstruktur des Umlandes vielfach nur der erste Anstoß zur Produktion solcher Maschinen erfolgte, so sind doch Verbindungen sichtbar.

Für die MSEF ist die große Abhängigkeit von einer intelligenten Facharbeiterschaft charakteristisch. Die Arbeiterschaft der MSEF besteht zu etwa 60% aus qualifizierten Facharbeitern und weist damit innerhalb der gesamten EMVI den mit Abstand höchsten Prozentsatz auf. In ähnlicher Weise verhält es sich mit den Angestellten, die rund 25% aller in der MSEF beschäftigten Personen stellen. Diese Tatsache verweist auf die Intensität konstruktiver Vorarbeiten, welche für die MSEF in hohem Maße notwendig sind. Frauen werden in der MSEF nur zu einem geringen Anteil beschäftigt. Selbst die beiden Schiffsbauanstalten Österreichs, welche eine extreme Verkehrsorientierung aufweisen, nehmen Standorte im Nahbereich von Großstädten ein, da eine große Anzahl von Facharbeitern benötigt wird. Aus dieser Struktur resultiert die standortemäßige Bindung der MSEF an ein dicht besiedeltes und industrialisiertes Gebiet, welches allein die Anzahl und fachliche Qualität der Beschäftigten bereithalten kann. Die Verteilung der MSEF bestätigt diese Ansicht, da die Konzentrationen in Wien, im südlichen Wiener Becken, im industrialisierten Alpenvorland und auch in Graz und im Unterinntal auftreten. Der Energiebedarf der MSEF bedingt keine regional lokalisierenden Kräfte. Im allgemeinen halten sich die Betriebe der MSEF an ein dichtes Straßen- oder Eisenbahnnetz, da sie zum Teil schon zufolge der Arbeitsteilung einen verkehrsgünstigen Standort einnehmen müssen. Für Großbetriebe ist der Eisenbahnanschluß unumgänglich. Auch viele Mittelbetriebe, deren Erzeugung dem Großmaschinensektor angehört, sind räumlich an dieses Verkehrsmittel gebunden.

Am heutigen Verbreitungsbild der MSEF sind auch historisch-traditionelle Momente stark beteiligt. Die sich entwickelnde Maschinenindustrie nahm vielfach in Wien ihren Ausgang, wo die meisten staatlichen Auftraggeber ihren Verwaltungssitz hatten (Lokomotivenbau, Fahrzeugindustrie).

Eine extreme Absatzorientierung weisen die Reparaturbetriebe der Kraftfahrzeugindustrie auf. Obwohl die meiste Arbeit dieses Sektors vom Gewerbe geleistet wird, sind doch bestimmte Arbeitsprozesse (Kurbelwellen oder Zylinderblöcke schleifen) an einen weitgehend industriellen Betriebstypus gebunden. Die Landeshauptstädte sind meistens der Standort solcher zentraler Kundendienstwerkstätten. Zufolge der hohen Kraftfahrzeugdichte sind aber auch im übrigen Bundesgebiet viele dieser Betriebe anzutreffen.

2.4 Zusammenfassung der Standortfaktoren

Die Eisen und Metall verarbeitende Industrie Österreichs ist in ihrer räumlichen Orientierung und Struktur durch folgende Standortfaktoren bestimmt oder wesentlich beeinflußt:

(1) *Rohstoffe,* das heißt Eisen-, Stahl- und Metallhalbfabrikate, ferner Halbfabrikate der Kunststoff-, Holz-, Glas-, Textil-, Leder-, Gummi-, Baustoffund chemischen Industrie, der Industriegruppe Steine und Erden sowie Bauteile der Elektroindustrie.

(2) *Energiequellen:* Holz (historisch), Kohle (historisch), Wasserkraft, Erdgas und Erdölprodukte sowie aus diesen Energieträgern gewonnene elektrische Energie.

(3) *Hilfsstoffe* (historisch).

(4) *Bevölkerungsstruktur und Bevölkerungsverteilung:*

Bedarf an qualifizierten Facharbeitern und Angestellten, anlernbaren Arbeitskräften und (weiblichen) Hilfskräften;

Absatz an Konsumenten bei inlandsorientierten Konsumgütererzeugungsbetrieben.

(5) *Industriestruktur und Industrieverteilung:*

Beziehungen auf dem Rohstoffsektor zu anderen vor- und nachgelagerten Industriezweigen und in Agglomerationen;

Bedarf an maschinengewohnten Arbeitskräften; komplementäre Nutzung des Arbeitsmarktes;

Absatz inlandsorientierter Investitionsgütererzeugungsbetriebe; hinsichtlich gemeinsamer Interessen mit anderen Industriezweigen oder Industriebetrieben in bezug auf Bodenaufschließung, Abwasserproblem, Energieversorgung, Verkehrsanschluß, Zubringerdienste für Arbeitskräfte usw. in Industriezonen und Industriegeländen.

(6) *Verkehrswesen:* Lage im Fernverkehrsnetz für den Güterverkehr (Eisenbahnlinien, Autobahnen, Fernverkehrsstraßen); Lage im lokalen und kleinregionalen Verkehrsnetz für den Personenverkehr (Linien der Lokalbahnen, Straßenbahnen, Autobusverbindungen; Stationsnähe, Frequenz der Verkehrsmittel); Nachrichtenverkehr.

(7) *Raum für die betrieblich-technische Entwicklung:*

natürliche bautechnische Faktoren, lokale Erweiterungsmöglichkeiten des Betriebsgeländes.

(8) *Wirtschaftspolitische Faktoren:* allgemeine Industriepolitik; Zollpolitik; Verkehrs- und Tarifpolitik; Steuer-, Kredit- und Baupolitik; regionale Struk-

turpolitik; direkte Standortpolitik; Außenpolitik und insbesondere Außenhandelspolitik.

(9) *Fühlungsvorteile* zu Lieferanten- und Abnehmergruppen, insbesondere dem Staat und öffentlich-rechtlichen Körperschaften.

(10) *Wehrtechnisch bedingte Standortlenkungsmaßnahmen.*

(11) *Persönlich bedingte Faktoren.*

3. Zusammengefaßtes Ergebnis der Studie

(1) Österreich weist größtenteils ein verkehrs- und industriefeindliches Relief auf. Die langgestreckte Landesform ist prinzipiell einer ökonomischen industriellen Arbeitsteilung hinderlich. Die Schwerpunkte der EMVI liegen in den östlichen Bundesländern, wo nicht nur wichtige Bodenschätze und die vorgelagerte Hüttenindustrie lokalisiert sind, sondern wo auch die stärkste Massierung der Bevölkerung und der übrigen Industrie auftritt. Wien, das südliche Wiener Becken, die Mur- und Mürz-Furche und das ihr im Süden vorgelagerte Grazer Becken, die Industriegassen im Alpenvorland und schließlich der Oberösterreichische Zentralraum bilden hier die Zentren der EMVI. Im südlichen Kärnten sind es nur kleinere Industrieinseln, in Westösterreich sind es die natürlichen Leitlinien des Verkehrs, Teile des Salzachtales, das Unterinntal und das Rheintal, welche Hauptsiedlungsräume und zugleich aufstrebende Gebiete der höherstufigen EMVI darstellen. In den genannten Landschaften sind hinsichtlich der EMVI Industriegemeinden monoindustrieller Struktur festzustellen (150 bis 440 Beschäftigte der EMVI auf 1000 EW), aber auch weniger einseitig ausgeprägte Gemeinden, in welchen die EMVI lediglich innerhalb des Wirtschaftszweiges „Industrie" die Führung inne hat (50—149 Beschäftigte der EMVI auf 1000 EW).

(2) Die EMVI basiert mit Ausnahme der Metallindustrie etwa zur Hälfte auf inländischen Rohstoffen. Neben Eisen-, Stahl und Metallen werden auch Halb- und Fertigerzeugnisse anderer Industriezweige aus Holz, Gummi, Leder, Glas, keramischen- und Baustoffen, Kunststoffen, Chemikalien (Munitionserzeugung) sowie Bauelemente der Elektroindustrie von der EMVI verarbeitet. Eine ausgesprochene Standortorientierung nach einem dieser nicht metallischen Materialien ist nicht nachweisbar.

(3) Die standortbedingten Einflußkräfte weisen bei den der Untersuchung zugrunde liegenden fünf Industriezweigen unterschiedliche Richtungen und Intensitäten auf. Die Lagerung der Betriebe ist meistens mehreren, gegeneinander ausgewogenen Faktoren zuzuschreiben. Diese Vielseitigkeit der Einflüsse und Beziehungen verursacht eine starke Standortresistenz in der EMVI. Die wesentlichsten Gründe dieser Standortresistenz sind die Gebundenheit an einen Facharbeiterstock, die Anlagenintensität und meistens auch persönliche Motive der Unternehmer. Zur Erzielung des Ausgleiches raumrelevanter Spannungen werden viel eher Produktionsprogramme und Produktionsmittel gewechselt als der Standort. Diese Erscheinung ist besonders stark in den heute meist ungünstig liegenden Räumen der Eisenwurzengebiete in den östlichen Bundesländern zu beobachten. Daneben schafft der technisch-strukturelle Wechsel in der Produktion mitunter bedeutende Standortprobleme. Ausgedienten, schrumpfenden Fertigungszweigen stehen neue, stark expandierende Richtungen gegenüber (Sensen- und Sichel-Industrie — Feinmechanische- und Optische Industrie).

Außerdem werden Absatz- und Beschaffungsgefüge kontinuierlich durch die Substitutionskonkurrenz der Werkstoffe verändert. Der Stahl- und Metallbau ersetzt Holz und andere Baustoffe, z. B. für Rahmen und Stöcke von Türen und Fenstern, im Stahlhochbau, im Büromöbelbau, usw. Auch gegenläufige Tendenzen können beobachtet werden, da Kunststoffe für die Erzeugung von Rohren, Installationsbedarf und dergleichen zum Teil die konventionellen Werkstoffe Gußeisen, Stahl, Blei und Kupfer ablösen.

(4) Die EMVI unterliegt einer gewissen räumlichen Bindungskraft der Halbzeugindustrie im Ausmaß der Materialintensität ihrer Fertigung. Die niederstufige Produktion der EMVI ist daher in der Mur-Mürz-Furche, im Alpenvorland und teils noch im südlichen Wiener Becken konzentriert. Die räumlich zum Verbraucher tendierende Metallindustrie ist gleichfalls im südlichen Wiener Becken akkumuliert. Die erwähnte Bindungskraft sinkt jedoch mit steigendem Anteil sonstiger, in das Produkt eingehender Materialien oder Leistungen (Lohntangente!). So etwa finden wir die Kraftfahrzeugindustrie schon entfernt von der Halbzeugindustrie in Wien, Graz und Steyr.

Mit dem Ansteigen der Produktionsstufe und damit der Arbeitsintensität gewinnt die Arbeitskraftorientierung an Bedeutung. Ausdruck hiefür sind die Standorte der Feinmechanischen und Optischen Industrie, des Apparatebaues oder der höherstufigen Maschinenindustrie im Wiener Raum.

Auch der Grad der Gesamtindustrialisierung eines Raumes ist für die höherstufige EMVI von größter Bedeutung. Hinsichtlich der Orientierung nach Arbeitskräften ist eine statische Komponente wie auch eine konjunkturell bestimmte Komponente zu erkennen. Der Bedarf an Facharbeitern ist konstant bzw. ändert sich nur in Abhängigkeit von Mechanisierung und Automation langfristig. Fertigungsrichtungen, welche vorwiegend mit Hilfskräften operieren, können sich eher in jene Abwanderungsgebiete wagen, in welchen nur Hilfskräfte, aber kaum Facharbeiter oder qualifizierte Angestellte vorhanden sind. Die Neugründungen der EMVI in den Randgebieten der östlichen Landeshälfte sind in diesem Lichte zu betrachten.

(5) Typische, mit dem Raum und seinen natürlich bedingten Wirtschaftsgrundlagen und der Struktur der übrigen Wirtschaft Österreichs kausal eng verbundene Erzeugnisse werden vor allem von der Maschinen-, Stahl- und Eisenbauindustrie sowie von der Eisen- und Metallwarenindustrie hervorgebracht. Es zählen hiezu:

Der Turbinen- und Stahlwasserbau, die Erzeugung von Industrie- und Bergwerkseinrichtungen und Förderanlagen, Seilschwebebahnen, Sesselliften, Schleppliften usw. Holzbearbeitungsmaschinen, Landmaschinen, Geräten und Einrichtungen für die Milchwirtschaft, Herd- und Küchenanlagen für gewerbliche Zwecke (Fremdenverkehrsbetriebe), Jagdwaffen, Musikinstrumenten und anderes mehr. Sogar die Fahrzeugindustrie ist mit einigen Typen von Spezialfahrzeugen in diesem Zusammenhang zu erwähnen. Die Fertigung einiger der Erzeugnisse ist außerdem regional akzentuiert und zeigt Ansätze einer Absatzorientierung.

Unter den Fertigungszweigen mit lokal oder regional eingeschränktem Wirkungskreis sind insbesondere der Zentralheizungs- und Lüftungsbau und die Stahlbauindustrie zu erwähnen. Die effektive Erzeugungsleistung vollzieht sich hier auf den räumlich variierenden Baustellen.

Quellenverzeichnis

Ein ausführliches Quellenverzeichnis enthält die eingangs zitierte Dissertation des Verfassers. Hier seien nur die einschlägigen Diss. und sonstigen Publikationen der Lehrkanzel L. SCHEIDL angeführt:

BENDA, P.: Die Industrie und Gewerbebetriebe in Wien. Wiener Geogr. Schriften, hrsg. v. L. SCHEIDL, Nr. 9, Wien 1960.

EISENHUT, G.: Die Industrie der Steiermark. Diss., Hochschule für Welthandel, Wien 1961.

KACSICH, M.: Probleme der Industrialisierung des Burgenlandes. Diss., Hochschule für Welthandel, Wien 1961.

KLEINER, O.: Österreichs Eisen- und Stahlindustrie und ihre Außenhandelsverflechtungen. Diss. Hochschule für Welthandel, Wien 1964. Neubearbeitet und gekürzt erschienen in Wiener Geogr. Schriften, hrsg. v. L. SCHEIDL, Nr. 31/32, Wien 1969.

KNOBLEHAR, K.: Die oberösterreichische Industrie, Standort, Entwicklung und Leistung. Wiener Geogr. Schriften, hrsg. v. L. SCHEIDL, Nr. 2, Wien 1957.

KOSAK, A.: Die Standortprobleme der europäischen Eisen- und Stahlindustrie. Diss., Hochschule für Welthandel, Wien 1959.

SCHÖMIG, K.: Österreichs Buntmetallwirtschaft. Wiener Geogr. Schriften, hrsg. v. L. SCHEIDL, Nr. 17, Wien 1963.

SCHUBERT, J.: Das österreichische Eisenwesen, Auswirkungen auf Landschaft und Mensch. Diss., Hochschule für Welthandel, Wien 1958.

SWOBODA, E.: Die Standorte der Elektroindustrie Österreichs. Wiener Geogr. Schriften, hrsg. v. L. SCHEIDL, Nr. 14, Wien 1962.

Die Entwicklung des Wirtschaftsstandortes Klagenfurt

Fritz Jausz, Klagenfurt

1. Einleitung

Klagenfurt, die Landeshauptstadt Kärntens, hat nach der mit 1. 1. 1973 erfolgten Änderung der Kärntner Gemeindestruktur [1] 82.512 Einwohner [2], womit sich seine Größe in knapp mehr als einem Jahrhundert mehr als vervierfacht hat [3]. Es ist nicht nur das verwaltungsmäßige, politische und kulturelle Zentrum des Landes, sondern auch eines seiner wichtigsten Wirtschaftsgebiete; hiezu hat insbesondere die Entwicklung der letzten Jahrzehnte beigetragen.

Diese in diesem Beitrag nachzuweisende Expansion hat mitgeholfen, Klagenfurt als wirtschaftlichen und kulturellen Mittelpunkt des Landes weiter auszubauen. Es ist jetzt einer der wichtigsten Standorte der gewerblich-industriellen Produktion des Landes und ein bedeutungsvolles Einkaufszentrum, dessen Ausstrahlung über die Landesgrenzen und auch in das Ausland reicht. Schließlich entfällt ein nicht zu unterschätzender Teil des sommerlichen Fremdenverkehrsgeschehens auf die Stadt Klagenfurt.

Nicht immer war die wirtschaftliche Potenz so groß. Verglichen mit anderen österreichischen Landeshauptstädten oder europäischen Städten gleicher Größe kann Klagenfurt nicht auf eine ähnlich lange ausgeprägte wirtschaftliche Entwicklung verweisen. Unter den drei Städten des Kärntner Zentralraumes spielte Klagenfurt — geschichtlich betrachtet —, durch die geographische Lage [4] nicht so begünstigt wie Villach, auch im politischen Leben des Landes von der ehemaligen Hauptstadt St. Veit a. d. Glan lange Zeit weit überflügelt, von seiner Gründung im Jahre 1181 an im wirtschaftlichen Leben eher eine untergeordnete Rolle.

Allmählich fand die Stadt jedoch auch zu wirtschaftlichem Aufstieg: Voraussetzung hiefür war ihre Erhebung zur Hauptstadt im Jahre 1518. Trotzdem war der Anteil Klagenfurts am Handwerk und Handel Kärntens immer noch eher gering [5]. Für den wirtschaftlichen Aufschwung Klagenfurts war die Loiblstraße von entscheidender Bedeutung. Der Ausbau des Saumpfades über diesen Paß zu einer Fahrstraße durch die Landstände Kärntens und Krains erfolgte 1569 bis 1575 [6]. Kaiser Karl VI. erklärte 1719 Triest zum Freihafen. Aus Grün-

---

[1] LGBl. für Kärnten, 28. Stück vom 6. 10. 1972, Nr. 63 (Gemeindestruktur-Verbesserungsgesetz).

[2] Amt der Kärntner Landesregierung — Landesstelle für Statistik: Wohnbevölkerung Kärntens — Gebietsstand 1. 1. 1973. Unveröff. Manuskript Zl. Stat-61/2/73.

[3] Österr. Statist. Zentralamt: Ergebnisse der Volkszählung vom 12. Mai 1971, Heft 1. Wien 1971, S. 16.

[4] JAUSZ, F.: Die Elektrizitätswirtschaft Kärntens. Wiener Geogr. Schriften. hrsg. v. L. SCHEIDL, Heft 11, Wien 1961, S. 5.

[5] BRUNNER, B.: Vom Handel und Handwerk in Klagenfurt. In: Landeshauptstadt Klagenfurt (Hrsg., geleitet v. G. MORO): Die Landeshauptstadt Klagenfurt, aus ihrer Vergangenheit und Gegenwart. Band 1, Klagenfurt 1970, S. 405 ff.

[6] DINKLAGE, K. und A. WAKOLBINGER: Kärntens gewerbliche Wirtschaft von der Vorzeit bis zur Gegenwart. Hrsg. v. d. Kammer der gewerblichen Wirtschaft für Kärnten, Klagenfurt 1953, S. 173.

den der Förderung dieses Hafens der Monarchie gegenüber dem ausländischen Venedig wurde die Straße von Klagenfurt über den Loibl nach Triest zur Kommerzialhauptstraße erklärt und 1728 weiter ausgebaut [7].

Von ähnlicher Wichtigkeit war der Eisenbahnbau des vorigen Jahrhunderts, der Klagenfurt 1863 von Marburg kommend erreichte. Durch die in den folgenden Jahren neu geschaffenen weiteren Eisenbahnlinien verlor zwar Klagenfurt wieder an Bedeutung als Zwischenhandelsplatz zugunsten Villachs, der Grundstein für seine moderne industrielle Entwicklung war aber getan. Unternehmernamen wie Moro, Neuner [8], Knoch, Jergitsch, Herbert, Moschner standen am Beginn des industriellen Klagenfurt [9].

Vor rund 100 Jahren war Klagenfurt darüber hinaus „Bannerträgerin" wirtschaftlicher Neuerungen für ein 40-Millionen-Reich" [10]: In den zwanzig Jahren zwischen 1851 und 1871 erfolgte die Gründung der ersten gewerblichen Kreditgenossenschaft der k. k. Monarchie, die Errichtung der ersten mechanisch-technischen Lehrwerkstätte Österreich-Ungarns sowie die Einrichtung der ersten Gewerbehalle, d. h. der ältesten Gewerbeförderungsanstalt, der Vorgängerin des heutigen Wirtschaftsförderungsinstitutes der Handelskammer.

Aufgabe dieser Untersuchung soll es sein, die wirtschaftliche Bedeutung Klagenfurts für Kärnten aufzuzeigen und seine wirtschaftliche Verflechtung mit dem Umland klarzulegen. Antworten sollen gesucht werden auf die Frage nach dem wirtschaftlichen Aufschwung in jüngster Zeit, und der Versuch einer generellen Prognose soll unternommen werden.

2. Der Wirtschaftsstandort Klagenfurt — ein Definitions- und Abgrenzungsversuch

Eine Stadt im funktionellen Sinn deckt sich nur sehr selten mit jenem Gebiet, das verwaltungsmäßig zu ihr gehört. Unter Stadtregion versteht man „denjenigen Umlandbereich im Agglomerationsraum einer (großen) Stadt, dessen Einwohner überwiegend nichtlandwirtschaftliche Berufe ausüben und von denen der überwiegende oder zumindest ein erheblicher Teil seine Existenzgrundlage in den Arbeitsstätten der Kernstadt hat. Die Stadtregion erweist sich somit als eine sozio-ökonomische Raumeinheit, als deren entscheidende Bestimmungsmerkmale neben einer erheblichen Größe und Verdichtung eine besonders enge soziale und wirtschaftliche Verbundenheit zwischen der Stadt und ihrem Umland hervortritt" [11].

„Mit der Stadtregionsabgrenzung wird aus dem Stadt-Land-Kontinuum jener Bereich mittels objektiver Kriterien (Schwellenwerte) herausgehoben, der mit der Kernstadt hinsichtlich der Wohn- und Arbeitsfunktion am inten-

---

[7] BRAUMÜLLER, H.: Zielsetzung und Nachwirkung des Stadtgründers von Klagenfurt, Herzog Bernhard von Spanheim. In: Die Landeshauptstadt Klagenfurt . . ., a. a. O., Band 1, S. 42.

[8] Kärntner Wirtschaft, Mitteilungsblatt der Handelskammer Kärnten, Nr. 44/1968 vom 1. November 1968.

[9] DINKLAGE, K.: Klagenfurts industrielle Entwicklung. In: Die Landeshauptstadt Klagenfurt . . ., a. a. O., Band 2, S. 234.

[10] DINKLAGE, K.: Die 100jährige Geschichte des Kärntner Wirtschaftsförderungsinstitutes. In: Kammer der gewerblichen Wirtschaft für Kärnten: 100 Jahre Wirtschaftsförderung in Kärnten. Schriftenreihe der Handeskammer Kärnten, Band 1, Klagenfurt 1971, S. 10.

[11] BOUSTEDT, O.: Stadtregionen. Handw. d. Raumf. u. Raumord., Hannover 1966, S. 1916 ff.

sivsten verflochten ist. Damit wird nicht nur der Wachstumsprozeß der Groß-
städte über ihr zum Teil enges administratives Territorium hinaus aufzeigt,
sondern auch das Gebiet abgesteckt, in dem bestimmte Raumordnungsprobleme
der großstädtischen Wirtschaft (Betriebsansiedlung, Infrastruktur), des Woh-
nens (Baulanderschließung, Versorgung mit zentralen Einrichtungen) und des
Verkehrs (Wohnstätte — Arbeitsstätte) einvernehmlich von einer Vielzahl von
Gemeinden zu lösen sind"[12]. Für die Abgrenzung hat BOUSTEDT folgende
Kriterien verwendet:

(1) Anteil der landwirtschaftlichen Erwerbspersonen in Prozenten aller Er-
    werbspersonen
(2) Auspendler in Richtung des städtischen Kerngebietes
(3) Absolute Zahl der Einpendler
(4) Bevölkerungsdichte.

In Anlehnung daran hat KLEIN ein Modell der Stadtregion für Österreich
entwickelt[13]. Nach der insbesondere durch die Zahl der Auspendler in das
Kerngebiet und den Anteil der in der Land- und Forstwirtschaft Berufstätigen gemessenen Verflechtungsintensität gliedert er die Stadtregion in folgende Zonen:

„Als Kernstadt bezeichnet man das Verwaltungsgebiet jener Gemeinde,
die das Gravitationszentrum der Stadtregion bildet.

Zum Ergänzungsgebiet zählen jene Gemeinden, die unmittelbar oder in
Verbindung mit gleichartigen Gemeinden auch nur mittelbar an die Kernstadt
angrenzen und ihr in struktureller Hinsicht ähneln.

Die verstädterte Zone ist der Nahbereich der Umlandgemeinden. Die Bevölkerung hat eine ausgesprochen gewerbliche Erwerbsstruktur und arbeitet groß-
teils im Kerngebiet (= Kernstadt + Ergänzungsgebiet).

Die Randzone umfaßt die übrigen Umlandgemeinden, bei denen der Anteil
der in der Land- und Forstwirtschaft Berufstätigen allmählich zunimmt, dessen Auspendler jedoch vorwiegend im Kerngebiet der Region beschäftigt sind."

Die Stadtregion Klagenfurt — dargestellt am Gebietsstand 1971, also vor
der Neuordnung der Gemeindestruktur in Kärnten per 1. 1. 1973 — umfaßt:

Tabelle 1: Die Entwicklung der Stadtregion Klagenfurt

	Zahl der Gemeinden	Wohnbevölkerung 1934	1951	1961	1971 [14]
Kernstadt	1	48.980	62.782	69.218	74.618
Ergänzungsgebiet	1	1.218	2.264	2.052	2.566
Verstädterte Zone	5	7.336	9.251	10.717	14.019
Randzone	14	16.519	18.695	18.698	21.373
Stadtregion	21	74.053	92.992	100.685	112.576

---

[12] Österr. Inst. f. Raumplanung: Abgrenzung von Stadtregionen. Wien 1973, S. 23.
[13] KLEIN, K.: Stadtregionen in Österreich. In: Bundeskammer der gewerblichen
Wirtschaft (Hrsg.): Wirtschaftspolitische Blätter, Nr. 5—6, Wien 1966, S. 449 ff.
[14] KLEIN, K.: Vorläufige Ergebnisse der Volkszählung 1971 nach Stadtregionen.
In: Österr. Statist. Zentralamt: Statistische Nachrichten, XXVI. Jgg., Heft 9, Wien 1971,
S. 705 ff.

Folgende Gemeinden (nach dem Gebietsstand 1971) gehören demnach zur Stadtregion Klagenfurt:

Kernstadt:	Klagenfurt
Ergänzungsgebiet:	Krumpendorf
Verstädterte Zone:	Ebenthal
	Hörtendorf *
	Maria Saal
	Viktring *
	Wölfnitz *

Randzone:	Grafenstein	Moosburg
	Keutschach	Pörtschach
	Köttmannsdorf	Poggersdorf
	Ludmannsdorf	Radsberg *
	Maria Rain	St. Peter am Bichl *
	Maria Wörth	St. Thomas am Zeiselberg *
	Mieger *	Tigring *

* Nach dem 1. 1. 1973 nicht mehr selbständige Gemeinde.

Durch das Kärntner Gemeindestruktur-Verbesserungsgesetz haben von den 21 Gemeinden der Stadtregion Klagenfurt mit Wirkung ab 1. 1. 1973 acht ihre Selbständigkeit verloren. Durch die früheren Gemeinden Wölfnitz und Viktring sowie Großteile von Hörtendorf und St. Peter am Bichl wurde das Stadtgebiet von Klagenfurt auf rund 12.000 ha Fläche verdoppelt. Die frühere Gemeinde Radsberg und Großteile von Mieger fielen zu Ebenthal, Tigring an Moosburg, St. Thomas am Zeiselberg wurde mit der früheren Gemeinde Ottmanach (diese außerhalb der Stadtregion) zur neuen Gemeinde Magdalensberg vereinigt [15].

Die Stadtregion Klagenfurt in dem beschriebenen Gebietsumfang hat in der Zeit von 1934 bis 1971 eine Bevölkerungszunahme von 52% zu verzeichnen gehabt. Dies war mehr als alle 15 österreichischen Stadtregionen zusammengefaßt und auch mehr als alle Stadtregionen ohne Wien. Gerade der letztere Vergleich ist besonders wichtig, da Wien durch seine Sonderentwicklung den Durchschnitt aller Stadtregionen verzerrt. Alle Stadtregionen zusammen — ohne Wien — wuchsen von 1934 bis 1971 in ihrer Wohnbevölkerung um 47,6%. Ein stärkeres Wachstum als Klagenfurt hatten die Stadtregionen von Salzburg, Linz, Bregenz und Wels, während die Bevölkerungszunahme in den Stadtregionen Bruck a. d. Mur — Kapfenberg und Innsbruck größenordnungsmäßig ungefähr jener von Klagenfurt entsprachen. Im Bundesland Kärnten ist neben der Stadtregion Klagenfurt auch jene von Villach ausgewiesen, die in dem Beobachtungszeitraum eine Vergrößerung um 47,5% zu verzeichnen hatte. Dementsprechend ist der Bevölkerungsanteil der Stadtregion Klagenfurt an der Gesamtbevölkerung Österreichs kontinuierlich von 1,1% im Jahr 1934 auf 1,5% im Jahr 1971 angewachsen.

Neben den bisher genannten Merkmalen sind aber noch andere für die Abgrenzung einer Stadt und ihres Umlandes verwendbar. Dazu gehören insbesondere die topographischen Gegebenheiten, die Versorgung der Stadt, ihr Angebot an zentralen Diensten, z. B. auf dem Gebiet der Verwaltung, des

---

[15] GLANZER, O. und R. UNKART: Die Neuordnung der Gemeindestruktur in Kärnten im Jahre 1972. In: Amt der Kärntner Landesregierung (Hrsg.): Raumordnung in Kärnten. Klagenfurt 1973.

Schulwesens und der Kultur, der Arbeitsmarkt, die wirtschaftliche Dynamik und die Wirtschaftsstruktur; die Isochronen, Siedlungsdichte, die bauliche und Wohnungsstruktur sind weitere. Um sie alle zum Tragen kommen zu lassen, hat das Österreichische Institut für Raumplanung den Auftrag des Institutes für Stadtforschung bearbeitet, eine neue Methode zur Abgrenzung städtischer Räume zu entwickeln. Sie sieht die Ermittlung des Verstädterungsgrades der Gemeinden auf Grund von Strukturmerkmalen, die Durchführung einer Interaktionsanalyse zur Ermittlung der funktionalen Zuordnung sowie eine Synthese beider vor [16].

Der Einflußbereich Klagenfurts ist weit größer als seine Stadtregion. K. STIGLBAUER bezeichnete die Einflußgebiete der voll ausgestatteten Landeshauptstädte als „Hauptregion" [17]. Die Hauptregion Klagenfurt ist fast identisch mit dem Bundesland Kärnten [18]. Allerdings entfällt auf Villach die Funktion des Hauptverkehrsknotenpunktes des Landes und der Versorgung ganz Oberkärntens, wo der Einfluß „der Viertelhauptstadt Villach ganz deutlich wird" [19]. Andererseits reicht der Einflußbereich Klagenfurts im Gebiete von Neumarkt in Steiermark über die Landesgrenzen hinaus, überdeckt zum Teil jenen Innsbrucks in Osttirol bzw. wird im Lavanttal vom Grazer überdeckt [20].

Von den nichtlandwirtschaftlichen Betriebsstätten Kärntens entfielen 47,8% im Jahre 1964 auf den Zentralraum, von ihren Beschäftigten sogar 53%. Von Kärntens Bevölkerung lebten 42,6% im Jahre 1967 im Zentralraum. Er ist eine „polyzentrische Stadtlandschaft mit ringförmiger Gruppierung der Siedlungen" [21]. Wie in der wirtschaftsgeschichtlichen Entwicklung Mittelkärntens sind auch heute die Städte Klagenfurt, Villach und St. Veit die Hauptdeterminanten dieser Wirtschaftsregion.

Unter Zentralräumen versteht R. WURZER die Zusammenfassung von „Stadtregionen mit engen wechselseitigen Verkehrsbeziehungen". Als Abgrenzungskriterien dienten:

„der Anteil der Berufstätigen in der Land- und Forstwirtschaft an der Summe aller Berufstätigen (1961), der unter 46% liegen muß;

der Anteil der Auspendler an den Berufstätigen einer Gemeinde (1961), der 30% überschreiten muß;

der Anteil der Auspendler in das regionale Zentrum (Kernstadt, Stadt mit bedeutender Umlandfunktion), unter Umständen auch in zwei regionale Zentren, der mindestens 45% betragen muß (1961);

die Verkehrsverbindungen zum regionalen Zentrum, die angemessen gut sein müssen (dies entspricht ungefähr der Ein-Stunden-Isochrone, bezogen auf das jeweilige Zentrum)."

„Deshalb wird als ‚Zentralraum' jenes Gebiet einer ‚Hauptregion' bezeichnet, welches ein oder mehrere regionale Zentren umfaßt und sich durch eine überdurchschnittliche Prosperität und Standortgunst, ein großes Verkehrs-

---

[16] Österr. Inst. f. Raumplanung: Abgrenzung von Stadtregionen. Wien 1973.
[17] STIGLBAUER, K.: Die Region als sozioökonomischer Verflechtungsraum. Wirtschaftspolitische Blätter 5—6, Wien 1966, S. 461 ff.
[18] BOBEK, H.: Die Zentralen Orte und ihre Versorgungsbereiche. In: Österr. Ges. f. Raumf. u. Raumpl.: Strukturanalyse des österreichischen Bundesgebietes, Band 2. Wien 1970, S. 473 ff.
[19] BOBEK, H. und H. HELCZMANOVSZKI: Zentrale Orte und ihre Bereiche. Karte XII/1 des Atlas der Republik Österreich. Vgl. hiezu auch H. BOBEK: Aspekte der zentralörtlichen Gliederung Österreichs. Ber. z. Raumf. u. Raumpl., 10. Jg., Wien 1966, Heft 2, S. 114 ff.
[20] BOBEK, H.: Struktur und Probleme der Verdichtungsgebiete. In: Strukturanalyse a. a. O., Band 2, S. 509.
[21] WURZER, R.: Gesamtverkehrskonzept der österreichischen Bundesregierung, Zentralräume — Strukturanalyse. Wien 1970.

aufkommen, durch große Anteile an Berufstätigen im sekundären und tertiären Wirtschaftsbereich, eine stärkere Bevölkerungszunahme, eine intensive Siedlungstätigkeit und zahlreichere Betriebsgründungen als in den übrigen Landesteilen auszeichnet" [22].

Zum Kärntner Zentralraum wurden folgende Gemeinden — nach dem Gebietsstand vor dem 1. 1. 1973 — gezählt [23]:

Klagenfurt

Villach

Pol. Bez. Klagenfurt-Land

Ger.-Bez. Feldkirchen:	Feldkirchen i. K.
	Glanegg
	Glanhofen
	Klein St. Veit
	Ossiach
	Steindorf

| Ger.-Bez. Ferlach: | Ferlach |

Ger.-Bez. Klagenfurt:

Ebenthal	Maria Saal	St. Peter a. Bichl
Grafenstein	Maria Wörth	St. Thomas a. Z.
Hörtendorf	Mieger	Schiefling a. S.
Keutschach	Moosburg i. K.	Techelsberg
Köttmannsdorf	Ottmanach	Tigring
Krumpendorf	Pörtschach a. W.	Viktring
Ludmannsdorf	Poggersdorf	Wölfnitz
Maria Rain	Radsberg	

Pol. Bez. St. Veit a. d. Glan

Ger.-Bez. St. Veit a. d. Glan:	Hörzendorf
	Liebenfels
	Meiselding
	Obermühlbach
	St. Georgen a. L.
	St. Veit a. d. Glan

Pol. Bez. Villach Land

Ger.-Bez. Paternion:	Ger.-Bez. Villach:
Kellerberg	Arnoldstein
Weißenstein	Arriach
	Einöde
Ger.-Bez. Rosegg:	Fellach b. V.
Augsdorf a. W.	Finkenstein
Köstenberg	Landskron
Rosegg	Maria Gail a. F.
Velden a. W.	Treffen
	Wernberg

Pol. Bez. Völkermarkt

| Ger.-Bez. Völkermarkt: | Tainach |

---

[22] WURZER, R.: a. a. O., S. 8
[23] WURZER, R.: Zentralraum Kärnten, Vorbericht zum Entwicklungsprogramm. Wien 1971, S. 3.

Die Abgrenzung der Einflußsphären von Klagenfurt und Villach fällt etwa mit der Grenze der beiden politischen Bezirke im Bereich des westlichen Wörthersees zusammen [24].

Als Umland einer Stadt bezeichnet E. Schmid jenes Gebiet, „das durch Absatz und Konsum vorwiegend und durch die täglichen Berufswanderungen, durch Dienstleistungen und durch kulturelle Tätigkeit dauernd und in hohem Grade mit dieser Stadt in Verbindung steht. Das Umland einer Stadt ist also das Gebiet, das von dieser Stadt aus mit Dienstleistungen aller Art, wenn auch nicht ausschließlich, so doch in hohem Prozentsatz versorgt wird und dieser Stadt Arbeitskräfte zur Verfügung stellt". Die 1959 von der Autorin getroffene Feststellung, daß die Stadtgrenze im Süden und Osten ungefähr mit der Gemeindegrenze zusammenfällt [25], stimmt infolge der im nächsten Kapitel nachzuweisenden wirtschaftlichen Dynamik des darauffolgenden Jahrzehnts und der damit ausgelösten städtebaulichen Entwicklung heute nicht mehr. Diese wirtschaftliche Dynamik hat auch bewirkt, daß die Grenzen des Einkaufszentrums Klagenfurt weiter zu stecken sind als in der von E. Schmid bearbeiteten Karte.

Die im folgenden Kapitel 3 angestellte Untersuchung der wirtschaftlichen Dynamik am Standort Klagenfurt bezieht sich in erster Linie — jeweils nach dem Gebietsstand vor dem 1. 1. 1973 — auf die Stadt Klagenfurt und die unmittelbaren Umlandgemeinden.

Auf Grund der wirtschaftlichen Gegebenheiten wurden bei der Untersuchung der industriellen Dynamik zum Raum Klagenfurt die Stadt Klagenfurt sowie die Gemeinden Viktring, Hörtendorf und Grafenstein sowie Pörtschach und Techelsberg und schließlich als Trabant die Stadt Ferlach gezählt [26]. Aus ähnlichen Gründen ist bei der Analyse der Dynamik des Fremdenverkehrs zur Stadt Klagenfurt (nach dem Gebietsstand vor dem 1. 1. 1973) eine Reihe von Gemeinden im Einflußbereich des östlichen Wörthersees zu zählen [27]. Schließlich wird sich die Darstellung der wirtschaftlichen Entwicklung Klagenfurts anhand weiterer Kennziffern (z. B. Pendler, Steueraufkommen etc.) auf das eigentliche Verwaltungsgebiet der Stadt Klagenfurt beschränken müssen.

3. Die Entwicklungsdynamik Klagenfurts

Zwei Vorbemerkungen sind am Platze:

(1) Erst nach Unterzeichnung des österreichischen Staatsvertrages, also in der zweiten Hälfte der fünfziger Jahre, hat die wirtschaftliche Dynamik in Kärnten in größerem Maße eingesetzt; vergleichende Analysen werden daher für den Beobachtungszeitraum 1955 bzw. 1958/59—1970 angestellt.

(2) Klagenfurt ist der Schwerpunkt des Kärntner Zentralraumes. Seine wirtschaftliche Entwicklung beeinflußt auf direkte Weise das wirtschaftliche Geschehen der Stadt. Die wesentlichsten wirtschaftlichen Charakteristika des Zentralraumes sind:

Seine Wirtschaftsstruktur ist, verglichen mit anderen Zentralräumen, relativ ausgeglichen. Die industriell-gewerbliche Produktion und das Fremden-

---

[24] SCHMID, E.: Die Beziehungen der Stadt Klagenfurt zu ihrem Umland. In: Amt der Kärntner Landesregierung (Hrsg.): Schriftenreihe f. Raumf. u. Raumpl., geleitet von K. NEWOLE, M. SCHMID u. R. WURZER, 2. Band, Klagenfurt 1959, insbes. Karte 4.
[25] SCHMID, E.: a. a. O., S. 71.
[26] JAUSZ, F.: Die Entwicklung der Industrie im Zentralraum Kärnten. In: R. WURZER: Zentralraum Kärnten — Vorbericht zum Entwicklungsprogramm, a. a. O., S. 20 ff.
[27] JAUSZ, F.: Die Dynamik des Fremdenverkehrs in Kärnten. In: Österr. Verkehrswiss. Ges.: Verkehrsannalen 1/74, Wien 1974.

verkehrsgeschehen sind derzeit die beiden etwa gleich bedeutenden Grundlagen der gewerblichen Wirtschaft im Zentralraum.

Er verfügt ferner über keine Großstadt; jedoch sind die beiden Mittelstädte Klagenfurt und Villach die wirtschaftlichen und Siedlungsschwerpunkte des Zentralraumes, die siedlungsmäßig sich immer näher kommen und letztlich zusammenwachsen werden. Durch das Fehlen einer Großstadt unterscheidet er sich von allen anderen Zentralräumen Österreichs — außer dem Vorarlbergs [28].

Die Konzentration der gewerblichen Wirtschaft Kärntens im Zentralraum ist noch nicht so stark wie in anderen Bundesländern. 47,8% der nichtlandwirtschaftlichen Betriebsstätten lagen 1964 [29] im Zentralraum, gegenüber 56,3% im Durchschnitt aller Zentralräume Österreichs. Ein ähnliches Bild zeigt die Verteilung der Beschäftigten: 53% von ihnen arbeiten im Kärntner Zentralraum, gegenüber 68,7% im österreichischen Durchschnitt.

3.1. Die industrielle Dynamik

Die Gesamtzahl der Industriebeschäftigten in Kärnten betrug 31.459 im Jahre 1959 [30] und 31.514 im Jahre 1970 [31]. In diesen 12 Jahren hat sich die Industriestruktur Kärntens [32] bedeutend vom Bereich der Grundstoffindustrien zur Finalfertigung verschoben [33].

Für die Entwicklung im Untersuchungszeitraum ist charakteristisch: Das 1959 noch feststellbare starke Überwiegen der Grundstoffindustrie ist 1970 in diesem Ausmaß nicht mehr vorhanden. In den Betrieben der Grundstoffindustrien waren 1959 noch 47%, aber 1970 nur noch 29% aller Industriebeschäftigten tätig. In der Reihung der Industriebranchen fielen die Bergwerke und die eisenerzeugende Industrie vom 1. auf den 2. Platz, die Papier-, Zellulose-, Holzstoff- und Pappenindustrie vom 3. auf den 8. Platz und die Stein- und keramische Industrie vom 4. auf den 5. Platz zurück.

1970 ist die Verteilung der Industriebeschäftigten auf die einzelnen Branchen viel ausgewogener. Platz 1 nimmt nun der Eisen- und Metallsektor ein, der 1959 erst an 2. Stelle rangierte; die Lederindustrie rückte vom 5. auf den 3. Platz, die chemische Industrie vom 6. auf den 4. Platz und die Elektroindustrie vom 10. auf den 6. Platz vor.

Diese industrielle Dynamik war im Zentralraum stärker als im ganzen Landesgebiet, denn die Zahl der Industriebeschäftigten erhöhte sich in ganz Kärnten nur um 18%, im Zentralraum aber um 41,7%. Der Nettozugang an industriellen Arbeitsplätzen im Zentralraum war mit 4253 fast gleich groß wie im ganzen Landesgebiet mit 4357. Schon daraus ist es möglich, den Schluß zu ziehen, daß der Prozeß der industriellen Konzentration im Zentralraum sich während der sechziger Jahre im besonderen Maße fortgesetzt hatte [34].

[28] WURZER, R., a. a. O., S. 17 f.

[29] Österr. Statist. Zentralamt: Betriebsstätten in Kärnten, Ergebnisse der Zählung nichtlandwirtschaftlicher Betriebsstätten vom 10. 10. 1964 — Darstellung nach Gemeinden. Wien 1966.

[30] Sektion Industrie der Kammer der gewerblichen Wirtschaft für Kärnten: Jahresbericht 1959, 3. Teil: Beschäftigten-Statistik.

[31] Bundeskammer der gewerblichen Wirtschaft — Sektion Industrie, Beschäftigten-Statistik; beide Werte einschließlich Sägeindustrie — für 1970 beruhend auf der Gesamtzahl der Industriebeschäftigten in Betrieben mit mehr als 20 Arbeitnehmern.

[32] JAUSZ, F.: Blick auf Kärntens Wirtschaft. Artikelserie in Kleine Zeitung, Klagenfurt, März 1970.

[33] JAUSZ, F.: Strukturwandel in allen Bereichen. In: Kärntner Landesregierung (Hrsg.): Das ist Kärnten. Klagenfurt 1970, S. 128 ff.

[34] JAUSZ, F.: Die Entwicklung der Industrie im Zentralraum Kärnten. In: Amt der Kärntner Landesregierung (Hrsg.): Entwicklungsprogramm Kärntner Zentralraum — Gutachten Prof. WURZER, Klagenfurt 1972, S. 40.

Tabelle 2: Die Industrie in Kärnten (ohne Sägeindustrie)

Branche	1959		1970	
	Zahl der Beschäftigten	Reihung	Zahl der Beschäftigten	Reihung
Bergwerke und eisenerzeugende Industrie	5.841	1	3.752	2
Eisen- und Metallverarbeitung	3.316	2	4.798	1
Papier-, Zellulose-, Holzstoff- und Pappenindustrie	2.801	3	2.000	8
Stein- und keramische Industrie	2.435	4	2.307	5
Lederindustrie	2.194	5	3.518	3
Chemische Industrie	2.165	6	2.741	4
Holzverarbeitung	1.593	7	2.127	7
Nahrungs- und Genußmittelindustrie	1.460	8	1.755	9
Textilindustrie	743	9	508	12
Elektroindustrie	466	10	2.295	6
Bekleidungsindustrie	429	11	1.549	10
Papierverarbeitende und graphische Betriebe	360	12	810	11
Insgesamt	23.803		28.160	

Tabelle 3: Die Industrie im Kärntner Zentralraum

Branche	1959		1970	
	Zahl der Beschäftigten	Reihung	Zahl der Beschäftigten	Reihung
Eisen- und Metallverarbeitung	2.947	1	3.641	1
Lederindustrie	1.514	2	2.025	2
Nahrungs- und Genußmittelindustrie	1.255	3	1.570	5
Chemische Industrie	1.089	4	1.631	3
Stein- und keramische Industrie	898	5	855	7
Holzverarbeitung	734	6	1.057	6
Papier-, Zellulose-, Holzstoff- und Pappenindustrie	561	7	350	10
Papierverarbeitende und graphische Betriebe	360	8	755	9
Bekleidungsindustrie	348	9	794	8
Textilindustrie	284	10	120	11
Elektroindustrie	200	11	1.625	4
Bergwerke	—	12	20 *	12
Insgesamt	10.190		14.443	

* Arbeitskräfte der AWP-Zentrale — Klagenfurt.

Von der Gesamtzahl der 1970 gezählten Industriebeschäftigten im Zentralraum sind 25,2% im Eisen- und Metallsektor, 14% in der Lederindustrie, bereits
11,3% in der Elektroindustrie, 11% in der Nahrungs- und Genußmittelindustrie
und 11,3% in der chemischen Industrie tätig. Diese fünf Industriezweige vereini-
gen 73% aller Industriebeschäftigten des Zentralraumes auf sich. Davon entfallen mehr als die Hälfte — nämlich 42% (bezogen auf die Beschäftigtenzahl
der Industrie des Zentralraumes) — auf den Raum Klagenfurt:

Tabelle 4: Die wichtigsten Industriebranchen des Kärntner Zentralraumes
(Anteil der engeren Wirtschaftsräume [35] in Prozent an der Gesamtzahl der
Beschäftigten in diesen Branchen)

	Chemie	Nahr. u. Genußm.	Leder	Eisen u. Metall	Elektro
Raum Klagenfurt					
1959	24,9	58,2	95,8	53,9	55,0
1970	18,7	45,5	78,0	57,7	86,2
Raum Villach					
1959	70,9	35,6	4,2	41,3	45,0
1970	75,1	48,1	8,9	40,9	13,8
Raum St. Veit/Gl.					
1959	4,2	1,8	—	—	—
1970	3,1	2,6	2,2	1,4	—
Raum Feldkirchen					
1959	—	4,4	—	4,8	—
1970	3,1	3,8	10,9	—	—
Kärntner Zentralraum	100	100	100	100	100

Wie der tabellarischen Anlage A zu entnehmen ist, entfallen mit 7717
Industriebeschäftigten im Jahr 1970 mehr als 50% des industriellen Arbeits-
kräftepotentials auf den Raum Klagenfurt, wobei davon wiederum 84% in der
Stadt Klagenfurt (Gebietsstand vor dem 1. 1. 1973) tätig sind. Nur in der
ehemaligen Nachbargemeinde Viktring ist — abgesehen vom Trabanten Ferlach
mit 800 — mit 280 Industriebeschäftigten noch ein nennenswertes Industriepoten-
tial vorhanden, während die vier übrigen Gemeinden weit dahinter liegen. Im
Klagenfurter Raum steht an erster Stelle der Eisen- und Metallsektor, gefolgt
von der Leder- und von der Elektroindustrie. Etwa gleichbedeutend sind die
Papierverarbeitung einschließlich graphischer Betriebe und die Nahrungs-
und Genußmittelindustrie.

Zwischen 1959 und 1970 vergrößerte sich die Zahl der Industriebeschäftigten
am stärksten von ganz Kärnten in der Stadt Klagenfurt, nämlich um + 2470

---

[35] Vgl. Anlage A und R. WURZER, der schon 1957 für das Zentralraumgebiet ein
raumpolitisches Leitbild zur Schaffung eines Städtekonzerns Klagenfurt, Villach, Feldkirchen und St. Veit vorschlug. WURZER, R.: Klagenfurt und seine Region. Der Aufbau 7,
Wien 1957, S. 262 ff.

oder 61%. Dadurch hat in der Kärntner Landeshauptstadt die Industrie nicht
nur an Bedeutung zugenommen, sondern es haben sich auch sehr wesentliche
Verschiebungen in der Industriestruktur Klagenfurts ergeben. Während 1959
noch 36% der Industriebeschäftigten auf die ledererzeugende und lederver-
arbeitende Industrie entfielen, waren es 1970 nur mehr 23%. In diesem Jahr
war zwar die Lederindustrie nach wie vor der wichtigste industrielle Arbeit-
geber in der Stadt Klagenfurt, dicht gefolgt jedoch bereits von der Elektroindustrie, in der bereits 22% aller Industriebeschäftigten tätig waren. Der
drittwichtigste industrielle Bereich ist der Eisen- und Metallsektor mit 16%
der Industriebeschäftigten. Allein in diesen drei Bereichen sind 3970 Arbeitskräfte beschäftigt und damit fast zwei Drittel aller in der Klagenfurter
Industrie Berufstätigen. Weitere wichtige Industriesektoren sind in Klagenfurt
die papierverarbeitende Industrie einschließlich graphischer Betriebe (12% aller
Industriebeschäftigten), die Nahrungs- und Genußmittelindustrie sowie die Bekleidungsindustrie. Infolge fast gleichgebliebener Beschäftigtenzahlen ist der
Anteil der Nahrungs- und Genußmittelindustrie von 17% im Jahre 1959 auf 11%
im Jahre 1970 zurückgegangen.

Eine Statistik der Neugründungen, Liquidationen und Verlegungen von
Industriebetrieben spiegelt auch sehr deutlich die industrielle Dynamik wider.
Sie wurde für die Zeitspanne 1955 bis 1971 angestellt und basiert hauptsächlich auf Datenmaterial der Handelskammer Kärnten, ergänzt durch das Ergebnis der Gespräche mit Branchenkundigen [36]. Untersuchungsobjekt waren Industriebetriebe mit mehr als 20 Beschäftigten.

In ganz Kärnten wurden in dieser Zeit 77 neue Industriebetriebe (im Sinne
von Betriebsstätten) gegründet. In diesen sind nach dem Stand vom Juli 1970
insgesamt 7469 Arbeitskräfte beschäftigt. Andererseits wurden im gleichen
Zeitraum in ganz Kärnten 36 Industriebetriebe stillgelegt, in denen vor der
Liquidation insgesamt 3401 Arbeitskräfte gezählt wurden. Dadurch ergibt sich
ein Nettozugang an Industriearbeitsplätzen in Höhe von 4068. Von diesen
77 Neuetablierungen sind 12 auf die Ausgliederung von Teilproduktionen in
einem anderen Standort im Zuge von Betriebserweiterungen in Kärnten bereits
ansässiger Industriebetriebe zurückzuführen. Der Stammbetrieb hatte dabei mit
Ausnahme von drei Fällen seinen Standort in der Stadt Klagenfurt. Nach dem
Standort des neugegründeten Zweigbetriebes zu schließen, waren vor allem
arbeitsmarktpolitische Überlegungen die Ursache für diese Ausgliederungen.
Der Großteil der teilbetrieblichen Ausgliederung erfolgte im Bereich der Textil-,
Bekleidungs-, Leder- und Schuhindustrie. Nutznießer dieser Entwicklung waren
vor allem die ländlichen Gebiete der politischen Bezirke Klagenfurt-Land,
Villach-Land, Hermagor, St. Veit und Völkermarkt. Ein Unternehmen mit
Stammsitz in Klagenfurt gliederte zwei Teilbetriebe nach Villach-Stadt aus.

Auch bei dieser Statistik der Neugründungen weist Klagenfurt die stärkste
industrielle Dynamik seit 1955 auf. 12 Betriebsneugründungen haben zu zusätzlichen industriellen Arbeitsplätzen im Ausmaß von 2456 (gemessen am
Stand Juli 1970) geführt. An Standortverlegungen wurden insgesamt 13 festgestellt. Davon entfallen acht auf die Verlegung des Standortes aus der Stadt-

---

[36] Kammer der gewerblichen Wirtschaft für Kärnten — Sektion Industrie: Kärntens
Industrie (Mitgliederverzeichnis), Klagenfurt 1954; Kärntens Industrie (Mitgliederverzeichnis), 2. Auflage, Klagenfurt 1960; Verzeichnis der Mitgliedsfirmen, nicht veröff.
Manuskript, Klagenfurt 1971; Jahresberichte 1955—1970.
    Kammer der gewerblichen Wirtschaft für Kärnten: Originaldokumente des Zentral-
katasters; Untersuchungen über ausländische Betriebsgründungen in Kärnten — öffentlich nicht zugängliches Aktenmaterial.

mitte von Klagenfurt (bzw. Villach) in eine vorhandene Industriezone oder zumindest an den an Umlandgemeinden unmittelbar angrenzenden Stadtrand. Die Stadt Klagenfurt hat für diese Betriebsansiedlungen und -verlagerungen rund 370.000 m² Grundstücke zur Verfügung gestellt [37].

3.2. Die Entwicklung des Fremdenverkehrs

Eine Untersuchung über die Auswirkungen der wirtschaftlichen Dynamik auf die Stadt Klagenfurt wäre ohne Darstellung der Entwicklung des Fremdenverkehrs sehr unvollständig. Stärker als anderswo beeinflußt in Kärnten das Fremdenverkehrsgeschehen die wirtschaftliche Entwicklung. Gemessen am Umsatzsteueraufkommen liegt das wirtschaftliche Geschehen in Kärnten in den Monaten Juni, Juli und August um 25—40% über dem Durchschnitt der übrigen neun Monate [38], eine Tatsache, die im ganzen Bundesgebiet nicht festzustellen ist. Der Fremdenverkehr ist somit die zweite wichtige Säule der Kärntner Wirtschaft [39].

Auch für Kärntens Fremdenverkehr setzte Mitte der fünfziger Jahre der Aufschwung infolge der in ganz Westeuropa um diese Zeit einsetzenden stetigen Wohlstandsmehrung ein. 1955 [40] wurden 2,756.358 Übernachtungen gezählt [41]. Bis 1970 (jeweils Fremdenverkehrsjahr = XI—X) erhöhte sich diese Zahl auf 12,490.636 [42], was einer Steigerung von 353% entspricht [43]. Der Beobachtungszeitraum wurde nicht bis in die jüngste Zeit, etwa bis zum Fremdenverkehrsjahr 1972, ausgedehnt, um den eindeutigen langfristigen Trend darzustellen.

Da sich auch die Zahl der zur Verfügung stehenden Fremdenbetten in gewerblichen Betrieben und Privatzimmern allein zwischen 1960 und 1970 um 103% erhöht hat, war mit dieser Expansion keine nennenswerte Veränderung der Kapazitätsauslastung verbunden. Sie betrug 1955 in Kärnten 18,4%, in Österreich 22,1%, 1970 in Kärnten 19,8%, in Österreich 25,2% [44].

Die Expansion bewirkte aber eine Vergrößerung der Fremdenverkehrsintensität. Während 1955 sechs Übernachtungen auf einen Einwohner entfielen [45], waren es 1970 viermal so viel, nämlich 24. Die entsprechenden Werte für das Bundesgebiet betrugen 4 bzw. 11. Parallel zur Expansion des Fremdenverkehrs vollzog sich im Untersuchungszeitraum auch eine sehr ausgeprägte Stärkung der Fremdenverkehrsgemeinden bzw. eine Ausdehnung der touristischen Verdichtungszonen. 1955 entfielen 46% aller Übernachtungen auf sieben Gemeinden mit mehr als je 100.000 Nächtigungen, 1960 bereits 70% auf 18 solche Ge-

[37] AUSSERWINKLER, H.: Klagenfurt zwischen gestern und morgen, ein Bericht über die Entwicklung der Landeshauptstadt Klagenfurt seit 1945. In: Landeshauptstadt Klagenfurt (Hrsg., geleitet v. G. MORO): Die Landeshauptstadt Klagenfurt, aus ihrer Vergangenheit und Gegenwart. Band 2, Klagenfurt 1970, S. 209.
[38] Bundesministerium für Finanzen: Örtliches Aufkommen an den gemeinschaftlichen Bundesabgaben (nicht veröffentlichtes Aktenmaterial, Zl. 112. 490—1 b/73).
[39] Vgl. SEIDEL, H. — BUTSCHEK, F. — KAUSEL, A.: Die regionale Dynamik der österreichischen Wirtschaft. In: Öster. Inst. f. Wirtschaftsforsch: Studien und Analysen, Nr. 1, Wien 1966, S. 52 („Kärnten zieht ebenfalls aus dem Fremdenverkehr größeren Nutzen, ist aber gleichzeitig stark industrialisiert").
[40] Amt der Kärntner Landesregierung — Landesstelle für Statistik: Fremdenverkehr in Kärnten 1928—1950. Klagenfurt 1960.
[41] Stets ohne Übernachtungen in Kinder- und Jugenderholungsheimen, Massenquartieren, Jugendherbergen und auf Campingplätzen.
[42] Amt der Kärntner Landesregierung — Landesstelle für Statistik: Statistisches Handbuch des Landes Kärnten. 17. Jg., Klagenfurt 1971.
[43] JAUSZ, F.: Die Dynamik des Fremdenverkehrs in Kärnten. In: Öster. Verkehrswiss. Ges.: Verkehrsannalen 1/74, Wien 1974.
[44] Bundeskammer der gewerblichen Wirtschaft — Bundessektion Fremdenverkehr: Fremdenverkehr in Zahlen. 8. Auflage, Wien 1973, S. 8.
[45] Österr. Statist. Zentralamt: Statistisches Handbuch der Republik Österreich. 4. Jg., Neue Folge, Wien 1953.

meinden. Mehr als 100.000 Übernachtungen verzeichneten 1955 die Gemeinden
Klagenfurt, Villach, Pörtschach, Mallnitz, Millstatt, Seeboden und Velden. Bis
1960 kamen hinzu die Gemeinden Kötschach-Mauthen, Krumpendorf, Maria
Wörth, Steindorf, Obermillstatt, Radenthein, Weißensee, Finkenstein, Maria Gail,
Treffen und St. Kanzian. Bis 1965 rückten in diese Größenordnung nach die
Gemeinden Hermagor, Keutschach, Schiefling, Bad Kleinkirchheim, Spittal a. d.
Drau, Augsdorf, Feld am See und Landskron. Letztlich folgten bis 1970 noch
Weißbriach, Ossiach, Heiligenblut und Ledenitzen. Für Klagenfurt bedeutete
diese Entwicklung, daß es immer stärker zu einem touristischen Zentrum wurde,
und zwar als unmittelbarer Wörthersee-Anrainer, also als Fremdenverkehrs-
gemeinde im eigentlichen Sinn, wie auch mittelbar infolge seiner Attraktivität
als Landeshauptstadt und Einkaufszentrum.

Deutlich ist in Kärnten ein West-Ost-Gefälle der Fremdenverkehrsintensität festzustellen. Westlich der Linie Turracher Höhe—Feldkirchen—Klagenfurt
konzentriert sich das Fremdenverkehrsgeschehen, in Unterkärnten und im
Bezirk St. Veit waren auch 1970 mit Ausnahme der Gebiete Längsee und
Klopeinersee erst zaghafte Ansätze — zum Teil im Winterfremdenverkehr —
vorhanden.

Zunächst waren die Kärntner Seen die Hauptattraktion für die Urlauber.
Bereits seit 1960 ist ein Übergreifen des Fremdenverkehrs aus den unmittelbaren Seeufergemeinden in Nachbargemeinden ebenso festzustellen wie erste
Ansätze des Winterfremdenverkehrs und der Attraktivität ausgesprochener
Berggebiete für Ruhe suchende Urlauber. 1965 ist bereits ganz Oberkärnten
und der westliche Zentralraum als Fremdenverkehrsregion zu bezeichnen,
deren Einrichtungen bis 1970 noch stärker in Anspruch genommen wurden. Im
Bezirk Klagenfurt — unter Einschluß der autonomen Stadt Klagenfurt, aber
ohne den Bereich der politischen Exposiur Feldkirchen [46] — wurde zwar für
1970 die dritthöchste Zahl von Übernachtungen (2,101.397) ermittelt, die Zu-
wachsrate lag jedoch mit 265% bereits merklich unter dem Landesdurchschnitt.
Dies ist in erster Linie darauf zurückzuführen, daß zu dem traditionellen
Fremdenverkehrsgebiet des Wörthersees bisher keine neuen großen Fremden-
verkehrszonen entstanden sind.

Die oben aufgestellte Behauptung, daß der Fremdenverkehr im Verlaufe
des Untersuchungszeitraumes aus den unmittelbaren Seeufergemeinden in
Nachbargemeinden übergegriffen hat, läßt sich besonders deutlich hier beweisen: Viktring, Wölfnitz, Moosburg und Techelsberg hatten zum Beispiel 1955 noch kaum Fremdenverkehr, 1960 Moosburg und Techelsberg schon
mehr als 10.000 Übernachtungen, 1965 Wölfnitz mehr als 10.000, Moosburg,
Techelsberg und Viktring mehr als 25.000 Übernachtungen und 1970 fallen
Moosburg und Techelsberg bereits in die Größenklasse 50.000 bis 100.000,
Viktring in jene 25.000 bis 50.000 und Wölfnitz hat mehr als 10.000 Übernachtungen. Parallel dazu verlief die Erschließung der Keutschacher Senke [47] als Frem-
denverkehrszone ersten Ranges; in den drei hier sich befindenden Gemeinden
wurden 1970 insgesamt 316.081 Nächtigungen getätigt. Hingegen ist das Gebiet
nördlich und östlich der Landeshauptstadt ausgesprochen fremdenverkehrsarm.
Auf die zehn dortigen Gemeinden (St. Peter am Bichl bis Radsberg) entfielen
insgesamt nur 19.613 Übernachtungen im Jahre 1970. Im Aufschwung begriffen

---

[46] Der Bereich der politischen Exposiur Feldkirchen ist als eigener Fremdenver-
kehrsraum zu bezeichnen.
[47] BAUMHACKL, H.: Die Keutschacher Seetalung, eine Modellanalyse des Fremdenverkehrs. Diss., Universität Wien 1971.

ist der Fremdenverkehr erst auf der Südabdachung des Sattnitzzuges; die Zahl der Übernachtungen betrug 1970 in den drei betreffenden Gemeinden Köttmannsdorf, Ludmannsdorf und Maria Rain insgesamt 20.967.

Ein Charakteristikum des Fremdenverkehrs ist die Tatsache, daß seine Träger, die in- und ausländischen Gäste, in der heutigen Zeit höchst mobil sind. Die Zahl der Übernachtungen ist nur einer der möglichen Maßstäbe. Eine klare räumliche Abgrenzung ist daher schwer. Um die unmittelbare wirtschaftliche Auswirkung des Tourismus auf die Stadt Klagenfurt zu messen, muß ein größerer Einzugsbereich herangezogen werden:

Tabelle 5: Entwicklung des Fremdenverkehrs in der Großregion Klagenfurt*

| | Zahl der Übernachtungen | | | | Steigerung in % |
	1955	1960	1965	1970	1955—70
Klagenfurt-Stadt	103.760	194.577	236.817	239.384	131
Wörthersee-Nord	345.265	593.379	1,033.587	1,186.596	244
(Krumpendorf, Moosburg, Pörtschach, Techelsberg, Wölfnitz)					
Wörthersee-Süd	111.368	249.381	416.111	436.144	292
(Maria Wörth, Keutschach, Viktring)					
Großraum Klagenfurt	560.393	1,037.337	1,686.515	1,862.124	232

* Gemeinden nach dem Gebietsstand vor dem 1. 1. 1973.

Die für den Kärntner Zentralraum aussagekräftiger zu treffenden Schlußfolgerungen sind auch charakteristisch für die Stadtregion Klagenfurt. Der Kärntner Zentralraum vereinigt jeweils rund die Hälfte des industriellen wie des Fremdenverkehrsgeschehens des Landes Kärnten auf sich. Allerdings war das Entwicklungstempo unterschiedlich. Während die industrielle Dynamik im Zentralraum und im besonderen in der Stadtregion Klagenfurt[48] stärker war als im ganzen Landesgebiet, war die Expansion des Fremdenverkehrs in ganz Kärnten relativ rascher als im Zentralraum und in der Stadtregion Klagenfurt: Die Zahl der Übernachtungen nahm in Kärnten um 353% zu, im Zentralraum hingegen nur um 294% und im touristischen Großraum Klagenfurt um 232%.

Diese langsamere Entwicklung des Fremdenverkehrs ist nicht etwa auf mangelnde Attraktivität zurückzuführen. Der Zentralraum mit dem Wörthersee, Ossiachersee und Faakersee, also insbesondere auch die touristische Großregion Klagenfurt, gehörte bereits zu Beginn des Untersuchungszeitraumes zu den bekanntesten Fremdenverkehrsgebieten Österreichs; die relativen Zuwachsraten der Übernachtungszahlen liegen daher auch in renommierten Fremdenverkehrsorten, wie Pörtschach (+ 163%) oder Maria Wörth (+ 177%), selbst unter dem für den Großraum Klagenfurt ermittelten Wert, da dort einer rein quantitativen Kapazitätsausweitung schon engere Grenzen gesetzt sind.

---

[48] Vgl. oben, 3.1.

3. 3. Klagenfurt als Einpendlerzentrum

In dem Maße, als die wirtschaftliche Dynamik Klagenfurt immer stärker erfaßte und die Verkehrsverbindungen auch ständig verbessert wurden, vermochte die gewerbliche Wirtschaft der Stadt in immer höherem Maße Arbeitsplätze auch für Einwohner anderer Gemeinden zu bieten. Das Phänomen der Metropolisierung — im Gegensatz zur Urbanisierung — ist erst etwa im letzten Jahrzehnt eingetreten, d. h. daß Klagenfurter ihren ständigen Wohnsitz außerhalb der Kernstadt errichten. Beide Entwicklungen verursachen Pendlerwanderungen, die hier — ohne qualitative Wertung —lediglich als Ausdruck der zunehmenden Wirtschaftskraft Klagenfurts dargestellt werden sollen. Im engeren Einzugsbereich sind sie auch Ausdruck der zunehmenden Verflechtung Klagenfurts mit seinem Umland.

Auch wenn es keine statistischen Erhebungen über die Pendlerbewegungen vor 1950 gibt, kann „mit Gewißheit angenommen werden, daß diese in der Zwischenkriegszeit im verstärkten Maße einsetzte". Seit dem Zweiten Weltkrieg habe der Berufsverkehr, „jetzt durch eine verstärkte Bautätigkeit von Einfamilienhäusern längs der Klagenfurter Ausfallstraßen belegbar", zugenommen [49].

Tabelle 6: Der Pendlerverkehr nach Klagenfurt

Jahr	Einpendler
1953 [50]	5.019
1955 [51]	8.489
1961 [52]	9.947
1971 [53]	14.918

Die relative Zunahme der Einpendler nach Klagenfurt zwischen 1953 und 1971, die sich aus diesen Zahlen mit 197% errechnen läßt, ist zwar nicht voll stichhaltig, gibt aber sehr deutlich die Größenordnung des Pendlerwachstums an. Einerseits wurden bei den ersten beiden Erhebungen andere Verfahren angewendet als bei der Volkszählung 1961 und 1971 [54], andrerseits war im Zeitpunkt des Abschlusses dieser Untersuchung die Zahl der nach Klagenfurt Einpendelnden aus den Bezirken Hermagor und Spittal a. d. Drau noch nicht bekannt. Immerhin beweist Tabelle 6 ebenfalls, das Klagenfurt insbesondere seit den fünfziger Jahren sich zu einem wirtschaftlichen Zentrum erheblicher Größe entwickelt hat.

1961 erstreckte sich der Einzugsbereich Klagenfurts fast auf ganz Kärnten. Aus den unmittelbaren Nachbargemeinden Krumpendorf, Wölfnitz,

---

[49] SATZINGER, F.: Das Pendlerumland von Klagenfurt. Diss. Universität Wien 1971, S. 62.
[50] Erhebung des Amtes der Kärntner Landesregierung, Abt. 22, wiedergegeben in E. SCHMIDT, a. a. O., S. 32 f.
[51] Österr. Statist. Zentralamt: Erhebung des Pendlerwesens anläßlich der Personenstandsaufnahme 1955. Wiedergegeben in F. SATZINGER, a. a. O., S. 63.
[52] Österr. Statist. Zentralamt: Volkszählungsergebnisse 1961, Heft 16: Wohngemeinde — Arbeitsgemeinde der Beschäftigten in Österreich. Wien 1965.
[53] Österr. Statist. Zentralamt: Ergebnisse der Volkszählung 1971, unveröff. Datenmaterial, mitgeteilt durch Schreiben 8036-1/73 vom 25. 10. 1973 (Werte ohne Bezirk Hermagor und Spittal).
[54] Ausführliche Kritik hiezu bei F. SATZINGER, a. a. O., S. 7 f.

Tabelle 7: Beschäftigte und Auspendler in den politischen Bezirken
Kärntens [55]

Pol. Bezirk	Beschäftigte		Auspendler		Auspendler nach Klagenfurt		Verän-derung in %
	1961	1971	1961	1971	1961	1971	1961—71
1	31.178	36.000 [56]	1.802	—	—	—	
2	13.715	13.718	1.700	1.804	290	351	+ 28
3	8.223		1.994		83		
4	22.049	30.527	9.153	14.898	5.870	8.532	+ 45
5	7.668	9.442	2.457	3.927	266	531	+100
6	24.687	21.791	5.783	7.128	965	1.972	+100
7	30.395		8.653		200		
8	28.120	27.481	11.431	13.716	595	900	+ 51
9	17.339	12.061	4.758	4.665	1.042	1.842	+ 77
10	22.231	20.558	6.105	8.030	199	831	+317
Summe	205.605	(171.578)	53.836	(54.168)	9.510	(14.959)	+ 57

1	Klagenfurt-Stadt	4	Klagenfurt-Land	7	Spittal a. d. Drau
2	Villach-Stadt		(ohne Feldkirchen)	8	Villach-Land
3	Hermagor	5	Feldkirchen	9	Völkermarkt
		6	St. Veit a. d. Glan	10	Wolfsberg

Maria Saal, Hörtendorf, Ebenthal und Viktring kamen 27% der Einpendler [57],
aus dem Gerichtsbezirk Klagenfurt 53%. Klagenfurt und Villach mit ihrer
Entfernung von nur 40 km liegen im gegenseitigen Einzugsbereich. Die Trennlinie ist im Westen von St. Jakob im Rosental über Velden bis Feldkirchen
zu ziehen [58]. Im Osten reichte 1961 der Einflußbereich Klagenfurts hauptsächlich nur über den ganzen Bezirk Völkermarkt, von wo rund 10% der Einpendler stammten [59].

Die wirtschaftliche Expansion der Stadtregion Klagenfurt während der
sechziger Jahre hatte nicht nur eine starke Erhöhung der Einpendler um 57%
auf 14.959 — stets gemäß den obigen vorläufigen Zahlen — zur Folge, sondern
auch eine Erweiterung des Einzugsbereiches, insbesondere gegen Norden und
Osten. Die Zahl der Einpendler aus den sechs oben genannten Gemeinden —
stets nach dem Gebietsstand vor dem 1. 1. 1973 — nahm unterdurchschnittlich
um 45%, aus dem Gerichtsbezirk Klagenfurt um ebenfalls unterdurchschnittlich nur 48% zu. Demgemäß ging auch der Anteil der Pendler aus diesen
beiden Umlandgebieten an der Gesamtzahl der Einpendler auf 26% bzw. auf

[55] Soweit überhaupt vorhanden, vorläufige Zahlen. Im Sinne der Aktualität — zwar
nicht mit wissenschaftlicher Vollständigkeit — wird diese Tabelle hier wiedergegeben.
Ihre Aussagekraft ist gegeben, da 1961 nur rund 3% der Klagenfurter Einpendler aus
den beiden Bezirken Hermagor und Spittal stammten.
[56] Wohnhafte Beschäftigte im Gemeindegebiet Klagenfurt (vor 1. 1. 1973)
36.000—37.000 gemäß interner Schätzung des Magistrates der Landeshauptstadt
Klagenfurt.
[57] Statistisches Jahrbuch der Landeshauptstadt Klagenfurt, Nr. 16, Jg. 1965, S. 37.
[58] STEINDORFER, P.: Verkehrsplanung im Raum der Landeshauptstadt Klagenfurt,
Klagenfurt 1968, Plan 2.
[59] Vlg. JAUSZ, F.: Kärnten. Schriftenreihe „Die Wirtschaft geht jeden an", Heft 70,
Wien 1967.

52% zurück. Die Zunahme der Zahl der Einpendler aus dem Bezirk Klagenfurt (ohne politische Expositur Feldkirchen) mit 2662 war geringer als jene aus den nördlichen (Feldkirchen und St. Veit: 1241) und den östlichen Bezirken (Völkermarkt und Wolfsberg: 1432) zusammen. Besonders stark war die Erhöhung der Zahl der Einpendler aus Wolfsberg mit +632. Dies ist auf die höhere Motorisierung, insbesondere aber auch auf die Eröffnung der Jauntalbahn zwischen St. Paul und Bleiburg im Jahre 1964 und damit die Einrichtung von „Pendlerzügen" Lavanttal — Klagenfurt und zurück sowie die Auswirkungen der Schließung des Lavanttaler Kohlenbergbaues in St. Stefan 1967 zurückzuführen, als damals viele ehemalige Arbeitnehmer dieses Bergbaubetriebes Arbeit im Raum Klagenfurt fanden [60].

4. Ausblick

Die im zweiten und dritten Abschnitt dargestellte wirtschaftliche Dynamik war Ausdruck zunehmender Attraktivität des Wirtschaftsstandortes Klagenfurt. Erweiterungs- und Rationalisierungsinvestitionen bestehender Unternehmungen sowie die Neugründung von Betrieben haben die Wirtschaftskraft Klagenfurts rasch wachsen lassen. Zum Beweis dafür noch zwei statistische Daten.

Die Zahl der Handelskammermitglieder mit Standort Klagenfurt (in den Grenzen vor dem 1. 1. 1973) betrug 3010 am 31. 12. 1952 [61], zehn Jahre später 3108 [62], was trotz eines starken strukturell bedingten Schrumpfungsprozesses im Handwerk einer Zunahme von 3,3% entspricht:

Tabelle 8: Sektionsmitglieder [63] in der Handelskammer Kärnten

Klagenfurt-Stadt	Gewerbe	Industrie	Handel	Geld-, Kreditwesen	Verkehr	Fremdenverkehr	Handelskammer-Mitglieder
31. 12. 1952	1.585	84	1.489	46	185	435	3.010
31. 12. 1972	1.336	121	1.606	54	221	544	3.108
Veränderung	—249	37	117	8	36	109	98
Veränderung in %	—15,7	44,0	7,9	17,4	19,5	25,1	3,3

Während die Zahl der Sektionsmitglieder des Gewerbes um 15,7% zurückging, sind die Mitgliederzahlen in den übrigen fünf Sektionen angewachsen. Dies ist auch das Ergebnis der veränderten wirtschaftlichen Funktion Klagenfurts: Es ist heute industrieller Schwerpunkt, von touristischer Attraktivität und

---

[60] Kärntner Wirtschaft, Mitteilungsblatt der Handelskammer Kärnten, 24. Jg., Nr. 27 vom 11. 7. 1969, S. 3.

[61] Kammer der gewerblichen Wirtschaft für Kärnten: Statistik der Kammermitglieder — Stichtag 31. 12. 1952. Klagenfurt 1953, unveröff. Manuskript.

[62] Kammer der gewerblichen Wirtschaft für Kärnten: Statistik der Kammermitglieder — Stichtag 31. 12. 1972. Klagenfurt 1973.

[63] Die Zahl der Kammermitglieder ist nicht gleich der Summe aller Sektionsmitglieder, da sich aus dem Betrieb eines selbständigen Unternehmens häufig die Zugehörigkeit zu mehreren Sektionen (z. B. Gasthaus und Fleischerei = Sektion Fremdenverkehr + Sektion Gewerbe) ergibt.

bietet Dienstleistungen auch der höchsten Ordnung an. Die Zahl der Handelskammer-Mitglieder in dem seit 1. 1. 1973 bestehenden Groß-Klagenfurt beträgt 3312.

Tabelle 9: Ertrag von Gemeindeabgaben in Klagenfurt (in 1000 S)

	Gemeinde-abgaben insgesamt	davon	
		Gewerbe-steuer	Lohnsummen-steuer
1961 [64]	53.171	24.098	9.778
1970 [65]	113.640	46.919	25.983
Veränderung in %	+104	+95	+66

Die aufgezeigte wirtschaftliche Expansion schlug sich auch im Ertragsergebnis der Stadt Klagenfurt an Gemeindeabgaben nieder. Da sich die Zahl der Arbeitsplätze in Klagenfurt in der gleichen Zeit um rund 15% erhöhte, spiegelt die Steigerung der Einnahmen aus der Lohnsummensteuer mit 66% und jene der Gewerbesteuer mit 95% vor allem die erzielte Produktivitätssteigerung wider.

Schließlich wurde die Kaufkraft je Einwohner [66] in Klagenfurt 1970 — gemessen am österreichischen Durchschnitt = 100 — mit 108,1 und — gemessen am Kärntner Durchschnitt = 100 — mit 136,5 ermittelt. Das Volkseinkommen je Einwohner lag schon 1961 in Klagenfurt um 15% über dem österreichischen Durchschnitt [67].

Gemessen am Nettoproduktionswert der gewerblichen Wirtschaft [68] hatte Klagenfurt schon zur Mitte der expansiven sechziger Jahre einen Anteil von 26,5% an der Wirtschaftskraft Kärntens. Vom Bruttoproduktionswert seiner gewerblichen Wirtschaft entfielen 36,8% auf Industrie und verarbeitende Gewerbe, 16,3% auf das Bauwesen, 28% auf den Handel, 5,2% auf das Hotel-, Gast- und Schankgewerbe sowie 12,6% auf sonstige Dienste.

Die Stadtregion Klagenfurt scheint auch in Zukunft eher an Attraktivität für weitere wirtschaftliche, insbesondere industrielle Dynamik zu gewinnen. Klagenfurt weist schon heute Standortfaktoren auf, die es sicherlich zu einem der interessanten Industriestandorte Österreichs machen. Zu ihnen zählt nicht nur die Funktion als Landeshauptstadt und größte Bevölkerungsansammlung Kärntens mit ständigem Pendler- und Einwohnerzuzug, sondern vor allem eine reiche Infrastruktur (gut ausgebautes oder in Bau bzw. Planung befindliches übergeordnetes Straßennetz, Eisenbahnhauptlinien mit direktem Industrieanschluß entlang der nach Süden gehenden Rosental-Strecke bzw. entlang der nach Osten verlaufenden Linie nach Bleiburg, Flughafen).

[64] Verbindungsstelle der österreichischen Bundesländer: Das Steueraufkommen der Gemeinden im Jahr 1961. Wien 1963, S. 22 f.
[65] Verbindungsstelle der österreichischen Bundesländer: Das Steueraufkommen der Gemeinden im Jahr 1970. Wien 1972, S. 26 f.
[66] Gesellschaft für Konsum-, Markt- und Absatzforschung: Kaufkraft-Kennziffern für Bundesländer und politische Bezirke der Republik Österreich, Wien 1970, S. 15.
[67] JAUSZ, F.: Kärnten. Schriftenreihe „Die Wirtschaft geht jeden an", Heft 70, Wien 1967.
[68] Österr. Statist. Zentralamt: Ergebnisse der nichtlandwirtschaftlichen Betriebszählung 1964 — nicht veröffentlichte gemeindeweise Auswertung.

In einem von R. WURZER ausgearbeiteten Regionalplan für den Zentralraum Kärnten [69] ist denn auch in Fortsetzung der bestehenden Klagenfurter Industriezone ein mindestens dreimal so großes Industriegebiet östlich davon ausgewiesen. Es liegt zwischen der Packer Bundesstraße und der Eisenbahnlinie Klagenfurt-Bleiburg im Norden und der Südautobahn, die in diesem Bereich bereits in wenigen Jahren in Betrieb stehen soll. Für ein Land ohne Wasserstraßenanschluß wie Kärnten kann ein solches potentielles Industriegebiet fast als ideal erschlossen bezeichnet werden.

Diese großen Flächen liegen allerdings in der Gemeinde Ebenthal, welche durch das Kärntner Gemeindestruktur-Verbesserungsgesetz [70] als selbständige Gemeinde erhalten blieb, obwohl die siedlungsmäßigen, wirtschaftlichen und sonstigen Verflechtungskriterien mit der Stadt Klagenfurt für eine Eingemeindung gesprochen haben. Klagenfurt ist — wie nachgewiesen wurde —, gemessen an der Gesamtzahl der Industriebeschäftigten, zum größten Industrieraum Kärntens geworden. Die industrielle Dynamik im Klagenfurter Raum lag mit 43% Zunahme industrieller Arbeitsplätze zwischen 1959 und 1970 sowohl über dem Wert des Zentralraumes als auch über dem Landesdurchschnitt. Eine solche Tendenz der industriellen Entwicklung in der Stadtregion Klagenfurt wird in den nächsten Jahren kaum nachlassen und wird — geographisch gesehen — eine Stoßrichtung gegen Osten sicherlich aufweisen [71]. Aus Gründen der Sicherung der weiteren wirtschaftlichen Aufwärtsentwicklung des Raumes Klagenfurt wäre es notwendig gewesen, nicht nur Viktring, Hörtendorf und Wölfnitz, sondern insbesondere auch Ebenthal in die Landeshauptstadt einzugemeinden.

Nur unter dieser Bedingung schien es gewährleistet zu sein, daß eine entsprechende Bodenvorsorge für eine weitere industrielle Dynamik nach einheitlichen Gesichtspunkten durchgeführt hätte werden können. Es liegt an den Verantwortlichen, eine entsprechende Kooperation zwischen den beiden selbständigen Gemeinden Klagenfurt und Ebenthal einzuleiten bzw. an der Kärntner Landesregierung, ein entsprechendes Entwicklungsprogramm für den Raum Klagenfurt als bindende Verordnung nach dem Kärntner Raumordnungsgesetz [72] zu erlassen.

Die Zukunftschancen der Stadtregion Klagenfurt lassen sich anhand der für den Kärntner Zentralraum bestehenden Kriterien beurteilen [73]: Als positiv sind herauszustreichen die Tatsache einer wohlausgewogenen Wirtschaftsstruktur, eine nach Vollausbau als reichlich zu bezeichnende Infrastrukturausstattung, ferner der hohe Freizeitwert der Arbeitsplätze mit unterdurchschnittlicher Umweltverschmutzung, die geographische Lage im Süden Österreichs, also am Weg zu den für Österreichs Wirtschaft wichtigen Adria-Häfen, sowie schließlich das Faktum, daß nach Realisierung schneller Verkehrsverbindungen auf Schiene und Straße (insbesondere Autobahn über den Grenzübergang Thörl-Maglern — Coccau) starke Impulse vom schnell expandierenden Industriegebiet ganz Nordostitaliens (von der Industriezone Porto Maghera in Venedig über Pordenone, Udine, Görz, Monfalcone, Triest) zu erwarten sind.

[69] WURZER, R.: Zentralraum Kärnten, Vorbericht zum Entwicklungsprogramm, Wien 1971, Plan-Anhang.
[70] LGBl. für Kärnten, 28. Stück vom 6. Okt. 1972, Nr. 63.
[71] JAUSZ, F.: Weg für Klagenfurts wirtschaftliche Zukunft versperrt? Kärntner Wirtschaft, Mitteilungsblatt der Handelskammer Kärnten, 27. Jg., Nr. 21 vom 2. 6. 1972.
[72] Landesgesetzblatt für Kärnten, Jg. 1969, 37. Stück, Nr. 76 vom 28. 11. 1969.
[73] JAUSZ, F.: Wirtschaftliches Leitbild des Kärntner Zentralraumes. Unveröff. Manuskript, Klagenfurt 1972.

Dem stehen aber nach wie vor noch vorhandene negative Kriterien gegenüber. Zu ihnen zählen die durch topographische Gegebenheiten relative Abgeschiedenheit, die große Entfernung zu Ballungsgebieten und wirtschaftlichen Zentren (der Kärntner Zentralraum ist von der Donau doppelt so weit entfernt wie von der Adria), wobei die Straßenverbindungen dorthin derzeit den Verkehrsanforderungen noch nicht entsprechen. Mit ausländischen Nachbarregionen ist schließlich kein intensiver Austausch möglich, wie z. B. in Salzburg und Vorarlberg, weil die Siedlungsschwerpunkte in Jugoslawien und Italien weiter entfernt sind, die hohe Gebirgskette sie von den Kärntner Zentren trennt und die Verkehrsverbindungen zum Großteil überlastet sind.

Die tatsächliche wirtschaftliche Entwicklung der Stadtregion Klagenfurt in der Zukunft wird insbesondere davon abhängen, inwieweit jenen Infrastrukturinvestitionen eine besondere vorrangige Stellung eingeräumt wird, durch die Kärnten und insbesondere daher die Stadtregion Klagenfurt in das österreichische und darüber hinaus mitteleuropäische Wirtschaftsgeschehen noch stärker integriert wird. Hiezu zählen die Südautobahn, die Tauernautobahn, die Karawankenautobahn, die Streckenverbesserungen der ÖBB bzw. der italienischen Staatsbahnen oder auch die Öffnung des Luftkorridors über dem Kanaltal.

Anlage A: Erläuterungen

Bezeichnung des Fachverbandes	Nummer
Bergwerke und eisenerzeugende Industrie	1
Stein- und keramische Industrie	3
Chemische Industrie	5
Papier-, Zellulose-, Holzstoff- und Pappenindustrie	6
Papierverarbeitende Industrie	7
Holzverarbeitende Industrie	10
Nahrungs- und Genußmittelindustrie	11
Lederindustrie (Erzeugung und Verarbeitung)	12/13
Eisen- und Metallsektor:	
Gießereiindustrie	14
Metallindustrie	15
Maschinen-, Stahl- und Eisenbauindustrie	16
Fahrzeugindustrie	17
Eisen- und Metallwarenindustrie	18
Elektroindustrie	19
Textilindustrie	20
Bekleidungsindustrie	21

Anlage A: Industrielle Dynamik im Kärntner Zentralraum (gemessen an Betrieben mit mehr als 20 Beschäftigten)

Gemeinde	Jahr	Beschäftigte nach Fachverbänden*												Beschäftigte insgesamt
		1	3	5	6	7	10	11	12/13	14—18	19	20	21	
Klagenfurt-Stadt	1959		96	240		360	171	666	1.451	635	110		288	4.017
	1970	20	240	275		755	97	685	1.510	1.060	1.400		445	6.487
Grafenstein	1959		38											38
	1970		20											20
Hörtendorf	1959		108											108
	1970		40											40
Pörtschach	1959									72				72
	1970									60				60
Techelsberg	1959			31										31
	1970			30										30
Viktring	1959							21				168		189
	1970							30	70	180				280
Ferlach	1959							44		882				926
	1970									800				800
Raum Klagenfurt	1959		242	271		360	171	731	1.451	1.589	110	168	288	5.381
	1970	20	300	305		755	97	715	1.580	2.100	1.400		445	7.717

* Erläuterung der Nummern am Ende der Anlage.

Anlage A (Fortsetzung)

Gemeinde	Jahr	Beschäftigte nach Fachverbänden*												Beschäftigte insgesamt
		1	3	5	6	7	10	11	12/13	14—18	19	20	21	
Villach-Stadt	1959		66	33			134	301	63	445	90		36	1.168
	1970		60	30			150	540		515	225	25	180	1.725
Arnoldstein	1959			254						517		18		789
	1970			176						501				677
Einöde	1959													
	1970		20											20
Fellach b. Villach	1959			30	56									86
	1970				50					40				90
Finkenstein	1959			165			109	45						319
	1970			350			140	120						610
Landskron	1959		276	183	481			101		256			24	1.321
	1970		360	555	270			95	180	435			50	1.945
Treffen	1959		37											37
	1970													
Weißenstein	1959		105	107										212
	1970		40	115										155
Wernberg	1959		53											53
	1970		40											40
Raum Villach	1959		537	772	537		243	447	63	1.218	90	18	60	3.985
	1970		520	1.226	320		290	755	180	1.491	225	25	230	5.262

* Erläuterung der Nummern am Ende der Anlage.

Anlage A (Fortsetzung)

Gemeinde	Jahr	Beschäftigte nach Fachverbänden*												Beschäftigte insgesamt
		1	3	5	6	7	10	11	12/13	14—18	19	20	21	
Feldkirchen	1959							55		140		98		293
	1970			50	30			60	220			95	35	490
Glanhofen	1959													24
	1970				24									
Steindorf	1959		26											26
	1970													
Raum Feldkirchen	1959		26		24			55		140		98		343
	1970			50	30			60	220			95	35	490
St. Veit/Glan	1959		35	46			320	22						423
	1970		20	50			670	40	45	50			84	959
St. Georgen/Längssee	1959		58											58
	1970		15											15
Raum St. Veit/Glan	1959		93	46			320	22						481
	1970		35	50			670	40	45	50			84	974
Kärntner Zentralraum	1959		898	1.089	561	360	734	1.255	1.514	2.947	200	284	348	10.190
	1970	20	855	1.631	350	755	1.057	1.570	2.025	3.641	1.625	120	794	14.443
Zugänge		20		542		395	323	315	511	694	1.425		446	4.671
Abgänge			—43		—211							—164		— 418
														+4.253

* Erläuterung der Nummern am Ende der Anlage.

Der Hafen Wien

Matthias Sailer, Wien

Vorwort

Die fortschreitende Entwicklung der Verkehrsaufgaben der modernen Wirtschaft weist der Binnenschiffahrt und ihren Häfen nach wie vor einen besonderen Platz zu. Der Verfasser versucht in den folgenden Ausführungen die damit im Zusammenhang stehenden besonderen Probleme für den Wirtschaftsraum Wien und seinen Hafen zu erörtern. Hiebei werden die Aussagen auf einer diesbezüglichen Untersuchung des Verfassers gleichen Inhaltes aus dem Jahre 1959 [1] aufgebaut und die mittlerweile erfolgten Veränderungen berücksichtigt.

Die Verbesserung der Fahrverhältnisse auf der Donau, die ständig zunehmende wirtschaftliche Belebung ihres Hinterlandes, neue Verkehrsmittel und bewußt geförderte Wasserstraßenanschlüsse haben ebenso wie der Hafen und dessen Verwaltung diese Entwicklung maßgeblich positiv beeinflußt. Hiebei zeigt sich aber auch die Kurzlebigkeit vieler Überlegungen zum Hafenausbau, die sich insbesondere durch die ständigen Veränderungen der Güterströme und der Bedürfnisse und Möglichkeiten des Hinterlandes ergibt. Dieser Umstand erschwert es, konkrete Prognosen über den künftigen Hafenumschlag in Wien zu erarbeiten.

Der Verfasser schuldet allen, die ihm mit fachmännischem Rat zur Seite standen, insbesondere den mit Hafenfragen befaßten Gemeindestellen, besonderen Dank.

I. Die Donau und ihre Schiffahrt

1. Österreich und das Donaugebiet

Mitteleuropa dacht sich sowohl gegen Nordwesten als auch gegen Südosten ab. Nach Nordwesten entwickelten sich mehrere Flußsysteme, nach Südosten hingegen herrscht allein das Stromsystem der zum Pontus gerichteten Donau vor. Es reicht in drei große Gebirgslandschaften Europas, Alpen, Karparten und Balkan, hinein. Bei einer Länge von 2860 km entwässert die Donau ein Gebiet von rund 817.100 km², etwa ein Zwölftel Europas, und steht damit unter den europäischen Flüssen an zweiter Stelle. Die schiffbare Länge des Stromes beträgt 2632 km, wovon 350 km auf Österreich entfallen. Der Donauraum weist große Verschiedenheiten in den Natur- und Wirtschaftslandschaften auf und umfaßt viele Völker. Nicht minder mannigfaltig ist das politische Bild des Donauraumes. Heute teilen sich acht Staaten seinen Besitz.

Im Verkehrsgebiet der Donau kommt Österreich besondere Bedeutung zu. Die Republik liegt an der Wasserscheide zum Mittelmeer und zum Atlantik. March-Senke und Mährische Pforte leiten zu den Ostseeströmen Oder und Weichsel hinüber. Mit dem adriatischen Einzugsgebiet ist Österreich durch Landverkehrswege eng verknüpft.

---

[1] M. SAILER: Der Hafen Wien. Wiener Geogr. Schriften, hrsg. von L. SCHEIDL, Nr. 6, Wien 1959.

Die Schiffahrt ist in den Ländern des oberen Donaulaufes auf den Strom beschränkt, während in Ungarn und Jugoslawien die Nebenflüsse Theiß, Drau und Save mit dem Hauptstrom ein einheitliches Verkehrssystem bilden. Hiezu kommen Pläne, die großen europäischen Ströme zu verbinden und so ein Wasserstraßensystem zu schaffen, das von Ostfrankreich und Deutschland bis in die Sowjetunion reichen soll.

2. Die Donauschiffahrt

Das große Einzugsgebiet der Donau vermittelt ihr eine ausreichende Wassermenge. Bei der Größe und Verschiedenheit des Einzugsgebietes der Donau und den vielen, zum Teil im Gebirge entspringenden Nebenflüssen ergibt sich jedoch ein äußerst mannigfaltiger Ablauf der Hochwässer, der gemeinsam mit dem oft auftretenden Treibeis zu Schiffahrtsschwierigkeiten führt. Der höchste Stand des Donaustromes, gemessen an der Reichsbrücke in Wien, betrug am 1. März 1830 901 cm und der niedrigste bisher festgestellte Stand am 7. Jänner 1894 12 cm [2].

Der Güterverkehr wird auf der Donau meist von größeren Unternehmungen abgewickelt. Nur vereinzelt erbringen Kleinbetriebe und Einzelschiffer im örtlichen Rahmen Verkehrsleistungen zur Deckung des lokalen Bedarfes namentlich an Baustoffen.

Die Verkehrsaufgaben der Donau sind infolge der unterschiedlichen Wirtschaftsstruktur der Donauländer sehr verschieden, was zu einer Inkongruenz zwischen Berg- und Talfracht und dadurch auch mitunter zu Leerfrachten führt, die den Betrieb verteuern. Im ganzen gesehen ist die Donau derzeit noch ein relativ verkehrsschwacher Strom, während der Rhein sich schon der Grenze seiner Kapazität nähert.

Die Donau läßt sich in ihrem viel längeren Oberteil von Regensburg bis Budapest nicht mehr durch Regulierung der Flußsohle fahrtechnisch optimieren. Eine Verbesserung der Fahrbedingungen für die Donauschiffahrt ist daher nur durch eine Aufstauung möglich. Der schon im Jahre 1928 durchgeführten Überstauung der Passauer Kachlets (Kachlet = Stromschnelle über felsiger Untiefe) folgten nach dem Zweiten Weltkrieg die Stauwerke Jochenstein, Ybbs-Persenbeug, Aschach und Wallsee sowie neuerdings die Entschärfung des Eisernen Tores am Unterlauf und der Bau von Ottensheim oberhalb Linz. Erst wenn alle Untiefen überstaut sind, können die Schiffe tiefer und damit nutzbringender beladen werden. Das von der Donaukommission gesteckte Ziel einer ganzjährigen Fahrwassertiefe von mindestens 3,5 m unterhalb und 2,7 m bis 2,8 m (in Felsenstrecken) oberhalb von Wien wird offenbar im 20. Jahrhundert, zum Nachteil Wiens, fahrtechnisch noch nicht erreicht werden.

Durch die stürmische Industrialisierung der Staaten Südosteuropas hat sich schon während der letzten beiden Jahrzehnte eine starke Zunahme der Transportleistungen auf der Donau ergeben. Trotzdem bleibt das Transportvolumen der Donau im Vergleich zum Rhein weit zurück. Während dieses derzeit rund 230 Mio. t beträgt, kann die gesamte Donauschiffahrt nur rund 55 Mio. t aufweisen, obgleich der Rhein nur etwa 800 km, die Donau hingegen in einer Länge von rund 2600 km schiffbar ist [3].

---

[2] Statist. Jahrb. d. Stadt Wien, Jg. 1971, S. 23.
[3] H. PETZMANN: Donau-Ausbau. Verkehrswirtschaftliche und industrielle Aspekte. Expertenstudie Nr. 2 der Niederösterreichischen Raumplanungskonferenz, Wien 1972, S. 7.

Abgesehen von den besonderen nautischen Verhältnissen und Schwierigkeiten der Donau bleibt der Donauweg zunächst nicht nur mit dem Mangel behaftet, in ein doch fernab der Weltverkehrsströme liegendes Meer zu münden, sondern er muß auch die Verschiedenheit der wirtschaftlichen Struktur der betreffenden Anliegerstaaten hinnehmen.

Der steigende Trend des Donauverkehrs wird durch die Verbesserung der Schiffahrtsverhältnisse und durch die allgemeine Steigerung der Wirtschaftsentwicklung entlang des Stromes anhalten. Durch den Bau oder die Fertigstellung von großen Wasserstraßenprojekten, wie Rhein-Main-Donaukanal oder Donau-Oder-Elbekanal, sowie den Donauausbau nach Normen der Wasserstraßenklasse VI bis Wien, wodurch die Donau mit hochseefähigen 3000-t-Schiffen befahren werden könnte (Donau-See-Verkehr), werden sich weitere Vorteile ergeben. Die Bedeutung der Donau für die österreichische Wirtschaft bleibt aber, solange der Anschluß an das europäische Binnenwasserstraßennetz und die direkte Schiffahrtsverbindung zu den west- und osteuropäischen Handelspartnern fehlt, eingeschränkt.

Von besonderem technischen Vorteil für die Donauschiffahrt ist die Umflottung auf g r ö ß e r e E i n h e i t e n, der verstärkte Bau von M o t o r g ü t e r s c h i f f e n (Selbstfahrern) mit höheren Umlaufgeschwindigkeiten und eine stetige Zunahme der S c h u b s c h i f f a h r t. Auch der G r o ß c o n t a i n e r v e r k e h r wird neues Transportsubstrat für die Schiffahrt bringen. Ferner ist die Güterbeförderung mit T r ä g e r s c h i f f e n für die Binnenschiffahrt besonders interessant. Dabei handelt es sich um hochseetüchtige Schiffe, die Leichter (bzw. „Schwimmcontainer") transportieren. Diese sog. LASH-Bargen [4] oder „Schwimmcontainer" werden von schweren Hubeinrichtungen in den Seehäfen aufgenommen und abgegeben.

D o n a u - S e e s c h i f f e wurden bisher im wesentlichen von Ungarn entwickelt und gebaut. Österreich hat sich wegen der fahrtechnisch noch ungünstigen Donaustrecke oberhalb von Komorn bisher darauf beschränkt, einen gebrochenen Verkehr zur Levante und nach Mittelost mit Binnenschiffen durchzuführen. Es wurden jedoch auch Versuche unternommen, eine österreichische private Seeschiffahrt mit kleineren Schiffen im Donau-Seeverkehr oder im Mittelmeer ins Leben zu rufen [5]. F a h r g a s t s c h i f f e verkehren heute auf der Donau in zunehmendem Maße. Man unterscheidet große Kabinenschiffe für den Touristenverkehr, große Tagesausflugsschiffe und kleinere Lokalboote.

II. Der Wirtschaftsraum Wien

1. Lage und wirtschaftliche Bedeutung Wiens [6]

Die Hauptstadt der Republik Österreich, mit rund 1,6 Mio. Einwohnern die achtgrößte Stadt Europas, verdankt ihre Entwicklung der günstigen geographischen Lage und dem Umstand, daß sie durch Jahrhunderte Haupt- und Residenzstadt eines großen Reiches war. Der Alpen-Karpatenbogen durchquert Mitteleuropa und trennt Völker, Klimate und Pflanzengebiete. An einer einzigen Stelle ist der Bogen unterbrochen, die Wiener und die Ungarische Pforte, zeichnen der Donau ihren Weg nach Osten vor. Durch die Wiener Pforte

---

[4] LASH = Lighter Aboard Ship.
[5] Nachrichten des Österr. Marineverbandes, Sept. 1970.
[6] Siehe insbesondere H. HASSINGER: Boden und Lage Wiens. Wiener Geogr. Studien, H. 14, Wien 1946.

stromaufwärts ziehend gelangt man in das Alpenvorland, das sich aus dem oberen Donauraum in das obere Rheingebiet hinüberzieht. Es weist jenem wichtigsten süddeutschen Durchgangsweg die Bahn, der auch ein Teilstück der großen Verkehrsachse Westeuropa-Südosteuropa bildet.

Diese West-Ost-Verbindung wird im Raum von Wien durch eine Nord-Süd-Verkehrslinie gekreuzt. Sie führt aus dem Stromgebiet der Oder und der Weichsel über die Mährische Pforte in das Marchtal und verlief ursprünglich am Außensaum der Alpen nach Süden, verknüpfte also die Ostsee mit der Adria (Bernsteinstraße). Heute vermittelt das alpine Südtor des Wiener Beckens, der Semmeringpaß, den Zugang zum Schrägen Durchgang (Bruck—Klagenfurt—Villach—Tarvis—Italien) sowie jenen nach Graz—Triest bzw. Agram—Belgrad. Leider begegnet die Verflechtung des oberen Donaugebietes mit seinem weiteren Hinterland durch Kanäle infolge der Unterschiede der absoluten Meereshöhen beträchtlichen Schwierigkeiten. In der Scheitellinie der zentraleuropäischen Wasserscheide zwischen Donau und der Nord- und Ostsee erreichen die tiefsten Einsattelungen noch eine absolute Höhe von rund 300—500 m, während diese bei Wien nur rund 160 m beträgt.

Wien ist heute die erste Gewerbe-, und Industriestadt Österreichs. Der Anteil der Stadt an der gesamtösterreichischen Erzeugung ist weitaus größer, als es dem bevölkerungsmäßigen Anteil entsprechen würde. Wien ist das Zentrum der Erzeugung von gewerblichen und industriellen Fertigwaren und Verbrauchsgütern mit rund 75.000 Betriebsstätten und rund 610.000 Beschäftigten [7]. Fast die Hälfte der österreichischen Gesamterzeugung an Eisen und Stahl wird in Wien weiterverarbeitet. Mehr als zwei Drittel aller Betriebe der Maschinenindustrie sind hier vereint. Betriebe der Lebensmittelverarbeitung, der Schuh-, Textil-, Papier-, Holz- und Bekleidungsindustrie sowie der Möbelerzeugung vervollständigen das Bild der vielfältigen Betriebe in Wien.

Die Stadt liegt im Herzen des europäischen Kontinents. Ein 1000 km-Kreis schließt ganz Mitteleuropa ein, ferner Frankreich bis Paris, die Nordseeküste, einen großen Teil Dänemarks, die Ostsee einschließlich Südschwedens, halb Bulgarien, halb Griechenland und Italien bis zu seiner Südspitze.

2. Die Bedeutung der Wasserstraßen für Wien

Wenn Wien derzeit bemüht ist, sich stärker als bisher in den internationalen Binnenschiffahrtsverkehr einzuschalten und seine Hafenanlagen auf den neuzeitlichen Stand auszubauen, ist dies durch folgende Gegebenheiten begründet:

Die moderne Wirtschaft braucht in steigendem Maße internationale Wasserwege, auf denen Massengüter nach allen Richtungen billig verfrachtet werden können. Der Europakanal Rhein-Main-Donau wird hiebei als West-Ost-Arm des zukünftigen, über Wien führenden interkontinentalen Hauptwasserstraßennetzes den hochentwickelten industriellen Nordwesten Europas mit dem Südosten des Kontinents, mit dem Balkan und den Schwarzmeerländer verbinden. Das Einflußgebiet des Rhein-Main-Donaukanals [8] wird nicht nur ganz Ober- und Niederösterreich samt Wien sowie das Nordburgenland,

---

[7] Statist. Jahrb. d. Stadt Wien, Jg. 1971, S. 150, 154.
[8] Siehe hierzu insbesondere: K. FROHNER: Der Rhein-Main-Donau-Kanal und die Auswirkungen seiner Fertigstellung auf die Wirtschaft Österreichs. Wien 1958. Ferner: Die Rhein-Main-Donau-Verbindung — ein europäischer Verkehrsweg. Schriftenreihe des Österr. Kanal- und Schiffahrtsvereines, Wien 1969.

sondern auch Teile Salzburgs und Steiermarks mit einer Einwohnerzahl von rund 5 Mill. Menschen, das sind zirka 78% der österreichischen Gesamtbevölkerung, einschließen.

Hier befinden sich die Standorte der bedeutendsten Industrien Österreichs, nämlich jene des oberösterreichischen Industriedreieckes Linz—Wels—Steyr, des Industriegebietes des Trauntales und der Vöcklasenke, des Salzburger Industriegebietes (Salzburg—Hallein), der niederösterreichischen Industrien an der Ybbs, Donau und Traisen, ferner die Industrien Wiens, seiner Umgebung und des Wiener Beckens und schließlich die steirische Industriekette an der Mur-Mürz-Linie sowie die Industrien des Grazer Raumes. Das künftige Einflußgebiet des Rhein-Main-Donaukanals hat außerdem noch große Bedeutung für die gewerbliche Wirtschaft. Allein in Wien, Nieder- und Oberösterreich sind 65% der in dieser Sparte tätigen Arbeitnehmer beschäftigt. Auch liegen hier die Schwerpunkte der landwirtschaftlichen Produktion Österreichs. Durch die Fertigstellung des Kanals wird ein wesentlicher Anreiz zu einer verstärkten Industrialisierung der Gebiete an der österreichischen Donaustrecke geschaffen werden.

Schiffahrtsmäßig werden nach dem Endausbau des Rhein-Main-Donaukanales bis 1981 und nach Aufstauung der Donau zwischen Regensburg und Passau bis 1989 die niederländischen und belgischen Seehäfen westliche Endstationen für die Donauschiffahrt sein, insbesondere der große Hafen Rotterdam. Damit könnten auch zahlreiche Zwischenhäfen im Rheingebiet auf dem ungebrochenen Wasserwege erreicht und die westdeutschen Wasserstraßen bis Emden, Bremen und Hamburg befahren werden. Schließlich ist eine Weiterführung der Binnenschiffahrt nach Osten bis zum Ural keine reine Utopie.

Die wasserstraßenmäßige Verbindung der Ostsee mit dem Schwarzen Meer soll durch den Bau des Oder-Donaukanals verwirklicht werden. Dieser wird westlich von Ostrau die Oder verlassen, zur Bečva verlaufen, von dort zur March absteigen und schließlich bei Preßburg die Donau erreichen [9]. Die Verbindung mit Wien könnte ein bis Großenzersdorf bereits bestehender Stichkanal herstellen. Nach Verwirklichung des Oder-Donaukanals, der nach den derzeitigen Planungen um einen Elbezweig erweitert werden soll, würden nicht nur die tschechoslowakische Roherzeinfuhr und Polens Kohlenausfuhr, sondern auch der allgemeine Nord-Süd-Verkehr weitgehend begünstigt werden.

Durch die angeführten Projekte lassen sich für Österreichs Betriebe Standortvorteile erschließen und die Nachteile der Randlage zum EWG-Raum mildern. Bei der Beurteilung der Chancen bestehender und neuer Umschlagseinrichtungen an der Donau darf somit keinesfalls von der heutigen Situation allein ausgegangen werden [10].

Durch den Rhein-Main-Donaukanal erhält Wien direkten Anschluß an die Welthäfen Rotterdam, Amsterdam und Antwerpen auf dem Wasserweg, durch die Donau-Oder-Elbe-Verbindung würde es einen noch kürzeren an Hamburg bekommen. Die sich stürmisch entwickelnde Wirtschaftsregion des Rhein-Main-Dreiecks (weitere Region Frankfurt mit mehr als 2,5 Mio. Einwohnern) wird auf dem Wasserweg genau so leicht erreichbar sein wie Belgrad. Die

---

[9] Die Donau-Oder(-Elbe)-Verbindung. Schriftenreihe des Österr. Kanal- und Schiffahrtsvereines, Wien 1969.
[10] Österr. Institut f. Raumplanung: Die Chancen an der Donau. Neue Möglichkeiten durch die Binnenschiffahrt. Notwendigkeit eines umfassenden Hafenkomplexes Wien. Wien 1967.

Wirtschaftsregion Nürnberg-Fürth (rund 800.000 Einwohner) wird zu Wien nur in einer etwas größeren Distanz liegen als Budapest. Nach Fertigstellung der Donau-Oder-Elbe-Verbindung wäre das oberschlesische Industriegebiet etwa gleich gut erreichbar wie heute Passau oder Regensburg [11].

III. Der Hafen Wien

1. Die Lage des Hafens Wien

Die Wiederbelebung der Donauschiffahrt nach dem Zweiten Weltkrieg hat auch das Interesse am Hafen Wien neu erweckt. Dieser besteht im wesentlichen aus zwei Hafengebieten, nämlich aus der Donaulände, an der seit Jahrzehnten Güter verladen und gelöscht werden, und aus dem Bereich um die Mündung des Donaukanales in die Donau. Letzterer umfaßt die Hafenanlagen in der Freudenau, in Albern und in der Lobau.

Der Stromhafen Donaulände, ursprünglich für den Umschlag der Stückgüter, Massengüter und Öle vorgesehen, erstreckt sich entlang des Donaustromes zwischen Nußdorf und dem Donauspitz. Seine Lage am rechten Ufer ist durch die Donauregulierung bedingt, durch welche die Schiffahrtsrinne an dieses Ufer verwiesen wurde. Die noch vorhandenen Anlagen sind veraltet und teilweise zerstört. Durch die weitgehende Verlegung der Umschlagstätigkeit in Hafenbecken sollen die bisherigen Nachteile, nämlich die jede Weiterentwicklung hemmende Lage und das Mischen von grundverschiedenen Güterumschlägen auf engem Raum, vermieden werden.

Der Hafen Freudenau, seinerzeit als Schutz- und Winterhafen bestimmt, liegt im Südostteil der Stadt, am rechten Ufer des Stromes, in unmittelbarer Nähe der Einmündung des Donaukanales in den Strom (Stromkilometer 1920). Der Hafen Albern befindet sich ebenfalls am rechten Ufer des Donaustromes unterhalb des Freudenauer Hafens. Seine Einfahrt in den Donaustrom liegt bei Stromkilometer 1918. Er ist vornehmlich für den Umschlag und die Lagerung von Massengütern wie Getreide bestimmt. Ihm gegenüber am linken Stromufer liegt der Ölhafen Lobau. Seine Einbindung in die Donau bei Stromkilometer 1916 fällt mit dem bestehenden Teilstück des Oder-Donaukanals zusammen.

Alle Hafenteile sind durch Eisenbahnen mit den Verkehrssträngen der internationalen Bahnen und mit den städtischen Versorgungslinien verbunden. Straßen zu den Häfen führen von allen Stadtteilen aus. Die Entfernungen betragen z. B. vom zentralen Punkt der Stadt (Messepalast) zum Hafen Donaulände zwischen 5,9 und 11,2 km, zum Hafen Freudenau 10,9 km, zum Hafen Albern 12,7 km, zum Hafen Lobau 17,2 km.

2. Die einzelnen Hafenanlagen

Der Hafen Donaulände ist ein echter „Stromhafen", d. h. seine Umschlagseinrichtungen liegen unmittelbar am offenen Strom. Er erstreckt sich von der Nordbahnbrücke (Stromkilometer 1932) entlang des rechten Donauufers bis zum Hafen Freudenau (Stromkilometer 1920) und verdankt seine Entstehung dem sogenannten „Wiener Durchstich", der im Jahre 1874 auch im Interesse des Hochwasserschutzes erbaut wurde.

Das Hafengebiet hat zwar auf seiner ganzen Länge (12 km) eine künstliche Uferböschung, jedoch nur auf einer kurzen Strecke (1,2 km) eine Kai-

---

[11] H. PETZMANN, a. a. O., S. 47.

mauer. Der Wasserstand beträgt bei Mittelwasser 5,1 m, bei Niedrigwasser 2,5 m. Diese Tiefe reicht aus, um den Schiffen eine genügende Manövriermöglichkeit zu bieten. Von der überall gleichen Strombreite von 285 m stehen selbst bei Niederwasser noch 160 m für Schiffsbewegungen zur Verfügung. Nördlich der Reichsbrücke sind Abstellplätze für Fahrgastschiffe vorgesehen. Unmittelbar unterhalb dieser Brücke bei km 1929 liegen neue Abfertigungshallen für die Fahrgastschiffahrt der DDSG. Weiter südlich befinden sich ältere Büros und Schuppen, die größtenteils an ausländische Schiffahrtsgesellschaften vermietet sind, dann das noch gut erhaltene, große Lagerhaus der Stadt Wien.

Inzwischen ist nach umfangreichen Modellversuchen das Wiener Hochwasserschutzprojekt aktuell geworden, das die sogenannte Insellösung und an der rechten Uferlände einen neuen, höheren Hochwasserdamm vorsieht. Damit wird die Freimachung dieser Lände von Umschlagsanlagen dringlich, zumal in der allgemeinen Stadtplanung dort auch die Anlage von Wohnhäusern und von Grünflächen zu Erholungszwecken und zur Verschönerung des Stadtbildes vorgesehen ist. Am Strom sollen lediglich die Anlagen für die Fahrgastschiffahrt, ein kleines Betriebsgebäude der DDSG und eventuell das Lagerhaus der Stadt Wien verbleiben [12].

Wenn die Stadt Wien neue Hafenanlagen baut, fragt man sich vorerst, warum die Donaulände nicht restlos ihrem ursprünglichen Zweck zugeführt wird. Die Antwort lautet: Die bisherige Höchstgrenze des Umschlages an der Donaulände lag bei 2 Mio. t. Auf den laufenden Meter Kailänge umgerechnet sind dies rund 150 t. Im Vergleich zu anderen Binnenhäfen ist diese Zahl als niedrig zu bezeichnen, da dort das Mittel zwischen 300 und 400 t liegt. Dieser Umstand beeinträchtigt daher die wirtschaftliche Konkurrenzfähigkeit wesentlich.

Die Donaulände hat ferner nur mehr wenige hundert Meter freie Lände zur Verfügung und ist infolge ihrer geringen Ausdehnung in der Tiefe für die Ansiedlung von Industrien ungeeignet. Eine Besserung der Umschlagsintensität durch Neuansiedlungen ist daher nicht möglich. Ferner bringt der Warenumschlag auf dem offenen Strom viele Schwierigkeiten mit sich, die in künstlichen Hafenbecken vermieden werden können. Diese Umstände veranlaßten die Stadtverwaltung, die Verlegung der Umschlagseinrichtungen der Donaulände in das neue Hafengebiet in die Wege zu leiten.

Der Hafen Freudenau wird von einem bei Stromkilometer 1920 abzweigenden ausgebauten Donauarm gebildet und hat einen Vorhafen sowie zwei verbundene Hafenbecken. Ersterer ist 570 m lang und 150 m breit. Das Becken des Innenhafens ist 2160 m lang und 100 bis 180 m breit, jenes des Seitenhafens 320 m lang und 100 m breit. Die Wassertiefe beträgt bei Mittelwasser 5 m. An der Abzweigung Seitenhafen-Innenhafen ist ein Schiffswendeplatz mit 250 m Breite angelegt. Die gesamte Länge des gebösamten und gepflasterten Ufers beträgt 6200 m. Die Wasserfläche dieses Hafens beläuft sich auf rund 43,5 ha. Die Uferkrone liegt im nordwestlichen Teil hochwasserfrei, im übrigen Gebiet 0,8 m über dem höchsten schiffbaren Wasserstand. Die 13 km lange städtische Hafenbahn hat noch im Hafenbereich einen Anschluß an die Bundesbahn. Eine die Hafeneinfahrt und den Donaukanal überquerende Straßenbrücke stellt die Verbindung mit dem Alberner Hafen her.

---

[12] H. VÖLKER: Binnenschiffahrt und Hafengestaltung in der Ausbauplanung der Wiener Häfen. Wien 1970.

Der Freudenauer Hafen, kurz auch als Winterhafen bezeichnet, war in erster Linie als Schutzhafen gedacht. Er wurde 1902 fertiggestellt und diente bis zu dem erst während des Ersten Weltkrieges erfolgten Bau von vier Lagerschuppen ausschließlich diesem Zweck.

Der Freudenauer Hafen wurde nach dem Zweiten Weltkrieg zum Stückguthafen Wiens ausgebaut und soll auch den bisher an der Donaulände abgewickelten Umschlag übernehmen. Das 2100 m lange, hochwasserfreie Nordufer des am Ende 220 m breiten Hauptbeckens ist mit Krananlagen und teilweise auch schon mit Bahngeleisen und Uferstraßen versehen. Die dort zur Verfügung stehenden Pachtflächen sind entweder bereits ausgebaut oder vermietet. Am Kopfende des Hauptbeckens liegen Bau- und Behördenfahrzeuge. Das 800 m lange Südufer des Hauptbeckens dient zur Gänze für Zwecke der Zollfreizone.

Im Freudenauer Hafen könnte auch eine Umschlagsmöglichkeit für Container eingerichtet werden, umsomehr als ein schwerer Uferkran bereits vorhanden ist. Der Schiffsumschlag betrug im Jahre 1972 91.131 t und zeigt steigende Tendenz (1970 57.122 t, 1971 83.130 t).

An Umschlagseinrichtungen stehen in diesem Hafenteil 1 dieselelektrischer Kran (Tragkraft 8 t), 2 Portal-Drehkräne (Tragkraft je 6 t), 1 Vollportal Wippdrehkran (Tragkraft 6 t) und 1 Fixdrehkran (Tragkraft 1,5 t) zur Verfügung [13].
Als weiterer Teil des Wiener Hafensystems ist der bei Stromkilometer 1913 kurz nach Vereinigung des Donaukanals mit dem Donaustrom erbaute *Hafen Albern* zu nennen.

Das künstliche Hafenbecken ist 750 m lang, 90 m breit, bei Mittelwasser 5,4 m tief und zum Großteil mit Stahlspundwänden eingefaßt. Die geböschte Hafeneinfahrt ist 545 m lang und 50 m breit. An Umschlag- und Fördereinrichtungen stehen 4 Speicher mit je 20.000 t und ein Speicher mit 5000 t Fassungsraum sowie 4 pneumatische Entladeeinrichtungen mit einer Stundenleistung von zusammen 485 t zur Verfügung. Die 15 km lange Hafenbahn hat in Kaiser-Ebersdorf Anschluß an die Bundesbahn. Der Bau des Alberner Hafens wurde im Jahre 1939 begonnen und der Umschlag im Februar 1942 aufgenommen.

Die technische Ausgestaltung des Alberner Hafens entspricht den an einen modernen Hafen gestellten Anforderungen. Die senkrechte Ufereinfassung ermöglicht zwischen Lagerraum und Uferkante ein breites Verkehrsband, das an die Reichweite der Umschlagsanlagen keine übermäßigen Anforderungen stellt. Die neuere Hafenplanung sieht vor, nach Maßgabe des Bedarfes in Albern noch vier weitere Becken zu schaffen. An unmittelbaren Ausbauabsichten für den Hafen Albern ist derzeit die Verlegung des Kohlenumschlages vom Stromufer an das Nordufer des ausgebauten Beckens im Gespräch. Dort stehen etwa 400 m Uferlänge zur Verfügung.

Der Umschlag betrug im Jahre 1972 17.718 t und zeigt fallende Tendenz (1970 31.726 t, 1971 28.671 t) [13].

Das Endstück des während des letzten Weltkrieges begonnenen Donau-Oderkanales, das bei km 1916,5 linksufrig in die Donau mündet, bildet auf 1300 m Länge und 50 m Breite die Einfahrt in den *Ölhafen Lobau*. Das Becken ist 1200 m lang, 90 m breit und bei Mittelwasser 4,5 m tief. Die Uferlänge beträgt 2600 m, die Wasserfläche 11 ha. An geböschten Ufern stehen Abschlauchanlagen mit drei Pumpen für den Schiffsumschlag sowie Lagerbehälter und

---

[13] Angaben der Wiener Hafen-Betriebs-Ges.m.b.H.

Abfüllanlagen für den Bahntransport zur Verfügung. Die Hafenbahn ist 15 km lang. Sie findet bei Stadlau ihren Anschluß an die Bundesbahn.

Der Lobauer Hafen, durch Rohrleitungen mit den niederösterreichischen Erdölfeldern verbunden, ist in erster Linie zum Erdölumschlagplatz bestimmt. Entsprechende technische Einrichtungen ermöglichen es, die Erdölprodukte aus den in die Erde versenkten Behältern zum Tankschiff umzuschlagen. Im Hafenbereich befindet sich das Zentraltanklager der Österreichischen Mineralöl-verwaltungs- A. G. und ein Lager und Mischwerk der Shell, während die Ölraffinerie Lobau stillgelegt ist. Von der Hafenlände ist bereits mehr als die Hälfte ihrer Zweckbestimmung zugeführt.

Der Schiffsumschlag belief sich im Jahre 1971 auf 1,532.140 t. Er war somit gegenüber dem Vorjahr (2,403.061 t) hauptsächlich wegen der Adria-Wien-Pipeline bedeutend gefallen, zeigte 1972 allerdings wieder steigende Tendenz (1,685.356 t) [13].

Der Fragenkomplex Lobau ist im übrigen ein Musterbeispiel des Aufeinanderprallens der Interessen des Landschaftsschutzes und der Erhaltung des Wiener Naherholungsgebietes einerseits und jener des größeren Wirtschaftsgebietes Wien andererseits.

Der *Hafen Kuchelau* befindet sich am nordwestlichen Stadtrand, am rechten Donauufer in der Nähe des Kahlenbergerdorfes (Stromkilometer 1935,2). Er wurde anläßlich der Donauregulierung als Wartehafen für die in den Donaukanal einfahrenden Schiffe erbaut. Als Umschlaghafen ist er nicht geeignet, da der schmale Geländestreifen zwischen dem steil abfallenden Leopoldsberg und dem Hafenufer nur zur Trassenführung der Franz-Josefsbahn und der Bundesstraße ausreicht. Der Hafen dient heute zur Abstellung der Boote und sonstigen schwimmenden Einrichtungen der Strom- und Hafenbehörden und hauptsächlich auch als Sporthafen.

Der 17,3 km lange *Donaukanal* mit einer Schiffsschleuse am oberen Ende bei km 1933,3 dient nur der lokalen Fahrgastschiffahrt (Rundfahrten). Besondere Erweiterungen und Umschlaganlagen, die früher im unteren Teil geplant waren, sind kaum mehr aktuell.

IV. Die Lager- und Kühlhäuser

Mit dem Hafen sind seine Lager- und Kühlhäuser eng verbunden. Unter ihnen nehmen im Hafenbereich die Wiener städtischen Lagerhäuser und jene der Hafenbetriebsgesellschaft eine führende Stellung ein.

Die Betriebsanlagen teilen sich in Lagerhäuser und in Kühlhäuser. Die Lagerhäuser übernehmen zur Einlagerung Waren aller Art. Sie sind insbesondere auf die Lagerung, Pflege und Konservierung von Getreide- und Futtermitteln in Speichern spezialisiert. Die Kühlhäuser besorgen das Einfrieren, Einkühlen und die Kaltlagerung leicht verderblicher Lebensmittel, wie Fleisch, Fische, Fett, Butter, Wild, Geflügel, Obst, Gemüse usw.

Die Wiener Städtische Lager- und Kühlhaus-Gesellschaft m.b.H. verfügt über folgende Einrichtungen [14]:

Auf der Kaianlage (Hafen Donaulände) befindet sich zwischen Donaustrom und Donauuferbahn ein Getreidespeicher mit einem Fassungsraum von 30.000 t, der mit mechanischen Förder- und Reinigungsanlagen, automatischen Waagen und einer Fernthermometeranlage ausgestattet ist. Die Kapazität der Förder-

---

[14] Angaben der Gesellschaft.

anlagen im Speicher beträgt 50 t je Stunde. Der 46 m hohe Mittelbau enthält 26 Silos, in den Seitenflügeln befinden sich 14.000 m² Schüttböden, die sich insbesondere für die Lagerung von havariertem Getreide eignen. Zur Entladung der Schiffe in die Speicher oder in Waggons stehen drei fahrbare Schiffselevatoren mit einer Stundenleistung von je 50 t zur Verfügung. Für den direkten Umschlag Schiff-Bahn kommt noch ein stabiler pneumatischer Getreideheber mit einer Stundenleistung von 140 t hinzu. Zur Lagerung anderer Waren dienen zwei Magazine mit einer Lagerkapazität von 13.000 t.

Die Anlage verfügt ferner über einen fahrbaren elektrischen Vollportaldrehkran mit einer Maximalbelastung von 5 t und über einen fahrbaren elektrischen Drehwippkran mit einer Maximalhubkraft von 12 t. An sonstigen größeren Einrichtungen sind noch zwei Straßenbrückenwaagen, drei Gleisbrückenwaagen und drei Schiebebühnen vorhanden.

Im Hafen Albern hat die Gesellschaft zwei 16 Stockwerke (64 m) hohe Großspeicher für Getreide, Futtermittel usw. mit je 20.000 t Fassungsraum in Betrieb. Sie bestehen aus je 65 Silos und 2500 m² Lagerböden. Beide Speicher sind voll mechanisiert und mit Getreidetrocknern (Heißluft und Vacuumtrocknung) ausgestattet, die stündlich 10.000 kg bis zu 5% entwässern. Vorhandene Silobegasungsanlagen entwickeln je Speicher eine Kapazität von rund 3400 t in 24 Stunden. Die Förderkapazität der zwei für Schiffsentladungen bestimmten pneumatischen Getreideheber beträgt 140 t je Stunde.

Das Kühllagerhaus Engerthstraße verfügt über 20 Kühl- und Gefrierlagerungsräume mit einer nutzbaren Lagerfläche von 6687 m² bzw. einer durchschnittlichen Kapazität für 4700 t Kühl- und Gefriergüter. An wesentlichen Betriebseinrichtungen sind eine Straßen- und eine Gleisbrückenwaage zu erwähnen. Im Kühlhaus Engerthstraße werden hauptsächlich Gemüse, Fette, Tiefkühlware, Obst etc. gelagert.

Nächst dem Schlachthof St. Marx, also außerhalb der Hafenzone, befindet sich das Kühlhaus St. Marx mit einer durchschnittlichen Aufnahmefähigkeit für 6900 t Kühl- und Gefriergüter. Wie im Kühlhaus Engerthstraße können die Kühl- und Gefriertemperaturen in allen Räumen je nach Bedarf bis zu —32° C gehalten werden. Das Kühlhaus St. Marx ist insbesondere für die Tiefgefrierlagerung von Fleisch, Obst- und Gemüse vorgesehen.

Einen Überblick der in den städtischen Lager- und Kühlhäusern umgeschlagenen Gütermengen vermittelt die folgende Tabelle [15].

Tabelle 1: Umschlag in den städtischen Lager- und Kühlhäusern

| Jahr | Waren in t | | | Versicherungswert der Waren in 1000 S | | |
	Einlagerung	Auslagerung	Durchzugsverkehr	Einlagerung	Auslagerung	Endstand
1969	96.712	97.949	3.073	442.093	432.168	195.018
1970	93.798	111.593	3.790	505.862	532.233	167.648
1971	92.807	89.712	3.723	478.222	473.109	172.761

[15] Statist. Jahrb. d. Stadt Wien, Jg. 1971, S. 166.

Am Südufer des Hafens Freudenau, derzeit noch als Zollfreizone in Verwendung und für einen Wasserumschlag mangels Kaimauern und Entladeeinrichtungen schlecht geeignet, stehen Lagermöglichkeiten der Wiener Hafen-Betriebs-Gesellschaft m.b.H. in einem 8-geschossigen Lagerhaus (Gesamtfläche 32.000 m²) und in 5 Lagerhallen (3.000 m²) sowie in einer Mehrzweckhalle (3000 m²) zur Verfügung. Außerdem kann eine Freilagerfläche von rund 150.000 m² genutzt werden. Obwohl diese Anlagen im Hafenbereich Freudenau liegen, betrifft der Umschlag fast nur die Schiene und Straße und beschränkt sich ausschließlich auf Stückgüter. Der Umschlag betrug 1972 rund 52.000 t, wozu noch 87.600 t kamen, die nur zollmäßig abgefertigt wurden [16].

V. Die Zollfreizone Wien

Die im Jahre 1965 errichtete Zollfreizone im Hafenbereich Freudenau mit einer Gesamtfläche von 140.000 m² [17] stellt eine wertvolle Aktive im Gesamtkonzept des Wiener Hafens dar. Sie hat den Wiener Importeuren nicht nur Steuer- und Zollbegünstigungen gebracht, sondern sie sehen den besonderen Vorteil nach wie vor darin, daß größere aus dem Ausland bezogene Warensendungen in der Zollfreizone nicht nur gelagert, sondern auch manipuliert (bearbeitet, verarbeitet, vermengt, vermischt) werden können. Dadurch können die Spesenvorteile eines Transportes in größeren Mengen in Anspruch genommen werden, während aber der Zoll nicht für die ganze Menge auf einmal entrichtet werden muß.

Ferner können ausländische Firmen Ersatzteillager anlegen, diese gegebenenfalls ohne Verzollung zurücknehmen oder in ein anderes Land weiterliefern. Besonders bemerkenswerte Chancen würden sich für den österreichischen Transithandel auch dadurch ergeben, daß Vormaterialien ausländischer Firmen in die Zollfreizone eingebracht, dort unter Zuhilfenahme österreichischer Arbeitskräfte und Erzeugnisse verarbeitet und dann exportiert werden.

Aus der Bilanz 1972 der Wiener Hafen Betriebs-Gesellschaft m.b.H. [18] ergibt sich das zunehmende Interesse der Wiener Wirtschaft für den Hafen, insbesondere für die Zollfreizone, in der im Jahre 1971 insgesamt 73.197 t (1970: 63.735 t) Güter umgeschlagen wurden [22]. Nach Inkrafttreten des Umsatzsteuergesetzes 1972, womit auch Österreich die erfolgsneutrale Mehrwertsteuer einführte, ist naturgemäß ein beachtlicher Rückgang der Güterumschläge in der Zollfreizone ab 1973 festzustellen. Allerdings besteht nach wie vor große Nachfrage nach den dortigen Umschlags- und Lagermöglichkeiten durch die Spediteure.

VI. Hafenindustrie

Eine ausgeprägte Hafenindustrie ist für den Gedeih eines Hafens oft ausschlaggebend. Viele Häfen am Rhein haben eine solche außerordentlich gefördert. In Wien spielt im Gegensatz zu Linz die Hafenindustrie derzeit noch keine besondere Rolle, trotzdem entsprechende Flächen im Gebiete der Häfen Lobau und Albern bereitstehen. Eine wassergebundene Mühlenindustrie besteht in Wien ebensowenig wie eine Werftanlage. Lediglich die stillgelegte Erdölraffinerie Lobau konnte als wassernahe Industrie ange-

---

[16] Angaben der Wiener Hafen-Betriebs-Ges.m.b.H.
[17] Schiffahrt und Strom, Folge 20/21, 1971, S. 3.
[18] Rathauskorrespondenz der Stadt Wien, 16. Oktober 1973, Blatt 1993.

sprochen werden, da sie die zur Produktion erforderlichen Rohstoffe zum Teil über den Donauweg einführte.

Wenn nun die neue Hafenplanung auch auf eine Entwicklung zum Industriehafen abzielt, so kann darin ein Versuch erkannt werden, dem Wiener Hafen auch weiterhin seine Rentabilität zu gewährleisten. Bei allen Vorteilen eines Industriehafens darf aber nicht übersehen werden, daß dessen Verwirklichung gerade bei Wien infolge der Konkurrenzierung durch Linz auf beträchtliche Schwierigkeiten stößt. Die Chancen des Wiener Hafens als Anziehungspunkt für Industrien sind eher in den allgemeinen Standortvorteilen als Knotenpunkt von drei Verkehrsträgern zu suchen, wodurch den im Hafen ansässigen Betrieben die Auswahl zwischen den jeweils kostengünstigsten Beförderungsmöglichkeiten offensteht.

VII. Ausblick

Ein Bild über die Zahl der Schiffe und deren Gesamttragfähigkeit sowie der Umschlagsleistungen auf der österreichischen Donau in den Jahren 1969—1971 sollen vorerst die folgenden Tabellen vermitteln [19].

Tabelle 2: Zahl der Schiffe auf der österreichischen Donau

Jahr	Schiffe insges.	Zu Berg			Zu Tal		
		Internat.	Inland	Transit	Internat.	Inland	Transit
1969	12.978	6.661	790	1.178	3.581	443	325
1970	11.665	5.429	911	1.255	3.003	432	535
1971	11.240	5.848	1.412	1.183	2.855	489	453

Tabelle 3: Beförderte Güter auf der österreichischen Donau in 1000 t

Jahr	Güter insges.	Zu Berg			Zu Tal		
		Internat.	Inland	Transit	Internat.	Inland	Transit
1969	7.238	3.977	472	687	1.741	212	149
1970	7.593	3.934	623	789	1.752	243	252
1971	6.215	2.881	796	686	1.384	253	215

Tabelle 4: Gesamttragfähigkeit auf der österreichischen Donau in 1000 t

Jahr	Zu Berg		Zu Tal	
	Internat.	Inland	Internat.	Inland
1969	6.067	709	3.086	403
1970	5.378	728	2.725	391
1971	4.641	1.305	2.563	473

[19] Statist. Handb. f. d. Republik Österreich, Jg. 1972, S. 21.

So betrug der Auslastungskoeffizient der Bergfahrt 1971 nur 62⁰/o und jener der Talfahrt nur 54⁰/o.

Von den auf der österreichischen Donau im Jahre 1971 beförderten Gütern entfiel der Hauptanteil des über Deutschland kommenden Substrates auf Eisenerze und Schrott (630.230 t) und auf feste Brennstoffe (301.550 t), während aus dem Südosten insbesondere Erdöle (883.100 t), feste Brennstoffe (828.600 t) und Eisenerze (359.400 t) transportiert wurden. Bei der Ausfuhr dominierten Richtung Deutschland Metalle (484.400 t) und nach dem Osten Düngemittel (161.900 t). Im Inlandverkehr herrschten in der Bergfahrt Erdöl (777.500 t), in der Talfahrt Erdöl (96.100 t), Metalle (63.900 t) und mineralische Rohstoffe (53.600 t) vor [19].

Vom Güterumschlag auf der Donau entfielen auf die bedeutendsten österreichischen Donauhäfen Wien und Linz:

Tabelle 5: Umschlag der Häfen Wien und Linz in 1000 t

	1935	1959	1969	1970	1971
Wien	894	2.067	2.536	2.794	1.849
Linz	242	2.501	4.350	4.347	4.233

Nach einer Aufwärtsentwicklung in den Jahren 1968—1970 hat die Beförderungsmenge 1971 wieder erheblich abgenommen. Der Hauptgrund dieses Rückganges ist jedoch nicht in einer Abnahme der Bedeutung dieses Transportes zu suchen, sondern vielmehr in den Witterungseinflüssen und deren Folgen, z. B. die Hoch- und Niederwasser, die eine volle Auslastung der Wasserfahrzeuge verhinderten und zum Teil eine Einstellung der Schiffahrt erzwangen. Natürlich hat auch die Adria-Wien-Pipeline (AWP) durch die Verlagerung eines Teiles der Erdöltransporte auf diese moderne Transportart diese Entwicklung wesentlich mitbeeinflußt.

Während z. B. 1971 verglichen mit dem Vorjahr die Verkehrsleistungen des nationalen und des Transitverkehres sogar zunahmen, sind es insbesondere der internationale Verkehr und vor allem der Zu-Berg-Transport, die empfindlich abnahmen.

Auf die erwähnten Hauptgüterarten des Donautransportes (Erdöl, feste Brennstoffe und Eisenerze) entfielen im Jahre 1971 fast drei Viertel der insgesamt beförderten Mengen. Hiebei hatte Erdöl einen Anteil am Donautransport mit 34⁰/o (1970 40⁰/o, 1969 39⁰/o), die festen Brennstoffe einen solchen von 22⁰/o (1970 23⁰/o, 1969 25⁰/o) und die Eisenerze von 12⁰/o (1970 10⁰/o, 1969 12⁰/o) [20]. Die Nachteile einer solchen Konzentration zeigten sich, wie erwähnt, im Jahre 1971 nach der Inbetriebnahme der AWP besonders deutlich. So wurden z. B. im Jahre 1970, als die AWP noch nicht in vollem Umfang zum Einsatz kam, noch insgesamt 2,6 Mio. t Erdöl befördert und hievon 1,8 Mio. t aus Osteuropa eingeführt. Im Jahre 1971 betrugen die korrespondierenden Mengen nur mehr 1,8 Mio. t bzw. 0,9 Mio. t. Größere Bedeutung haben noch Düngemittel und mineralische Rohstoffe (Sand, Kies usw.).

Es entspringt keinem Zufall, sondern natürlichen Voraussetzungen, wenn sich das Wirtschaftsleben und damit auch der Güterverkehr auf Rhein und

[20] Statistische Nachrichten, 27. Jg., H. 5, S. 259, 260, 265.

Donau stark unterscheiden. Demgemäß haben sich auch nahezu alle Rhein-
häfen zu Handels- und Industriehäfen entwickelt, während die Donauhäfen
vorwiegend Handelshäfen geblieben sind. Wenn Linz eine Ausnahme macht,
dann deshalb, weil auch hier die Voraussetzungen für eine Großindustrie
ähnliche Möglichkeiten wie am Rhein geschaffen haben. Die Frage, ob auch
Wien die natürlichen Vorbedingungen für einen Industriehafen besitzt, ist
wie folgt zu beantworten:

Wien hatte als Hauptstadt eines 56 Millionen-Staates vor dem Ersten
Weltkrieg in seinem Donauhafen nur einen Güterumschlag von knapp 2 Mio. t.
Obwohl es die bedeutendste Industriestadt der Österreichisch-Ungarischen
Monarchie war, setzte sich der Güterumschlag seines Hafens schon damals
nur zum verschwindenden Teil aus Industriegütern zusammen. Insbesondere
stromaufwärts nahmen landwirtschaftliche Massengüter den Vorrang ein. Der
Güterverkehr im Wiener Hafen verminderte sich zwar nach dem Zerfall der
Monarchie, blieb aber in seiner Zusammensetzung unverändert, obwohl die
industriellen Bedürfnisse der Südoststaaten zunahmen.

Einen Überblick der im Hafen Wien in einzelnen Jahren umgeschlagenen
Gütermengen (in t) soll die folgende Tabelle vermitteln [21]:

Tabelle 6: Umschlag des Hafens Wien in t

Jahr	Ausladungen	Einladungen	Gesamtumschlag
1930	852.673	149.942	1,002.516
1938	1,237.292	211.299	1,488.591
1939	1,045.000	155.000	1,200.000
1940	950.000	125.000	1,085.000
1953	331.180	178.362	509.542
1956	638.871	1,328.382	1,967.253
1970	2,161.548	632.904	2,794.452
1971	1,050.416	799.061	1,849.477

Betrachtet man das Verhältnis der im Wiener Hafen ausgeladenen und
eingeladenen Güter, kommt man im Durchschnitt der Jahre 1930—1938 zu dem
Ergebnis, daß 81% des Gesamtumschlages ausgeladene (hauptsächlich agrarische) und nur 19% eingeladene (vorwiegend industrielle) Erzeugnisse waren.
Wenn sich dieses Verhältnis in den Jahren 1939 und 1940 noch stärker aus-
prägte, darf daraus wegen der Auswirkungen des Krieges (größte Bevor-
ratung, verringerter Export) kein allgemein gültiger Rückschluß gezogen
werden.

Nach dem Zweiten Weltkrieg überwogen mit Ausnahme der ab 1956 einsetzenden Ablöselieferungen von Erdöl weiterhin die in Wien ausgeladenen
Güter die eingeladenen beachtlich, was 1971 insbesondere für die Warengruppen Erdöl, mineralische Rohstoffe, Chemikalien und Metalle zutraf.
Für Wien ergibt sich für 1971 ein Hafenumschlag von 1,849.477 t, von denen
243.605 t von talwärts, 1,605.872 t von bergwärts fahrenden Schiffen umgeschlagen wurden [22]. Stellt man die Umschlagmenge des Jahres 1971 jenen

---

[21] Statist. Handbücher f. d. Republik Österreich, angeführte Jahrgänge.
[22] Der Transitverkehr betrug 1971 2,866.529 t. Zahlen aus dem Statist. Jahrb. d. Stadt
Wien, Jg. 1971, S. 217.

vergangener Jahre gegenüber, ergibt sich nach dem Höhepunkt im Jahre 1970 ein bedeutender Rückschlag.

Der Wiener Hafen nimmt nämlich unter den westlichen Binnenhäfen insoferne eine Sonderstellung ein, als er zum überwiegenden Teil auf Erdöl und Erdölprodukte spezialisiert ist (90% des Hafenumschlages). Er hat deshalb auch seit Errichtung der Adria-Wien-Pipeline an Bedeutung eingebüßt. Den Umschlag bestimmen in erster Linie die Mineralölfirmen, die Handels-, Kühl- und Lagerhausbetriebe.

Die für den weiteren Ausbau der Wiener Häfen entscheidende Frage, welche verkehrs- und wirtschaftsgeographischen Entwicklungsmöglichkeiten für die Zukunft zu erwarten sind, ist wie folgt zu beantworten:

Der Lastkraftwagen wird sich wegen seiner räumlichen Flexibilität und wegen des Werksverkehrs in der Infrastruktur erhalten, ebenso die Eisenbahn als Staatsbetrieb. Der Luftverkehr wird hochwertige, aber nur leichte Güter übernehmen. Rohöl, Ölprodukte und zunehmend auch andere Massengüter werden in Rohrleitungen befördert werden. Da außerdem unter den gegebenen Verhältnissen die Kohle für Heizung und Stromerzeugung immer mehr von Erdgas und der Kernkraft abgelöst wird, kann dies auf die Binnenschiffahrt nicht ohne Auswirkung bleiben. Dies gilt nicht nur für Wien, sondern für den gesamten Wasserstraßentransport.

Bezüglich des Wiener Raumes ist im besonderen zu bedenken, daß dieser seiner Lage und seinen sonstigen Voraussetzungen nach auch in weiterer Zukunft kaum eine ausgeprägte Schwerindustrie mit Millionenumschlägen beherbergen wird. Der Stahl- und Schwermaschinenbau und die Chemische Industrie haben wohl mehr Aussichten, stärker angesiedelt zu werden, doch liegt der österreichische Schwerpunkt bereits in Linz. Die in Wien und im östlichen Österreich beheimatete Leichtindustrie benötigt aber weniger Massengüter. Kürzere Gütertransporte auf der Donau, etwa zwischen Wien und Linz, sind wegen der teuren Umladungen kaum wirtschaftlich. Nur wenn die Güter unmittelbar bei der Beladung anfallen (z. B. Kiesgewinnung aus der Donau) oder beim Ausladen ohne Weitertransport im Endhafen verwendet werden (z. B. Schrottverfrachtung zur VÖEST in Linz), ergeben sich bessere wirtschaftliche Verhältnisse.

Nimmt man als tatsächliches natürliches, landseitiges Einzugsgebiet eines Binnenhafens einen Umkreis von 100 km an, also ein Gebiet von 31.000 km², so wird für den Wiener Hafen dieses Gebiet im Osten bei etwa 50 km und im Norden bei etwa 60 km durch die Staatsgrenzen beschränkt. Im Westen reicht es zwar bis Ybbs, doch tritt hiebei der Linzer Hafenbereich bereits in Erscheinung. Im Süden erstreckt sich dieser 100 km-Bereich zwar bis annähernd nach Kapfenberg, doch verringern die ungarische Grenze und die Alpenbarriere das Einzugsgebiet auf etwa 80 km. Damit verkleinert sich das tatsächliche Wiener Hafen-Einzugsgebiet auf etwa 16.000 km².

Andererseits gibt es für den Schiffsumschlag in Wien auch durchaus positive Aspekte. Nach VÖLKER [23] nimmt der Gütertransport stärker als das Wirtschaftswachstum zu. Der Welt-Güterverkehr stieg von 1960 bis 1967 jährlich um fast 9%. Nach einer amerikanischen Prognose soll der Weltverkehr von 1966 bis 2003 um 570% zunehmen, was eine erhebliche Überfüllung der Seehäfen, der Bahnen und Straßen zur Folge haben wird. Bei einem gleichbleibend prognostizierten perzentuellen Anteil der Gütertransporte ergeben sich danach

---

[23] H. VÖLKER, a. a. O., S. 16.

auch für die Binnenschiffahrt wachsende Mengen. Das im östlichen Österreich liegende Hinterland der Donau wird zwar bevölkerungsmäßig in nächster Zeit kaum mehr wesentlich wachsen, hingegen die Bedürfnisse der Menschen zunehmen, was eine Steigerung der Gütertransporte (Baustoffe für Häuser und Straßen, chemische Rohstoffe, Düngemittel, hochwertige Nahrungsmittel, Südfrüchte, Fertigerzeugnisse und Investitionsgüter usw.) erwarten läßt.

Auch setzt sich immer mehr die Erkenntnis durch, daß die Transportwege nicht ausschließlich nach dem Vorteil der eigentlichen Benutzer beurteilt werden dürfen. So dienen z. B. die Wasserstraßen in ganz besonderem Maße auch der Hochwasserableitung, der Landwirtschaft, der Wasserversorgung der Bevölkerung und der Industrie, der Abwasserbeseitigung, der Fischerei, dem Sport, der Energieerzeugung u. a. m. Außerdem befördern die Wasserstraßen infolge der Massentransporte erheblich mehr Tonnen pro km Länge als alle anderen Verkehrswege.

Mit der modernen, volkswirtschaftlichen Kosten-Nutzenanalyse kann man den echten Transportnutzen eines Verkehrsweges aus dem volkswirtschaftlichen Gesamtnutzen im wesentlichen ermitteln und ihn dann nur mit einem entsprechenden Anteil der Kosten belasten. Für die Wasserstraßen der Bundesrepublik Deutschland wurde ein solches Nutzungsprinzip angewendet und gerechterweise auf den geleisteten Tonnenkilometer bezogen. Danach ergab sich eine „bereinigte" Wegekostenbelastung für die Straße von 7 Dpf pro tkm, für die Bahn von 5 Dpf pro tkm, für den Wasserweg von 1,5 Dpf pro tkm [24]. Es müßten somit bei einer gerechteren Anrechnung der Wegekosten Straße und Bahn höher belastet werden, was die Konkurrenzfähigkeit der Binnenschiffahrt begünstigen würde.

Ferner läßt der Fertigbau der durchgehenden Europawasserstraße Rhein-Main-Donau erwarten, daß ab den achtziger Jahren zunehmend Güter auf dem Wasserwege aus Übersee über Rotterdam und aus den mitteleuropäischen Industriegebieten nicht nur nach Linz kommen werden, das wegen seiner Schwerindustrie den Hauptanteil zu erwarten hat, sondern auch nach Wien. Schon heute bereiten sich Speditionen und Schiffahrtsgesellschaften auf diese Veränderung ihrer Tätigkeit vor. So haben sich z. B. im neuen Hafen Nürnberg Firmen Gelände gesichert, die ein ausgesprochenes Ostgeschäft betreiben. Westdeutsche Spediteure verstärken ihre Niederlassungen zwischen Regensburg und Wien. Reedereien am Rhein und an der Donau, darunter auch die Wiener DDSG, haben eine gemeinsame Spedition „Remado" gegründet [25]. Für Transporte nach Wien kommen insbesondere überseeische Rohstoffe für die Papier-, Textil- und Kunststoffindustrie, für die Bauwirtschaft und europäisches Halbzeug für den Maschinenbau, den Schiffbau usw. in Betracht. Umgekehrt bestehen Exportmöglichkeiten für Holz, Magnesit, Schrott, Kunststoffe sowie für Fertigerzeugnisse auf dem Wasserweg nach Westen ohne Umladen. Solche Transporte auf die Europa-Wasserstraße zu leiten, erfordert allerdings den entsprechenden Ausbau auch der österreichischen Donau von Passau bis Wien und eine großzügige, weitschauende Tarif- und Werbepolitik aller mit der Schiffahrt verbundenen Stellen.

Schon in näherer Zukunft bestehen für eine Erweiterung des Wiener Hafenumschlages von Schiff zu Land und umgekehrt Aussichten durch Verbesserung des Wasserweges nach Osten. Die durchgeführte Aufstauung der

---

[24] H. VÖLKER, a. a. O., S. 17 ff.
[25] Die Presse, Wien, 20. 6. 1970.

Kataraktenstrecke oberhalb des Eisernen Tores bei Turn-Severin nützt allerdings dem Wiener Hafen so lange nicht viel, als nicht auch in Ungarn und in der Tschechoslowakei die schwierigen Donaustrecken bei Gönyü und unterhalb Preßburg und in Österreich unterhalb Wien durch Aufstau entsprechend den Richtlinien der Donaukommission entschärft sind.

Auch der geplante Donau-Oder-Elbekanal könnte eine Belebung des Wiener Wasserumschlages bringen, doch scheint die Realisierung dieses Projekts noch in weiter Ferne zu liegen. Außer VÖLKER sah auch FEUCHTER [26] in einem baldigen Bau des Donau-Oder-Elbekanals eine eher größere Chance für Wien als durch den Europakanal Rhein-Main-Donau. FEUCHTER meinte, Wien könne einmal Kopfhafen für diesen von Norden kommenden Kanal werden, allerdings in Konkurrenz mit Preßburg.

Im Zusammenhang mit dem projektierten Donau-Oder-Elbekanal tritt immer wieder auch die Frage auf, ob es vorteilhaft wäre, einen Stichkanal von Wien zur March zu bauen. Dieser Stichkanal würde etwa bei Weikersdorf oder Marchegg in die March münden. Dort würde aber zweifellos schon der Stau des geplanten Donaukraftwerks Wolfsthal wirksam sein. Das heißt, daß die Schiffe vom Donau-Oder-Elbekanal her auf breitem, tiefem Fahrwasser an Hainburg vorbei über die künftige Staustufe Regelsbrunn auch ohne Stichkanal bis zu den Wiener Häfen gelangen könnten. Die Konkurrenz von Preßburg mit seinem besonderen Hinterland würde jedenfalls durch den Stichkanal allein nicht ausgeschaltet.

Schließlich aber wird es trotz dieser positiven Aspekte für die Wiener Häfen entscheidend sein, ob es der Raumplanung, einer klugen Werbung und aktiver, unbürokratischer Tüchtigkeit der verantwortlichen Stelle gelingt, das natürliche Hinterland mit seinen Leistungen für Fremdenverkehr, für Landwirtschaft und Leichtindustrie davon zu überzeugen, daß Industrien und zentrale Handelsorganisationen mit größerem Transport- und Lagerbedarf erhebliche Vorteile durch einen unmittelbaren Anschluß an die Wasserstraße haben. Dann werden die Wiener Häfen einen „echten" und sicheren größeren prozentualen Anteil am Güterverkehr erhalten.

Für den Wiener Hafen wurde vor einigen Jahren seitens der Schiffahrt, der Hafenverwaltung und der Speditionen ziemlich übereinstimmend mit einem Hafenumschlag von 4 bis 5 Mio. t (gegenüber heute 1,8 Mio. t) nach Fertigstellung des Europakanals Rhein-Main-Donau gerechnet. Andere Schätzungen halten eine Verdreifachung des heutigen Verkehrsaufkommens für möglich [27]. Diese Prognosen sind allerdings nicht auf eingehendere Untersuchungen aufgebaut. Solche sind auch schwer zu erstellen, wenn man bedenkt, wie rasch heute Umstellungen in den Dispositionen hinsichtlich der Verkehrsträger erfolgen müssen, das Transportsubstrat Strukturveränderungen unterliegt, konkurrierende Verkehrsträger durch tarifarische Maßnahmen reagieren können u. a. m.

In jüngster Zeit wurde vom Wiener Institut für Standortberatung (WIST) eine Analyse [28] durchgeführt, die als Ergebnis mit einem Wasserumschlagsvolumen nach Fertigstellung des Rhein-Main-Donaukanals von maximal 800.000 bis 1 Mio. t (ohne Erdöl und Erdölprodukte) rechnet. Je nachdem, wie viele „weiße und schwarze Produkte" aus der Raffinerie Schwechat nach Westen

[26] L. FEUCHTER: Gutachten Donauhafen Wien; Wien 1958.
[27] H. PETZMANN, a. a. O., S. 53.
[28] Wiener Institut für Standortberatung (WIST): Wirtschaftliche Fragen des Hafenausbaues. Wien 1971.

befördert werden, könnte das Gesamtaufkommen dann bei 3 Mio. t oder (falls eine Produktenpipeline nicht langfristig verwirklicht wird) auch wesentlich höher liegen.

Auch bei einer nicht vorhersehbaren Zunahme des Umschlages durch Betriebsverlagerungen in die Hafennähe, neue Hafenindustrien bzw. die Inanspruchnahme der Hafenfazilitäten durch Betriebe aus dem weiteren Hinterland läßt sich auf Grund dieser Untersuchungen eine weitaus realistischere Planung der Hafenanlagen durchführen als die früheren, auf eher „visionären Vorstellungen" aufbauenden überdimensionierten Projekte. Für den künftigen Hafenumschlag wird es von größter Bedeutung sein, in welchem Außmaß Betriebsneugründungen im engeren Hinterland der Wiener Hafenanlagen zustandekommen. In Frage kommen vor allem die Branchen der Maschinen, Stahl- und Eisenbauindustrie, der Chemischen Industrie, der Lebensmittelindustrie und der Futtermittelproduktion. Für derartige Betriebe werden daher ausreichende Flächen vorgesehen werden müssen (Trend vom Handels- zum Industriehafen).

Bis Ende 1977 wird die Absiedlung der Firmen von der Stromlände zu Umschlagskonzentrationen in den Häfen führen und nach den Umschlagsprognosen (WIST, IFES [29]) im Hafen Freudenau insgesamt ca. 237.000 t, in Albern mittelfristig (1976/77) ca. 30.000 t (± 10.000 t) und im Hafen Lobau 1975 ca. 1,700.000 t erreichen. Von 1977 bis zur Fertigstellung des Rhein-Main-Donaukanals (1981) wird nach denselben Untersuchungen der Wasserumschlag der Wiener Häfen voraussichtlich keine größeren Impulse erhalten.

Nach Fertigstellung dieser Wasserstraße und nach Vollendung der Niederwasserregulierung der Bayrischen Donau (1989) wird nach der Umschlagsprognose (WIST) der Wasserumschlag aus Importen, Exporten und dem Inlandverkehr ohne Erdöl und Erdölprodukte maximal 800.000—1,000.000 t je Jahr betragen. Die Abschätzung des Umschlags an Erdöl- und Erdölprodukten ist infolge der möglichen politischen Aspekte und der endgültigen Auswirkungen der Produktenpipeline kaum sinnvoll.

Von den erwähnten Gutachten (WIST und IFES) werden als wesentliche Einflußfaktoren ebenfalls das Fehlen einer Schwerindustrie und einer Chemischen Grundindustrie im Wiener Raum genannt und auf den Unsicherheitsfaktor der Tarifkonkurrenz zwischen Schiene und Wasserweg besonders hingewiesen. Langfristig wird dem Übergang vom Europakahn (1350 t/1500 t) zum 3000 t-Schiff nach entsprechender Schiffbarmachung der östlichen Donau und dem Anschluß an das engere Wasserstraßennetz des Rhein-Main-Donaukanales und des Donau-Oder-Elbekanales eine besondere umschlagbelebende Wirkung prognostiziert.

---

[29] Institut für europäische Sozialforschung (IFES): Marktforschung für die Wiener Hafen-Betriebs-Ges.m.b.H., Wien 1971.

Die österreichisch-belgischen Handelsbeziehungen

PETER SCHNITT, Wien

Einleitung

Die Belgisch-luxemburgische Wirtschaftsunion (BLWU) und Österreich sind gleichermaßen außenhandelsintensive Kleinstaaten mit hochentwickelter Industrie, die aus ihrer günstigen Lage und dem Potential an qualifizierten Arbeitskräften Nutzen ziehen können. Hier wie dort erfordert die unzureichende Rohstoff- und Ernährungsbasis hohe Einfuhren, während die beschränkte Aufnahmsfähigkeit des Binnenmarktes der Industrie stets neue Exportanstrengungen abnötigt.

Neben diesen Ähnlichkeiten in den wirtschaftlichen Ausgangsbedingungen besteht eine Parallele hinsichtlich der historischen Entwicklung der Industriestruktur insofern, als beiden Ländern zusätzlich zu ihren eigenen Rohstoffvorkommen lange Zeit große Ergänzungsräume zur Verfügung standen, Österreich innerhalb der Monarchie, Belgien durch seine Kolonie. Sie konnten sich daher auf die Produktion von Vorerzeugnissen und Halbfertigwaren einzelner materialintensiver Zweige, vornehmlich der Textil- und Metallindustrie, konzentrieren, während sich etwa die Schweiz von vornherein auf Finalindustrien spezialisieren mußte.

Wie sehr diese Gemeinsamkeiten der wirtschaftsgeographischen Grundlagen und der industriellen Entwicklung Intensität und Struktur der Außenhandelsverflechtung zwischen der BLWU und Österreich prägten, soll im nachfolgenden noch eingehend erörtert werden.

Die Handelsbeziehungen vor dem Zweiten Weltkrieg

Der Außenhandel der Vorkriegszeit bestand im wesentlichen aus einem Austausch belgischer Rohstoffe und Halbfertigprodukte gegen österreichische Fertigwaren. Die Statistik des Jahres 1936 zeigt folgendes Bild:

Tabelle 1: Österreichs Außenhandel mit Belgien 1936

Warengruppe	Österr. Importe		Österr. Exporte	
	in 1000 öS	in %	in 1000 öS	in %
Lebende Tiere	2	0,0	0	0,0
Nahrungsmittel	44	0,2	1.157	7,9
Rohstoffe und Halbfertigwaren	14.287	73,0	4.055	27,8
Fertigwaren	5.242	26,8	9.385	64,3
Zusammen	19.575	100,0	14.597	100.0

Quelle: Bundesministerium für Handel und Verkehr, Monatshefte der Statistik des Außenhandels Österreichs, Dezember 1936, Wien 1937.

Auffallend ist dabei, in welchem Maße Belgien, das nach Großbritannien älteste Industrieland der Welt, vor dem Krieg die Funktion eines Zulieferanten der österreichischen Wirtschaft erfüllte, bestanden doch nicht weniger als 73% seiner Lieferungen aus Rohstoffen und Halbfertigwaren. Dabei handelte es sich in erster Linie um Textilfasern (Wolle und Flachs), Diamanten und Rohmetalle. Die Fertigwaren, die 1936 rund 27% der belgischen Ausfuhren nach Österreich ausmachten, umfaßten vorwiegend Textilprodukte wie Wollgarne, Wollfertigwaren und Seidengespinste, außerdem Leder und Schuhe, Eisenwaren und Chemikalien.

Diese Zusammensetzung der belgischen Lieferungen nach Österreich, ein getreues Abbild der Produktionsstruktur Belgiens, läßt sich historisch weit zurückverfolgen.

Die Grundlagen der belgischen Textilindustrie waren ursprünglich die Schafzucht Flanderns und Brabants und der Flachsanbau im Mandel-, Leie- und Scheldetal. Die Intensivierung der belgischen Agrarwirtschaft unter Ausnutzung der letzten verfügbaren Fläche für die Ernährung führte jedoch zur gänzlichen Verdrängung des Wollschafes, und auch dem Flachs steht heute mit 15.000 ha nur noch eine recht bescheidene Anbaufläche zur Verfügung.

Mit dem Wegfall der heimischen Rohstoffbasis erfolgte im Zuge der Industriellen Revolution die Umstellung auf Baumwolle, die seither zum maßgeblichen Rohstoff der belgischen Textilindustrie wurde. Zentren der Baumwollindustrie sind Gent und Kortrijk.

Die Wollindustrie hatte sich mit dem Bedeutungsanstieg der Baumwollindustrie in Flandern allmählich in das Gebiet um Verviers verlagert, wo sich das Wasser der Flüsse Vesdre und Gileppe durch seine Weichheit gut zum Waschen der durch Schweiß und Fett verschmutzten Wolle eignete. Im Vordergrund stand dabei lange der Verarbeitungsvorgang des Waschens und Karbonisierens. Dies erklärt den hohen Anteil gewaschener Wolle bei den belgischen Exporten des Jahres 1936.

Gleich der Wollindustrie wählte auch die Leinenerzeugung ihren Standort an den für die Rohstoffaufbereitung besonders geeigneten Flußläufen. Das Rösten des Flachses in der Leie ergibt ein sehr geschmeidiges, weiches Ausgangsmaterial, das bereits im frühen Mittelalter in Kortrijk weiterverarbeitet wurde. Kortrijk stieg darüber hinaus zum Weltzentrum des Flachshandels auf.

Diamanten machten 1936 zwar mehr als 20% der österreichischen Bezüge aus Belgien aus, als Absatzmarkt der belgische Diamantverarbeitung war Österreich jedoch damals wie heute kaum von Bedeutung. Denn die Diamantindustrie war stets jener Zweig, der unter allen Industriesektoren die höchste Auslandsabhängigkeit aufweist: Die Gesamtheit der Rohmaterialien wird eingeführt, 95% der Produktion werden ausgeführt. Zentrum der Diamantindustrie ist Antwerpen, das eine Doppelfunktion als Verarbeitungs- und Handelsplatz erfüllt. Hier werden die Diamanten entweder geschliffen oder unverarbeitet über eine der vier Diamantbörsen weiterverkauft. Der Export besteht zu zwei Dritteln aus bearbeiteten, zu einem Drittel aus rohen Diamanten.

Bei den Rohmetallen, die 1936 rund 10% der belgischen Exporte nach Österreich ausmachten, handelte es sich um Roheisen und verschiedene Buntmetalle. Beide Produktgruppen bilden zusammen mit Textilien traditionell das Rückgrat der belgischen Industrie- und Exportstruktur. Belgiens eisenschaffende Industrie basiert auf den Kohlenvorkommen in Wallonien, wo auch Eisenerz und der als Zuschlagstoff und Auskleidungsmaterial wichtige Dolomit und

Kalkstein abgebaut wurden. Die diesem Industriesektor innewohnende Tendenz der räumlichen Ballung führte rasch zur Angliederung von Stahl- und Walzwerken sowie von Kokereien an die Hochöfen, sodaß sich im Raume Lüttich und Charleroi mehrere vollintegrierte Stahlkonzerne bildeten.

Im Export von Eisen- und Stahlprodukten spielt auch Luxemburg eine wichtige Rolle. Die Rohstoffgrundlage sind die bei Esch/Alzette auftretenden Eisenerzvorkommen, wobei sich ein östliches Lager bei Dudelange/Rumelange und Esch als Fortsetzung des Moselbeckens, und ein westliches Lager bei Belvaux/Differdange und Rodange als Verlängerung des Beckens von Longwy unterscheiden lassen [1]. Bereits vor dem Krieg gehörte Luxemburg zu den führenden Stahlexporteuren Europas und setzte seine Produkte auch in Österreich ab.

In der belgischen Buntmetallindustrie bildeten Zink und Kupfer die wichtigsten Exportprodukte. Die Grundlage der 1837 entstandenen Zinkmetallurgie waren ursprünglich die reichen Vorkommen von Galmei, eines Zinkkarbonats, das im Raume Huy—Lüttich bis zur deutschen Grenze auftrat. Diese Zinkerzlager waren allerdings schon vor dem Krieg erschöpft, sodaß Belgien aus der Kongo-Kolonie (Kipushi) und aus Schweden (Falun) Erze zuführen mußte. Wegen dieser Überseeimporte verlagerte sich die Zinkindustrie aus dem Lütticher Raum ins Kempenland, das mit Antwerpen durch den Albert-Kanal frachtgünstig verbunden ist.

Im Gegensatz zur Zinkindustrie verdankt die Kupfermetallurgie, deren Anfänge auf das Jahr 1922 zurückgehen, ihr Entstehen ausschließlich den riesigen Erzvorkommen Katangas, auf deren Basis sich in der Umgebung Antwerpens, in Hoboken, Olen und Beerse, drei große Kupferverarbeitungsstätten heranbildeten.

Zusammenfassend kann somit der belgische Export nach Österreich vor dem Krieg als Spiegelbild der Produktionsstruktur des Landes bezeichnet werden, wobei die Rohstoffe und Halbfabrikate der Textil- und Metallindustrie eine führende Position einnehmen. Gegenüber der heutigen Lieferstruktur fällt die fast völlige Abwesenheit von Produkten der metallverarbeitenden Industrie (Maschinen und Apparate, Verkehrsmittel, Präzisionsinstrumente, Konstruktionen) und der Agrarwirtschaft auf.

Österreichs Ausfuhren nach Belgien erfüllten eine auffallend komplementäre Funktion. Fertigwaren der Textilindustrie (Baumwoll-, Woll- und Seidenwaren, Hüte und Wäsche), feuerfeste Ziegel, Maschinen, elektrische Apparate, Eisen- und Metallwaren sowie Papier und Papierwaren bildeten den Hauptteil der Gruppe „Fertigwaren", die 1936 64% der österreichischen Belgien-Exporte bildeten.

Auch bei den Rohstoffen fand eine Ergänzung statt: Felle und Häute aus Österreich bildeten das Gegenstück zu dem aus Belgien bezogenen Leder und den Schuhen. An Rohmetallen wurde in erster Linie Aluminium, außerdem auch Blei geliefert. Hauptposition bei den österreichischen Rohstoffexporten des Jahres 1936 waren jedoch Diamanten, wobei es sich freilich nur um einen Austauschverkehr, wie er zwischen den großen Verarbeitungszentren üblich ist, handelte, da die einzelnen Schleifereien in der Regel nicht imstande sind, Rohdiamanten jeder Größe und Qualität zu bearbeiten.

---

[1] HEMMER, C.: L'économie du Grand-Duché de Luxembourg. Band I, Paris 1948, S. 28.

Die Handelsbeziehungen nach dem Zweiten Weltkrieg

In den ersten Nachkriegsjahren waren die Handelsbeziehungen zwischen Österreich und der BLWU durch starke Schwankungen des Austauschvolumens gekennzeichnet.

Im Gegensatz zum kriegszerstörten und besetzten Österreich gehörte die BLWU zu jenen wenigen Ländern Europas, deren außenwirtschaftliches Gleichgewicht durch den Krieg nicht grundlegend gestört worden war. Ein im wesentlichen intakt gebliebener Produktionsapparat, geringes Bevölkerungswachstum und ein Kolonialbesitz mit großen Devisenvorräten bildeten die Voraussetzungen für eine verhältnismäßig günstige Wirtschaftslage [2]. Ein großer Vorteil für die Wiederaufnahme der Handelsbeziehungen war auch die sofortige Einsatzfähigkeit des Hafens von Antwerpen, der im Gegensatz zu zahlreichen französischen und holländischen Hafenanlagen kaum zerstört worden war.

In Österreich dagegen war das Jahr 1945 durch den totalen wirtschaftlichen Zusammenbruch charakterisiert. Wie schon 1918 wurde Österreich zudem zum zweiten Mal aus einem größeren wirtschaftlichen Integrationsraum herausgelöst. Im Kleinstaat mußte man nun wieder — den Erfordernissen der Jahre eines Mangels an allem und der Absperrung von überall entsprechend — mit weitgestreuten Produktionsprogrammen beginnen. Arbeitsteilige Großserien spezialisierter Produkte aus der Periode 1938—1945 wurden aufgegeben [3]. 1945 war die österreichische Ausfuhr praktisch Null und erst 1950 erreichte sie das Niveau des letzten Vorkriegsjahres. Durch die Marshallplanhilfe konnten viele Zweige der vorwiegend während des Zweiten Weltkrieges errichteten Grundstoff- und Schwerindustrie modernisiert und die Wasserkraftanlagen ausgebaut werden. Der aus der Investitionstätigkeit resultierenden Nachfrage nach schwerindustriellen Vorerzeugnissen, aber auch nach qualifizierten Endprodukten der Metallindustrie konnte die unversehrte belgische Exportwirtschaft sofort nachkommen, sodaß sich die Bedeutung Belgiens als Lieferland gegenüber der Vorkriegszeit stark erhöhte. Stand Belgien 1936 noch an 14. Stelle aller Lieferländer, so rückte es 1950 an den 8., 1951 sogar an den 5. Platz auf (nach den USA, der BRD, Großbritannien und Frankreich). Rund 5% der österreichischen Gesamtimporte stammten 1951 aus der BLWU. Diese allerdings nur vorübergehende Bedeutung der BLWU als Lieferland war mitbedingt durch die noch kaum vorgeschrittene Wiederherstellung des deutschen Industriepotentials und vor allem auch durch die Korea-Krise, die in Österreich, aber auch auf anderen Märkten die Nachfrage nach belgischem Stahl und Buntmetallen hochschnellen ließ.

Nach dem Höhepunkt von 1951 mit 690 Mill. öS pendelten sich die österreichischen Importe aus der BLWU in den folgenden Jahren auf ein Niveau um 450 Mill. öS ein. Erst 1959 überschritten sie die Grenze einer halben Milliarde und stiegen seitdem in einer bis heute ungebrochenen Expansion kontinuierlich an.

Österreichs Exporte dagegen nahmen zunächst ab 1950 eine aufsteigende Entwicklung mit größtenteils sehr hohen Zuwachsraten. Die Auswirkungen des internationalen Konjunkturrückganges brachten 1958 erstmalig einen Rückschlag und ab 1960 stagnierten die Ausfuhren während voller acht Jahre. Es steht außer Zweifel, daß für die österreichisch-belgischen Beziehungen die

[2] HARTOG, F.: Het belgisch wonder. Centraal Planbureau, Den Haag 1950, S. 3.
[3] Institut für Österreichkunde: Die Wirtschaftsgeschichte Österreichs. Verlag F. Hirt, Wien 1971, S. 204.

Verträge über die Gründung der EWG im Jahre 1957 und der EFTA 1959 die entscheidende Zäsur darstellen. Das nach dem Krieg wiederhergestellte Austauschverhältnis wurde dadurch empfindlich beeinträchtigt. Belgiens Außenhandel orientierte sich nun vollends auf die mit ihm in der EWG vereinigten Nachbarländer BRD, Frankreich und die Niederlande. Andererseits war Österreich bemüht, Markteinbußen in der EWG durch verstärkte Außenhandelsverflechtung mit den EFTA-Partnern Großbritannien, Schweiz und den skandinavischen Staaten wettzumachen.

Erst ab 1968 geht es mit Österreichs Exporten in die BLWU wieder aufwärts. 1972 wurde schließlich die Milliardengrenze erreicht — gegenüber 1962 hatten sich damit die österreichischen Lieferungen verdoppelt. Ebenfalls 1972 überschritten freilich die belgischen Gegenlieferungen die Grenze von 2 Milliarden, einstweiliger Höhepunkt der Tendenz zu einem immer größeren Handelsbilanzpassivum Österreichs.

Tabelle 2: Der Außenhandel Österreichs mit der BLWU

| Jahr | Importe | | | Exporte | | | Handelsbilanz |
	Mill. öS	%[a]	Nr.[b]	Mill. öS	%[a]	Nr.[b]	Mill. öS
1936	20	1,6	14	15	1,6	13	—5
1950	288	3,1	8	116	1,8	15	—172
1952	547	3,9	6	208	1,9	14	—339
1954	392	2,3	10	329	2,1	10	—63
1956	432	1,7	11	425	1,9	13	—7
1958	461	1,7	12	412	1,7	14	—49
1960	602	1,6	12	584	2,0	12	—18
1962	717	1,8	11	501	1,5	14	—216
1964	904	1,9	10	543	1,4	16	—361
1966	984	1,6	11	599	1,4	18	—385
1968	1.156	1,8	12	645	1,3	19	—511
1970	1.718	1,9	11	905	1,2	19	—813
1972	2.303	1,9	10	1.022	1,1	19	—1.281

Quelle: Österr. Statistisches Zentralamt, Der Außenhandel Österreichs, Wien, jährlich.
a Anteil an den österreichischen Gesamtein- und -ausfuhren.
b Stellung der BLWU unter sämtlichen Liefer- bzw. Bestimmungsländern Österreichs.

Der derzeitige Stand der Handelsbeziehungen

Im Außenhandel Österreich—BLWU sind traditionell die „Halb- und Fertigwaren"[4] vorherrschend. Ihre Prädominanz erklärt sich daraus, daß in dieser Gruppe neben den Halb- und Fertigwaren aus Leder, Pelzen, Kautschuk, Holz, Kork, Papier, Glas und Keramik vor allem auch sämtliche Textilprodukte, ausgenommen Kleidung, ebenso wie Metalle von den Verarbeitungsstufen „Rohmetalle" bis zu „Metallwaren" zusammengefaßt sind, also gerade jene Warengruppen, die in der Wirtschaft beider Länder eine besondere Rolle spielen.

Auffallend ist indessen, daß gerade diese Position trotz des oft konkurrenziellen Charakters wesentlich größere Bedeutung im gegenseitigen Waren-

---

[4] Obergruppe 6 der „Standard International Trade Classification" (SITC).

austausch als im Gesamtaußenhandel beider Länder hat. So beträgt der Anteil der „Halb- und Fertigwaren" an Österreichs Gesamtexport derzeit 37%, am Export in die BLWU jedoch 48%. 1954 bis 1961 machte diese Warengruppe sogar weit über 60% der österreichischen Lieferungen in die BLWU aus. Umgekehrt setzten sich auch die Importe aus der BLWU zu durchschnittlich 40% aus „Halb- und Fertigwaren" zusammen, erst in den allerletzten Jahren kam es zu Anteilseinbußen zugunsten von Maschinen und Verkehrsmitteln.

Langfristig betrachtet haben „Halb- und Fertigwaren" import- und exportseitig rückläufige Tendenz, da es sich hiebei im Gegensatz zu Maschinen, Verkehrsmitteln und Chemikalien um Produkte mit wenig dynamischer Nachfrageentwicklung handelt.

Tabelle 3: Die Warenstruktur im österreichischen Außenhandel mit der BLWU
(in % der jeweiligen Gesamtein- und -ausfuhren)

Warengruppe	1952		1962		1972	
	Import	Export	Import	Export	Import	Export
Nahrungsmittel	19,9	0,3	2,1	1,5	1,7	3,1
Rohstoffe	7,6	31,8	14,6	4,1	5,6	2,5
Chemische Erzeugnisse	9,8	0,6	6,6	2,6	14,8	2,6
Halb- und Fertigwaren	46,5	48,6	43,3	58,3	28,2	48,0
Maschinen und Verkehrsmittel	4,7	14,0	17,4	22,6	38,4	31,9
Sonstige Fertigwaren	1,9	4,7	6,0	8,7	9,0	11,7
Übrige	9,6	0,0	10,0	2,2	2,3	0.2
Zusammen	100,0	100,0	100,0	100,0	100,0	100,0

Quelle: Österr. Statistisches Zentralamt, Der Außenhandel Österreichs, Wien, jährlich.

„Halb- und Fertigwaren" bei den österreichischen Lieferungen sind Magnesitziegel, die mit einem Wert von 68 Mill. öS (1972) die wichtigste Exportposition gegenüber der BLWU überhaupt darstellen, Textilien (Garne, Baumwoll- und Wollgewebe, Stickereien), Eisen und Stahl, dabei insbesondere Bleche, sowie Metallwaren (fertige Konstruktionen, Werkzeuge und Haushaltseinrichtungen). Papier aus Hallein (Borregaard-Werke) und Reifen aus Traiskirchen (Semperit) ergänzen das Sortiment an Halb- und Fertigwaren.

Bei „Maschinen und Verkehrsmitteln" liefert Österreich elektrische und nichtelektrische Maschinen, Geräte und Apparate, während die Verkehrsmittel durch den Rückgang des LKW- und Traktorenexportes sinkende Tendenz haben.

„Sonstige Fertigwaren" sind Kleidung sowie wissenschaftliche und optische Geräte, namentlich Kameras. Bei den Nahrungsmitteln konnte sich österreichischer Käse eine gewisse Marktposition erkämpfen, doch sind die Lieferungen starken Schwankungen ausgesetzt. Bei Rohstoffen hat zwar der Export von Schnittholz langfristig steigende Tendenz, ist aber im Rahmen des österreichischen Gesamtholzexportes, der auf Italien und die Levante konzentriert ist, nach wie vor unbedeutend.

Mit zahlreichen Produkten jedoch konnte Österreich bisher auf diesem konkurrenzierten und verwöhnten Markt nicht Fuß fassen, obwohl einige davon Spezialitäten des österreichischen Exportsortiments darstellen. Dazu gehören Schokolade, Zuckerwaren, Lebensmittelkonserven, Wein und Bier; Farben, Lacke, Pharmazeutika und Kunststoffe; Glas, Glaswaren, Keramik, Porzellan, Schmuck; Möbel, Schuhe, Spiele und Sportgeräte. Rückläufig schließlich sind die österreichischen Lieferungen von Erzen, Ingots und anderen Grundformen, Aluminium und Straßenfahrzeugen.

Die „Halb- und Fertigwaren" bei den belgischen Lieferungen werden von den Erzeugnissen der Metall- und Textilindustrie beherrscht. Die Eisen- und Stahlindustrie Lüttichs und Charlerois ist mit Blechen, Drähten, Bandstahl, Guß- und Schmiedestahl vertreten. An NE-Metallen werden Kupfer, Zinn, Zink und Aluminium sowie kleine Mengen an Wolfram, Antimon und Kadmium geliefert. Dazu kommen Metallwaren wie Gitter, Werkzeuge, Metallbehälter und fertige Konstruktionen.

Bei den Textilien stehen Teppiche im Vordergrund. Es handelt sich hier um einen rasch expandierenden Industriezweig mit den Zentren in Kortrijk, Sint-Niklaas, Aalbeke und Vichte. Angeboten werden gewebte Teppiche aus Schafwolle und synthetischen Spinnstoffen, in kleinen Mengen auch Teppiche aus Jute. Die übrigen Textilprodukte stellen das traditionelle belgische Angebot wie bereits in der Vorkriegszeit dar: Wollgarne, Woll-, Baumwoll- und Leinengewebe. Neben Textilien und Stahl bildet Glas ein weiteres sehr wichtiges Exportprodukt. Es handelt sich dabei um Flachglas und mehrschichtiges Isolierglas aus Charleroi. Das Fehlen von Glaswaren zeigt ebenso wie die Abwesenheit von Waren aus Leder bei den Lieferungen der belgischen Lederindustrie, die praktisch nur aus Rohleder bestehen, wie stark Belgien auch heute noch in vielen Bereichen auf Halbfabrikate ausgerichtet ist.

Insgesamt ist der Anteil der Gruppe „Halb- und Fertigwaren" rückläufig, da der Export belgischer Garne stagniert. Dieser relative Rückgang wird jedoch durch den Bedeutungszuwachs bei Verkehrsmitteln, Chemikalien, Kleidung und Photomaterial wettgemacht.

Bei Verkehrsmitteln ist die Entwicklung besonders auffallend: 1967 lieferte Belgien 2000 PKW nach Österreich, 1972 bereits 16.000. Im gleichen Zeitraum wurde der Export von LKW und Autobussen nach Österreich von 9 auf 843, bei Traktoren von 52 auf 142 Stück gesteigert. Das Aufblühen der Autoindustrie in Belgien nach dem Zweiten Weltkrieg stellt gewissermaßen den Ersatz für den Niedergang des einst berühmten Lokomotiv- und Waggonbaus in Haine-Saint-Pierre, Couillet, Marcinelle und La Louvière dar. Belgien besaß zwar schon vor dem Krieg eine eigene PKW-Produktion in Mortsel bei Antwerpen und in Herstal bei Lüttich, doch zwangen Zollprotektionismus des Auslandes und unzureichende Aufnahmsfähigkeit des Binnenmarktes, diese Erzeugung im Jahre 1930 aufzugeben. Allerdings bestanden bereits zu diesem Zeitpunkt die beiden Montagewerke von Ford und General Motors in Antwerpen. Ihr Ausbau wurde nach dem Krieg durch rigorose staatliche Maßnahmen, nämlich Importverbot für komplette PKW, das später durch ein System strenger Importkontigentierung ersetzt wurde, gefördert. Damit erhielt der Ausbau der belgischen Assemblingindustrie entscheidende Impulse. Deutsche und französische Autoproduzenten errichteten nun gleichfalls Montagebetriebe, um von hier aus den gesamten Beneluxmarkt zu beliefern. Diese Werke waren nicht auf belgische Schwerindustrie angewiesen, da sie ja die Einzelteile aus dem Ausland bezogen. Sie konnten daher ihren Standort in den weniger entwickelten flämischen Landesteilen wählen, wo genügend Arbeitskräfte, billige Fabriksgründe und eine günstige Verkehrslage gegeben waren. Die Umgebung von Gent und Antwerpen bot für jene Betriebe, die auf Zufuhren per Schiff angewiesen waren, die besten Voraussetzungen. Weitere Zentren entwickelten sich in Genk, Mecheln und Seneffe. In Brüssel wurde längs der Hafenzone das Assembling von PKW deutscher und französischer Marken aufgenommen. Die Zentren des PKW-Assemblings sind somit Brüssel (Citroën, Volkswagen, Mercedes) und dessen Vorort Vilvoorde (Renault), Antwerpen (General Motors), Genk (Ford), Seneffe (British Motor Corporation), Gent (Volvo), Mecheln (Leyland-Triumph) und Aartselaar (DAF). Traktoren werden in Antwerpen (Ford), Autobusse in Koningshooikt (Van Hool) assembliert.

Außer den Verkehrsmitteln haben auch die chemischen Erzeugnisse einen deutlichen Bedeutungsanstieg bei den belgischen Lieferungen nach Österreich zu verzeichnen: Ihr Anteil lag 1972 bei fast 15% gegenüber 6,6% im Jahre 1962. Dies ist ein Spiegelbild der rasanten Expansion, den die belgische chemische Industrie in den letzten Jahren erlebte. 1962 waren 31 Mrd. bfrs. in der chemischen Industrie investiert, was 8% der gesamten Investitionen in der Industrie entsprach. 1972 lag das investierte Kapital bei 130 Mrd. oder 19% aller Industrieinvestitionen. In diesem Zeitraum stiegen die Umsätze um 229%[5].

Diese Entwicklung hängt eng mit dem Aufblühen der Petrochemie in der Nähe der großen Erdölraffinerien Antwerpens und Gents zusammen. Bis zum Jahre 1950 hatte Antwerpen auf dem chemischen Sektor lediglich als Standort der Gevaert-Werke zur Herstellung von Photopapieren und Photochemikalien Bedeutung. Zwar bestanden schon vor dem Krieg fünf Erdölraffinerien in Antwerpen, doch war deren Produktion sehr beschränkt und im wesentlichen auf einzelne Sonderprodukte spezialisiert. Der Großteil der Fertigprodukte wurde importiert. Nach dem Krieg jedoch kam es weltweit zu einer Verlagerung der Erdölverarbeitung von den Produktions- zu den Konsumzentren und damit auch zum Bau der belgischen Großraffinerien, die neben ihren Hauptprodukten, Benzin und Heizöl, auch die Ausgangsprodukte für die Petrochemie (Äthylen, Propylen, Butadien, Aromaten, Azetylen) liefern. So entwickelten sich mehrere petrochemische Großbetriebe, die Polyäthylen, Polyurethan, Polybutylen und Caprolactam herstellen.

Die Lieferungen der chemischen Industrie Belgiens nach Österreich umfassen außer Kunststoffen, die allerdings mit einem Wert von 90 Mill. öS 1972 rund die Hälfte der Chemielieferungen ausmachten, große Mengen an Düngemitteln, darunter namentlich Thomasschlacke, ein Abfallprodukt der Stahlindustrie, sowie Pharmazeutika, Seifen und Kosmetika.

Eine dritte Gruppe von belgischen Produkten, die sich immer stärker durchsetzt, sind schließlich die „Sonstigen Fertigwaren", die vor allem Kleidung aus Flandern, Filmmaterial und Photochemikalien aus Antwerpen (Agfa-Gevaert) und Teile zu Tonband- und Diktiergeräten aus den Philips-Niederlassungen in Brüssel umfassen.

Unaufhaltsam ist dagegen der Anteilsrückgang bei Rohstoffen, obwohl die BLWU weiterhin große Mengen an Wolle, Flachs, Latex von synthetischem Kautschuk und Häuten liefert, ebenso wie bei den Nahrungsmitteln, die neben

---

[5] Fédération des Industries Chimiques de Belgique: Rapport annuel 1972. Brüssel 1973, S. 2.

Eiern vor allem Frischfleisch, Zucker- und Schokoladewaren, Futtermittel und Frischgemüse umfassen.

Zusammenfassend kann gesagt werden, daß Importe wie Exporte im beiderseitigen Warenverkehr die gleichen Tendenzen aufweisen: Einem stetigen Bedeutungsanstieg von Maschinen, Verkehrsmitteln, sonstigen Fertigwaren und Chemikalien stehen Anteilseinbußen bei den anderen Obergruppen, namentlich bei den Rohstoffen, aber auch bei den die Handelsbeziehungen traditionell beherrschenden Halb- und Fertigwaren gegenüber.

Damit kommt auch im Warenaustausch Österreich-BLWU ein bei allen Industriestaaten zu beobachtender Trend zum Tragen, daß sich nämlich der Außenhandel immer mehr auf Industrieprodukte höchster Fabrikationsstufe verlagert. In der Zusammensetzung des österreichisch-belgischen Austauschverkehrs verlieren die Halb- und Fertigwaren des Textil- und Metallsektors allmählich ihre überragende Stellung, während die intensivste Verarbeitungsvorgänge erfordernden Investitionsgüter Maschinen und Verkehrsmittel, aber auch Chemikalien, also durchwegs Warengruppen, die das höchste Stadium der Industrieentwicklung kennzeichnen, an ihre Stelle treten.

Schlußfolgerungen

Aus der Betrachtung der langfristigen Entwicklung des Außenhandels Österreich-BLWU lassen sich folgende Charakteristika der Handelsbeziehungen ableiten:

— Geringe Intensität der wirtschaftsräumlichen Verflechtung

Ein- und Ausfuhren im österreichisch-belgischen Warenverkehr haben ein bescheidenes Niveau nie überschritten. Als Lieferland steht die BLWU derzeit an 10., als Absatzmarkt an 19. Stelle unter sämtlichen Partnern Österreichs. Im österreichischen Export sind beispielsweise sämtliche Länder Skandinaviens, aber auch Polen, Rumänien oder die ČSSR wesentlich wichtigere Abnehmerländer als Belgien-Luxemburg. Umgekehrt nimmt Österreich in der belgischen Außenhandelsstatistik nur den 28. Rang als Herkunftsland und den 14. als Bestimmungsland ein.

Hauptursache für die geringe Intensität der wirtschaftsräumlichen Verflechtung ist das Fehlen einer breiten Basis echter Komplementarität bei Gütern unterschiedlicher Produktionsstufe oder solchen Waren, die bei gleichem Fertigungsgrad in ihrer qualitativen Differenzierung ausgetauscht werden könnten. Damit fehlt es aber auch an der „Anziehungskraft des Ungleichartigen" als auslösendem Moment von Austauschspannungen und enger wirtschaftsräumlicher Beziehung.

Erschwerend wirkte aber auch die Schaffung von EWG und EFTA, die Österreich und die BLWU unterschiedlichen Wirtschaftsblöcken gerade zu jenem Zeitpunkt zuordnete, als sich die Austauschbeziehungen konsolidiert hatten. Betroffen hievon wurden vor allem die Exporte Österreichs. Die BLWU senkte etappenweise die Zölle gegenüber den EWG-Partnern und übernahm gleichzeitig den „Gemeinsamen Außentarif" der EWG, der bei den Importen aus Drittstaaten angewandt wird. Die Einführung des Gemeinsamen Außentarifs bedeutete aber im Falle Belgiens, eines traditionellen Freihandels- und Niedrigzollandes, eine durchschnittliche Anhebung des Zollniveaus. Für die österreichischen Lieferungen wurde also der Zugang zum belgischen Markt in doppelter Hinsicht erschwert: Einerseits standen die Exporteure nun zollbegünstigten, in der Folge sogar zollbefreiten Konkurrenzprodukten aus der EWG gegenüber, während andererseits für ihre Waren das belgische Zollniveau erhöht war.

Auch die belgischen Ausfuhren waren nun in Österreich mit dem Problem der Zolldiskriminierung konfrontiert. Fühlbar war freilich nur die Begünstigung, die Großbritannien und die Schweiz auf dem österreichischen Markt erfuhren, während die Besserstellung der skandinavischen Länder und Portugals die Lieferungen der BLWU auf Grund ihrer ganz anders gearteten Struktur kaum beeinflußte. Zudem führte ja die EFTA als Freihandelszone keinen gemeinsamen Außentarif für Drittländer ein, sodaß sich für Belgien die Zollbarriere in Österreich nicht veränderte.

Dies mag als Erklärung dafür gelten, daß Österreichs Exporte in die BLWU bis 1968 stagnierten. Obwohl die belgischen Lieferungen weit weniger betroffen waren, kann doch angenommen werden, daß durch die Zugehörigkeit Österreichs und der BLWU zu verschiedenen Integrationsräumen die Diversifikation der Industrien in beiden Ländern im wechselseitigen Austauschverkehr nicht zum Tragen kam. Das Warensortiment beschränkte sich auf die traditionellen Sektoren, eine Intensivierung der wirtschaftsräumlichen Verflechtung durch Ausbildung eines weitergefächerten Angebots wurde durch die Zolldiskriminierung unterbunden.

— Konstanz der wechselseitigen Marktdurchdringung

Österreich war 1972 durch Lieferungen im Wert von 1 Mrd. öS und Bezüge von 2,3 Mrd. öS mit 0,5% am Gesamtaußenhandel der BLWU beteiligt. Vor dem Zweiten Weltkrieg betrug der Anteil Österreichs 0,3%. Umgekehrt partizipiert Belgien-Luxemburg derzeit mit 1,6% an den gesamten Aus- und Einfuhren Österreichs und dieser Prozentsatz entspricht auch dem Vorkriegsanteil. Abgesehen davon, daß das Handelsvolumen zwischen der BLWU und Österreich 1936 35 Mill., 1972 jedoch 3,3 Mrd. öS, also nominell fast das Hundertfache, betrug, ist das Gleichbleiben der Beteiligung am Außenhandel des Partnerlandes auffallend, umso mehr, als ja Belgien, aber auch Österreich (allerdings nur importseitig) den Europahandel anteilsmäßig stark intensivierten. Im Handelsverkehr Österreich-BLWU hat sich jedoch bei jenem Teil ihres Exportangebotes, das nicht konkurrenzielle Züge aufweist, sondern einem echten Ergänzungsbedürfnis des Parntners entspricht, ein stabiles Austauschverhältnis eingespielt, das nur in geringem Umfang Schwankungen ausgesetzt ist. Einer Diversifizierung des Warensortiments und damit einer Vertiefung der räumlichen Verflechtung stand in der entscheidenden Phase der Entwicklung die gegenseitige Zolldiskriminierung im Rahmen von EWG und EFTA entgegen.

— Ähnliche Warenstruktur mit ähnlichen, im Tempo jedoch unterschiedlichen Entwicklungstendenzen

Sowohl bei den belgischen wie auch bei den österreichischen Lieferungen stehen den langfristig rückläufigen „Halb- und Fertigwaren" die rasch aufstrebenden Gruppen „Maschinen und Verkehrsmittel", „Sonstige Fertigwaren" und „Chemische Erzeugnisse" gegenüber. Rohstoffe und Nahrungsmittel verzeichnen kontinuierliche Anteilseinbußen. Die Entwicklung zum Austausch von Industriegütern höchster Verarbeitungsstufe, die im Geben wie im Nehmen alle anderen Warengruppen in den Hintergrund drängen, ist damit in den österreichisch-belgischen Handelsbeziehungen unverkennbar.

Freilich muß dabei den belgischen Lieferungen die weitaus größere Dynamik zugesprochen werden. Konsequenter als die österreichische Wirtschaft stellte sich nämlich die belgische auf die internationale Nachfrage nach hochqualifizierten und spezialisierten Produkten ein. So führte die Modernisierung der Eisen- und Stahlindustrie nach 1948 weniger zu einer Kapazitätserweiterung der Rohproduktion als vielmehr zum Ausbau der Anlagen für die Verarbeitung zu Endprodukten. Im Metallbau spezialisierte sich Belgien auf die Lieferung schlüsselfertiger Anlagen. Der Aufschwung in der Fahrzeugindustrie hat ebenso wie das größere Produktionsprogramm bei Maschinen das belgische Exportsortiment ganz wesentlich erweitert. Ja selbst die Textilindustrie, einer der konservativsten Industriezweige Belgiens, zeigt einen kontinuierlichen Verlagerungsprozeß von den Vorerzeugnissen auf lohn- und kapitalintensive Fertigwaren, wie die wachsenden Anteile von Teppichen, Möbelstoffen und Bekleidung beweisen. Am deutlichsten freilich ist der Strukturwandel bei Chemikalien. An die Stelle der vor dem Krieg dominierenden Produkte der anorganischen Chemie (Salze, Säuren, Düngemittel) sind heute Kunststoffe und Kunststoffartikel sowie andere organische Chemikalien getreten. Die Impulse zu dieser Umstellung gingen von der außerordentlichen Dynamik der wirtschaftlichen Entwicklung innerhalb der EWG und von der daraus vor allem resultierenden Attraktivität Belgiens und Luxemburgs für ausländische Investitionen aus, beides Faktoren, die in Österreich fehlten.

In Luxemburg wurde das wirtschaftspolitische Ziel einer Diversifizierung der Industriestruktur nur durch jene ausländischen Niederlassungen erreicht, die unter anderem durch den Bau eines Reifenwerkes in Colmar-Berg, zweier Anlagen für Reifengewebe in Luxemburg/Stadt und Steinfort, eines Werkes für Polyesterfolien in Luxemburg/Stadt und einer Zigarettenfabrik in Ettelbruck die Prädominanz der Eisen- und Stahlindustrie milderten.

In Belgien wäre der Aufschwung der Autoindustrie oder der Petrochemie ohne ausländisches Kapital und Know-How nicht denkbar gewesen. Derzeit produziert eine Niederlassung der Ludwigshafener „Badischen Anilin- und Sodafabrik" (BASF) in Antwerpen Düngemittel und Kunststoffe, die Bayer-Werke lassen gleichfalls am günstigen Antwerpener Standort Schwefelsäure und Caprolactam, ein Ausgangsmittel für die Kunststoffindustrie, herstellen. Neben den deutschen sind auch die amerikanischen Filialen in der Erdöl- und chemischen Industrie von Bedeutung. Dazu gehören die Erdölraffinerien der ESSO in Antwerpen und TEXACO in Gent und die Kunststoffabrik der Union Carbide in Antwerpen.

Die Investitionswelle amerikanischen Kapitals wurde durch die Schaffung der EWG stimuliert. Der Abbau der Zollschranken innerhalb dieses großen Wirtschaftsraumes und die Anwendung eines einheitlichen Zolltarifes gegenüber Drittstaaten ließ es schon aus Kostengründen vorteilhaft erscheinen, innerhalb der EWG zu produzieren statt in diese zu exportieren. Entscheidend aber war, daß in diesem großen Absatzgebiet mit einem rascheren Wachstum der Nachfrage als auf anderen Märkten gerechnet werden konnte.

In der belgischen Produktions- und Exportstruktur ist somit eine ganze Reihe typischer Wachstumsindustrien mit durchwegs dynamischer Nachfrageentwicklung vertreten. Im Außenhandel mit Österreich schlägt sich dies in einem zunehmenden Aktivum der belgischen Handelsbilanz nieder: Im Zeitraum 1953—1962 waren die österreichischen Importe aus der BLWU noch zu 85% durch die Exporte gedeckt; in der Periode 1963—1972 dagegen verminderte sich der Deckungskoeffizient auf 57%. In absoluten Werten betrug das österreichische Passivum gegenüber Belgien-Luxemburg 1972 bereits 1,3 Mrd. öS.

Ausblick

Der bislang durch geringe Beziehungsdichte gekennzeichnete Warenverkehr zwischen Österreich und Belgien-Luxemburg ist durch den Abschluß der Abkommen Österreichs mit den Europäischen Gemeinschaften (EG) in eine neue Entwicklungsphase getreten.

Die Erweiterung der EG wurde mit 1. Jänner 1973 realisiert: Dänemark, Irland und Großbritannien traten als Vollmitglieder bei. Österreich und die EFTA-Staaten Finnland, Island, Portugal, Schweden und die Schweiz dagegen schlossen eine Freihandelszonenvereinbarung ab.

Was nun die um 3 Vollmitglieder erweiterte „Gemeinschaft der Neun" betrifft, so weist sie bei 253 Mill. Einwohnern ein Bruttonationalprodukt von 693 Mrd. $ (1971) gegenüber 1.069 in den USA und 220 Mrd. in Japan auf. Bis 1. Juli 1977 werden in diesem Raum die Zölle und die quantitativen Beschränkungen abgebaut, gegenüber Dritten gilt dann ein gemeinsamer Außentarif. Mit den durch die Freihandelszonenregelung angeschlossenen EFTA-Partnern gilt die gleiche Vorgangsweise, allerdings wird hier kein gemeinsamer Außentarif praktiziert.

Aus den zu erwartenden Auswirkungen der Abkommen und der bisherigen Entwicklung der österreichisch-belgischen Handelsbeziehungen lassen sich für die Zukunft folgende zwei Prognosen erstellen:

— Leichte Verbesserung der gegenseitigen Marktdurchdringung

Die Erleichterungen durch die EG-Abkommen lassen eine Erweiterung des im beiderseitigen Austauschverkehr aufscheinenden Warenspektrums erwarten. 1972 umfaßten die österreichischen Lieferungen in die BLWU 25 Positionen im Werte über 10 Mill. öS, wovon die wichtigsten Magnesitziegel, Kräne, Garne aus künstlichen Spinnstoffen sowie Druck- und Schreibpapier waren. Zu diesem „harten Kern" des österreichischen Warenangebotes könnte nun mit dem Wegfall der Zollschranken, aber auch der psychologischen Barriere, die bislang durch die Außenseiterposition österreichischer Exporteure auf dem belgischen Markt gegeben war, eine Fülle von Produkten aus Industrie und Gewerbe, darunter in erster Linie Konsumgüter, treten. Stärker als früher könnten jetzt an sich gleichartige Industrieprodukte in ihrer qualitativen Differenzierung und Spezialisierung ausgetauscht werden.

Vieles spricht indessen gegen eine wirklich fühlbare Intensivierung der Handelsbeziehungen. Ein Rückblick auf die Zeit vor EWG und EFTA zeigt, daß nicht handelspolitische Maßnahmen, sondern die Eigenheiten der Industriestruktur in beiden Ländern Ursache des bescheidenen Austauschvolumens sind. Diese Ursachen aber sind ja mit 1. Jänner 1973 nicht weggefallen. Abgesehen von den in Belgien assemblierten Automobilen fehlt weiterhin in beiden Partnerländern jene Gamma von dauerhaften Konsumgütern, wie sie das Produktionsimage eines Exportlandes zu prägen und auch das Austauschvolumen nachhaltig zu erhöhen vermag, jene Massenbedarfsartikel wie Radios, Fernsehgeräte, Waschmaschinen, Kühlschränke und die anderen Elektrohaushaltsgeräte, die etwa im deutschen oder italienischen Ausfuhrangebot aufscheinen. Auch sind agrarwirtschaftliche Rohprodukte und einige Nahrungsmittel aus den Abkommen und somit aus dem gegenseitigen Zollabbau ausgenommen.

Nichtsdestoweniger sieht sich eine Reihe von Erzeugnissen, beispielsweise Textilien, kunstgewerbliche Artikel, Glas- und Keramikwaren und viele andere, besseren Absatzchancen gegenüber. Eine wesentliche Erhöhung des Handelsvolumens ist aber deswegen nicht zu erwarten, weil ja bei solchen Produkten die Aufnahmsfähigkeit beider Märkte trotz hoher Kaufkraft der Bevölkerung beschränkt ist.

Zudem genießt nun auf dem belgischen Markt auch die britische, schweizerische, dänische, schwedische und finnische Konkurrenz dieselben Vorteile wie Österreich, sodaß sich also die Wettbewerbssituation für österreichische Waren nicht entscheidend verbessert hat.

Insgesamt kann daher in den nächsten Jahren, sofern nicht internationale Währungs- und Wirtschaftskrisen den Außenhandel beeinträchtigen, mit einem Zuwachs der beiderseitigen Lieferungen, jedoch nur mit einer geringfügigen Verbesserung des Marktanteils im jeweiligen Partnerland gerechnet werden.

— Stärkere Dynamik der belgischen Lieferungen, Erhöhung des österreichischen Passivums

Das jetzt schon beträchtliche Ungleichgewicht in den belgisch-österreichischen Handelsbeziehungen dürfte sich in den kommenden Jahren erhöhen. Belgiens Exportwirtschaft wird zweifellos mit der ihr eigenen Anpassungsfähigkeit aus den Zollsenkungen rascher und nachhaltiger Nutzen ziehen als die österreichischen Unternehmungen. Die EG-Abkommen werden also trotz der für beide Teile gegebenen Vorteile in erster Linie Belgien zugutekommen. Das Handelsbilanzpassivum Österreichs im Verkehr mit der BLWU wird sich damit ganz deutlich erhöhen.

Literaturverzeichnis

Bücher, Broschüren, Periodika
Centre de Recherche et d'Information Socio-Politiques: Morphologie des groupes financiers. Brüssel 1966.
Creditanstalt-Bankverein: Der österreichische Außenhandel. Leistung, Entwicklung, Förderung. Wirtschaftsberichte Nr. 35, Wien, Dezember 1963.
EVALENKO, R.: Régime économique de la Belgique. Brüssel 1968.
Fébiac: Exercice 1972-Rapport du conseil d'administration. Brüssel 1973.
Fédération de l'Industrie Textile Belge: Rapport annuel. Brüssel, jährlich.
Fédération des Industries Chimiques de Belgique: Rapport annuel. Brüssel, jährlich.
GAMBLIN, A.: Géographie du Benelux. Centre de Documentation Universitaire, Paris 1960.
HARTOG, F.: Het belgisch wonder. Centraal Planbureau, Den Haag 1950.
HEMMER, C.: L'économie du Grand-Duché de Luxembourg. Paris 1948.
Institut für Österreichkunde: Die Wirtschaftsgeschichte Österreichs. Verlag F. Hirt, Wien 1971.
KESTELOOT, J.: België's economische bedrijvigheid. Brügge 1947.
Kredietbank: L'industrie textile. Brüssel 1966.
Ministère des Affaires Economiques: Investissements étrangers en Belgique. Brüssel, jährlich.
— L'economie belge en . . . , Brüssel, jährlich.
PERSOONS, W.: Economische aardrijkskunde van België. Brüssel 1960.
SCHEIDL, L.: Europa. Band IV von „Erdkunde in Stichworten", Verlag F. Hirt, Kiel 1969.
SCHNITT, P.: Die Regionalstruktur des Außenhandels Belgien-Luxemburgs. Wiener Geogr. Schriften, H. 38/39, Wien 1973.
STECKELHUBER, O., Struktur und Entwicklung des österreichischen Außenhandels. Reihe „Die Wirtschaft geht jeden an" Nr. 55, Wien 1964.

Statistiken

Bundesministerium für Handel und Verkehr, Handelsstatistischer Dienst: Monatshefte der Statistik des Außenhandels Österreichs. Wien, jährlich.

Institut Belge d'Information et de Documentation: Belgique-Statistiques de base 1967—1971. Brüssel 1972.

Institut National de Statistique: Bulletin mensuel du commerce extérieur de l'UEBL. Brüssel, jährlich.

Office Belge du Commerce Extérieur: Le commerce extérieur de l'UEBL avec les pays de l'AELE. Numéro spécial OBCE, Brüssel, jährlich.

Österreichisches Statistisches Zentralamt: Der Außenhandel Österreichs. Wien, jährlich.

Statistisches Amt der Europäischen Gemeinschaften: Statistische Grundzahlen der Gemeinschaft. Brüssel, jährlich.

Die österreichische Kreditwirtschaft

Versuch einer wirtschaftsgeographischen Analyse unter besonderer Berücksichtigung regionaler Ergebnisse

STEFAN SKOWRONEK, Wien

Vorbemerkung

Die Standortfrage von Kreditunternehmungen aus wirtschaftsgeographischer Sicht hat in der Literatur zwar bereits in breitem Rahmen Niederschlag gefunden, dennoch aber nicht in jenem Maße, wie dies für andere Wirtschaftszweige zutrifft. Auffallend tritt hiebei zutage, daß die Erörterung dieses Themas im allgemeinen unter weitgehenden Einschränkungen erfolgt. Dieser Umstand ist zweifellos darauf zurückzuführen, daß im Bereich des Kreditwesens eine große Zahl geographisch nur teilweise relevanter Faktoren für die Standortqualifikation ausschlaggebend ist; Kriterien der Rechtsordnung (Aufsicht, Organisation, Wettbewerb etc.), Situation von Binnen- und Außenhandel, Arbeitsmarkt, Kommunikationswege, um nur einige zu nennen, sind je für sich von so starkem Einfluß, daß die sachgerechte Behandlung tatsächlich nur unter der geschilderten Bedingung denkbar ist.

In diesem Sinne will die vorliegende Arbeit auch bloß als Studie verstanden werden. Sie wird sich vorerst mit der Darstellung der Beziehung zwischen den Kreditunternehmungen und dem Raum — regional differenziert — befassen und in der Folge die Möglichkeit untersuchen, ob und in welchem Grade unter Heranziehung adäquat erscheinender Maßstäbe auf das Vorhandensein einer Entsprechung der genannten Größen geschlossen werden kann.

Die Standorte der Kreditunternehmungen

In Österreich bestanden zu Ende des Jahres 1972 insgesamt 3494 Kreditunternehmungen [1], die mit ihren zum Teil vielfältigen Leistungen den Bedarf der Wirtschaft und des privaten Sektors deckten. Die Frage, welcher Art die Wechselbeziehungen dieser Art von Unternehmen zu dem von ihnen benötigten bzw. beanspruchten Raum sind, läßt sich naturgemäß nicht generell beantworten, sondern kann nur im Wege einer schrittweisen Analyse erfolgen, die zunächst auf der Darstellung rein quantitativer Kriterien wie Bevölkerungszahl und Ausmaß der besiedlungsfähigen Fläche aufbaut.

Bei Vergleich der in Tabelle 1 ausgewiesenen Werte fällt auf, daß die Anteile der einzelnen Bundesländer am Standorteaufkommen der Unternehmungen im wesentlichen dem jeweiligen Bevölkerungsanteil entsprechen, woraus auf eine mehr oder weniger gleichmäßige Versorgung der Bevölkerung mit Instituten geschlossen werden kann. Lediglich Wien nimmt hiebei eine Sonderstellung ein, die mit seinen Funktionen als Bundeshauptstadt zusammenhängt. Vergleicht man demgegenüber die Anteile der Bundesländer an der

---

[1] Mitteilungen des Direktoriums der Oesterreichischen Nationalbank, Heft 2/1973, S. 107.

Tabelle 1: Anzahl der Standorte, Bevölkerung und Fläche [2]

Bundesland:	Anzahl der Kreditunternehmungen in %	Bevölkerungsanteil in %	Flächenanteil in %	Fläche je Kreditunternehmung in km²	Einwohner je Kreditunternehmung
Wien	11,6	21,6	0,5	1,0	3.997
Burgenland	5,0	3,6	4,7	2,2	1.564
Niederösterreich	25,1	19,0	22,9	2,2	1.612
Oberösterreich	17,6	16,4	14,3	1,9	1.986
Salzburg	5,6	5,4	8,5	3,7	2.071
Steiermark	14,1	16,0	19,5	3,3	2.418
Kärnten	8,0	7,1	11,4	3,4	1.871
Tirol	8,8	7,3	15,1	4,1	1.750
Vorarlberg	4,2	3,6	3,1	1,8	1.859
Summe	100,0	100,0	100,0	—	—

Gesamtfläche Österreichs mit jenen am Standorteaufkommen, so zeigt sich ein abweichendes Ergebnis: Salzburg, die Steiermark, Kärnten und Tirol verfügen über einen Anteil an Standorten, der teilweise deutlich niedriger als jener der Fläche ist, woraus Fehlbestände an Kreditunternehmungen abgeleitet werden könnten. Die verhältnismäßig geringe Zahl von Standorten erklärt sich jedoch aus der Tatsache, daß diese vier Bundesländer jeweils höhere Quoten nicht besiedlungsfähiger Flächen aufweisen als die übrigen, und zwar zwischen 13% und 28%. Dies wird auch aus der Gegenüberstellung der in diesen Bundesländern von je einer Unternehmung zu betreuenden Fläche sichtbar: in den erwähnten Fällen betragen diese Werte 3,3 km² bis 3,7 km², der Spitzenwert lautet bei Tirol sogar 4,1 km².

Diese Vergleiche können lediglich als Orientierungshilfe verstanden werden, da sie u. a. nur die Wohnbevölkerung berücksichtigen, nicht aber zum Beispiel die fremdenverkehrsbedingte Inanspruchnahme der Institute, worüber jedoch eigene Statistiken nicht zur Verfügung stehen.

Dennoch läßt sich anhand der angeführten Werte folgern, daß die Verteilung der Standorte der Kreditunternehmungen in Österreich — bei Ausklammerung von Wien — praktisch durchgehend mit der Bevölkerungsverteilung und damit mit den Anteilen an besiedlungsfähigen Flächen übereinstimmt. Diese Übereinstimmung wurde auch auf der früher erstellten Karte [3] sichtbar; dort zeigte sich, daß die „Verteilung der Geld- und Kreditinstitute die zentralörtliche Struktur Österreichs widerspiegelt" [4]. In diesem Zusammenhang ist auch interessant, daß Beispiele von Orten mit Ungleichgewichten ihrer zentralörtlichen Struktur auch aus dem Bereich der Kreditwirtschaft be-

[2] Bevölkerungsanteil und Flächenanteil gemäß: Statistisches Handbuch der Republik Österreich, XXIII. Jahrgang, Neue Folge, Wien 1972, S. 14.
[3] SKOWRONEK, St.: Die Standorte der österreichischen Kreditunternehmungen. Wiener Geographische Schriften Nr. 34, Wien 1970.
[4] LECHNER, A.: Erläuterungen zu der Karte der Standorte der Kreditunternehmungen in Österreich. In: SKOWRONEK, St., a. a. O., S. 37 ff.

Diagramm 1

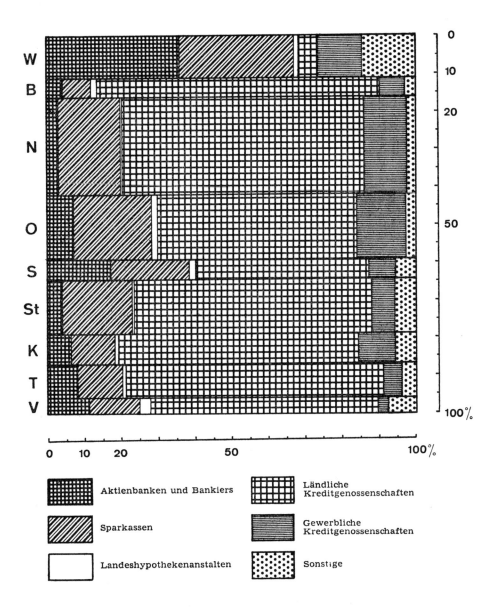

Diagramm 1: Die Standorte der Kreditunternehmungen in den Bundesländern nach Sektoren Ende 1972

legbar sind. Wie H. BOBEK ausführt, tragen Zusatzfunktionen dazu bei, daß
die Beziehung zwischen Rang und Einwohnerzahl oft erheblich gestört wird,
wofür er u. a. Saalbach, Lech/Arlberg und Mayrhofen (Einwohnerzahl niedriger
als für den Rang typisch) bzw. Klosterneuburg und Leonding bei Linz (Einwohnerzahl höher als dem zentralörtlichen Rang entsprechend) anführt [5]. Die
drei zuerst genannten Orte weisen nun tatsächlich auch eine höhere Zahl
von Kreditunternehmungen auf, als der Einwohnerzahl entsprechen würde,
wogegen es sich bei den zwei letztgenannten umgekehrt verhält. Hinsichtlich Saalbach, Lech und Mayrhofen ist diese Tatsache mit Sicherheit auf die
bereits früher erwähnte, fremdenverkehrsbedingte Nachfragesituation zurück-
führbar, während für Klosterneuburg und Leonding offensichtlich gilt, daß
der zentralörtliche Dienst „Geldwesen" ausgegliedert und von der jeweils nahe
liegenden Großstadt (Wien bzw. Linz) absorbiert worden ist.

Diagramm 1 zeigt die prozentuellen Anteile der einzelnen Bundesländer
am Standorteaufkommen, und zwar untergliedert nach den einzelnen Sektoren. Hiebei wird das zahlenmäßige Dominieren der Standorte des einen
Sektors (z. B. Raiffeisenkassen) ebenso sichtbar wie die scheinbar geringe
Repräsentanz des anderen (z. B. Landeshypothekenanstalten), ohne daß jedoch,
wie noch zu sehen sein wird, eine Funktion zwischen dieser Größe und den Anteilen der einzelnen Sektoren an den Leistungen der Kreditwirtschaft im Gesamten besteht. Die Entwicklung des Standorteaufkommens erklärt sich aus
einer Mehrzahl u. a. historisch bedingten Gründen, worüber gleichfalls seinerzeit ausführlich berichtet worden ist [6].

Die Anzahl der Kreditunternehmungen hat in den letzten Jahren stetig zugenommen; stärker als früher ist jedoch in der jüngeren Vergangenheit ein
Reorganisationsprozeß eingetreten, der in der Abnahme der Zahl der Hauptanstalten und der Zunahme von Zweiganstalten zum Ausdruck kommt. „In der
Regel handelt es sich dabei um Fusionierungen, bei denen die übernommenen
Bankstellen als Filialen weitergeführt werden" [7]. Diese, auf eine Straffung
hinauslaufende Entwicklung ist in den einzelnen Sektoren und Bundesländern
verschieden intensiv, wird aber bei den Ländlichen Kreditgenossenschaften
einerseits (Abnahme der Hauptanstalten 1972: 55, Zunahme der Zweiganstalten: 66) und beim Bundesland Niederösterreich andererseits (Abnahme der
Hauptanstalten: 42, Zunahme der Zweiganstalten: 51) besonders augenfällig.

Anhand der bis jetzt in Betracht gezogenen Angaben war es möglich, einen
groben Überblick zu gewinnen; das Erkennen regional bedeutsamer Zusammenhänge wird jedoch erst möglich, wenn neben der Standortverteilung auch die
Leistungen der Unternehmungen einer entsprechenden Analyse unterzogen
werden.

Die Leistungen der Kreditunternehmungen

Analog zu der für den ersten Abschnitt gewählten Vorgangsweise wird nun
versucht, die Leistungen der Unternehmungen in den beiden Hauptgeschäfts-
sparten, das sind das Aktivgeschäft (Kreditgewährung) und das Passivgeschäft

---

[5] BOBEK, H.: Aspekte der zentralörtlichen Gliederung. Berichte zur Raumforschung
und Raumplanung, 10. Jahrgang, Wien 1966, Heft 2, S. 114 ff.
[6] SKOWRONEK, St., a. a. O., S. 19 ff.
[7] Hinweise zu Heft 2/1973 der Mitteilungen des Direktoriums der Oesterreichischen
Nationalbank.

(Einlagen) nach ihrer regionalen Entstehung darzustellen. Gegenüber der Erfassung der Standorteverteilung bestehen hinsichtlich jener der regionalen Leistungserstellung einige Probleme, die zur Vermeidung möglicher Fehlinterpretationen entsprechende Hinweise erforderlich machen.

Für diese Arbeit werden die Ergebnisse von fünf Sektoren und zwar der Aktienbanken und der Bankiers (zusammengefaßt), der Sparkassen, der Ländlichen Kreditgenossenschaften (Raiffeisenkassen) sowie der Gewerblichen Kreditgenossenschaften (zumeist als Volksbanken bekannt) zum Stichtag 31. Dezember 1972 verwendet. Diese Auswahl erfolgte mit Rücksicht darauf, daß die in diesen Sektoren zusammengefaßten Unternehmungen heute als Typus der Universalbank angesehen werden können, der sich mehr oder weniger ohne Einschränkungen in sämtlichen Bereichen des Bankgeschäftes betätigt, wogegen die übrigen Sektoren, zum Beispiel die Bausparkassen oder die Teilzahlungsinstitute, lediglich innerhalb bestimmter Sparten spezialisiert sind. Entsprechend der Vielfalt ihrer Aufgabenbereiche verfügen diese fünf Sektoren über einen Marktanteil von rund 78% des „Kommerziellen Kreditvolumens" (das ist der an Firmen, Private oder andere Nichtbanken gewährte Kredit) und von rund 86% des Spareinlagenvolumens aller Sektoren der österreichischen Kreditwirtschaft, woraus sich ergibt, daß diese Werte als repräsentativ zu betrachten sind (siehe Tabelle 2).

Tabelle 2: Kommerzielles Kreditvolumen, Spareinlagen und sonstige Einlagen sowie prozentuelle Anteile aller Sektoren am Standorteaufkommen per 31. 12. 1972 [8]

Sektor	Kommerzielles Kreditvolumen Mrd. S. in %		Spareinlagen Mrd. S. in %		Sonstige Einlagen Mrd. S. in %		Anteil am Standorteaufkommen in %
Aktienbanken und Bankiers	74,4	29,2	30,9	18,1	30,6	39,6	9,6
Sparkassen	64,0	25,1	63,3	37,1	24,0	31,0	18,6
Ländliche Kreditgenossenschaften	42,3	16,6	36,9	21,7	8,5	11,0	55,8
Gewerbliche Kreditgenossenschaften	16,8	6,6	15,0	8,8	4,4	5,7	9,8
Zwischensumme	197,5	77,5	146,1	85,7	67,5	87,3	93,8
Sonstige Kredituntern.	57,4	22,5	24,3	14,3	9,8	12,7	6,2
Summe	254,9	100,0	170,4	100,0	77,3	100,0	100,0

[8] Aus: Mitteilungen des Direktoriums der Oesterreichischen Nationalbank, Heft 2/1973, S. 107 und 124.

Tabelle 3: Kommerzielles Kreditvolumen und Spareinlagen der fünf Sektoren
nach Bundesländern in Mrd. S zum 31. 12. 1972 [9]

A. Kommerzielles Kreditvolumen

Sektor/Bundesland	Aktien- banken und Bankiers	Sparkassen	Ländliche Kredit- genossen- schaften	Gewerbliche Kredit- genossen- schaften
Wien	.	36,6	6,1	2,9
Burgenland	.	0,4	1,8	0,5
Niederösterreich	2,6	5,8	7,0	3,9
Oberösterreich	.	6,4	6,8	3,7
Salzburg	.	2,6	4,2	0,8
Steiermark	.	5,8	6,2	1,6
Kärnten	. 3,5	2,3	2,8	1,6
Tirol	.	2,8	4,9	1,6
Vorarlberg	.	1,3	2,5	0,2
Summe	(74,4)	64,0	42,3	16,8

Wie aus Tabelle 3 und den Diagrammen 2 und 3 hervorgeht, weisen die
Sektoren Aktienbanken und Bankiers regionale Daten bloß für zwei Bundesländer aus. Diese für die beabsichtigte Auswertung gewiß hinderliche Tatsache
ist darauf zurückzuführen, daß der Grad der Dezentralisation vor allem bei
den Großbanken nicht so ausgeprägt ist wie etwa bei den Sparkassen oder
anderen Kreditinstituten. Bei den meisten in den Bundesländern befindlichen
Standorten der Aktienbanken handelt es sich um Filialen bzw. um Zweig-
stellen; da die rechnungsmäßige Erfassung der Geschäftsvorgänge der Zweig-
stellen dieser Institutsgruppe im allgemeinen beim Hauptsitz (Zentrale) er-

---

[9] Die Ermittlung der regionalen Daten für das Kommerzielle Kreditvolumen und
die Spareinlagen erfolgte anhand nachstehend angeführter Quellen:
  (a) Aktienbanken und Bankiers:
      Kammer der Gewerblichen Wirtschaft für Niederösterreich, Handelskammer
      Niederösterreich, Sektion Geld-, Kredit- und Versicherungswesen, Wien 1;
      Schreiben vom 4. Juni 1973, Kr. 9/1973/Dr. Sch/Pi.
      Kammer der Gewerblichen Wirtschaft für Kärnten, Handelskammer Kärnten,
      Sektion Geld-, Kredit- und Versicherungswesen, Schreiben vom 3. Mai 1973,
      GKV-Dr. Ho/Sche.
  (b) Sparkassen:
      Hauptverband der Österreichischen Sparkassen, Wien; Schreiben vom 22. Februar
      1973, S-Gr/Ze-4100.
      Wiener Zeitung vom 7. April 1973, Nr. 81, S. 13 (Bilanz der Girozentrale und
      Bank der österreichischen Sparkassen AG., Wien, zum 31. 12. 1972).
      „Unser Heim", Zeitschrift der Bausparkasse der österreichischen Sparkassen,
      Heft 2/1973, S. 9 (Bilanz der Bausparkasse zum 31. 12. 1972).
      Jahresabschluß 1972 der Steiermärkischen Bank Ges.m.b.H., Graz (Bilanz zum
      31. 12. 1972).
  (c) Raiffeisensektor:
      Österreichischer Raiffeisenverband, Wien; Schreiben vom 28. Februar 1973,
      Dr. Bz/Sch.
      Österreichisches Raiffeisenfachblatt, Fachblatt für Raiffeisenkassen, Nr. 2—1973,
      70. Jahrgang, S. 32.
      Raiffeisenbank Wien reg.Gen.m.b.H., Wien; Schreiben vom 6. April 1973, Fd/T.
  (d) Volksbankensektor:
      Österreichischer Genossenschaftsverband (Schulze-Delitzsch), Wien; Schreiben
      vom 12. Juni 1973/WI.
      Österreichischer Genossenschaftsverband (Schulze-Delitzsch), Tätigkeitsbericht
      der Gruppe der Gewerblichen Kreditgenossenschaften; Verbandstag 1973 in
      Rankweil.
  (e) Mitteilungen des Direktoriums der Oesterreichischen Nationalbank, Heft 2/1973,
      S. 107.

B. Spareinlagen

Sektor/Bundesland	Aktien- banken und Bankiers	Sparkassen	Ländliche Kredit- genossen- schaften	Gewerbliche Kredit- genossen- schaften
Wien	.	29,9	0,9	2,6
Burgenland	.	0,5	2,0	0,4
Niederösterreich	1,1	7,5	7,0	4,1
Oberösterreich	.	7,7	6,9	3,2
Salzburg	.	2,9	3,7	0,5
Steiermark	.	6,9	6,0	1,5
Kärnten	1,7	3,0	3,2	1,6
Tirol	.	3,5	4,8	0,9
Vorarlberg	.	1,4	2,4	0,2
Summe	(30,0)	63,3	36,9	15,0

folgt, würden die Zahlen über die Kreditgewährung oder über das Einlagenvolumen nur bei jenem Bundesland ausgewiesen werden, in welchem sich eben der Hauptsitz befindet und nicht bei jenem, in dessen Territorium die betreffende Leistung tatsächlich erbracht wurde. Die Verwendung derartiger, also regional nicht bereinigter Daten müßte zu einem verzerrten Bild führen.

Im Interesse der Präzisierung muß weiters betont werden, daß die ausgewiesenen Werte institutsbezogen, nicht aber kundenbezogen zu verstehen sind. Die verwendeten Zahlen bedeuten einerseits die Gesamtbeträge der bei den Unternehmungen eines Bundeslandes bestehenden Spareinlagen bzw. der von ihnen gewährten Kredite, nicht aber die von den im betreffenden Bundesland ansässigen Kunden als Sparguthaben eingezahlten oder als Kredite entliehenen Beträge. Der von einer Tiroler Sparkasse an einen in Salzburg ansässigen Kunden gewährte Kredit ist dementsprechend in der Summe der von Tiroler Sparkassen gewährten Kredite enthalten.

Gemäß den in Tabelle 3 ausgewiesenen Werten beläuft sich der Anteil Niederösterreichs am kommerziellen Kreditvolumen auf 9,7%, jener Kärntens auf 5,1%. Bezüglich der Spareinlagen lauten die Anteilswerte für diese beiden Bundesländer 13,5% (NÖ.) und 6,5% (Ktn.). Obwohl diese Werte auf eine gewisse Affinität zu den Bevölkerungsanteilen dieser Regionen (s. Tabelle 1) schließen lassen, ist es dennoch nicht möglich, anhand dieser Daten allein Rückschlüsse auf die Relationen bei den übrigen Bundesländern anzustellen.

Ein anderer, allerdings gleichfalls die auferlegte Einschränkung berücksichtigender Ansatz wäre in der Analyse der Spareinlagen des Sparkassensektors selbst gegeben:

	Wien	Bgld.	NÖ.	OÖ.	Sbg.	Stmk.	Ktn.	Tir.	Vbg.
Spareinlagen der Sparkassen in %	47,3	0,8	11,8	12,1	4,7	11,0	4,7	5,5	2,3
Standorte der Sparkassen in %	19,4	2,2	23,0	20,3	6,4	14,4	5,2	6,0	3,1

Diagramm 2

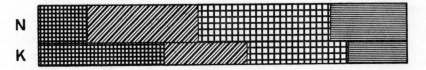

Diagramm 2 a: Kommerzielles Kreditvolumen der Hauptsektoren in den Bundesländern Niederösterreich und Kärnten Ende 1972

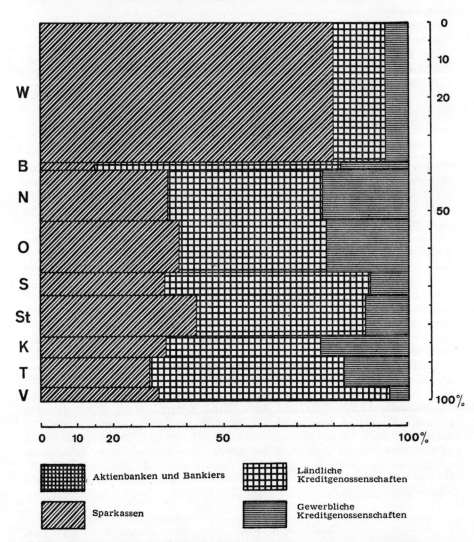

Aktienbanken und Bankiers

Ländliche Kreditgenossenschaften

Sparkassen

Gewerbliche Kreditgenossenschaften

Diagramm 2 b: Kommerzielles Kreditvolumen der Sparkassen, ländlichen und gewerblichen Kreditgenossenschaften in den Bundesländern Ende 1972 [a]

[a] Rund 62% des Volumens aller Sektoren

Diagramm 3

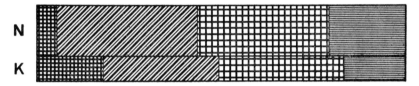

Diagramm 3 a: Spareinlagen der Hauptsektoren in den Bundesländern Niederösterreich und Kärnten Ende 1972

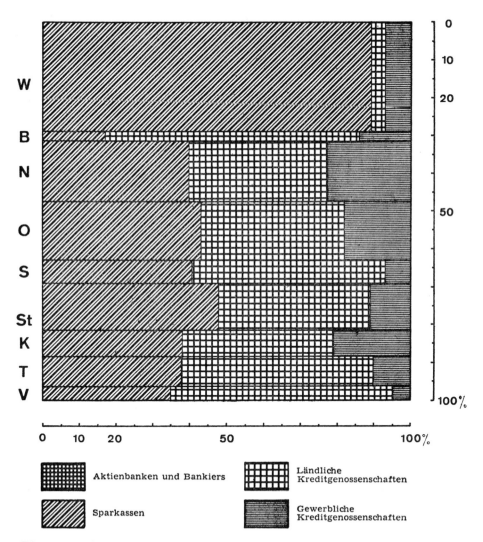

Aktienbanken und Bankiers

Ländliche
Kreditgenossenschaften

Sparkassen

Gewerbliche
Kreditgenossenschaften

Diagramm 3 b: Spareinlagen der Sparkassen, ländlichen und gewerblichen
Kreditgenossenschaften in den Bundesländern Ende 1972 [a]

[a] Rund 79% des Standes aller Sektoren

Dieser Vergleich zeigt, daß bei den Bundesländern Wien, Burgenland, Niederösterreich und Oberösterreich doch beträchtliche Abweichungen zwischen der Dichte der Standorte und der Höhe der Spareinlagen bestehen. Während in Wien bei einer verhältnismäßig geringen Anzahl von Standorten hohe Spareinlagen bestehen, konnte dieser Sektor in den drei anderen Bundesländern trotz einer relativ höheren Zahl von Unternehmungen nicht zu entsprechenden Einlageergebnissen kommen. Demgegenüber zeigt sich bei Salzburg, der Steiermark, Tirol und Vorarlberg eine eher ausgeglichene Relation.

Der Vollständigkeit halber erscheint es aber notwendig, das Spareinlagenvolumen dieses Sektors auch mit den Bevölkerungsanteilen der Bundesländer zu vergleichen; hiebei ergibt sich, daß diese beiden Größen ein deutlich höheres Maß an Übereinstimmung aufweisen, woraus geschlossen werden kann, daß — gleichmäßig in allen Bundesländern — ein je gleich hoher Teil der Sparer diese Institutsgruppe beansprucht; aus dieser Relation selbst kann jedoch noch kein Hinweis auf die Motive der Sparer gezogen werden.

Die Qualität der zur Verfügung stehenden Daten über die Leistungen der Kreditunternehmungen hat dem Bemühen um regional differenzierte Aussagen vor allem auf Grund des Fehlens der Ergebnisse des Bankensektors Grenzen gesetzt. Darüber hinausgehende Erkenntnis kann daher offenbar nur unter Einbeziehung weiterer, dem Thema der Arbeit adäquater Maßstäbe gewonnen werden.

In Anbetracht der Bedeutung der Kreditwirtschaft für die Volkswirtschaft eines Landes soll in der Folge untersucht werden, inwieweit aus dem Vergleich der bisher verwendeten Daten mit solchen aus der Volkseinkommensrechnung [10] weitere Schlußfolgerungen gezogen werden können.

Die Gegenüberstellung geschlossener, d. h. für alle Sektoren auswertbarer Resultate ist auch in diesem Bereich vorerst nur für die Bundesländer Niederösterreich und Kärnten möglich; der Vergleich des Beitrags zum Brutto-Nationalprodukt, der Anteile am kommerziellen Kreditvolumen und an den Spareinlagen und der Bevölkerungsquote ergibt folgendes Bild:

	Niederösterreich	Kärnten
Beitrag zum Brutto-Nationalprodukt	16,62%	5,99%
Anteil am kommerziellen Kreditvolumen	9,8 %	5,2 %
Anteil an den Spareinlagen	13,5 %	6.5 %
Bevölkerungsquote	19,0 %	7,1 %
Standortequote	25,1 %	8,0 %

Bezüglich Kärntens ist auffällig, in welch hohem Maß die Anteilswerte der einzelnen Bereiche übereinstimmen; dies kommt auch in anderem Zusammenhang zum Ausdruck: wie in der Studie über das BNP betont wird [11], weicht die Wirtschaftsstruktur Kärntens nur in sehr geringem Maße von jener des gesamten Bundesgebietes ab (Ende 1970, ohne Land- und Forstwirtschaft).

Der Beitrag Niederösterreichs steht in ähnlicher Weise wie der Kärntens in Entsprechung zu seinem Bevölkerungsanteil, was jedoch nicht für die Spar-

---

[10] Der Beitrag der Bundesländer zum Brutto-Nationalprodukt 1964—1970; Monatsberichte des Österreichischen Instituts für Wirtschaftsforschung, Heft 1/1973, 46. Jahrgang, S. 8 ff.
[11] Der Beitrag der Bundesländer zum Brutto-Nationalprodukt, a. a. O., S. 11.

einlagen und — noch augenfälliger — nicht für das kommerzielle Kreditvolumen gilt, welche im Vergleich nur niedrigere Prozentwerte erreichen. Am Beispiel dieses Bundeslandes wird das früher erwähnte Phänomen der Ausgliederung von Diensten deutlich: „Die Dienstquote (Niederösterreichs) ist die niedrigste von allen Bundesländern, weil der Bedarf an zentralörtlichen Diensten höherer Ordnung größtenteils von Wien gedeckt wird" [12]. Diese Feststellung besitzt zweifellos erklärenden Wert, sie kann jedoch mangels präziser Daten nicht als Beweis gewertet werden.

Die bisher erfolgten Ansätze zur Auswertung der zur Verfügung stehenden Daten hatten die erwähnte Grenze nicht nur noch deutlicher gemacht, sondern den Sinn ihres Überschreitens in Frage gestellt. Gleichzeitig besteht Klarheit darüber, daß — nicht ohne Absicht — nur ein Teil der sich bietenden Möglichkeiten ausgeschöpft worden ist, und zwar jener, der den Blick auf das Ganze der regionalen Analyse zum Gegenstand hat.

Wie auch andere Wirtschaftszweige ist das Bankwesen in jüngster Zeit in eine Phase der kontinent- und weltweiten Integration getreten; gerade deshalb wird wiederholt die Frage gestellt, ob angesichts solcher Entwicklungen Untersuchungen über so kleinräumige Vorgänge oder Tatsachen zur Erweiterung des Wissens beizutragen vermögen.

Die Rechtfertigung zur Vornahme solcher Analysen oder entsprechender Versuche wird indes darin gesehen, daß das Ausmaß des Beitrages zum Wirtschaftsprozeß von der Größe des Raumes oder der Unternehmung nur bedingt abhängig ist. Dieser Überlegung trägt offensichtlich auch die Anpassung des statistischen Instrumentariums Rechnung, wie sie in der Gründung des Integrierten Statistischen Informationssystems zum Ausdruck kommt [13].

Weiters sei daran erinnert, daß die Bedeutung des tertiären Sektors im allgemeinen (und die des Bankwesens im besonderen) in den letzten Jahrzehnten eminent gestiegen ist, was auch in einer Zunahme von wirtschaftsgeographischen Arbeiten aus diesem Themenkreis seinen Niederschlag gefunden hat. Dementsprechend erschien es als nicht verfehlt, den Versuch zu dieser Studie anzustellen, auch mit Rücksicht darauf, daß die Betrachtung des Bankwesens aus wirtschaftsgeographischer Sicht gegenüber einer bloß betriebswirtschaftlich orientierten die Erweiterung des Blickfeldes für das Erkennen bis dahin nicht bekannter Zusammenhänge zur Bedingung hat.

Im Zusammenhang mit dem Bankwesen muß andererseits darauf hingewiesen werden, daß — gegenüber eigentlich allen anderen Wirtschaftszweigen — der Erfassung von Daten durch die Verschwiegenheitspflicht der Institute eine Grenze gesetzt ist, die keinesfalls überschreitbar ist, soweit individuelle Ergebnisse gefragt sind.

Schlußwort

Die Frage, ob das Vorhandensein einer Entsprechung zwischen den Faktoren Bevölkerungszahl, Raum, Verteilung der Standorte und den Leistungen der Unternehmungen erkennbar geworden ist, läßt sich rückblickend nur teilweise positiv beantworten.

Die bereits früher festgestellte Entsprechung zwischen den Größen Bevölkerungszahl, Fläche und Standorteaufkommen der Kreditunternehmungen in

---

[12] Der Beitrag der Bundesländer zum Brutto-Nationalprodukt, a. a. O., S. 11.
[13] „Österreichische Regionalstatistik wird ausgebaut"; Wiener Zeitung vom 30. April 1973, Nr. 199, S. 6.

Österreich konnte auch für den hier gewählten Stichzeitpunkt erneut erhärtet werden. Hinsichtlich der Leistungen war das Erkennen derartiger Relationen verläßlich nur für einen eingeschränkten Bereich, u. zw. jenen der Spareinlagen der Sparkassen möglich. Die Versuche, geographisch relevante Zusammenhänge herzustellen, führten jedoch — mit Rücksicht auf die erreichbaren Daten — nicht zum gewünschten Erfolg.

Von Interesse wäre zweifellos, beispielsweise die Zusammenhänge von Einkommensstruktur, Kaufkraft und Sparneigung der Bevölkerung oder von Investitionsvolumen und Kreditbedarf der Wirtschaft, je in der regionalen Differenzierung, darzustellen; aus wirtschaftsgeographischer Sicht wäre es auch interessant zu ergründen, in welchem Maße etwa Überschüsse an Sparkapital einer Region zur Deckung des Kreditbedarfs einer anderen beitragen.

Zu Fragen dieser Art wie auch zu verwandten sind in der Vergangenheit zahlreiche wertvolle Arbeiten entstanden; teils auf Grund abweichender Stichzeitpunkte, teils auf Grund abweichender Methoden der Datenerhebung war eine Auswertung der dort greifbaren Ergebnisse nicht möglich, weil diese eine Anpassung erfordert hätte, womit die Gefahr von Fehlerquellen und Verzerrungen den Aussagewert geschmälert haben würde.

Die notwendige Voraussetzung zur Erreichung geeigneter und allgemein anwendbarer Erkenntnis ist in jedem Falle im Vorhandensein adäquater, d. h. insbesondere zeitgleicher und systemgleicher Daten zu sehen. Erst unter dieser Voraussetzung wird es möglich sein, bestehende regionale Wechselbeziehungen nach ihren Entstehungsursachen und ihrer Gewichtung darzustellen; dies gilt für alle Bereiche der Wirtschaft, dementsprechend auch für die Kreditwirtschaft.

EUROPA

Die Energiewirtschaft Jugoslawiens

PETER FEITH, Wien

Im Zusammenhang mit der intensiven Industrialisierung einerseits und auf Grund der niedrigen Ausgangsbasis andererseits weist der *Primärenergieverbrauch* Jugoslawiens in der Nachkriegsperiode — im Vergleich zu den fortgeschritteneren Industriestaaten — ein verhältnismäßig rasches Entwicklungstempo auf. In der Periode von 1950—1970 ist er auf das 3,7fache gestiegen. Vergleichsweise sei angeführt, daß in der Weltproduktion von PrimärEnergieträgern im Zeitraum von 1880—1955 etwa alle zwanzig Jahre eine Verdoppelung erfolgt ist.

Tabelle 1: Entwicklung und Struktur des jugoslawischen Primärenergieverbrauches (ohne Brennholz und landwirtschaftliche Abfälle) [1]

Energiequellen	1950		1960		1965		1970		1975 (Schätzung)	
	Mill. t SKE	%	Mill. t SKE	%	Mill. t SKE	%	Mill. t SKE	%	Mill. t SKE	%
Kohle	7,41	88,9	11,84	80,2	15,9	72,9	16,0	51,6	17,4	42,0
Erdöl	0,77	9,2	2,15	14,5	4,3	19,7	11,1	35,9	17,2	41,6
Erdgas	0,02	0,2	0,06	0,4	0,5	2,3	1,7	5,4	3,9	9,4
Wasserkraft	0,14	1,7	0,72	4,9	1,1	5,1	2,2	7,1	2,9	7,0
Insgesamt	8,34	100,0	14,77	100,0	21,8	100,0	31,0	100,0	41,4	100,0
Kopfquote (t SKE)	0,51		0,80		1,12		1,55		1,94	

Eine derartige Entwicklung ist durch die verhältnismäßig breite Energiebasis des Landes begünstigt worden. Die Kopfquote des Primärenergieverbrauches ist allerdings noch verhältnismäßig niedrig (zum Vergleich: Österreich (1965) ca. 2,75 t SKE).

Die Struktur des Primärenergieverbrauches hat sich von 1950 bis 1965 verhältnismäßig langsam verändert (vergleiche Tabelle 1). Der Anteil der festen Brennstoffe hat sich zwar, bedingt durch die Zunahme der Verwendungsmöglichkeiten für die Konkurrenzenergieträger, vermindert, ist aber — im Vergleich zu den fortgeschritteneren Industriestaaten — noch verhältnismäßig hoch, was vor allem auf die Struktur der inländischen Energiequellen, auf das konstante Zahlungsbilanzpassivum und auf das Streben nach EnergieAutarkie zurückzuführen ist. Der Anteil der übrigen Energieträger am Primärenergieverbrauch war 1965, trotz Zunahme, noch verhältnismäßig gering. Beim Erdöl sind als wesentlichste Ursachen hierfür der geringe Grad der Motori-

---

[1] Berechnung auf Basis 1 kg SKE = 7000 kcal bzw. 1 kWh = 860 kcal.

sierung und der niedrige Heizölverbrauch der Industrie anzusehen. Der noch verhältnismäßig niedrige Anteil des Erdgases ist vor allem darauf zurückzuführen, daß die Schaffung der Voraussetzungen für eine stärkere Ausbeutung der Gasvorräte durch Ausbau der erforderlichen Transport- und Lagereinrichtungen sowie durch Umstellung möglicher Abnehmer mit beträchtlichem Kapitalaufwand verbunden ist.

Der verhältnismäßig niedrige Anteil der reichlich vorhandenen Wasserkräfte ist in erster Linie darauf zurückzuführen, daß der Verbrauch elektrischer Energie im Verhältnis zum gesamten Energieverbrauch in Jugoslawien geringer ist als in anderen wasserkraftreichen Staaten Europas, deren Wirtschaft einen höheren Entwicklungsstand erreicht hat. Hierbei spielen Finanzierungsprobleme gleichfalls eine kaum zu überschätzende Rolle.

Die Aufgliederung des Primärenergieverbrauches auf die Hauptverbraucherkategorien im Jahre 1965 zeigt den dominierenden Anteil der Braunkohle in sämtlichen Sparten, außer der Landwirtschaft. Verhältnismäßig bedeutend war der Anteil der Steinkohle am Verbrauch der Industrie und der Verkehrsträger, der Anteil des Erdöls am Verbrauch der Verkehrsträger und am Verbrauch der Landwirtschaft. Der Anteil der Wasserkraft war hingegen in sämtlichen Sparten verhältnismäßig niedrig.

Die Entwicklung des Anteiles der einzelnen Hauptverbraucherkategorien am gesamten Primärenergieverbrauch ist in Tabelle 2 veranschaulicht.

Tabelle 2: Aufgliederung des gesamten Primärenergieverbrauches Jugoslawiens auf die Hauptverbraucherkategorien in %

Verbraucherkategorie	1950	1965
Industrie und Bergbau	46,5	51,9
Verkehr	33,3	18,8
Landwirtschaft	1,3	2,3
Haushalte und sonstiger Verbrauch	18,9	27,0

Die im Jahre 1965 eingeleitete Wirtschaftsreform hat auf dem Sektor der Energiewirtschaft tiefgreifende Strukturveränderungen ausgelöst. Das durch die Einbeziehung marktwirtschaftlicher Elemente in das jugoslawische Wirtschaftssystem geförderte Streben nach Wirtschaftlichkeit in der Produktion setzte auch die Überwindung der in der Struktur der jugoslawischen Wirtschaft verankerten Autarkietendenzen voraus.

Auf dem Sektor der Energiewirtschaft bedingte dies in erster Linie eine beschleunigte Substitution der festen Brennstoffe durch flüssige und gasförmige und im Zusammenhang damit eine starke Zunahme der Erdölimporte.

Durch die weitgehende Liberalisierung der Rohöl- und Heizölimporte im Jahre 1965 wurden die Voraussetzungen hierfür geschaffen. Zur gleichen Zeit wurden die Kapazitäten der bestehenden Erdölraffinerien in Lendava, Bosanski Brod, Rijeka und Sisak beträchtlich erweitert. Ende 1968 wurden die neuen Erdölraffinerien in Pančevo und Novi Sad in Betrieb genommen, wodurch sich die Verarbeitungskapazität der jugoslawischen Raffinerien zunächst auf insgesamt 8,7 Mill. t/Jahr erhöhte, um in weiterer Folge auf 11,0 Mill t/Jahr (1972) erweitert zu werden.

Das raschere Tempo der Substitution der Kohle in sämtlichen Verbraucherkategorien durch flüssige und gasförmige Brennstoffe auf der einen Seite und die Zunahme der Mechanisierung der Landwirtschaft, der Motorisierung und des motorisierten Fremdenverkehrs auf der anderen Seite haben 1965—1970 zu tiefgreifenden qualitativen Veränderungen im jugoslawischen Energieverbrauch geführt, während die quantitative Veränderung des Primärenergieverbrauches mit einem Zuwachs von insgesamt rund 44% etwas geringer war als 1960—1965 (48%). Der Anteil von Erdöl und Erdgas am Primärenergieverbrauch hat sich 1965—1970 nahezu verdoppelt und zusammen rund 40% erreicht, der Anteil der Wasserkraft hat sich um rund 40% erhöht und 1970 rund 7% erreicht, während sich der Anteil der Kohle von rund 73% auf rund 52% verringert hat.

In der nächsten Zukunft wird allerdings die unsichere Lage auf dem Welterdölmarkt voraussichtlich auch innerhalb der jugoslawischen Wirtschaft umfangreiche Reorganisationsmaßnahmen erforderlich machen. Vor allem sollten in erhöhtem Maße technische Verfahren entwickelt werden, die sich auf andere Energiequellen stützen.

Die Hauptgrundlagen der jugoslawischen Energiewirtschaft bilden nach wie vor die inländischen Energiequellen, deren Potential im Verhältnis zum gegenwärtigen Primärenergieverbrauch Jugoslawiens, im ganzen gesehen, bedeutend ist, was im besonderen für die räumlich verhältnismäßig gut verteilten und größtenteils ergiebigen Braunkohlenvorräte (insbesondere Lignite) und für die Wasserkraft gilt.

Tabelle 3 bietet einen Überblick über die strukturelle Entwicklung der inländischen Primärenergieerzeugung seit 1965, während aus Tabelle 4 die Entwicklung der jugoslawischen Produktion und Einfuhr von Brennstoffen und Derivaten seit 1950 ersehen werden kann.

Tabelle 3: Strukturelle Entwicklung der jugoslawischen Primärenergieerzeugung (ohne Brennholz und landwirtschaftliche Abfälle) in % [2]

Energiequellen	1965	1970	1975 (Schätzung)
Kohle	74,7	62,3	58,3
Erdöl	16,5	21,5	22,5
Erdgas	2,6	7,0	9,0
Wasserkraft	6,2	9,2	10,2
Insgesamt:	100,0	100,0	100,0

Die *Gesamtkohlenvorräte* Jugoslawiens werden auf 7435 Mill. t SKE (A + B + C) geschätzt. Davon entfallen heizwertmäßig rund 82% (mengenmäßig 90%) auf Lignit, 15,7% (mengenmäßig 9%) auf Pechkohle und nur 2,3% (mengenmäßig 1%) auf Steinkohle. Auf Grund dieser Struktur der Vorräte vollzieht sich langfristig gesehen eine Verlagerung der Förderung zugunsten des Lignits, dessen Gewinnung größtenteils im Tagbau in Großbetrieben erfolgt, wobei er im zunehmenden Maße an Ort und Stelle veredelt wird, und zwar vor allem durch Umwandlung in elektrische Energie sowie durch Vergasung.

---

[2] Zum Vergleich: Struktur der Weltenergieerzeugung 1971 (1961) in %: Kohle 33,0 (47,4), Erdöl 43,7 (34,8), Erdgas 21,0 (15,7), Wasserkraft und Kernkraft 2,3 (2,1).
Quelle: Länderbank Wirtschaftsdienst, Wien 1973, 23/24, S. 14.

Tabelle 4: Jugoslawische Produktion und Import von Brennstoffen und Derivaten in 1000 t

	1950	1960	1965	1970	1971	1972
1. Lignitförderung	4.460	11.800	18.279	18.790	20.862	21.157
2. Pechkohlenförderung	7.210	9.630	10.509	8.989	9.333	9.184
3. Steinkohlenförderung	1.150	1.280	1.169	643	707	599
4. Summe 1. bis 3.	12.820	22.710	29.957	28.422	30.902	30.940
5. Steinkohlenimport	100	1.230	2.187	1.822	1.975	1.889
6. Kokserzeugung	—	1.080	1.267	1.309	1.297	1.299
7. Koksimport	420	30	111	—c	280	313
8. Erdölförderung	110	944	2.063	2.859	2.961	3.200
9. Erdölnettoimport	385	435	962	4.389	4.845	3.796
10. Erdölverarbeitung	495	1.379	2.930	7.091	8.586	8.433
11. Motorbenzinerzeugung	76	277	546	1.233	1.472	1.394
12. Motorbenzinnettoexport	—a	31	21	116	106	34
13. Gasölerzeugung	83	354	890	2.092	2.665	2.492
14. Gasölnettoimport	—	128	81	224	297	352
15. Heizölerzeugung	178	396	1.148	2.509	2.930	2.992
16. Heizölnettoimport	—	—b	—b	271d	188e	462f
17. Erdgasförderung (Mill. Nm³)	14,5	52,9	330	977	1.151	1.242

Anmerkung: Nettoimport = Import abzgl. Export; Nettoexport = Export abzgl. Import.
a Nettoimport: ca. 20.000 t. b Nettoexport (inkl. Heizöl leicht): 1960: ca. 33.000 t, 1965: ca. 79.000 t. c Nettoexport: ca. 106.000 t. d Zuzüglich ca. 45.000 t Heizöl leicht. e Zuzüglich ca. 132.000 t Heizöl leicht. f Inklusive Heizöl leicht.

Die bedeutendsten Kohlenvorkommen — mit Ausnahme des Lignitrevieres von Kosovo und des Steinkohlenrevieres von Raša — haben ihren Standort am Rande des Pannonischen Beckens, innerhalb von Gebieten mit starkem Energiekonsum, doch macht ihre teilweise Randlage und der Kohlenmangel in verschiedenen Teilen des Landes häufig die Überwindung größerer Entfernungen zwischen den Orten der Gewinnung und des Verbrauches erforderlich. In diesem Zusammenhang kommt dem Problem der Veredelung der minderwertigen Kohlenarten besondere Bedeutung zu, wobei neben kostenmäßigen Überlegungen auch die Entlastung der Verkehrsträger eine Rolle spielt. Im Jahre 1965 wurden 24% der dem Verbrauch zugeführten inländischen Kohle an den Orten der Gewinnung verbraucht bzw. veredelt.

Die wichtigsten *jugoslawischen Lignitreviere* sind:

(1) Das Revier von Kreka (bei Tuzla/Bosnien)

Die Vorräte werden auf rund 4000 Mill. t mit einem unteren Heizwert von 3200 kcal/kg geschätzt, was einem Energiewert von 1830 Mill. t SKE entspricht. Wegen des Zusammentreffens günstiger Voraussetzungen (Großbetrieb, relativ hoher Heizwert, geringe Fördertiefe, Lage im zentralbosnischen Industrierevier) ist, zum Unterschied von den meisten anderen Lignitvorkommen Jugoslawiens, der Transport zu den Orten des Verbrauches auch ohne vorherige Veredelung wirtschaftlich vertretbar. Die Abfallkohle wird von den Wärmekraftwerken Tuzla-Lukavac I/II verwertet.

(2) Das Revier von Kosovo (Südwest-Serbien)

Die Vorräte werden auf rund 6500 Mill. t mit einem unteren Heizwert von 1400 kcal/kg geschätzt, was einem Energiewert von 1300 Mill. t SKE entspricht. Die Förderungsbedingungen sind sehr günstig (Tagbau). Voraussetzung für eine stärkere Erschließung dieses Vorkommens, das einerseits von den Konsumzentren entfernt liegt, andererseits einen besonders niedrigen Heizwert aufweist, war jedoch die Inbetriebnahme der Wärmekraftwerke Kosovo I/II/III/ IV in Obilić, welche die bedeutendste elektroenergetische Grundlage des südserbisch-mazedonischen Raum darstellen. Darüber hinaus wurde hier auch eine Vergasungsanlage errichtet, die u. a. auch das Stahlwerk Skopje mittels einer Ferngasleitung mit Lignitgas versorgt.

(3) Das Kolubara-Revier (Nordwest-Serbien)

Die Vorräte werden auf rund 2100 Mill. t mit einem unteren Heizwert von 1700 kcal/kg geschätzt, was einem Energiewert von 510 Mill. t SKE entspricht. Trotz günstiger Förderbedingungen (Tagbau) und Lage am Rande des nordöstlichen Industrierevieres, südwestlich von Beograd, wird die Kohle wegen ihres niedrigen Heizwertes erst in Verbindung mit der Inbetriebnahme der Wärmekraftwerke „Kolubara" und Obrenovac in höherem Maße genutzt. Überdies wurde hier bereits im Jahre 1958 die erste Kohlen-Trocknungsanlage Jugoslawiens in Betrieb genommen.

(4) Das Revier von Kostolac (Nordserbien)

Die Vorräte werden auf rund 1500 Mill. t mit einem unteren Heizwert von 1700 kcal/kg geschätzt, was einem Energiewert von rund 365 Mill. t SKE entspricht. Seine Lage am Rande des nordöstlichen Industrierevieres, südöstlich von Beograd, in unmittelbarer Nähe der Donau ermöglicht die Benützung dieses billigen Transportweges. Deshalb und auch wegen der günstigen Förderungsbedingungen (Tagbau) wurde die Kohle aus diesem Revier, trotz ihres niedrigen Heizwertes, bereits vor dem 2. Weltkrieg in verhältnismäßig großem Maße genutzt. Das gleichfalls bereits damals errichtete kleine Wärmekraftwerk Kostolac wurde seit Kriegsende in mehreren Ausbaustufen vergrößert. Es dient vor allem auch für die Stromversorgung der Kupferbergwerke von Bor und Majdanpek.

(5) Das Revier von Velenje (bei Celje/Slowenien)

Die Vorräte werden auf rund 700 Mill. t mit einem unteren Heizwert von 2250 kcal/kg geschätzt, was einem Energiewert von 225 Mill. t SKE entspricht. Der Standort inmitten des nordwestlichen Industrierevieres in unmittelbarer Nähe des Industriezentrums Celje begünstigte die Aufschließung dieses Vorkommens. Die Förderung erfolgt im Schachtbau. Das Bergwerk ist mittels einer Drahtseilbahn mit seinem größten Abnehmer — dem Wärmekraftwerk Šoštanj verbunden, das etwa ein Drittel der Gesamtförderung in Form von Staubkohle verwertet.

Die wichtigsten *jugoslawischen Pechkohlenvorkommen* sind:

(1) Das zentralbosnische Revier

Die Vorräte werden auf rund 700 Mill. t mit einem unteren Heizwert von 4500 kcal/kg geschätzt, was einem Energiewert von 450 Mill. t SKE entspricht. Die Förderung erfolgt im Schachtbau in den Bergwerken von Zenica, Kakanj und Breza. Das gemeinsame Vorkommen von hochwertiger Braunkohle und Eisenerz war standortbestimmend für die Ausbildung des Schwerindustriezentrums in diesem Gebiet. Die Abfallkohle dient den Wärmekraftwerken Kakanj und Zenica als Brennstoff. Die Kohle aus diesem Revier dient seit 1966 auch zur Erzeugung von Halbkoks als Komponente für die Herstellung von Hüttenkoks in den beiden inländischen Kokereien, die sich in Lukavac und Zenica befinden.

(2) Das Revier von Banovići (Bosnien)

Die Vorräte werden auf rund 300 Mill. t mit einem unteren Heizwert von 4500 kcal/kg geschätzt, was einem Energiewert von 190 Mill. t SKE entspricht. Die Förderung erfolgt im Tagbau. Dieses, am Rande des zentralbosnischen Industrierevieres gelegene Vorkommen dient hauptsächlich für die Versorgung des nordöstlichen Industrierevieres, seit durch die Inbetriebnahme der Eisenbahnstrecke von Banovići nach Brčko an der Hauptstrecke Beograd — Zagreb im Jahre 1946 die Voraussetzung hierfür geschaffen worden ist.

(3) Das Revier von Despotovac (Ostserbien)

Die Vorräte werden auf rund 500 Mill. t mit einem unteren Heizwert von 3500 kcal/kg geschätzt, was einem Energiewert von 250 Mill. t SKE entspricht. Die Förderung erfolgt teilweise im Tagbau und teilweise im Schachtbau. Diese Vorkommen sind eine wichtige energetische Basis für das östliche Industrierevier. Hier hat auch das Wärmekraftwerk „Morava" bei Svilajnac seinen Standort.

(4) Das Revier von Trbovlje (Slowenien)

Die Vorräte werden auf rund 150 Mill. t mit einem unteren Heizwert von 4500 kcal/kg geschätzt, was einem Energiewert von 95 Mill. t SKE entspricht.

Diese Vorkommen bilden eine wichtige energetische Grundlage für das älteste und am stärksten entwickelte Industriegebiet Jugoslawiens — das nordwestliche Industrierevier. Sie sind daher auch die am stärksten genutzten Braunkohlenvorkommen Jugoslawiens. Hier haben zwei bedeutende Wärmekraftwerke ihren Standort, u. zw. bei Trbovlje und Brestanica. Geringe Mengen von Kohle aus diesem Revier werden nach Italien und Österreich ausgeführt.

Die jugoslawischen Steinkohlenvorkommen:

Als Steinkohlen werden in der jugoslawischen Fachliteratur die aus der Eozänzeit stammenden Lagerstätten von Raša (Istrien), Majevica bei Tuzla (Bosnien) und im mittleren Ibartal (Westserbien) sowie die dem Mesozoikum (Jura und Kreide) angehörigen Vorkommen im Timokgebiet (Ostserbien) bezeichnet. Der untere Heizwert der jugoslawischen Steinkohle liegt zwischen 4500 und 7000 kcal/kg. Auf Grund ihres geringen Anteiles an den Gesamtkohlenvorräten und der verhältnismäßig ungünstigen Förderungsbedingungen hat der Anteil der Steinkohle an der jugoslawischen Gesamtkohlenförderung langfristig gesehen ständig abgenommen. Am stärksten erschlossen sind die Vorkommen von Raša (Istrien), wo die Bergwerkskapazitäten vor allem während der Zugehörigkeit dieses Gebietes zu dem kohlenarmen Italien (1918—1945) stark ausgebaut wurden. Hier haben auch die Wärmekraftwerke Plomin und Vlaška ihren Standort. Allerdings verhindert der hohe Schwefelgehalt der dort geförderten Kohle ihre Verwendung für die Erzeugung von Hüttenkoks, was die Hauptursache für die starke Importabhängigkeit Jugoslawiens auf dem Gebiet der Steinkohlenversorgung darstellt (siehe: Tabelle 4).

Sämtliche bisher aufgeschlossenen *Erdölvorräte Jugoslawiens* liegen in den Miozän- und Pliozänformationen im Bereich des Pannonischen Beckens. Vom Gesichtspunkt der Erdölgewinnung am interessantesten sind die Gräben des Save-, Drau- und Mur-Revieres sowie des Banater Revieres. Durch Aufschließung neuer Vorkommen in diesen Gebieten konnte die inländische Rohölbasis seit 1950 beträchtlich erweitert werden. Im Jahre 1965 deckte die inländische Förderung etwa 65% (1950: 22%) des Inlandsbedarfes, doch bedingte die seither beschleunigte Bedarfsexpansion, hinter deren Tempo die Aufschließungsarbeiten zurückblieben, eine Verringerung dieses Anteiles, der 1972 nur mehr rund 38% (1970: 40%) betrug.

Gegenwärtig befindet sich das transjugoslawische Ölleitungssystem in Bau, das nach seiner Fertigstellung (voraussichtlich 1976) eine Gesamtlänge von gegen 800 km aufweisen wird. Dieses Leitungssystem, das sämtliche jugoslawischen Raffinerien untereinander und mit den inländischen Erdölfeldern verbinden wird, soll insbesondere auch zum Transport des Import-Rohöls dienen, wobei der Umschlag des aus dem Mittleren Osten und Nordafrika kommenden Rohöls über den neu zu errichtenden Ölhafen von Omišalj auf der Insel Krk erfolgen soll, während sowjetisches Rohöl über das Schwarze Meer und auf dem Donauwege bis Pančevo bzw. Vukovar befördert werden soll. Eine Anschlußleitung von Sisak über Koprivnica zur ungarischen Raffinerie Százhalombatta ist geplant.

Die bisher aufgeschlossenen *Erdgasvorkommen Jugoslawiens* befinden sich gleichfalls in den Miozän- und Pliozänformationen des Pannonischen Beckens. Die bedeutendsten Erdgasfelder liegen im Save-Revier und im Banater Revier. Die Erdgasvorkommen des Save-Reviers wurden vor allem durch die 1961 fertiggestellte Ferngasleitung Janja Lipa — Zagreb mit der Abzweigung

Popovača-Sisak erschlossen, die vornehmlich der Versorgung des Eisenwerkes in Sisak und des Gaswerkes von Zagreb dient. Die Erdgasfelder des Banater Reviers wurden durch die 1962 in Betrieb genommene Ferngasleitung Velika Greda—Pančevo erstmals in größerem Maße nutzbar gemacht. Diese dient in erster Linie für die Versorgung der Stickstoffabrik in Pančevo. In Übereinstimmung mit den Zielsetzungen der 1965 eingeleiteten Wirtschaftsreform wurde das Banater Revier in den letzten Jahren durch den Ausbau eines Ferngasleitungsnetzes mit den benachbarten Verbrauchsschwerpunkten verbunden. So wurde die Ferngasleitung Velika Greda—Pančevo bis Smederevo verlängert, wo sie insbesondere auch das dortige Eisenwerk mit Erdgas versorgt. Die Erdgasleitung Elemir—Novi Sad—Beočin dient vor allem der Gasversorgung von Novi Sad. Eine weitere Ferngasleitung, die von Velebit, südlich von Subotica, ausgehend, über die Städte Senta, Srbobran, Novi Sad nach Beograd führt, dient vor allem der Versorgung der genannten Städte.

Die *Wasserkräfte Jugoslawiens* (siehe Tabelle 5) konzentrieren sich vor allem auf die Gebiete beiderseits der Dinariden. Weitere Schwerpunkte sind der Oberlauf der Drau und der Donauabschnitt im Bereich des Eisernen Tores. Bis Ende 1972 war rund ein Drittel des ausbauwürdigen Wasserkraftpotentials von 66 TWh (Mrd. kWh) nutzbar gemacht. Während in der vorangegangenen Periode in erster Linie die Wasserkräfte der Drau ausgebaut wurden, die ihren Standort im nordwestlichen Industrierevier, dem stärksten Energiekonsumgebiet Jugoslawiens mit rund 30% des Gesamtverbrauches elektrischer Energie in Jugoslawien, haben, verlagerte sich das Hauptgewicht bei der Nutzbarmachung der Wasserkräfte seit 1960 in zunehmendem Maße auf den Bereich der Dinariden, wo das Zusammentreffen bedeutender Reliefenergien mit größtem Niederschlagsreichtum die stärkste räumliche Konzentration der Wasserkräfte bedingt. Dies gilt in besonderem Maße für die Westseite der Dinariden — das Einzugsgebiet des Adriatischen Meeres —, wo allerdings die durch das Etesienklima bedingten starken jahreszeitlichen Schwankungen des Wasserdargebotes zunächst die Lösung des Problems des Speicherbaues im Karst voraussetzten.

Der Ausbau der wirtschaftlichsten Quellen hydroelektrischer Energie, deren Standorte sich in diesem, von den Schwerpunkten des Energiekonsums entfernten Raum befinden, setzte im wesentlichen erst gegen 1960 ein. Es sind dies in erster Linie die Karstflüsse Cetina, Neretva, Trebišnjica, Zeta und Lika-Gacka, deren ausbauwürdiges Wasserkraftpotential auf insgesamt 14,15 TWh geschätzt wird, d. s. rund 21,5% des gesamten ausbauwürdigen Wasserkraftpotentials Jugoslawiens. Auf der Ostseite der Dinariden ist man im Begriff, die Wasserkräfte der Drina, des wasserkraftreichsten Flusses Jugoslawiens, in zunehmendem Umfang zu nutzen.

Auf Grund eines im Jahre 1963 abgeschlossenen zwischenstaatlichen Abkommens baute Jugoslawien gemeinsam mit Rumänien im Donauabschnitt des Eisernen Tores seit 1964 das Wasserkraft- und Schiffahrtssystem *„Djerdap"*, dessen Inbetriebnahme stufenweise von 1970 bis 1972 erfolgte. Dieses System umfaßt zwei Kraftwerke — ein jugoslawisches und ein rumänisches —, die über ein Regeljahresarbeitsvermögen von je 5,65 TWh verfügen, d. s. rund 8,6% des gesamten ausbauwürdigen Wasserkraftpotentials Jugoslawiens.

Eine *Importabhängigkeit* ist bei der Steinkohlen- und Erdölversorgung gegeben, wobei auf dem Gebiet der Erdölversorgung, trotz verstärkter Verbrauchszunahme, durch Erweiterung der Raffineriekapazitäten eine Verlagerung der Importe von den Derivaten auf das Rohöl erreicht werden konnte. Haupt-

Tabelle 5: Wasserkraftpotential Jugoslawiens

Einzugsgebiet	Ausbauwürdiges Wasserkraftpotential	
	in TWh	in %
Donau *)	6,65	10,0
Drau *)	5,80	8,9
Oberlauf der Save	3,80	5,8
Mittel- und Unterlauf der Save	0,29	0,4
Kupa	2,00	3,0
Una	2,00	3,0
Vrbas	2,30	3,5
Bosna	3,30	5,0
Drina	11,80	17,9
Morava	4,00	6,0
Andere	1,09	1,7
Einzugsgebiet d. Schwarzen Meeres	43,03	65,2
Isonzo *)	1,80	2,7
Lika und Gacka	1,15	1,8
Krka	0,66	1,0
Cetina	4,00	6,0
Neretva	6,90	10,5
Morača mit Zeta *)	2,10	3,2
Crni Drim *)	1,20	1,9
Andere	1,01	1,5
Einzugsgebiet d. Adriatischen Meeres	18,82	28,6
Vardar *)	4,00	6,0
Andere	0,15	0,2
Einzugsgebiet d. Ägäischen Meeres	4,15	6,2
Insgesamt	66,00	100,0

* Anteil Jugoslawiens.

lieferanten von Erdöl waren in den letzten Jahren die UdSSR, der Irak und der Iran (1972: 3,8 Mill. t). Die Importabhängigkeit auf dem Steinkohlensektor hat bis 1965 ständig zugenommen. Diese Entwicklung war vor allem durch den fortschreitenden Ausbau der Schwerindustrie und das Fehlen von Kokskohlenvorkommen in Jugoslawien bedingt. Allerdings ist durch Schaffung inländischer Kokereien eine weitgehende Verlagerung der Importe vom Hüttenkoks zur Kokskohle und damit im Zusammenhang eine verhältnismäßig geringere Belastung der Zahlungsbilanz erreicht worden. Seit 1966 haben sich die Steinkohlenimporte auf annähernd gleichem Niveau stabilisiert (1966:

1,84 Mill. t, 1972: 1,89 Mill. t), was vor allem auf die Aufnahme der industriellen Erzeugung von Halbkoks aus inländischen Kohlenarten als Komponente
für die Herstellung von Hüttenkoks zurückzuführen ist. Hauptlieferanten von
Steinkohle sind in den letzten Jahren die UdSSR, die ČSSR und die USA
gewesen.

Der wertmäßige Anteil der Kohle (einschließlich Derivate) bzw. des Erdöls
(einschließlich Derivate) am jugoslawischen Gesamtimport veränderte sich von
3,6%/o (1960) auf 1,3%/o (1970) bzw. von 2,0%/o (1960) auf 3,4%/o (1970). Der Anteil
der Einfuhr am Energiewert des Inlandsverbrauches betrug 1950 13%/o, 1960 17%/o
und 1970 auf Grund der sprunghaften Zunahme des Verbrauches flüssiger
Brennstoffe rund 25%/o.

Demgegenüber ist der Umfang der *Ausfuhr auf dem Energiesektor* verhältnismäßig gering. Ihr wertmäßiger Anteil am jugoslawischen Gesamtexport betrug 1960 nur etwa 1%/o und 1970 1,2%/o. Günstige Voraussetzungen für eine Intensivierung sind vor allem auf der Grundlage der noch in verhältnismäßig geringem Maß genutzten bedeutenden Wasserkräfte gegeben. Durch den geplanten
weiteren Ausbau dieser Energiequellen sollen die Voraussetzungen für die
Erweiterung des Austausches elektrischer Energie zwischen Jugoslawien und
seinen süd- und mitteleuropäischen Nachbarstaaten und in weiterer Sicht auch
mit der BRD geschaffen werden, wobei mit jugoslawischen Ausfuhrüberschüssen zu rechnen sein wird. In diesem Zusammenhang kommt den Unterschieden im jahreszeitlichen Wasserkraftangebot zwischen Alpenbereich und
„dinarischem" Bereich besondere Bedeutung zu.

Die *Elektrizitätswirtschaft Jugoslawiens* weist nach dem Ende des Zweiten
Weltkrieges ein außerordentlich rasches Entwicklungstempo auf, das vor allem
im Zusammenhang mit der forcierten Industrialisierung steht und durch das
Vorhandensein bedeutender Wasserkräfte und Lignitvorkommen begünstigt
wird. Dennoch war es bisher nicht möglich, eine volle Deckung des Bedarfes
an elektrischer Energie zu gewährleisten.

Die Gesamterzeugung elektrischer Energie in Jugoslawien stieg von 1950
bis 1960 um 270%/o und von 1960 bis 1970 um 190%/o. Vergleichsweise sei angeführt, daß die Stromerzeugung der Welt im allgemeinen einen Trend zur Verdoppelung innerhalb eines Jahrzehntes aufweist. Die Kopfquote der Stromerzeugung ist von 147 kWh/Einwohner im Jahre 1950 auf 481 kWh im Jahre 1960
und auf 1 087 kWh im Jahre 1970 gestiegen. Sie liegt somit noch immer erheblich unter dem europäischen Durchschnitt (zum Vergleich Österreich (1970):
rund 3300 kWh/Einwohner). Die Stromerzeugung hat sich, langfristig gesehen,
von den Wärmekraftwerken auf die Wasserkraftwerke verlagert, deren Anteil
an der Gesamterzeugung im Jahre 1950 rund 49%/o betrug und sich in den
letzten Jahren zwischen 53%/o und 63%/o bewegt (siehe Tabelle 6).

Die aufgezeigte Entwicklung ist durch den bedeutenden Umfang und die
Wirtschaftlichkeit der jugoslawischen Wasserkräfte bedingt, die im Zusammenhang mit der Bedarfsexpansion in zunehmendem Maße ausgebaut werden.
Voraussetzung war die Zusammenfassung der Teilversorgungsgebiete durch
ein einheitliches Verbundsystem, da die bedeutendsten und wirtschaftlichsten
Wasserkräfte — mit Ausnahme derjenigen der Drau und der Donau — von
den Verbrauchsschwerpunkten entfernt sind. 1957 wurde das einheitliche
110-kV-Verbundsystem geschaffen, und bis 1965 konnte der Ausbau des übergeordneten 220-kV-Verbundsystemes im wesentlichen abgeschlossen werden.
Gleichzeitig hatte sich eine zunehmende Verlagerung des Erzeugungsschwerpunktes hydroelektrischer Energie in den dinarischen Bereich vollzogen, u. zw.

Tabelle 6: Entwicklung und Struktur der jugoslawischen Stromerzeugung

Jahr	Wasserkraftwerke Mill. kWh	Anteil in %	Wärmekraftwerke Mill. kWh	Anteil in %	Insgesamt Mill. kWh	Zunahme gegen das Vorjahr in %
1950	1.175	48,8	1.233	51,2	2.408	
1951	1.357	53,2	1.193	46,8	2.550	+ 5,9
1952	1.423	52,7	1.277	47,3	2.700	+ 5,9
1953	1.500	50,3	1.482	49,7	2.982	+10,4
1954	1.810	52,6	1.630	47,4	3.440	+15,4
1955	2.610	60,1	1.730	39,9	4.340	+21,2
1956	2.869	56,8	2.178	43,2	5.047	+16,3
1957	3.522	56,3	2.730	43,7	6.252	+23,9
1958	4.300	58,5	3.056	41,5	7.356	+17,7
1959	4.708	58,1	3.398	41,9	8.106	+10,2
1960	5.984	67,0	2.944	33,0	8.928	+10,1
1961	5.658	57,0	4.266	43,0	9.924	+11,2
1962	6.851	60,8	4.424	39,2	11.275	+13,6
1963	8.028	59,3	5.507	40,7	13.535	+20,0
1964	7.575	53,4	6.614	46,6	14.189	+ 4,8
1965	8.985	57,9	6.538	42,1	15.523	+ 9,4
1966	9.880	57,5	7.294	42,5	17.174	+10,6
1967	10.655	57,0	8.047	43,0	18.702	+ 8,9
1968	11.768	57,0	8.873	43,0	20.641	+10,4
1969	14.732	63,0	8.643	37,0	23.375	+13,2
1970	14.741	56,7	11.282	43,3	26.023	+11,3
1971	15.644	53,0	13.865	47,0	29.509	+13,4
1972	17.896	54,0	15.249	46,0	33.145	+12,3

insbesondere in das Einzugsgebiet des Adriatischen Meeres, wo man im wesentlichen erst gegen 1960, nach Lösung des Problems des Speicherbaues im Karst, mit dem Ausbau der wirtschaftlichsten Quellen hydroelektrischer Energie begann.

Diese Entwicklung hat zu einer ständigen Zunahme der Intensität der Stromfernversorgung aus diesem Raum in die Hauptindustriegebiete und zum Austausch saisonaler Überschüsse geführt, in welchen in zunehmendem Maße auch der österreichisch-norditalienische Raum einbezogen werden soll.

Im Zusammenhang mit der Inbetriebnahme des Donaukraftwerkes Djerdap, die eine beträchtliche Erweiterung der hydroenergetischen Grundlage bedeutete, wurden bisher die 380 kV-Fernleitungen Djerdap-Beograd und Djerdap-Bor-Niš errichtet. Das Fehlen einer adäquaten Fernleitung zwischen diesem neuen Erzeugungsschwerpunkt und dem nordwestlichen Industrierevier hat sich insbesondere in Engpaßsituationen als schwerwiegender Mangel erwiesen. Es wird daher der Ausbau einer 380 kV-Fernleitung Beograd-Zagreb-Maribor als vordringlich angesehen. Bis 1976 sollen auch die Erzeugungsschwerpunkte hydroelektrischer Energie im dinarischen Bereich, der zentralbosnische Raum, das Kosovo-Revier und der Raum Skopje (Mazedonien) in eine gesamtjugoslawische

Tabelle 7: Wasserkraftwerke Jugoslawiens (ab 10 MW)

Wasserlauf	Republik	Kraftwerk	Installierte Leistung in MW
I. Im Einzugsbereich des Schwarzen Meeres:			
Donau	Serbien	Djerdap	1026 (jugosl. Anteil)
Drau	Slowenien	Dravograd	21,2
Drau	Slowenien	Vuzenica	53
Drau	Slowenien	Vuhred	60
Drau	Slowenien	Ožbalt	60
Drau	Slowenien	Fala	34,7
Drau	Slowenien	Mariborski Otok	50,4
Drau	Slowenien	Srednja Drava I	133
Drau	Kroatien	Varaždin	86 (im Bau)
Save	Slowenien	Moste	15,7
Save	Slowenien	Medvode	16,8
Mrežnica-Dobra	Kroatien	Gojak	48
Pliva	Bosnien	Jajce I	48
Vrbas	Bosnien	Jajce II	30
Drina	Serbien	Bajina Bašta	380
Drina	Serbien	Zvornik	88
Piva	Montenegro	Mratinje	342 (im Bau)
Uvac	Serbien	Kokin Brod	20,4
Lim-Uvac	Serbien	Bistrica	102,6
Lim	Serbien	Potpeć	54
Vlasina-Vrla	Serbien	Vrla I—IV	58,2 (Erweiterung auf 130 im Bau)
II. Im Einzugsbereich des Adriatischen Meeres:			
Isonzo	Slowenien	Doblar	36
Isonzo	Slowenien	Plave	16,4
Rječina	Kroatien	Rijeka	36
Ličanka-Lokvarka	Kroatien	Vinodol	84
Lika	Kroatien	Sklope	23
Lika-Gacka	Kroatien	Senj	216
Krka	Kroatien	Manojlovac	24
Cetina	Kroatien	Peruča	41,6
Cetina	Kroatien	Orlovac	237
Cetina	Kroatien	Kraljevac	68
Cetina	Kroatien	Zakučac	216
Rama	Bosnien	Rama	160
Neretva	Bosnien	Jablanica	150
Trebišnjica	Kroatien/ Bosnien	Grančarevo-Trebinje	108 (Erweiterung auf 162 im Bau)
Trebišnjica	Kroatien	Dubrovnik	216
Zeta	Montenegro	Perućica	190 (Erweiterung auf 300 im Bau)
Crni Drim	Mazedonien	Globočica	42
Crni Drim	Mazedonien	Špilje	66

Wasserlauf	Republik	Kraftwerk	Installierte Leistung in MW
III. Im Einzugsbereich des Ägäischen Meeres:			
Vardar	Mazedonien	Vrben *	12,8
Vardar	Mazedonien	Vrutok *	156
Vardar	Mazedonien	Raven	12,8
Zrnovska	Mazedonien	Kalimanci	13
Crna Reka	Mazedonien	Tikveš	46,8

* Unter Einbeziehung von Wässern der zum Einzugsbereich des Adriatischen Meeres gravitierenden Radika (Inversion).

Tabelle 8: Wärmekraftwerke Jugoslawiens (ab 10 MW)

Republik	Kraftwerk	Installierte Leistung MW	
Slowenien	FHKW Ljubljana	64	
Slowenien	Šoštanj	410	
Slowenien	Trbovlje I/II	56,5/125	
Slowenien	Brestanica	26	
Kroatien	FHKW Zagreb II	64	
Kroatien	Zagreb I	23,4	
Kroatien	Sisak	210	(Erweiterung auf 420 im Bau)
Kroatien	Jertovec	39,8	
Kroatien	Rijeka	320	(im Bau)
Kroatien	Plomin	125	
Kroatien	Kaštel Sućurac	16,6	
Kroatien	Vlaška (Raša)	10	
Bosnien	Tuzla-Lukavac I/II	64/300	(Erweiterung auf 500 im Bau)
Bosnien	Kakanj	238	
Bosnien	Zenica	21,3	
Serbien	FHKW Beograd II	105	
Serbien	Beograd I	31,7	
Serbien	Obrenovac	420	(Erweiterung auf 720 im Bau)
Serbien	Kolubara	161	
Serbien	Kostolac I/II	48,8/100	
Serbien	„Morava" bei Svilajnac	125	
Serbien	„Kosovo I/II/III/IV" bei Obilić	65/130/200/200	(V. Ausbaustufe mit 200 MW im Bau)
Serbien	Loznica	28,7	
Serbien	Bor	17,6	
Serbien	Trepča	14,0	
Serbien	Vreoci	12,0	
Mazedonien	Skopje-Madžari	16	

380 kV-Ringleitung einbezogen werden, deren Länge rund 3600 km betragen soll. Ende 1972 umfaßte das jugoslawische Fernleitungsnetz 371 km 380 kV-Leitungen, 4284 km 220 kV-Leitungen und 9444 km 110 kV-Leitungen.

Ende 1972 betrug die installierte Leistung sämtlicher jugoslawischer Kraftwerke 8114 MW, wovon auf die Wasserkraftwerke 4330 MW und auf die Wärmekraftwerke 3784 MW entfielen.

Die Wärmekraftwerke erfüllen hauptsächlich die Funktionen von Ergänzungs- und Reservekapazitäten. Mit Ausnahme der Kraftwerke Kosovo und Plomin befinden sich die bedeutendsten Wärmekraftwerke im Bereich der Hauptindustriegebiete. Mit Ausnahme der Fernheizkraftwerke Ljubljana, Zagreb II und Beograd II sind sie rohstofforientiert und haben ihre Standorte in unmittelbarer Nähe ergiebiger Kohlenvorkommen [3]. Im wesentlichen dienen die jugoslawischen Wärmekraftwerke einerseits — in Ergänzung der Wasserkraftwerke — zur Deckung des Grundlastbedarfes, was in erster Linie auf den Mangel an naturgegebenen Voraussetzungen für die Errichtung von hydraulischen Grundkraftwerken im dinarischen Bereich zurückzuführen ist, andererseits für die Sicherung der Kontinuität der Versorgung der Verbrauchsschwerpunkte.

Studien der jugoslawischen Bundeskommission für Atomenergie über die Anwendungsmöglichkeiten der *Atomenergie* bei der Deckung des voraussichtlichen zukünftigen Strombedarfes zeigten, daß die Vorräte an „klassischen" Energieträgern den Einsatz der Atomenergie vor dem Jahre 1980 nur in verhältnismäßig geringem Umfange als wirtschaftlich gerechtfertigt erscheinen lassen. Das erste Atom-Großkraftwerk mit rd. 600 MW soll nach 1975 in Slowenien (Krško) errichtet werden.

Die *Schwerpunkte des Stromverbrauches* bilden die vier großen Industriereviere, und zwar das nordwestliche Industrierevier (Großteil Sloweniens und Nordkroatiens), das nordöstliche Industrierevier (die Vojvodina, der nördliche Teil Altserbiens und Ostslawoniens), das zentralbosnische Industrierevier und das östliche Industrierevier (der mittlere Teil Altserbiens). Ihr Anteil am Gesamtverbrauch wird auf rund 80% geschätzt, wobei rund 30% des Gesamtverbrauches auf das nordwestliche Industrierevier entfallen.

Die Tendenz der jugoslawischen Wirtschaftspolitik, eine möglichst rasche Angleichung des wirtschaftlichen Entwicklungsgrades in allen Teilen des Landes zu erzielen, wird aus der allmählichen Verminderung des charakteristischen Gefälles der Kopfquoten des Stromverbrauches zwischen dem dicht besiedelten und am stärksten industrialisierten Nordwesten und dem industriearmen südlichen Teil des Landes erkennbar.

Der Anteil der gesamten Industrie am Stromverbrauch hat sich von 73,4% (1951) auf 71,9% (1960) bzw. 58,9% (1970) verringert. Gleichzeitig hat sich der Anteil der elektrochemischen und elektrometallurgischen Industrie von 19,8% (1951) auf 23,1% (1960) bzw. 23,9% (1970) erhöht, und dieser Trend dürfte auf Grund des geplanten Ausbaues dieser Industrien (z. B. Aluminiumkombinate in Mostar und Titograd) anhalten. Der Anteil der Haushalte am Stromverbrauch hat sich von 11,9% (1951) auf 17,3% (1960) bzw. 27,6% (1970) erhöht, doch erreichte der durchschnittliche Stromverbrauch der jugoslawischen Haushalte im Jahre 1970 mit rund 1150 kWh nur etwa ein Drittel des Durchschnittsverbrauches der Haushalte in den mittel- und westeuropäischen Staaten, was auf einen noch immer verhältnismäßig geringen Grad der Elektrifizierung der Haushalte in Jugoslawien hinweist.

---

[3] Das Großkraftwerk Sisak befindet sich am Standort der gleichnamigen Erdölraffinerie.

Tabelle 9 a: Höhe des Stromverbrauches nach Republiken

Republik	1951 GWh	%	1960 GWh	%	1965 GWh	%	1970 GWh	%
Slowenien	623,5	28,6	1.942,4	26,5	3.209	24,2	4.496	20,4
Kroatien	736,7	33,8	1.933,0	26,4	3.164	23,9	5.048	22,9
Bosnien-Herzegowina	228,0	10,5	1.134,0	15,5	1.941	14,6	2.725	12,4
Serbien	522,6	24,0	1.840,0	25,1	3.960	30,0	7.363	33,5
Mazedonien	60,0	2,8	367,4	5,0	751	5,7	1.849	8,4
Montenegro	7,0	0,3	114,0	1,5	323	2,4	515	2,4
Statist. Differenz					−90	−0,8		
Jugoslawien	2.177,8	100,0	7.330,8	100,0	13.258	100,0	21.996	100,0

Tabelle 9 b: Kopfquote des Stromverbrauches nach Republiken

Republik	1951 kWh	1960 kWh	1965 kWh	1970 kWh
Slowenien	415	1.226	1.950	2.645
Kroatien	187	466	739	1.147
Bosnien-Herzegowina	85	346	540	736
Serbien	77	241	497	877
Mazedonien	50	261	498	1.150
Montenegro	17	242	632	1.030
Jugoslawien	131	396	680	1.084

Das jugoslawische Stromversorgungssystem ist mit den Stromversorgungssystemen sämtlicher Nachbarländer durch zwischenstaatliche Fernleitungen verbunden. Der *Stromaustausch* mit diesen Ländern erfolgt auf Grund zwischenstaatlicher Abkommen. Der bisherige Umfang des Stromaustausches war, gemessen am Stromverbrauch Jugoslawiens, verhältnismäßig gering; bis 1961 überwogen die Exporte, in der Folgezeit erlangten die Importe das Übergewicht. Der Anteil des Nettoimportes elektrischer Energie am Stromverbrauch betrug 1965 2,9% und 1970 0,9%. Nach 1970 ist neuerlich ein Überwiegen der Exporte festzustellen.

Sieht man von der ČSSR ab, die nach 1970 bedeutende Importe elektrischer Energie aus Jugoslawien durchgeführt hat, dann kann festgestellt werden, daß der wichtigste Partner Jugoslawiens auf dem Sektor des Stromaustausches Österreich ist, auf das im Zeitraum von 1951 bis 1958 der Hauptanteil an der jugoslawischen Stromausfuhr entfiel, während die jugoslawischen Strombezüge in dieser Periode unbedeutend waren. Die Lieferungen erfolgten größtenteils im Rahmen des am 15. 4. 1954 zwischen der Gemeinschaft der elektrizitätswirtschaftlichen Unternehmungen Sloweniens (ELES) und der Österreichischen Elektrizitätswirtschafts A.G. abgeschlossenen Material- und Stromlieferungsvertrages als Gegenleistung für den Bezug von österreichischen Industrieprodukten. Nach dem Auslaufen des Vertrages vom Jahre 1954, im Mai 1959,

Tabelle 10: Entwicklung und Struktur des jugoslawischen Stromverbrauches

	1951		1960		1965		1970	
	GWh	%	GWh	%	GWh	%	GWh	%
Gesamterzeugung	2.558,0	100,0	8.928,0	100,0	15.523,0	100,0	26.023,0	100,0
Eigenverbrauch der Kraftwerke	103,0	4,0	317,0	3,6	643,0	4,1	1.256,0	4,8
Übertragungs- und Verteilungsverluste	243,0	9,5	1.221,0	13,7	2.016,0	13,0	2.980,0	11,4
Verfügbar für den Verbrauch	2.212,0	86,5	7.390,0	82,7	12.864,0	82,9	21.787,0	83,8
+Einfuhr	0,0		30,0		498,0		361,0	
−Ausfuhr	34,2		123,2		104,0		152,0	
Verfügbar für den Inlandsverbrauch	2.177,8		7.296,8		13.258,0		21.996,0	
Verbraucherkategorien:								
1. Elektrochemische und elektrometallurgische Industrie	430,7	19,8	1.683,1	23,1	3.361,0	25,3	5.259,0	23,9
2. Übrige Industrie und Bergbau	1.166,4	53,6	3.561,8	48,8	5.251,0	39,6	7.695,0	35,0
3. Haushalte	259,3	11,9	1.270,7	17,4	2.876,0	21,7	6.082,0	27,6
4. Geschäftsräume und öffentl. Lokalitäten	83,0	3,8	258,5	3,5	620,0	4,7	968,0	4,4
5. Öffentl. Beleuchtung	19,4	0,9	78,6	1,1	158,0	1,2	242,0	1,1
6. Eisenbahnverkehr	14,3	0,6	33,8	0,5	103,0	0,8	301,0	1,4
7. Sonstiger Verbrauch	204,7	9,4	410,3	5,6	889,0	6,7	1.449,0	6,6
Summe 1. bis 7.	2.177,8	100,0	7.296,8	100,0	13.258,0	100,0	21.996,0	100,0

Tabelle 11: Entwicklung und regionale Struktur des Stromaustausches Jugoslawiens mit dem Ausland in GWh

	1951	1956	1958	1960	1965	1967	1970	1971	1972
I. Ausfuhr nach:									
Albanien	—	—	—	—	—	—	—	—	—
Bulgarien	—	—	—	—	0,1	23,3	17,4	—	—
ČSSR	—	—	—	—	—	—	—	180,5	256,5
Griechenland	—	—	—	8,7	—	114,3	41,7	—	—
Italien	—	—	—	1,7	—	39,3	0,7	—	—
Österreich	25,2	69,1	122,3	20,8	3,1	—	32,0	2,0	106,9
Rumänien	—	—	—	—	3,7	—	0,2	—	—
Ungarn	—	—	53,1	92,0	41,9	11,1	84,8	5,9	9,1
Insgesamt	25,2	69,1	175,4	123,2	48,8	188,0	176,8	188,4	372,5
II. Einfuhr aus:									
Albanien	—	—	—	—	—	—	—	—	20,2
Bulgarien	—	—	—	—	38,9	24,0	36,5	9,1	—
ČSSR	—	—	—	—	—	—	—	—	—
Griechenland	—	—	—	—	—	3,4	18,8	—	—
Italien	—	—	—	4,8	9,2	25,6	1,6	5,7	1,0
Österreich	0,0	0,8	1,7	24,6	383,1	209,2	171,3	94,8	1,9
Rumänien	—	—	—	—	—	16,8	119,3	59,9	59,2
Ungarn	—	—	—	0,6	—	46,0	31,8	1,5	—
Insgesamt	0,0	0,8	1,7	30,0	431,2	325,0	379,3	171,0	82,3
Saldo	+25,2	+68,3	+173,7	+93,2	−382,4	−137,0	−202,5	+17,4	+290,2

Anmerkung: Die Abweichungen der Angaben für 1951, 1960, 1965 und 1970 gegenüber Tabelle 10 sind auf die unterschiedliche Erfassung durch die Statistiken zurückzuführen.

änderte sich dieses Bild rasch. Die jugoslawische Stromausfuhr nach Österreich ging stark zurück, während die jugoslawischen Strombezüge aus Österreich zunahmen und bis 1970/1971 die dominierende Position im jugoslawischen Stromaustausch bildeten. Sie wurden vornehmlich im Sommerhalbjahr durchgeführt, was im Einklang mit der hydraulischen Erzeugungsdifferenz steht. Mit zunehmendem Ausbau der jugoslawischen Wasserkräfte im dinarischen Bereich dürften sich in den nächsten Jahren die Voraussetzungen für die Stromausfuhr im Winterhalbjahr in den österreichisch-norditalienischen Alpenbereich bessern. Von besonderer Bedeutung für den Stromaustausch ist auch die beträchtliche Erweiterung der hydroenergetischen Grundlage durch das neue Donaukraftwerk Djerdap.

Es darf daher angenommen werden, daß sich der Umfang des Stromaustausches beträchtlich erweitern wird, wobei die jugoslawische Stromausfuhr innerhalb der nächsten Jahre stärker zunehmen wird als die Stromeinfuhr, sodaß sich die Bilanz des Stromaustausches zugunsten Jugoslawiens verbessern wird.

Zur Verbesserung der bisher gegebenen Möglichkeiten des Stromaustausches wurde eine 220 kV-Hochspannungsringleitung errichtet, die die Stromversorgungssysteme der Länder Jugoslawien, Italien und Österreich, die im Rahmen der UCPTE [4] die Regionalgruppe SUDEL bilden, verbindet. Die Gesamtlänge dieser Hochspannungsringleitung beträgt rund 800 km, wovon rund 180 km auf Jugoslawien, rund 230 km auf Österreich und rund 390 km auf Italien entfallen. Sie hat auf jugoslawischem Gebiet folgenden Verlauf: Österreichische Staatsgrenze — Podlog — Kleče — Divača — italienische Staatsgrenze. Die Verbindung mit dem österreichischen bzw. italienischen Stromversorgungssystem wird durch die Fernleitungen Podlog — Obersielach (bei Völkermarkt) bzw. Divača — Padriciano hergestellt, die Verbindung des österreichischen und des italienischen Stromversorgungssystems durch die Fernleitung Lienz — Soverzene.

Diese leistungsfähige internationale Hochspannungsringverbindung (maximale Übertragungsleistung 300 MW), die 1971 fertiggestellt wurde, hat den Übergang zum vollen Parallelbetrieb der beteiligten Stromversorgungssysteme ermöglicht. Auf diese Weise hat die SUDEL einen wertvollen Beitrag zur Verwirklichung des vornehmsten Zieles der UCPTE geleistet, nämlich zur sukzessiven Zusammenfassung der Mitgliedstaaten in ein paralleles System von Verbundnetzen, wodurch die optimale Nutzung der Stromerzeugungs- und Stromübertragungskapazitäten dieser Länder ermöglicht werden soll.

Betrachtet man nun zusammenfassend die *regionale Struktur der jugoslawischen Energiewirtschaft* bzw. die räumliche Verteilung der inländischen Energiequellen im Verhältnis zu den Schwerpunkten des Energiekonsums, dann ergibt sich ein stark differenziertes Bild. Die Schwerpunkte des Energiekonsums sind die vier Hauptindustriegebiete im nördlichen Teil Jugoslawiens, wo sich auch die Hauptmasse der Bevölkerung zusammendrängt.

Auf Grund der Verteilung der Schwerpunkte der Energiegewinnung und des Energiekonsums in Jugoslawien ergeben sich folgende räumliche Beziehungen:

1. Das nordwestliche Industrierevier (Großteil Sloweniens und Nordkroatiens) verfügt über verhältnismäßig bedeutende Wasserkräfte, Braun-

---

[4] UCPTE = Union pour la coordination de la production et du transport de l'électricité, gegründet am 23. 5. 1961.

kohlen-, Erdöl- und Erdgasvorräte. Hier haben die Erdölraffinerien von Lendava, Bosanski Brod und Sisak, die derzeit einen beträchtlichen Teil des jugoslawischen Bedarfes an Derivaten decken, ihren Standort, die beiden letzteren an der Save, in der Nähe des „Save-Reviers" und des „Drau-Reviers", wo sich die bedeutendsten bisher aufgeschlossenen Erdölfelder Jugoslawiens befinden. Nur in verhältnismäßig geringem Maße wurden bisher die Erdgasvorräte ausgebeutet. Die 1961 fertiggestellte Ferngasleitung Janja Lipa — Zagreb mit der Abzweigung Popovača — Sisak dient vornehmlich der Versorgung des Eisenwerkes in Sisak und des Gaswerkes von Zagreb.

Das auf der Grundlage des in diesem Raum gewonnenen Erdgases erzeugte Flüssiggas wird in verschiedene Teile des Landes geliefert, insbesondere in Gebiete, in denen es an anderen Brennstoffen mangelt (zum Beispiel das Küstengebiet, Mazedonien, Montenegro u. a.).

Die Braunkohlenförderung, die hier hauptsächlich auf Slowenien (Lignitrevier von Velenje, Pechkohlenrevier von Trbovlje) konzentriert ist, deckt im wesentlichen den Bedarf des nordwestlichen Industrierevieres. Sie bildet vor allem auch die Basis für die Erzeugung elektrischer Energie in den dortigen Wärmekraftwerken. Schwefelhältige Steinkohle wird von Raša, Hüttenkoks aus dem zentralbosnischen Industrierevier und zusätzlich aus dem Ausland bezogen.

Trotz des Reichtums an Wasserkräften, insbesondere an der mittleren Drau, ergibt sich auf dem Sektor der Versorgung mit hydroelektrischer Energie eine mit der Bedarfsexpansion zunehmende Umstellung auf die Fernversorgung aus anderen Räumen, besonders aus dem dinarischen Bereich. Aus diesem Überschußraum bezieht das nordwestliche Industrierevier vor allem während des Winterhalbjahres bedeutende Energiemengen, während im Sommerhalbjahr, auf Grund der jahreszeitlichen Verschiebung zwischen dem Ablauf des Wasserdargebotes im Alpenraum und im dinarischen Bereich, in einem gewissen Umfang auch Energiegegenlieferungen aus dem nordwestlichen Industrierevier in den dalmatinischen Raum durchgeführt werden. Von besonderer Bedeutung für die Sicherung einer kontinuierlichen Versorgung des nordwestlichen Industrierevieres mit elektrischer Energie ist auch die Errichtung der 380 kV-Fernleitung Beograd — Zagreb — Maribor, wodurch vor allem auch eine adäquate Verbindung dieses Hauptkonsumgebietes mit dem neuen Donaukraftwerk Djerdap hergestellt werden soll.

2. Das nordöstliche Industrierevier (die Vojvodina, der nördliche Teil Altserbiens und Ostslawoniens) verfügt über bedeutende Lignitvorkommen, Wasserkräfte, Erdöl- und Erdgasvorräte. Während die bedeutenden Lignitvorkommen in den Revieren von Kolubara und Kostolac eine gute Basis für die Erzeugung thermoelektrischer Energie bilden, konnten die Wasserkräfte der Donau erst durch die Fertigstellung des Kraftwerkes Djerdap (1970/1972) nutzbar gemacht werden, wodurch das nordöstliche Industrierevier auch auf dem Gebiete der Versorgung mit hydroelektrischer Energie zu einem Überschußgebiet geworden ist. Einerseits durch die Aufschließung neuer Vorkommen im Banater Erdölrevier und andererseits durch die Inbetriebnahme der Raffinerien Novi Sad und Pančevo konnte in den letzten Jahren auch in der Erdölversorgung eine grundlegende Wandlung der räumlichen Beziehungen erzielt werden, da diese Raffinerien, die Importrohöl und solches aus dem „Banater Revier" verarbeiten, einen Großteil des Bedarfes Serbiens und Mazedoniens decken.

In zunehmendem Maße werden die Banater Erdgasvorkommen genutzt, denen vor allem in der kohlenarmen Vojvodina besondere Bedeutung als Brennstoff zukommt. Die Voraussetzungen hierfür wurden in den letzten Jahren durch den Ausbau des Ferngasleitungsnetzes in diesem Gebiet geschaffen.

Bei der Versorgung mit höherwertiger Braunkohle, die hauptsächlich aus dem Revier von Banovići (Bosnien) über die 1946 errichtete Bahnlinie Banovići — Brčko erfolgt, ist das nordöstliche Industrierevier auf die Fernversorgung angewiesen.

3. Das zentralbosnische Industrierevier verfügt über bedeutende Braunkohlenvorkommen und Wasserkräfte. Während sich auf dem Sektor der Braunkohlenförderung namhafte Überschüsse ergeben, die für die Versorgung anderer Gebiete dienen, sind die Wasserkräfte bisher nur in verhältnismäßig geringem Maß ausgebaut worden. Es werden daher zusätzliche Mengen hydroelektrischer Energie aus dem Einzugsgebiet des Adriatischen Meeres bezogen. Die Erdölversorgung des zentralbosnischen Industriereviers erfolgt gegenwärtig größtenteils durch die Raffinerie in Bosanski Brod. In den Kokereien von Lukavac und Zenica wird aus Importsteinkohle Hüttenkoks hergestellt. Die Erzeugung dieser beiden Kokereien deckt gegenwärtig einen Großteil des Inlandsbedarfes (Kokereikokserzeugung 1972: 1,3 Mill. t, Import 313.000 t).

4. Das östliche Industrierevier (der mittlere Teil Altserbiens) ist in hohem Maße auf Energiefernversorgung angewiesen. Mit Ausnahme von hochwertiger Braunkohle (Revier von Despotovac) sind keine nennenswerten Energiequellen vorhanden. Die Erdölversorgung erfolgt im wesentlichen durch die beiden im nordöstlichen Industrierevier gelegenen Raffinerien Novi Sad und Pančevo.

Die Inbetriebnahme des Wärmekraftwerkes Kosovo im südlich gelegenen Lignitrevier von Kosovo sowie des Wärmekraftwerkes Morava bei Svilajnac bedeutete eine erhebliche Erweiterung der elektrizitätswirtschaftlichen Grundlage des östlichen Industriereviers, dessen Wasserkräfte verhältnismäßig gering sind und bisher nur in geringem Maße ausgebaut wurden.

Quellenverzeichnis

FEITH, P.: Die Energiewirtschaft Jugoslawiens unter besonderer Berücksichtigung der Elektrizitätswirtschaft. Dissertation, Hochschule für Welthandel, Wien 1963.
— Die Energiewirtschaft Jugoslawiens. Neue Technik und Wirtschaft, Bd. 19, Wien 1965, Heft 2, S. 47—50.
— Die Energiewirtschaft Jugoslawiens. Österr. Osthefte, Bd. 11, Wien 1969, Heft 1, S. 38—54.
Institut za spoljnu trgovinu: Godišnji pregled privrede 1969. Beograd 1970.
— Godišnji pregled privrede 1970. Beograd 1971.
— Godišnji pregled privrede 1971. Beograd 1972.
— Godišnji pregled privrede 1972. Beograd 1973.
Savezni zavod za statistiku: Statistički godišnjak Jugoslavije 1969. Bd. XVI, Beograd 1969.
— Statistički godišnjak Jugoslavije 1970. Bd. XVII, Beograd 1970.
— Statistički godišnjak Jugoslavije 1971. Bd. XVIII, Beograd 1971.
— Statistički godišnjak Jugoslavije 1972. Bd. XIX, Beograd 1972.
— Statistika spoljne trgovine SFR Jugoslavije za 1969. godinu. Beograd 1970.
— Statistika spoljne trgovine SFR Jugoslavije za 1970. godinu. Beograd 1971.
— Statistika spoljne trgovine SFR Jugoslavije za 1971. godinu. Beograd 1972.
STANIČIĆ, M.: Nafta odstupa — što umjesto nje? In: Privredni Vjesnik, Zagreb, November 1973.
Zajednica jugoslovenske elektroprivrede: Elektroprivreda Jugoslavije 1971. Beograd 1972.
— Elektroprivreda Jugoslavije 1972. Beograd 1973.

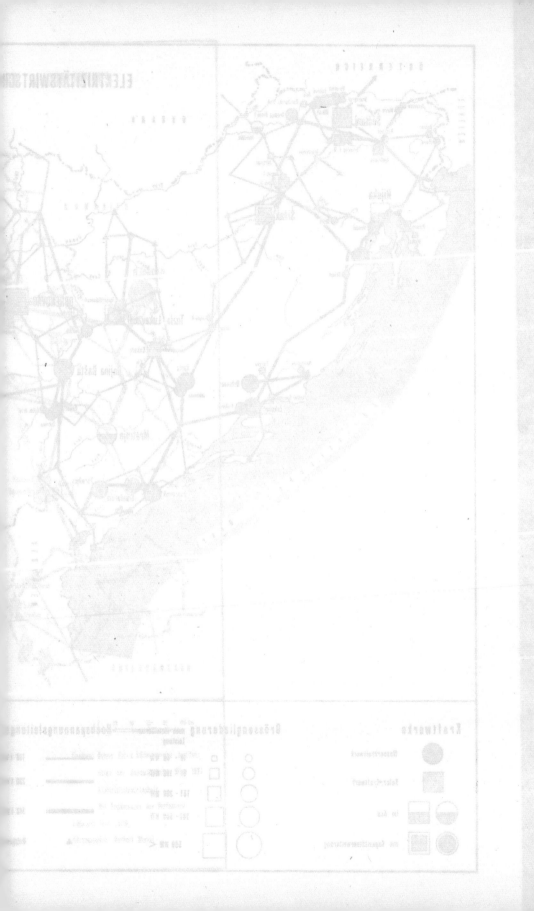

Die Ukrainische SSR und ihre Bodenschätze

KARL SCHAPPELWEIN, Wien *

I. Einleitung und Charakteristik der wirtschaftsgeographischen Lage

Innerhalb der Sowjetunion nimmt die Ukrainische SSR den zweiten Platz gemessen an der Bevölkerungszahl (1970 47,1 Mill.) und den dritten Rang nach der Größe (603 700 km²) ein. Eine große Bedeutung besitzt die Ukraine in der gesamtsowjetischen Wirtschaft durch ihre bedeutenden Vorkommen an Eisenerzen, Kohle und Metallen, durch wichtige Zentren des Maschinenbaues, der chemischen Industrie und einer ganzen Reihe anderer Industriezweige. Eine ebenso überragende Bedeutung hat die Republik durch ihre landwirtschaftliche Produktion. Die gesamte Volkswirtschaft hat sich in den letzten Jahrzehnten in einem sehr raschen Tempo entwickelt, wobei sich aber auch die territoriale Produktionsstruktur geändert hat.

Die wichtigsten Faktoren für diese Entwicklung in der Ukraine waren die natürlichen Voraussetzungen und die wirtschaftsgeographische Lage. Vor allem sind die reichen und hochwertigen Bodenschätze und die günstige Lage im Raum von großer Bedeutung. Durch die Lage am Schwarzen Meer besitzt die Republik besonders bequeme Verkehrsverbindungen zu den anderen Schwarzmeerländern und zu den Südregionen der UdSSR. Ein wichtiges Merkmal der wirtschaftsgeographischen Lage ist die gebietsmäßige Nähe zu den Industriegebieten und dichtbevölkerten Regionen der RSFSR, insbesondere zur Zentralregion. Enge wirtschaftliche Verbindungen zwischen der Ukraine und der Zentralregion üben auf die Spezialisierung und auf alle Prozesse der in den sozialistischen Staaten des Ostens üblichen Arbeitsteilung einen großen Einfluß aus.

Das Vorhandensein gemeinsamer Grenzen mit anderen sozialistischen Staaten begünstigt eine noch breitere wirtschaftliche Zusammenarbeit. Erdölfernleitungen, große Stromübertragungsleitungen, Gasleitungen und andere verkehrstechnische Verbindungen erweisen sich als materielle Positiva aller wirtschaftlichen Kontakte zwischen den benachbarten Staaten. Da im äußersten Südwesten das Territorium der Ukraine bis an die Donau reicht, besitzt die Republik durch diesen Umstand auch Verbindungen zu allen anderen Donaustaaten.

Alle diese Fakten, die die Lage der Ukraine im Raum skizzieren sollten, wirkten sich auf die Entwicklung der Gesamtwirtschaft besonders günstig aus.

II. Naturgeographische Gliederung

Die natürlichen Bedingungen, die im Ganzen gesehen sehr günstig sind, zeichnen sich durch eine große Vielfalt aus. Fast das ganze Staatsgebiet wird von weiten, ebenen Flächen beherrscht, die durch trockene Steppen (Schwarz-

* An dieser Stelle möchte ich Herrn Professor Dr. L. SCHEIDL nochmals dafür danken, daß er es mir ermöglicht hat, im Rahmen einer Studienreise die Ukraine zu besuchen. Mein Dank gilt ferner der Österreichischen Gesellschaft für Wirtschaftsraumforschung für eine erhebliche finanzielle Beihilfe.

erdegebiet) und durch große Feuchtgebiete im Karpatenvorland und im Wald-
gebiet charakterisiert werden. Die Gebirgssysteme der Karpaten und der Krim-
berge mit Höhen zwischen 1500 bis 2000 m nehmen nur einen kleinen Teil der
Staatsfläche ein. Jede der naturräumlichen Großzonen besitzt ganz spezifische
Eigenschaften, die die wirtschaftliche Tätigkeit und die Bildung gebietsmäßiger
Produktionskomplexe beeinflussen.

Der ebene Teil der Ukraine wird auf Grund der physisch-geographischen
Verhältnisse klar in drei Zonen geteilt. Die Gebirgszonen am Rande des Staatsgebietes vervollständigen diese Gliederung. Somit können folgende naturgeographische Zonen unterschieden werden [1]:

1. die M i s c h w a l d z o n e im Norden („Polesje")
2. die W a l d s t e p p e n z o n e als Übergangsgebiet
3. die S t e p p e n z o n e im Süden
4. die K a r p a t e n r e g i o n im Westen
5. die Zone der K r i m b e r g e im Süden auf der Halbinsel

1. Die Mischwaldzone

Die naturgeographische Großeinheit befindet sich im Norden der Republik.
Die südliche Begrenzung dieser Region verläuft ungefähr über Wladimir-
Wolynskij, Tscherwonograd, Luzk, Berestetschko, Kremenez, Rowno, Slawuta,
Korez, Schepetowka, Shitomir, Kornin, Kiew, Neshin und Gluchow [2].

Klimatisch ist diese Region durch geringere Kontinentalität als die anderen
Gebiete der Ukraine charakterisiert. Bedingt durch die geologischen und klimatischen Verhältnisse sind Podsole und Moorböden die dominierenden Bodentypen dieser Zone. 25% dieser Region, die sehr stark versumpft ist (Torfmoore),
werden von Wald bedeckt.

2. Der Waldsteppengürtel

Diese Zone schließt im Süden an das Polesje an und nimmt ungefähr ein
Drittel des Territoriums ein. Die südliche Grenze ist nur ungenau ausgeprägt
und verläuft ungefähr über Krasnyje Okny, Kriwoje Osero, Pestschanyj Brod,
Kirowograd, Krementschug, Krasnograd, Smiew und Woltschansk.

Klimatisch gesehen ist diese Zone gemäßigt warm. Die Niederschläge betragen 500—700 mm. Gegen Osten nimmt der kontinentale Einfluß zu. Die
Hauptbodentypen der Region sind typische bis leicht podsolierte Tschernosjome.
Die charakteristische Eigenart dieser Zone ist der Wechsel von ausgedehnten,
unbewaldeten Flächen und mehr oder weniger geschlossenen Wäldern.

3. Die Steppenzone

Diese physisch-geographische Einheit befindet sich im Anschluß an den
Waldsteppengürtel und reicht bis zur Küste des Schwarzen Meeres. Diese
ausgedehnte Zone nimmt 40% des Gesamtgebietes ein.

Das Klima ist gemäßigt warm mit stark kontinentalem Charakter. Die
Niederschläge nehmen gegen Süden bis auf 300 mm ab. Als Bodentypen sind
allgemein mittelhumose, im Süden geringhumose Tschernosjome verbreitet,

---

[1] Siehe dazu Karte 1: Naturgeographische Gliederung der USSR. Die Darstellung zeigt neben den hier erwähnten Großzonen auch alle Teilbereiche, auf deren Behandlung aber aus thematischen Gründen verzichtet wurde.
[2] Transkription nach E. DAUM-W. SCHENK: Russisch-deutsches Wörterbuch, Leipzig
1966.

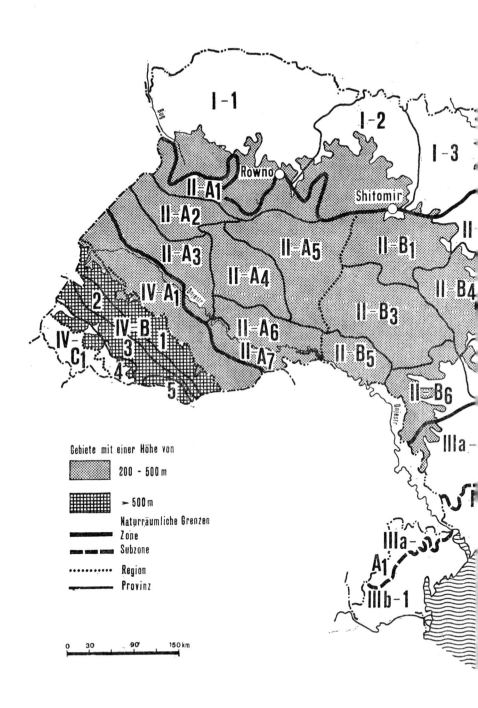

Karte 1: Naturgeographische Gliederung der Ukrainischen SSR

LANDSCHAFTSGLIEDERUNG

die beinahe 90% der Bodendecke in dieser Zone ausmachen. Nur im Küstenbereich finden sich kastanienfarbige Böden (Kaneel) und Solonezböden.

Auf Grund des Wärmehaushaltes und des Feuchtigkeitsangebotes läßt
sich die Steppenzone in eine nördliche und eine südliche Subzone unter-
gliedern. Die ungefähre Grenze zwischen diesen verläuft auf der Linie Bolgrad,
Starokasatsche, Rasdelnaja, Nowaja Odessa, Schirokoje, Nikopol, Tschornigowka
bis zum Asowschen Meer ins Gebiet von Berdjansk.

4. Das Karpatengebiet

Die Karpatenregion ist sehr mannigfaltig und wird in sieben Teilbereiche
untergliedert. Diese Vielfalt spiegelt sich in allen physischen Bereichen wider. Im
großen ist das Klima dieser Region zwar gemäßigt, aber je nach Expositionslage
treten die unterschiedlichsten Varianten auf. Die Bodendecke zeigt ebenfalls
eine große Vielfalt der ausgeprägten Bodentypen. Die wichtigsten sind braune
und graubraune Waldböden, Wiesenpodsole und stark lehmige Gleiböden.

5. Das Bergland der Krim

Diese Zone gliedert sich in zwei Teilbereiche — in das Küstengebiet und
in das Bergland. Klimatisch ist hier eine ausgeprägte Vertikalzonierung festzustellen. Durch den Schutzcharakter des Gebirgszuges, der die aus dem Norden
kommenden kalten Luftmassen abhält, gehört die Küstenregion der Halbinsel
bereits dem subtropischen Klimaregime an.

III. Der geologische Aufbau der Ukraine und seine Rohstoffbezogenheit

Der geologische Bau der Ukrainischen SSR ist sehr komplex und zeichnet
sich durch größte Verschiedenartigkeit aus. Die Besonderheiten des geologischen
Baues sind durch folgende geostrukturelle Gebiete gekennzeichnet:

1. Ukrainischer Kristallinschild
2. Wolynisch-Podolische Platte und Galizisch-Wolynische Synklinale
3. Dnjepr — Donez Niederung
4. Donezplatte
5. Ukrainische Senke
6. Faltengebirge der Krim und Karpaten

1. Ukrainischer Kristallinschild

Das Gebiet der Ukraine gehört mit Ausnahme der Faltengebirge der
Karpaten und der Krim in geologischer Sicht zum Komplex der Russischen
Tafel. Im Ukrainischen Schild tritt das präkambrische Fundament der Tafel
an die Oberfläche und wird nur von sehr dünnen Sedimenten verdeckt. Meist
steht der präkambrische Sockel direkt an und wird nur von einer Lößschicht
bedeckt. Ungefähr 1000 km lang und 200 km breit, befindet sich der Hauptteil
des Schildes innerhalb der Regionen von Rowno, Shitomir, Kiew, Winniza,
Tscherkassy, Kirowograd, Dnjepropetrowsk und Saporoshe. Der kristalline
Schild besteht aus Granit, Gneis, Magmatit, kristallinen Kalken, eisenhältigem
Schiefer und anderen Gesteinsarten. Mit den geologischen Strukturen des
kristallinen Schildes sind große Eisenerzlager des Bassins von Kriwoi Rog, des
Krementschuger und Bjeloserkaer Eisenerzrayons, die Manganerze des süd-
ukrainischen Erzbassins (Nikopol, Tokmak, Ingulezlagerstätte), Graphit, Dinas-

quarzite [3], Feldspäte, Granite und Syenite, Labradorite, Kaoline, Braunkohlen und verschiedene Baumaterialienrohstoffe verbunden.

Der präkambrische Untergrund senkt sich vom Ukrainischen Schild nach allen Seiten ab, sodaß die jüngeren Deckschichten an Mächtigkeit zunehmen.

2. Wolynisch-Podolische Platte und Galizisch-Wolynische Synklinale

Diese Zone befindet sich im westlichen Bereich der Ukraine. Hier sind hauptsächlich känozoische Gesteinsarten verbreitet. In der Galizisch-Wolynischen Synklinale sind besonders die Steinkohlenlagerstätten charakteristisch. An anderen nutzbaren Bodenschätzen finden sich Braunkohlen, reiner Schwefel, Gips, Zementrohstoffe und verschiedene Baustoffmaterialien.

3. Dnjepr-Donez Niederung

Diese Tiefenzone, die sich im linksseitigen Dnjeprgebiet befindet, liegt über einer WNW-OSO streichenden langgestreckten Senke im kristallinen Sockel, die zwischen dem Ukrainischen Massiv und der Fundamentschwelle von Woronesch eingetieft ist. Diese Senke ist ausgefüllt mit ungestört liegenden Sedimenten des Paläozoikums, Mesozoikums und Alttertiärs, unter denen sich in 9000 m der präkambrische Untergrund befindet. In diesen Ablagerungen kommen Steinsalz, Gips, Anhydrit, Dolomit, Kalkstein, steinkohleführende Flöze, Mergel, Phosphor und Braunkohle vor. Weiters ist dieses Gebiet ein sehr aussichtsreiches Erdölgebiet, in dem bereits Erdöl- und Erdgaslagerstätten erschlossen wurden (Schebelinka, Mirgorod).

4. Donezplatte

Ebenfalls östlich des Dnjepr gelegen, ist diese geologische Zone eingeklemmt zwischen dem Ukrainischen Schild und der vorhin erwähnten Schwelle von Woronesch. Dieser geologische Körper ist als Rumpf einer in variskischer Zeit erfolgten starken Faltung von paläozoischen, besonders von mächtigen Karbonsedimenten ausgeprägt. Das Karbon ist hier 12.000 m mächtig und sehr stark und kompliziert gefaltet. In dieser Region befindet sich eine Vielzahl von Steinkohlenlagerstätten (Donezker Bassin), aber auch Quecksilbervorkommen, Steinsalz, Kalke, Dolomite, Zementmergel, Kreide und Fluorit.

5. Ukrainische Senke

Diese Synklinalzone befindet sich im Bereich der Schwarzmeerniederung, wo der Sockel der Russischen Tafel nach Süden abtaucht. Im geologischen Aufbau spielen die tertiären Ablagerungen eine wesentliche Rolle. In den sandiglehmigen Formationen des leicht gefalteten Pliozäns der Vortiefenzone auf der Halbinsel Kertsch lagern bedeutende Vorkommen von sedimentären Brauneisenerzen. Erdöl- und erdgasführende Strukturen kommen ebenfalls vor.

6. Faltengebirgsregion der Karpaten und der Krim

a. Karpaten

Diese Region schließt das Bergland der Karpaten und das Gebiet zwischen den Karpaten und der Dnjestrtalung ein. Der geologische Bau der Karpaten ist

---

[3] Dinasquarzite dienen zur Herstellung feuerfester Materialien. Die Dinassteine gehören zur Gruppe der sauren Steine (Quarzschamottesteine).

kompliziert und noch nicht endgültig erforscht. Hauptlagerstätten nutzbarer Bodenschätze sind hauptsächlich in der Karpatenvorsenke (Erdöl, Erdgas, Kalisalz, u. a.) zu finden.

b. Jailagebirge

Diese Faltenregion befindet sich im südlichen Teil der Halbinsel Krim. Die tektonischen Bewegungen sind hier noch nicht zur Ruhe gekommen. Die nutzbaren Bodenschätze der Krimberge sind außer dem Marmor und den Kalkgesteinen, die als Flußmittel in der Metallurgie Verwendung finden, nicht sehr bedeutend.

IV. Bodenschätze

Das Vorhandensein ausreichender Rohstoffgrundlagen ist ein wichtiger Faktor zur industriellen Entwicklung eines Staates und führte in der Ukraine zur Bildung der großen territorialen Industriekomplexe. Diese Tatsache hatte einen großen Einfluß auf die Stellung der Ukraine im Rahmen der gesamtsowjetischen Wirtschaft. Dieser Umstand wird durch die vorhandenen großen Reserven der einzelnen Rohstoffvorräte noch unterstrichen. In der Ukraine befinden sich ca. 30% der sowjetischen Produktionsreserven an Eisenerz, mehr als 80% an Mangan, ca. 40% Kaolin, Kalk und Graphit, mehr als 20% der Vorräte an Erdgas und 18% an Steinsalzvorkommen. Außerdem existieren bedeutende Vorräte an Kalisalzen, Erdöl und Ölschiefern, an Nickel, Quecksilber, „gediegenem" Schwefel und Ozokerit [4], an feuerfesten Tonen, Zementmergel und Bau- und Verkleidungsmaterialien.

Die Bedeutung der Bodenschätze in der Ukraine spiegelt sich auch in der Produktionsstatistik wider. 1970 entfielen von der Gesamtförderung der UdSSR an nutzbaren Bodenschätzen auf die Ukraine (in %):

Eisenerz	— 57	Zementmergel und	
Mangan	— 73	Dolomit	— 60
Kohle	— 33	feuerfeste Tone	— 35
Naturgas	— 31	Kaolin	— 91
Graphit	— 54		

1. Mineralische Rohstoffe

Von großer Bedeutung für die Republik sind die Lagerstätten von Eisenerz, Mangan, Titan, Aluminium und Quecksilber. Von diesen Rohstoffen sollen in der Folge Eisenerz, Mangan und Titan behandelt und die wichtigsten Lagerstätten besprochen werden (siehe auch Karte 2).

a. Eisenerz

Die Eisenerzlagerstätten kann man in vier Rayonen zusammenfassen. Es sind dies der Kriwbass (Gebiet von Kriwoi Rog), das Gebiet von Kertsch, von Krementschug und von Bjeloserka. Die wichtigste Bedeutung für die Versorgung der Schwerindustrie der südlichen Sowjetunion besitzt das Becken von Kriwoi Rog.

---

[4] Ozokerit ist eine paraffinhältige Erdölsubstanz und wird auch als Erdwachs bezeichnet.

aa. Eisenerzbecken von Kriwoi Rog: Dieses Becken verteilt sich im Dnjepro-
petrowsker Bezirk entlang der Flüsse Ingulez, Saksagan und Scholtaja. Die Lagerstätten erstrecken sich in einem schmalen Streifen (2—7 km) auf mehr als
100 km. Die erste wissenschaftliche Beschreibung erfolgte schon 1781. Die industrielle Aufnahme der Produktion begann erst in den 80er Jahren des 19. Jahrhunderts. Der geologische Bau des Reviers ist sehr kompliziert. Die Eisenerzlager kommen an einigen Stellen bis an die Oberfläche, ansonsten aber liegen
sie in beträchtlicher Tiefe. Die Erze setzen sich aus Martit, Hämatit, Magnetit
und anderen Substanzen zusammen. Der Eisengehalt in den reichen Erzen
beträgt mehr als 60%. Der gesamte Vorrat der reichen Eisenerze beträgt
1,8 Mrd. t. Die untersuchten Vorräte an eisenarmen Erzen (Eisengehalt 30—40%)
erreichen 9 Mrd. t. Die Mehrheit dieser bekannten eisenhältigen Quarzite,
welche nahe an der Oberfläche lagern, werden möglichst im Tagbau gefördert.
Der wirtschaftliche Nutzeffekt dieser eisenhältigen Quarzite ist an die Möglichkeit ihrer Aufbereitung gebunden. Durch die Errichtung großer Aufberei-
tungskombinate, in denen der Eisengehalt der Erze bis auf 60—62% gebracht
wird, ist der Förderung von ärmeren Erzen größere Zukunftsbedeutung zu-
gekommen.

Durch die industrielle Ausstattung und durch die hohe Qualität der Eisenerze nimmt die Lagerstätte von Kriwoi Rog einen der ersten Plätze in der
UdSSR ein. Diese Erze werden überwiegend im Schachtbau abgebaut.

bb. Eisenerzlager von Krementschug: Dieses Vorkommen ist in geostruktureller
Hinsicht eine Fortsetzung der Kriwoi Roger Lagerstätte. Es befindet sich am
linken Dnjeprufer östlich von Krementschug. In einem schmalen Streifen von
1—4 km erstreckt sich die Lagerstätte 45 km lang bis zum Psol genau nach
Norden. Diese Erze sind überwiegend eisenhältige Quarzite mit einem mittleren
Eisengehalt von 35%. Im Zentralteil der Lagerstätte lagern die reichen Erze, die
einen Eisengehalt von 52—69% aufweisen. Die Eisenförderung beträgt in diesem
Revier mehr als 15 Mill. t im Jahr. Die günstige geographische Lage der Lagerstätten — Abbau in unmittelbarer Nähe des Dnjepr, die Nähe zu den Hütten-
werken der Dnjepropetrowsker-Dnjeprodserschinsker Gruppe zum westlichen
Donbass — begünstigen die Förderung in diesem neuen Eisenerzgebiet.

cc. Eisenerzlager von Bjeloserka: Dieser Rayon befindet sich ebenfalls am
linken Dnjeprufer zwischen Groß-Bjeloserka und Wassiljewka im Bezirk Saporoshe. Die Eisenerze dieses Gebietes zeichnen sich durch eine hohe Qualität
aus (Eisengehalt 60—64%) und bewirkten die Errichtung des Saporosher Hütten-
kombinates. Die jährliche Erzförderung beträgt ungefähr 11—13 Mill. t. Die Reserven dieses Lagers werden auf 500 Mill. t geschätzt.

dd. Eisenerzlager von Kertsch: Diese Lagerstätte befindet sich auf der Krim
und vereinigt alle Eisenerzlager der Halbinsel Kertsch. Die Erze sind ihrer
Entstehung nach Ablagerungserze. Die Dicke der Erzschicht beträgt 6—15 m,
die Tiefe der Lager ist gering (5—15 m). Die Erze sind überwiegend Braun-
eisenstein mit relativ geringem Eisengehalt (30—40%), aber mit bedeutendem
Mangangehalt (0,8—4,3%), Vanadium von 0,02—0,08% und einer Phosphor-
beimengung von 0,6—1,2%.

Auf Grund der besonderen Zusammensetzung dieser Erze dienen sie nicht
nur als Rohstoff zur Herstellung von Gußeisen, sondern auch durch den Anfall

von Phosphatschlacke zur Erzeugung von Kunstdünger. Außerdem wird aus diesem Erz noch Ferrovanadium gewonnen. Die Förderung erreicht in diesem Revier ca 200 Mill. t pro Jahr.

Diese Art des Brauneisensteins kommt noch in einigen anderen Gebieten der Ukraine (Kirowograd, Donezk, West-Polesien und in den Karpaten) vor, meist in kleinen Mengen, ist aber ohne industrielle Bedeutung.

b. *Manganerz*

Die Ukraine zählt zu den reichsten Gebieten der Welt an Manganerzvorräten. Die wichtigsten Lager sind bei Nikopol, Tokmak und Ingulez und bilden das Manganerzlager des Dnjeprgebietes. Es reicht vom Fluß Ingulez (südlich von Kriwoi Rog) bis zur Küste des Asowschen Meeres. Der Metallgehalt an Mangan beträgt in den reichen Erzen ca. 50%. Die Erzförderung (1970 — 5,2 Mill. t) ist die größte aller Mangangebiete in der UdSSR. Die Reserven belaufen sich auf 2 Mrd t.

Dieses Manganerzvorkommen besitzt eine vorteilhafte geographische Lage, da es zwischen dem Kohlengebiet des Donbass und dem Eisenerzgebiet von Kriwoi Rog liegt und damit in unmittelbarer Nähe des Eisenhüttenzentrums des Dnjeprgebietes. Die wichtigste Lagerstätte von Nikopol wurde schon 1874 entdeckt und wird seit 1886 wirtschaftlich genutzt. Alle anderen Lagerstätten wurden erst unter der Sowjetmacht erforscht und in Nutzung gebracht.

aa. Lagerstätte von Nikopol: Die Erze dieser Lagerstätte befinden sich am rechten Dnjeprufer im Bezirk von Dnjepropetrowsk und sind ihrer Entstehung nach sedimentäre Lager. Sie befinden sich in einer Tiefe von 15—18 m und erreichen eine Dicke bis zu 3,6 m. Die Förderung an Manganerz beträgt über 5 Mill. t. Vorläufig ist sie noch die einzige Lagerstätte der Ukraine, die ausgebeutet wird. Die Erze werden in Schacht- und Tagbauweise gefördert, wobei die Tagbauförderung die effektivere ist.

bb. Lagerstätte von Tokmak: Diese Lagerstätte wurde in den Nachkriegsjahren entdeckt. Sie befindet sich im linksufrigen Teil des Saporosher Bezirkes. Der Mangangehalt im Erz beträgt 26%. Das Vorkommen befindet sich in einer Tiefe zwischen 30 und 140 m. Die Ausnutzung des Lagers wird erst nach der vollständigen Erschließung begonnen werden.

cc. Lagerstätte von Ingulez: Diese Lagerstätte befindet sich bei der Stadt Ingulez im Bezirk von Dnjepropetrowsk. Die Erze haben einen Metallgehalt von 33%. Vorerst sollen die Erze dieses Lagers noch nicht abgebaut werden, obwohl die Erforschungsarbeiten abgeschlossen sind.

c. *Titanerz*

Die moderne Technik kann ohne Titan nicht mehr auskommen, da dieses Metall eine breite Verwendungsmöglichkeit in der Industrie besitzt. Titan ist plastisch, zähflüssig und leistet der Korrosion Widerstand und wird deswegen vor allem bei der Stahlveredelung verwendet. Titanwerkstoffe werden bei der Herstellung von Ausrüstungen für die chemische Industrie, von Flugmotoren, von Weltraumschiffen, von Unterseebooten und von einer ganzen Reihe anderer Industriezweige verwendet.

Die Titanerze kommen im nördlichen Teil des Ukrainischen Schildes in Form von Ilmenit vor. Die Lagerstätten befinden sich bei Irschansk (im Tal der Irscha, eines Nebenflusses des Teterew im Bezirk Shitomir) und bei Stremigorod (zwischen Irscha und Usch). In Irschansk wurde zur Erhöhung des Wirtschaftlichkeitsgrades ein großes Aufbereitungskombinat errichtet.

Von den anderen bekannten Lagerstätten ist noch jene von Samotkan bedeutend, die im Tagbauverfahren abgebaut wird. Die Erze dieser Lagerstätte kommen in Form einer Verbindung Ilmenit-Rutil vor.

d. Buntmetalle und Leichtmetalle

Die Buntmetallvorräte der Ukraine sind nicht sehr bedeutend und werden daher hier auch nicht erwähnt. Große Bedeutung haben aber die Vorräte an Aluminiumrohstoffen — Bauxit, Nephelin und Alunit.

Ziemlich bedeutende Lagerstätten an Bauxit befinden sich im Bezirk von Tscherkassy (Smela) und im Dnjeprgebiet (Wysokopolje). Die Wysokopolsker Bauxitlagerstätte befindet sich zwischen der südlichen Randregion des Kriwoi Roger-Eisenerzlagers und der Nikopolsker Manganerzlagerstätte. Die wirtschaftliche Bedeutung dieser Lagerstätte wird noch dadurch erhöht, daß zusammen mit dem Bauxit auch hochwertiger Kalk gefördert wird.

Die heutige Aluminiumindustrie der Ukraine kann noch aus den Ukrainischen Lagerstätten mit Rohstoffen versorgt werden. Für die vorgesehene starke Ausweitung dieses Industriezweiges sind die Vorräte aber nicht mehr ausreichend.

Wichtige Lager an Nephelin befinden sich im Asowschen Gebiet (Oktjabr und Jelantschiz). Aus Nephelin wird nicht nur Aluminium gewonnen, sondern auch Soda, Glas und verschiedene Baumaterialien. Die Vorräte in der Ukraine sind sehr groß. Sie reichen momentan noch völlig aus für die Erweiterungsbestrebungen der Aluminiumindustrie.

Ein weiterer wichtiger Aluminiumrohstoff ist der Alunit. Die Lagerstätten befinden sich im Transkarpatischen Gebiet (Beregowo, Begansk). Die Alunitvorräte sind ebenfalls sehr groß und befinden sich in mehreren Bezirken. Die wichtigsten Abbaustätten sind: Gluchowzy und Turbow im Bezirk Winniza, Maidan-Wilo im Bezirk Chmelnizky, Prosjanowo im Bezirk Dnjepropetrowsk und Pologi im Bezirk Saporoshe.

Die Ukraine hat auch große Vorräte für die Magnesiumerzeugung. Bedeutende Quellen für diese Produktion sind die Kali-Magnesiumsalze der Karpatenregion (Stebnik, Kalusch) und der salzige Lagunensee Siwasch an der Nordostküste der Krim. Die Eigenproduktion kann die Erfordernisse der Wirtschaft völlig ausreichend versorgen.

2. Brennstoffvorräte

Die Ukraine ist eines der am besten ausgestatteten Gebiete des europäischen Teiles der Sowjetunion an Brennstoffvorräten. Vorhanden sind reiche Vorkommen an Stein- und Braunkohle, Erdöl, Erdgas, Torf und Menilithschiefer. Für die gesamte UdSSR sind vor allem die Vorkommen und Vorräte an Steinkohle und Erdgas bedeutungsvoll.

a. Steinkohle

Die geschätzten Gesamtvorräte an Steinkohle belaufen sich nach sowjetischen Angaben auf fast 136 Mrd. t. Die gesicherten Reserven wurden 1971 mit ca. 40 Mrd. t angegeben. Die Vorkommen konzentrieren sich hauptsächlich auf zwei Lagerstätten, und zwar auf das Revier von Donezk und Lwow-Wolynien (siehe Karte 2).

aa. Steinkohlenbecken von Donezk: Dieses Revier ist das wichtigste Steinkohlenvorkommen in der europäischen Sowjetunion. Es verteilt sich auf die Bezirke von Lugansk, Donezk und Dnjepropetrowsk. Der östliche Teil dieses Kohlenbeckens erstreckt sich bis in den Rostower Bezirk (RSFSR). Die Vorräte an abbauwürdiger Steinkohle für den ukrainischen Teil des Kohlenbeckens übersteigen 32 Mrd. t. Die mittlere Mächtigkeit der Flöze beträgt 0,75—1 m. 50% der vorhandenen Kohle ist verkokbar, mehr als 30% des Vorkommens ist Anthrazitkohle.

Das Kohlenrevier von Donezk war nicht nur für die Bildung des ausgedehnten Industriebezirkes des Donbass von großer Bedeutung, sondern auch für den gesamten Donezker Raum und auch für das angrenzende Dnjeprgebiet. Die Bedeutung des gesamten Raumes erhöhte sich schlagartig mit der Erschließung der Lagerstätten im Westen. Die Gruppe der erschlossenen Lagerstätten im Bezirk Dnjepropetrowsk ist unter der Bezeichnung „Westlicher Donbass" bekannt. Die abbauwürdigen Vorräte werden hier auf 2,5 Mrd. t geschätzt. Die geringe Entfernung dieses Kohlengebietes zum mittleren Dnjeprgebiet und zu den rechtsufrigen Landesteilen ermöglichte es, deren Energiebasis zu verstärken und die wirtschaftliche Entwicklung zu beschleunigen. Dadurch wurde es möglich, die noch vor kurzer Zeit weniger entwickelten Bezirke Tscherkassy, Poltawa und Kirowograd in industrieller Hinsicht auszubauen. Durch diese Entwicklung konnte zwischen den bestehenden Industriegebieten des Donbass und des Gebietes Dnjepropetrowsk-Dnjeprodserschinsk dieser neue Industriekomplex errichtet werden.

bb. Lagerstätte von Lwow-Wolynien: Dieses Revier befindet sich im äußersten Nordwesten innerhalb der Bezirke Lwow und Wolynien, im Bereich der Städte Nowowolynsk, Sokal, Tscherwonograd und Bels. Die Erkundung dieses Reviers erfolgte schon in den Jahren der sowjetischen Machtergreifung, die Förderung begann erst im Jahre 1950. Die geologischen Vorräte betragen hier 1,8 Mrd. t, die abbauwürdigen Kohlenvorräte aber nur 0,8 Mrd. t. Diese große Differenz erklärt sich aus den geologischen Verhältnissen, die hier bedeutend schlechter sind als im Donbass. Die große Bedeutung des Lagers ergibt sich aus der Besonderheit seiner geographischen Lage. Das Vorkommen befindet sich in einem vom Donbass sehr entfernten Teil der Republik, der nur äußerst ungenügend mit energetischen Rohstoffen versorgt ist.

b. Braunkohle

Die Braunkohle spielt einstweilen nur eine untergeordnete Rolle. Die Braunkohlenlager sind hauptsächlich im rechtsufrigen Dnjeprgebiet und in den westlichen Bezirken verbreitet. Die wichtigsten Lagerstätten befinden sich bei Alexandrija, Kriwoi Rog, Swenigorodka, Korostyschew, Rawa-Russkaja, Kolomyja u. a. Orten. Die Gesamtvorräte an Braunkohle werden auf 2,7 Mrd. t geschätzt.

Die Kohle hat ihre wichtigste Bedeutung in der Energieversorgung. Im Rahmen des 9. Planjahrfünfts sind für den Kohlenbergbau starke Ausbaupläne vorgesehen. Zahlreiche neue Förderschächte sollen in Betrieb genommen

werden bzw. sind für die bestehenden umfangreiche Modernisierungsmaßnah-
men vorgesehen. Durch alle diese Bestrebungen soll das für 1975 gesteckte
Planziel erreicht werden (siehe Tabelle 1).

Tabelle 1: Kohlenförderung der Ukrainischen SSR
(Steinkohle und Braunkohle) [5]

	1970	Planziel für 1975
	in Mill. t	
Gesamt	207,0	217
davon:		
Donezk	183,9	191
Lwow	12,3	14
Dnjepr-Revier	10,8	12

Tabelle 2: Reservenschätzung der Kohlenvorkommen (Stand 1971) [5]

Gesamt	46,8 Mrd. t (davon 93⁰/₀ Steinkohle)
davon:	
Donezk	42,9 Mrd. t
Lwow	726,5 Mill. t
Dnjepr-Revier	2,0 Mrd. t (Braunkohle)

c. Erdöl

Die bis heute bekannten Erdölvorkommen besitzen nur eine Bedeutung
für die Ukraine selbst. Die bekannten Lagerstätten sind relativ klein, sind aber
Grundlage dafür, daß weitere Suchbohrungen niedergebracht werden können.

Die wichtigen Erdöllager können in zwei Verbreitungsgebieten zusammengefaßt werden — es sind dies die Karpatenregion und die Ostukraine.

aa. Karpatenregion: In der Karpatenregion erstreckt sich die Erdölzone auf
250 km Länge. Sie konzentriert sich hauptsächlich in der Zentralzone der
Karpatenvorsenke. Hauptsächlich sind es Oberkreide- und Paläogenschichten,
die ölführend sind. Die Vorkommen dieser Zone sind unter dem Namen „West-
ukrainische Felder" bekannt. Die fünf wichtigsten Lagerstätten dieses Gebietes
sind die Felder Dolina, Bytkow, Westdolina, Borislaw und S'chodniza. Die
größte Höffigkeit besitzen die Felder Dolina und Bytkow. So gibt z. B. die
Bohrung Dolina um ein Vielfaches mehr an Förderertrag als alle älteren
Bohrstellen im Gebiet von Borislaw.

bb. Ostukraine: Die Erdöllagerstätten der Ostukraine („Ostukrainische Felder")
befinden sich im linksufrigen Dnjepr-Donezgebiet. Die wissenschaftliche und
technische Erschließung begann schon 1936, die eigentliche Nutzung erfolgte
erst 1952. Die ersten bedeutenden Erdölfelder waren im Gebiet von Romny
und im Bezirk Poltawa. Jetzt befinden sich die wichtigen produktiven Erdöllager in den Feldern von Radtschenkow, Sagaidak, Satschepilowka, Kibinzew,
Glinsko-Rosbyschew im Bezirk Poltawa, Gnedinzewo, Priluki (Bezirk Tscher-

[5] KALTSCHENKO, W., TICHONOW, M. u. a.: Topliwnaja promyschlenost (Die
Brennstoffindustrie). Nauka, Moskau 1972, S. 76—86.

nigow), Katschanowo (Bezirk Sumy) und in einigen anderen Feldern im Bezirk Charkow. Einige dieser Ölfelder befinden sich in weniger industriell entwickelten Gebieten. Durch den Umstand, daß sich diese Fördergebiete in ausgesprochenen Landwirtschaftsgebieten befinden, war es möglich, die weniger entwickelten Bezirke Tschernigow, Sumy und Poltawa in industrieller Hinsicht auszubauen und zu fördern. Im allgemeinen haben die relativ reichen Erdölfelder und die damit verbundene gut entwickelte Erdölindustrie im linksufrigen Gebiet der Ukraine zu bedeutenden Veränderungen der Struktur der industriellen Produktion beigetragen.

Die Erdölförderung betrug 1970 in der gesamten Ukraine 13,9 Mill. t. Der laufende 9. Fünfjahresplan sieht für 1975 eine Steigerung der Förderung auf 17,5 Mill. t vor.

d. Erdgas

Die Vorräte an Erdgas spielen in der ukrainischen Energiewirtschaft eine wichtige Rolle. Die gesicherten Reserven werden mit 120 Mrd. m^3 beziffert. Die Prognosen der gesamten Vorratsschätzung belaufen sich nach sowjetischen Angaben auf 3,6 Trillionen m^3. Die wichtigsten Lagerstätten befinden sich in der Karpatenregion, im Dnjepr-Donezgebiet und in der Asowschen Küstenregion.

aa. Karpatenregion: Die Erdgasvorkommen der Karpatenregion konzentrieren sich vor allem im Zentrum der Karpatenvorsenke. Das hier geförderte Gas ist ein Mischgas mit 98% Methangehalt, das als Rohstoff für die chemische Industrie sehr wertvoll ist.

Die Erschließung dieser Lagerstätte begann schon 1928 mit der Erbohrung des Feldes Daschawa. Heute konzentriert sich die Förderung hauptsächlich auf die Felder der Region Lwow und auf jene im Gebiet von Iwano-Frankowsk. Die bedeutendsten Felder sind neben Daschawa die Erdgasvorkommen von Uger, Biltsche-Woliza und Rudki.

Neue Lager wurden entlang der Überschiebungszone der Karpaten über die Karpatenvorsenke erbohrt. Reine Naturgaslagerstätten sind im Gebiet von Kawskij, Grynowskij, Malogoroshanskij, Sewero-Medynitschskij, Sadkowitschskij, Pynjanskij und Bogorodtschanskij erschlossen worden. Neben diesen Vorkommen konnten aber auch Gaskondensatlagerstätten und Erdöllager entdeckt werden. Die Gaskondensatlagerstätten befinden sich im Gebiet von Iwanikowskij, Kosmatschskij und Bitkow-Babtschenskij. Die neu entdeckten Erdöllager befinden sich im Gebiet von Spasskij, Strutynskij, Tynjawskij, Stynawskij und Pasetschnjanskij.

Das Fördergebiet der Karpatenregion ist eines der besterschlossenen. Die gesamten Lagerreserven der Westukraine werden mit 104 Mrd. m^3 beziffert.

bb. Dnjepr-Donezgebiet: Die Vorkommen dieses Gebietes, die 1950 entdeckt wurden, sind die wichtigsten. Die bedeutendste Lagerstätte ist hier das Erdgasfeld Schebelinka, wo mehr als 60% der gesamten Erdgasförderung gewonnen werden. Auch in Zukunft wird dieses Gebiet das bedeutendste Vorkommen bleiben, da es mehr als 70% aller Erdgasreserven besitzt. Neben dem genannten sind die anderen wichtigen Erdgasfelder jene von Spiwakow im Bezirk Charkow — Solochow, Runiwstschin, Tschernuchi und Bjelj im Bezirk Poltawa — Michailow und Perestschepino im Bezirk Dnjeprpetrowsk.

Obwohl ein Großteil des geförderten Gases zur Versorgung von Moskau und dessen Industrie, aber auch der meisten umliegenden ukrainischen Städte dient, konnten auf dieser Grundlage basierend einige wichtige chemische Industriekomplexe errichtet werden.

cc. Vorkommen in der Südukraine: Im Aufschüttungsbereich der Asowschen Küstenregion sind besonders reiche Erdgasvorkommen erkundet worden. Die wirtschaftlich verwertbaren Reserven in diesem Gebiet werden auf 523 Mrd. m³ geschätzt.

e. Ölschiefer und Torf

Verwertbare Ölschiefervorkommen treten in der Region Kirowograd auf. Diese Ölschiefer finden sich in den Schichten der Unteren Kreide in einer Tiefe von 30—250 m. Die Reserven werden auf 4 Mrd. t geschätzt.

Außer diesen Lagern wurden noch weitere Vorkommen in der Region Chmelnizkij erkundet, deren Reserven auf 60 Mill. t eingeschätzt werden.

Die Torflager der Ukraine konzentrieren sich hauptsächlich in der Waldsteppenzone des Polesje. Die nennenswertesten Abbaustellen finden sich in den Regionen Tscherkassy, Kiew, Tschernigow, Sumy und Lwow.

Die Torfförderung betrug 1970 7,5 Mill. t. Die derzeit gesicherten Reserven werden mit 3,6 Mrd. t Trockentorf angegeben. Eine Reservenvergrößerung um weitere 2,5 Mrd. t ist noch möglich.

3. Rohstoffe für die chemische Industrie

Die Vielfalt der Rohstoffe, die in der Ukraine gefunden werden und auch wirtschaftlich genutzt werden können, bedingte die rasche Ausweitung und die Bedeutung der chemischen Industrie. Obwohl Erdöl, Erdgas, Kohle und die Ölschiefer die wichtigste Grundlage für diesen Industriezweig darstellen, gibt es noch eine Vielzahl anderer Rohstoffe, die fast ebenso wichtig sind. Vor allem sind es die Kali- und Kali-Magnesiumsalze, das Steinsalz und die natürlichen Salzsole aus dem Meer, der Schwefel und die Ozokeritvorkommen.

a. Kalisalze

Die wichtigsten Kalisalzlager befinden sich im Bereich der Vorkarpaten und erstrecken sich auf 300 km Länge durch die Gebiete Lwow und Iwano-Frankowsk. Die Lager haben eine Mächtigkeit von 50—60 m und stammen aus dem Neogen. Die größten Vorkommen sind jene von Kalusch und Stebnik. 1960 wurden im Steinsalzrevier des Donbass bei Artemowsk neue Kalisalzlager gefunden.

Die bedeutendsten Abbaue befinden sich aber in den genannten Revieren von Kalusch und Stebnik. Hier werden 10% der gesamtsowjetischen Förderung aufgebracht. In den 60er Jahren waren die wertvolleren Lager der Kalichloride [6] fast erschöpft. Man begann daher die reichlich vorhandenen Kalisulfate [7] abzubauen. Bei Stebnik wurde eine Grube mit einer Jahresförderkapazität von 1,4 Mill. t erschlossen. Die vorhandenen Salze haben eine Konzentration von durchschnittlich 12% K_2O.

---

[6] Das vorhandene Chlorid ist das Mineral Sylvin, das isotyp mit Steinsalz ist. Es ist das geschätzteste Kalisalz und kommt relativ selten vor.
[7] Die abgebauten Sulfate treten in Form von Kainiten und Langbeiniten auf. Diese Mineralien sind Kali-Magnesiumsalze und absolute Sekundärentstehungen. Kainit ist ein wesentlicher Grundstoff für die Erzeugung von Kalidünger.

b. *Steinsalz*

Die Ukraine verfügt über fast unbegrenzte Reserven an Steinsalz. Die bedeutendsten Vorkommen sind jene im Donbass und in den Karpaten. Im Donbass sind die Schichten des Perm steinsalzführend. Die Abbaue befinden sich bei Artemowsk und Slabjansk. Das Steinsalz der Karpatenregion wird aus dem Neogen gefördert. Die wichtigste Lagerstätte ist jene von Solotwin, südlich von Iwano-Frankowsk. Die Lager der Karpatenregion besitzen aber weitaus geringere Reserven als jene im Donbass. Geringerwertige Steinsalzlager sind im Dnjepr-Donezgebiet in den Regionen von Charkow, Poltawa und Sumy entdeckt worden.

c. *Salz aus dem Meer*

Eine wichtige Rohstoffkonzentration für die chemische Industrie ist das Lagunengebiet von Siwasch an der Nordostküste der Halbinsel Krim. Dieser Liman ist durch die Nehrung (Peressyp) von Arabatsk vom Asowschen Meer abgetrennt und weist durch die speziellen klimatischen und hydrologischen Verhältnisse einen besonders hohen Salzreichtum auf. Die Vorräte an Natriumsalzen, Magnesiumsalzen, Kalisalzen und Bromsalzen betragen einige hundert Millionen Tonnen und werden durch den Wasserzufluß aus dem Asowschen Meer ständig erneuert. Durch die große Mannigfaltigkeit der vorhandenen Komponenten im Salzwasser erklärt sich auch die große Komplexität der Verarbeitungsmöglichkeiten. In den verschiedenen Werken werden unter anderem Magnesiumoxyde und Magnesiumhydroxyde, Magnesiumchloride und Magnesiumsulfate, Natriumchlorid, Chlor und dessen Verbindungen sowie Brom und noch eine Reihe anderer chemischer Grundstoffe hergestellt. Besondere Bedeutung haben die Magnesiumoxyde, da es der Ukraine dadurch möglich ist, die für die Schwerindustrie notwendigen Magnesite aus dem Ural teilweise zu ersetzen.

d. *Schwefel*

Die Lagerstätten an natürlichem Schwefel befinden sich hauptsächlich in der Dnjestrtalung und in den Karpatenvorbergen. Die Lager besitzen einen Schwefelgehalt von über 25% und werden im Tagbau abgebaut. Die wichtigste Förderstelle ist bei Rosdol, wo der Abbau 1959 begonnen und 1964 erweitert wurde.

Das zweite wichtige Vorkommen bei Jaworow (westlich von Lwow) wurde 1968 in Nutzung genommen. Hier wird nicht nur im Tagbauverfahren gefördert, sondern auch durch ein Heißwasserverfahren (Frasch-Verfahren), wo heißer Wasserdampf unter Druck in ein Bohrloch gepumpt und der Schwefel dadurch aus dem tauben Gestein herausgelöst wird.

Nördlich von Jaworow liegt bei Nemirow ebenfalls noch ein Vorkommen, das genauso mittels dieses Frasch-Verfahrens abgebaut werden soll.

4. *Rohstoffe für die Bauindustrie und andere Mineralvorkommen*

Die Ukraine ist besonders reich an den verschiedensten Rohstoffen für die Erzeugung von Baumaterialien. Vor allem sind es Kalke und Mergel, Marmorsteine, Granite und Labradorite. Von den sonstigen Vorkommen sind die Kaolin- und Tonlagerstätten hervorzuheben, da sie für die gesamte Sowjetunion von Bedeutung sind.

a. Kalke und Dolomite

Für die meisten Gebiete der Ukraine sind die Kalksteinvorkommen besonders wichtig. Vor allem sind es die hochwertigen Kalke und Dolomite des
Reviers von Donezk, die für die Eisen- und Metallindustrie von großer Bedeutung sind. Besonders wertvolle Vorkommen werden auch auf der Halbinsel
Krim gebrochen. Diese Kalkarten werden zum größten Teil in der Metallurgie
als Zusatz und Flußmittel eingesetzt.

b. Rohstoffe für die Zementindustrie

Die wichtigsten Rohstoffe für diesen Industriezweig sind die Karbonat-
gesteine (Kalk, Kreide, Mergel) und die verschiedenen Tone. Außerdem werden
auch Polierschiefer, Tuffe und Traß bei der Zementherstellung verwendet.
Die wichtigsten Vorkommen finden sich bei Sdolbunow (Bezirk Rowno),
Amwrosiewka (Bezirk Donezk), Nikolaew (Bezirk Lwow) und Kamenez-
Podolskij (Bezirk Chmelnizkij). Einige Vorkommen in den Bezirken Lugansk
und Charkow sind durch ihre Reserven ebenfalls von großer Bedeutung.

c. Hochwertige Steine der Bauindustrie

Die wertvollen Granit- und Labradoritvorkommen des ukrainischen Schildes, die bei den Monumentalbauten Verwendung finden, sind ebenfalls ein
wichtiger Wirtschaftsfaktor. Die roten und grauen Granite des Gebietes von
Shitomir fanden z. B. beim Bau des Leninmausoleums Verwendung. Weniger
wertvolle Steine werden bei wassertechnischen Bauten und beim Straßenbau
verwendet.

Andere wichtige Bausteine sind vor allem die Basalte Wolyniens und die
Kalke aus den Karpaten und aus Podolien.

d. Kaolin und Ton

82% aller bekannten Kaolinvorräte der Sowjetunion befinden sich in der
Ukraine. Hochwertige Kaoline werden in den Regionen Winniza, Dnjepropetrowsk, Donezk, Saporoshe und Chmelnizkij abgebaut. Die Kaoline finden
hauptsächlich in der Porzellanindustrie, aber auch in der Papier- und Gummi-
industrie Verwendung. Kaolin ist aber auch ein wichtiger Rohstoff bei der
Erzeugung von Isolatoren. In der Region von Donezk finden sich auch hochwertige Tone, die für die Erzeugung von Schamotte benötigt werden.

5. Mineralquellen

Reiche und hochwertige Mineralquellen sind in der gesamten Ukraine
weit verbreitet. Vor allem sind es Quellen mit großer Radioaktivität. Kohlen-
säurehältige Quellen sind in den Karpaten, schwefelwasserstofführende in den
Vorkarpaten und heiße Mineralquellen auf der Krim vorhanden. Grundwasser,
das verschiedene Mineralsalze in hoher Konzentration enthält, wird sogar
industriell genutzt. Die vorhandenen Thermalbäder werden auch zu Heizungs-
zwecken und auf der Krim und im transkarpatischen Gebiet zur Energiegewinnung herangezogen.

Die ebenen Landschaftsteile der Ukraine weisen drei große artesische
Becken auf: das Wolynisch-Podolische Reservoir, das Dnjepr-Donezk-Reservoir
und das Küstengebiet des Schwarzen Meeres. Kleinere Becken von lokaler
Bedeutung finden sich auf der Krim, in den Karpaten, auf der Donezplatte
und im Ukrainischen Kristallinschild.

Die primäre Bedeutung der Mineralquellen liegt vor allem in ihrer Ausnutzung zu Badekuren. Einige haben nicht nur gesamtsowjetische Bedeutung, sondern genießen sogar Weltruf. Zu diesen gehört z. B. die Quelle von Truskawez, die eine kohlensäureführende Quelle mit Kalzium- und Magnesiumkomponente ist. Hier hat sich ein bekannter Kurort gebildet, wo Erkrankungen der Niere, der Leber, der Gallenwege und Stoffwechselstörungen behandelt werden. Die kohlensäurehältigen Mineralwässer in den Karpaten sind in ihrer Qualität und ihrer chemischen Zusammensetzung nach den bekannten Quellen im Kaukasus ähnlich. Bekannte Säuerlinge in Transkarpatien sind die Quellen von Poljana, Lushanka und Ploskoje.

Mineralwasservorkommen mit Schwefelwasserstoffgehalt treten am Westrand des Wolynisch-Podolischen Beckens im Paläogen und Neogen auf. Am bekanntesten sind hier die Quellen von Nemirow und Welikowo-Ljuben im Bezirk Lwow.

Im Ukrainischen Schild finden sich zahlreiche radioaktive Quellen, die eine große balneologische Bedeutung erlangt haben, und natrium- und bromhältige Quellen. Letztgenannte sind aus dem Grundwasser des Erzreviers von Kriwoi Rog erschlossen worden und beinhalten vor allem Natriumchlor und Bromide. Die bedeutenden Quellen mit radioaktiven Eigenschaften sind unter anderem bei Chmelnik im Bezirk Winniza, bei Mironowka und Bjelaja Zerkow im Bezirk Kiew und bei Polonneje im Bezirk Chmelnizkij ausgebaut worden.

Im artesischen Becken des Dnjepr-Donezgebietes finden sich in tieferen Grundwasserhorizonten Natriumchlor- und Jod-Bromkonzentrate, die vor allem industriell genutzt werden können.

Die Thermen auf der Halbinsel Kertsch und Halbinsel Tarchankutsk, die eine Temperatur von über 35° C aufweisen, werden nicht nur für die vorhin erwähnten wirtschaftlichen Zwecke genutzt, sondern auch in balneologischer Hinsicht ausgewertet. Außerdem wird auch der Schlamm in der Küstenregion des Schwarzen und Asowschen Meeres als Kurmittel herangezogen. Bekannt sind vor allem die Moorbäder von Odessa, Berdjansk und Saki auf der Krim.

V. Zusammenfassung

Für die Ukraine ist es sehr wichtig, alle diese Bodenschätze in die Industrieproduktion einzubeziehen, um die derzeit laufenden Aufbauarbeiten zu beschleunigen und dadurch einen bedeutenden volkswirtschaftlichen Effekt zu bewirken. Zu den vordringlichsten Aufgaben der ukrainischen Volkswirtschaft gehört die Nutzbarmachung der neu erschlossenen Mineralrohstoffe und die stärkere Rationalisierung der traditionellen Bergbaugebiete. Zu diesen Zukunftsaufgaben gehört vor allem die Nutzung der Eisenerzlager von Krementschug und Bjeloserka, die Aufnahme der Produktion in den neu erschlossenen Erdöl- und Erdgaslagern des Dnjepr-Donezgebietes und die Nutzbarmachung der neuen Buntmetallerzlager, der Quecksilber- und Nickelvorkommen. Außerdem ist es notwendig, die Kohlenvorkommen im südlichen Donbass und im Lwow-Wolynischen Revier, die Schwefelgewinnung und die Nutzung der Polymineralsalze des Karpatengebietes und die Salze aus dem Siwaschliman durch stärkere Mechanisierungsmaßnahmen rationeller zu nutzen. Diese zusätzlichen Erschließungsbestrebungen aller Minerallager werden auf die Gebietsstruktur der Produktion eine starke Veränderung bewirken.

Eine zusammenfassende Rayonisierung aller Mineralrohstoffvorkommen ermöglicht es, in der Ukraine drei Schwerpunktgebiete auszugliedern: das Gebiet von Kriwoi Rog — Saporoshe, das Gebiet von Donezk und den Gebietskomplex Karpaten — Lwow.

1. Bergbaubezirk Kriwoi Rog — Saporoshe

Dieses Gebiet kann durch die Linie Krementschug — Kriwoi Rog — Nikopol — Welikaja Bjeloserka — Melitopol — Tokmak — Pologi — Dnjepropetrowsk — Krementschug begrenzt werden.

Die Bedeutung dieses Bezirkes liegt in seinem großen Reichtum an hochwertigen Bodenschätzen. Die bedeutenden Eisenerzvorkommen von Kriwoi Rog, Bjeloserka und Krementschug gehören ja zu den reichsten der UdSSR. Ein Drittel der sowjetischen Gesamteisenerzförderung entfällt auf dieses Gebiet. Die großen Manganerzlager von Nikopol und Tokmak sind überhaupt die größten in der UdSSR und die vorhandenen Bauxite und Nephelinsyenite haben ebenfalls große Bedeutung. Durch diese mineralischen Rohstoffvorkommen und deren reiche Reserven hat sich eine bedeutende Industrie angesiedelt, sodaß die vorhandenen Bodenschätze nicht nur für die sowjetische Industrie von Bedeutung sind, sondern auch für den lokalen Bereich eine sehr starke strukturprägende Wirkung besitzen.

2. Revier von Donezk

Diese Region faßt die Lagerstätten an nutzbaren Bodenschätzen der Bezirke Donezk, Lugansk, des östlichen Gebietsteiles von Dnjepropetrowsk und des südlichen Gebietes des Bezirkes Charkow zusammen. Auf dieser Basis hat sich auch das wichtigste Wirtschaftszentrum, der Donbass, entwickelt. Die wesentlichsten Industriezweige sind die Eisenverhüttung, der Maschinenbau und die chemische Industrie, deren Standorte absolut rohstoffbezogen sind.

Dieses Revier besitzt auch das bedeutendste Energierohstoffpotential der UdSSR. Neben dem großen Steinkohlenbecken von Donezk, das sich nach Westen bis nach Dnjepropetrowsk ausdehnt, sind die großen Erdgaslager von Schebelinka und die anderen im Nordwesten erschlossenen Vorkommen von großer Bedeutung.

Wichtig für das Gebiet sind aber auch die vorhandenen Salzlager, die Zementrohstoffe und vor allem die Kalkvorkommen, die als Zusatzstoff in der Schwerindustrie ihre Verwendung finden.

3. Gebietskomplex Karpaten — Lwow

Auch diese Großregion zeichnet sich durch eine große Mannigfaltigkeit an nutzbaren Bodenschätzen aus. Die Kerngebiete dieser Region befinden sich im Territorium von Lwow und im Karpatengebiet des Bezirkes Iwano-Frankowsk. Dieses Gebiet zeichnet sich durch das Steinkohlenbecken von Lwow-Wolynien, durch die Erdgas- und Erdöllager (Daschawa, Dolina), durch die verschiedenen hochwertigen Salzlager und durch die gediegenen Schwefelvorkommen aus. Durch diese günstigen Bedingungen kam es in dem Gebiet zu einer stärkeren Konzentration der chemischen und pharmazeutischen Industrie. Dadurch konnte das etwas abseits gelegene Territorium auf Grund dieser erschlossenen Rohstoffe und der darauf aufgebauten Industrie einen stärkeren wirtschaftlichen Impuls erhalten.

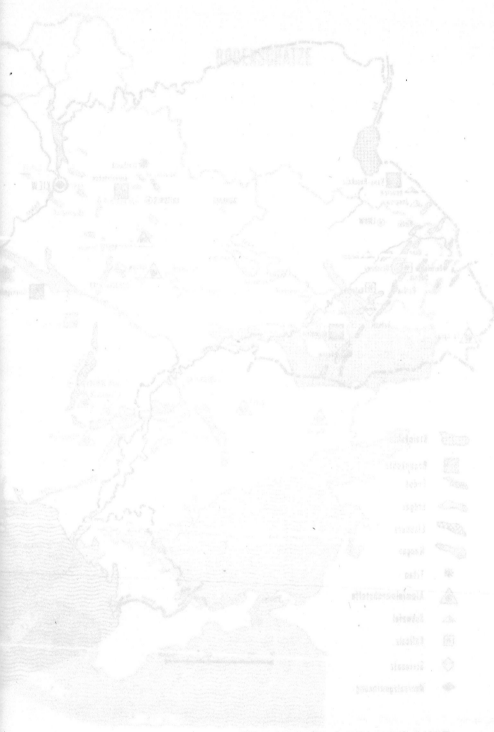

Die verschiedenen Entwicklungsmaßnahmen des Staates bewirkten eine große Veränderung in der Produktionsverteilung. Die traditionellen Kerngebiete und Schwerpunkte der Ukrainischen Industrie waren und sind noch immer die zwei führenden Rayone des Donbass und des Kriwbass (Gebiet von Kriwoi Rog und Saporoshe). Das rasche Wachstum der Industrie in den Nachkriegsjahren hatte auch die Erschließung neuer Lagerstätten an verwertbaren Bodenschätzen zur Folge. Eine Folgeerscheinung war die Ausweitung der Neugründung von Industriebezirken, sodaß eine Annäherung des wirtschaftlichen Entwicklungsstandards weniger entwickelter Gebiete an bereits gut entwickelte Teile der Republik erreicht werden konnte. Auch der laufende 9. Wirtschaftsplan (1971—1975) versucht den Entwicklungstrend beizubehalten und durch weitere Produktionssteigerungen im Bergbau die Versorgung der Industrie zu gewährleisten (siehe Tabelle 3).

Tabelle 3: Produktion einiger Bergbauprodukte und die Produktionsziele für 1975 [8])

	Produktion 1970	Plan 1975
Steinkohle, Braunkohle	207,1 Mill. t	217,0 Mill. t
Erdöl	13,9 Mill. t	17,5 Mill. t
Erdgas	60,9 Mrd. m^3	62,0 Mrd. m^3
Eisenerz	111,2 Mill. t	130,3 Mill. t
Mangan	5,2 Mill. t	6,8 Mill. t
Dinasquarzit	1,7 Mill. t	2,2 Mill. t
Dolomit (als Zusatzstoff für Schwerind.)	4,1 Mill. t	4,5 Mill. t
Zementmergel	41,0 Mill t	45,0 Mill. t
Kochsalz	5,1 Mill. t	7,2 Mill. t

Literaturverzeichnis

EGOROW, N., KUDELJA, A. u. a.: Mineralnyje resursy (Mineralische Rohstoffreserven). Nauka, Moskau 1972, S. 30—35.
KALTSCHENKO, W., TICHONOW, M. u. a.: Topliwnaja promyschlenost (Die Brennstoffindustrie). Nauka, Moskau 1972, S. 76—86.
PALAMARTSCHUK, M.: Ukrainskaja SSR (Die Ukrainische SSR), Moskau 1970.
SHABAD, Th.: Basic industrial resources of the USSR. New York 1969.
SLOBENKO, I., KIRIZI, A., PETROW, L.: Problemy raswitija mineralno-syrewoi basy shelesorudnoi i topliwnoi promyschlenosti USSSR w dewjatoi pjatiletke (Die Entwicklungsprobleme der mineralischen Rohstoffbasis der Eisen- und Brennstoffindustrie der Ukraine im 9. Jahresplan). Ekon. Sowjet. Ukrainy, H. 8, Moskau 1972, S. 17—24.
Soviet Ukraine (Autorenkollektiv) Hrsg. Academy of Sciences of the Ukrainian Soviet Socialist Republic. Kiew 1969.
TICHONOW, M., POLEWOI, S.: Dalnejscheje raswitie ugolnoi promyschlenosti Ukrainy (Die Weiterentwicklung der Kohlenindustrie in der Ukraine). Ekon. Sowjet. Ukrainy, H. 9, Moskau 1972, S. 54—59.

[8] EGOROW, N., KUDELJA, A. u. a.: Mineralnyje resursy (Mineralische Rohstoffreserven). Nauka, Moskau 1972, S. 30—35.

ASIEN

Probleme der Halbentwicklung am Beispiel Libanons

Herwig Lechleitner, Wien

Unter den Entwicklungsländern zeichnen sich einige dadurch aus, daß sie sich tatsächlich in voller Entwicklung befinden. Man kann sie als *halbentwickelte Länder* von den unentwickelten unterscheiden. Sie haben eine Stufe erreicht, auf der ihnen die Erfahrungen der Industriestaaten bereits Vorbild — oder Warnung — sein können; andererseits bedürfen ihre Fortschritte besonderer Aufmerksamkeit, will man Einsichten in den Entwicklungsprozeß gewinnen und Ratschläge für Länder auf niedrigeren Stufen ableiten. Denn wenn überhaupt Lehren gezogen werden können, dann haben sie, wie A. Hottinger feststellt [1], vom Vergleich der Einzelfälle auszugehen. Es stünde wohl besser um die Entwicklungstheorie, hätten frühzeitig mehr Einzelstudien vorgelegen und wären die vorhandenen stärker beachtet worden.

Libanon ist ein solches halbentwickeltes Land, ein Aufbauland im Sinne K. H. Pfeffers [2]. Der Verfasser hat vor kurzem die rasche Entwicklung Libanons unter besonderer Berücksichtigung des wachsenden staatlichen Eingriffes analysiert. Er trachtet nun, seine Ergebnisse einigen theoretischen Konzepten des Entwicklungsganges oder seiner Teilprozesse gegenüberzustellen. Aus der Literatur zu Entwicklungsproblemen konnte nur eine kleine, z. T. zufallsbedingte Auswahl herangezogen werden; als Entschuldigung möge dienen, daß das einschlägige Schrifttum die geistige Kapazität des Einzelnen längst bei weitem übersteigt.

1. Stand und Tendenzen der Entwicklung in Libanon

a. Wirtschaftsentwicklung

Daß Libanon auf dem Entwicklungswege bereits eine beträchtliche Strecke zurückgelegt hat, erscheint jedem Besucher des Landes glaublich; diesen Fortschritt in international vergleichbare Angaben zu fassen, stößt indessen auf große Schwierigkeiten. Nach den Daten für 1955, die H. Bobek in Fortsetzung der Arbeiten amerikanischer Geographen [3] für die Reihung der Länder nach ihrem Entwicklungsstand verwendete, befand sich Libanon, das damals schon mehrere Jahre raschen Wirtschaftswachstum hinter sich hatte, mit Rangziffer 47 bereits nahe der Grenze zur Halbentwicklung, die mit Rangziffer 45 angenommen wurde [4]. Später erschien das Land auf J. Tinbergens Darstellung im Mittelfeld unweit Griechenlands [5]. Auch die in den UN-Statistiken enthaltenen Länderlisten des Nationaleinkommens pro Einwohner zeigen Libanon stets an der Spitze der arabischen Länder, von den Ölscheichtümern abgesehen. Allerdings sind diese „groben und unzuverlässigen Aussagen zum

---

[1] 1967, S. 12.
[2] 1967, S. 23.
[3] N. Ginsburg 1961, B. J. L. Berry 1961.
[4] H. Bobek 1962, S. 7 und Tab. 2.
[5] 1967, S. 29, Abb. 11. Tinbergen setzte das Pro-Kopf-Einkommen in Beziehung zur Industrieproduktion pro Einwohner.

Pro-Kopf-Einkommen" mit vollem Recht kritisiert worden [6]. Da in Libanon aus konfessionspolitischen Gründen keine Volkszählungen stattfinden, sind derartige Angaben mit doppelten Schätzfehlern belastet [7].

Es muß überhaupt davor gewarnt werden, dem ziemlich reichhaltigen Zahlenangebot der libanesischen Statistik einen ähnlichen Wert wie den Statistiken eines Industrielandes beimessen zu wollen. Den Erhebungsgrundlagen nach kann das Zahlenmaterial in den meisten Fällen nur dazu dienen, Größenordnungen und Richtwerte festzulegen. Die Jahresberichte der libanesischen Zentralbank (Banque du Liban) beklagen immer wieder das Fehlen oder verspätete Erscheinen wichtiger Statistiken, fordern zur Vorsicht gegenüber der Volkseinkommensrechnung auf und stützen sich teilweise auf Schätzungen „von privater Seite". Man würde der libanesischen Statistik ein stärkeres Maß an Selbstkritik wünschen: Erhebungsmängel sollten nicht verschwiegen, die Ermittlungsverfahren und die Fehlerbreiten bekanntgegeben werden. Die Art der Darbietung des Materials in unkommentierten Tabellen täuscht eine Präzision vor, die nicht vorhanden sein kann. Bei Anfragen ist zu beachten, daß der Zwang, das Gesicht zu wahren und dem ausländischen „Gast" gefällig zu sein, den zuständigen Funktionär dazu bringen kann, Zahlen zu nennen, die nicht einmal mehr als „informed guesses" zu bezeichnen sind. Auch für Libanon gilt, daß vorhandene Statistiken nicht immer ausgewertet werden und daß von Stichprobenerhebungen zuwenig Gebrauch gemacht wird [8].

Im Gegensatz zum Versuch einer Quantifizierung fällt es relativ leicht, Libanons Entwicklungsstand durch Abheben von den allgemein anerkannten Merkmalen unterentwickelter Länder verbal zu charakterisieren. So kann nach den von K. HESSE aufgestellten Kriterien das Land nicht mehr als unterentwickelt bezeichnet werden, da der weitaus überwiegende Teil der Bevölkerung Allgemeinbildung besitzt, ein starker Prozentsatz der wirtschaftlich Tätigen fachlich ausgebildet ist, die Naturreichtümer — in Libanon vor allem die Wasservorräte und -kräfte — aus eigener Kraft erschlossen werden können, die Infrastruktur den wirtschaftlichen Erfordernissen auf absehbare Zeit genügt und die Kapitalausstattung den weiteren Aufstieg auf staatlicher und privater Ebene erlaubt [9]. Auch die von A. KOLB [10] angeführten Hemmungsfaktoren der Industrialisierung lassen sich in Libanon nur mehr in Resten feststellen.

Der für Entwicklungsländer bezeichnende *wirtschaftliche Dualismus* [11] zeigt sich auch in Libanon. Der moderne, kapitalistische Bereich verwendet die Hilfe der Technik und ist arbeitsteilig organisiert, bietet aber nur eine beschränkte Zahl von Arbeitsplätzen. Die Sozialgesetze, die Gewerkschaften und das Beispiel der zahlreichen im Lande tätigen ausländischen Unternehmungen bewirken eine Verteuerung der Arbeitskräfte, während Kredite relativ billig vom Bankwesen bezogen werden können. Der prämoderne, vorkapitalistische Bereich, der meist in Familien und Sippen organisiert ist, verfügt über zahlreiche, aber unterbeschäftigte Arbeitskräfte, die niedere Löhne erhalten, da

---

[6] Das Zitat stammt von K. H. PFEFFER 1967, S. 80; siehe ferner H. BOBEK 1962, S. 6 und L. SCHEIDL 1963, S. 15.
[7] Für 1970 reichen die Schätzungen der Einwohnerzahl von 2,13 Mill. bis zu 2,61 Mill. Menschen; siehe A. BOURGEY und J. PHARÈS 1973, S. 107 ff.
[8] B. KNALL trifft diese Feststellungen für Entwicklungsländer am allgemeinen (1967, S. 17).
[9] Siehe K. HESSE 1969, S. 61.
[10] 1958, S. 299.
[11] Die folgende Charakteristik stützt sich auf die Studie von R. JOCHIMSEN 1965 [1968], insbesondere S. 72 ff. Bei diesem und ähnlichen Zitaten bedeutet die in eckigen Klammern stehende Jahreszahl das Jahr des Wiederabdrucks; auf ihn bezieht sich stets die Seitenangabe.

die Sozialgesetze nicht beachtet werden und Gewerkschaften in diesem Bereich nicht tätig sind. Geld können die traditionell Wirtschaftenden meist nur zu Wucherzinsen leihen.

In Libanon ist der moderne Wirtschaftsbereich bereits zum dominierenden geworden, wenngleich es kaum möglich erscheint, ihn scharf vom traditionellen abzugrenzen und seinen Anteil am Wirtschaftsleben zu quantifizieren. Energiewirtschaft, Industrie, Bankwesen und Fremdenverkehrswirtschaft gehören — hier wie anderswo — zwangsläufig dem fortschrittlichen Bereich an; Landwirtschaft, Handwerk und Handel haben an beiden Bereichen Anteil. Manche Zweige der Landwirtschaft, wie Obstbau oder Geflügelzucht, sind durchaus dem kapitalistischen Bereich zuzurechnen, und manche Regionen, wie die mittlere Béqaa, werden von der modernen Agrarwirtschaft geprägt. Im Einzelhandel stehen die zahlreichen winzigen Läden ohne klar erkennbares Verkaufsprogramm und die stark frequentierten Basare im schroffen Gegensatz zu den europäisch aufgemachten Geschäften in den modernen Stadtvierteln. Im Großhandel haben vor relativ kurzer Zeit moderne Bürotechniken und -praktiken den „levantinischen" Handelsvermittler in den Hintergrund treten lassen.

Daß Förderungsmaßnahmen ganz überwiegend dem modernen Bereich der Wirtschaft zugute kommen, mag als soziale Härte erscheinen, doch ist es sicher nötig, die beschränkten Mittel zusammenzuhalten und dort einzusetzen, wo eine Aufwärtsbewegung bereits erkennbar ist. In welchen Sektor des modernen Wirtschaftsbereiches soll aber das — oft geforderte — *Schwergewicht der Förderungsmaßnahmen* gelegt werden? Gegen eine generelle Bevorzugung der Industrie vor der Landwirtschaft haben sich frühzeitig gewichtige Stimmen erhoben [12]; man verlangte vor dem oder zugleich mit dem Industrieaufbau eine Mobilisierung des Agrarsektors. Die jüngste Entwicklung in Libanon läßt die beiden Stufen erkennen, die H. Körner [13] unterschieden hat: Eine „fundamentale Modernisierung" der Landwirtschaft hat in weiten Teilen des Landes die Produktivität erhöht, den Agrarsektor an den Markt angeschlossen und durch Steigerung seiner Kaufkraft selbst zum Markt gemacht; nun können Arbeitskräfte in andere Sektoren abwandern.

Die libanesische Wirtschaft weist ein starkes *Übergewicht des tertiären Sektors* auf, der mehr als zwei Drittel des Bruttoinlandsproduktes erstellt. Das würde der von J. Tinbergen [14] für kleine Länder geforderten Spezialisierung entsprechen, und es wäre naheliegend, hierher auch weiterhin das Schwergewicht der Förderungsmaßnahmen zu legen, wenn nur einigermaßen Aussicht bestünde, daß dieser Sektor die mit Bevölkerungsvermehrung und Landflucht zuwachsenden Arbeitskräfte aufnehmen könnte [15]. Das ist jedoch nicht der Fall; der Handel allein, der ein knappes Drittel zum Bruttoinlandsprodukt beisteuert, beschäftigt nur ein Fünftel der nicht-landwirtschaftlichen Berufstätigen, die Industrie dagegen, auf die ein Zehntel des Bruttoinlandsproduktes entfällt, bietet fast vier Zehntel der nicht-landwirtschaftlichen Arbeitsplätze. Während der Fremdenverkehr in politisch ruhigen Zeiten zunimmt, dazwischen aber Rückschläge erleidet, deuten andere Tendenzen — z. B. der Aufbau des Bank-

---

[12] Siehe u. a. A. KOLB 1961, S. 24, S. 37, L. SCHEIDL 1963, S. 39, J. v. SPINDLER 1963, S. 206 ff.
[13] 1966 [1968], S. 264 ff.
[14] 1964 [1968], S. 418.
[15] Die Wachstumsrate kann mit mindestens 2,6% angenommen werden. Etwa 30.000 neue Arbeitsplätze pro Jahr wären nötig, um die ins Berufsleben tretenden Jahrgänge aufzufangen und zugleich die Arbeitslosigkeit innerhalb eines Jahrzehnts abzubauen.

wesens in den Erdölstaaten — auf eine relative Abnahme von Libanons Bedeutung als Dienstleistungsland. Daher wird sich in Libanon, das seiner Wirtwirtschaftsstruktur nach dem bekannten Zukunftsmodell FOURASTIÉS gleicht, eine *nachholende Industrialisierung* vollziehen müssen. „Nachholend" kann dabei in doppeltem Sinn verstanden werden: einerseits werden die Technologie und die Sozialgesetze der entwickelten Länder nachgeholt [16], andererseits wird sich die Industrialisierung zeitlich nach dem Aufblühen der tertiären Wirtschaft vollziehen. Das Schwergewicht bei der Industrieförderung darf keine Vernachlässigung der Dienste (im weiteren Sinne) bedeuten. Schon im Interesse des künftigen Industrieexports muß getrachtet werden, möglichst viel von Libanons Stellung als Handels-, Banken- und Fremdenverkehrsland möglichst lange Zeit zu halten. Die Aufwendungen für den Verkehr, die den größten Teil der staatlichen Investitionen ausmachen, kommen ohnedies allen Wirtschaftssektoren zugute.

Die Entwicklung der Industrie hat bisher etwa den Gang genommen, den A. KOLB [17] als typischen Ablauf des Industrieaufbaues in Entwicklungsländern herausgearbeitet; sie vollzog sich konsumnahe und — von der Tabakwarenerzeugung abgesehen — rein privatwirtschaftlich [18]. Von den drei Phasen der Industrialisierung, die H. HESSE unterscheidet [19], ist Libanon über jene der Konsumgüter- und Massenartikelerzeugung hinaus in die zweite, jene der Herausstellung einfacher Investitionsgüter, vorgedrungen. Das entspricht auch dem von L. SCHEIDL [20] vertretenen Gedanken, daß bei der Arbeitsteilung zwischen Industrie- und Entwicklungsländern diesen die Spezialfertigungen verbleiben sollten, während jene einfachere Fertigungen aufbauen sollten.

Für ein weiteres rasches Wachstum der Industrie, das wegen des Bevölkerungsdruckes so dringend notwendig erscheint, sind Verkehrsnetz und Energieversorgung in weiten Teilen des Landes ausreichend ausgebaut. Das Kapital, dessen Knappheit in Entwicklungsländern zumeist dem „big push" entgegensteht, ist im Bankenzentrum Beirut reichlich vorhanden und wird mit zunehmenden industriellen Erfolgen und möglicherweise abnehmenden Erträgen im Handel und in anderen Dienstleistungen auch der Industrieentwicklung zur Verfügung stehen. Vorläufig mangelt es noch an „technischer Mentalität" in allen Bevölkerungsschichten; ein großer Teil der Unternehmer erwartet rasche und hohe Gewinne, die im Handel eher zu erzielen sind; das Ausbildungssystem für Lehrlinge — dessen Fehlen B. F. HOSELITZ als eines der Hauptprobleme der unterentwickelten Länder erkannte [21] — läßt noch zu wünschen übrig, die Zahl der Fachingenieure, Werkmeister, Vorarbeiter und überhaupt der fachlich Ausgebildeten ist noch immer gering.

Manche Autoren betonen die Notwendigkeit, alle jungen Produktionen eines Entwicklungslandes durch entsprechende Maßnahmen gegen ausländische Konkurrenz zu schützen [22]. Wird dieser Schutz für den einheimischen Unternehmer jedoch übertrieben, so wächst die Gefahr, daß Monopole und Quasi-Monopole entstehen, die Unternehmergewinne fast risikofrei werden und die Bevölkerung

---

[16] Siehe dazu W. HOFMANN 1961 [1966], S. 293 ff.
[17] 1957, S. 301.
[18] W. HOFMANN bezeichnet einen solchen Vorgang als „Kattunindustrialisierung"; 1961 [1966], S. 303.
[19] H. HESSE 1964, zitiert von F. BUTTLER 1969, S. 112; die dritte Phase ist jene der interindustriellen Abhängigkeit.
[20] L. SCHEIDL 1963, S. 46 ff.
[21] 1953 [1969], S. 17.
[22] Siehe u. a. E. SALIN 1959 [1968], S. 32, und J. v. SPINDLER 1963, S. 216.

über die wahre Rolle des Unternehmers irregeführt wird [23]. In Libanon kommt noch hinzu, daß die Interessen des entwickelten tertiären Sektors mit jenen des sekundären im Streit liegen. Während die Kaufleute unter Berufung auf die liberalen Traditionen des Landes die völlige Freigabe der Importe anstreben, rufen die Produzenten bei jeder Konkurrenzierung durch ausländische Erzeugnisse nach Einfuhrkontingenten und erhöhten Importzöllen. Die Schichte der Großkaufleute wird ihren Widerstand gegen die Förderung der Industrialisierung aufgeben, wenn eine neue Generation junger Unternehmer aus dem Kaufmannstand auch in der Industrie Fuß gefaßt hat.

Das von den Fabrikanten seit langem geforderte Industrieministerium wurde kürzlich realisiert; wie sich seine Zusammenarbeit mit dem Wirtschaftsministerium gestalten wird, bleibt abzuwarten. Die Palette der möglichen Maßnahmen zur Industrieförderung reicht von der Aufrechterhaltung stabiler Verhältnisse — u. a. im Postdienst — bis zur Ansiedlung von Betrieben in Industriezonen und eventuell industriellen Zollfreizonen. Die Schaffung von Industriehöfen hält J. v. SPINDLER wegen der besseren Versorgung und Instandhaltung der Betriebe für einen wesentlichen Anreiz zur Industrialisierung, sofern es gelingt, die Slumbildung durch das Einsickern von Obdachlosen, Händlern, Garküchen usw. zu verhindern [24]. Günstig erscheint die Möglichkeit, die Standorte von Industriehöfen in besonders geeigneten und förderungswürdigen Räumen zu wählen. In Libanon wird das Küstenland aus Verkehrsgründen für die Industrieansiedlung bevorzugt bleiben. Daß Industriebetriebe ihre Standorte den Arbeitskraftreserven gemäß wählen, kann noch kaum erwartet werden; Küstenstandorte haben ohnedies die Siedlungen der Westabdachung als Hinterland und somit entsprechend weite Einzugsgebiete. Der Lenkungsversuch, der durch die Einräumung größerer Steuervorteile für Neugründungen außerhalb der Küstenzone bereits gemacht wurde, könnte noch durch eine Staffelung des Elektrizitätstarifes unterstützt werden.

Welche Industriezweige könen in Libanon als besonders förderungswürdig und entwicklungsfähig angesehen werden? SPINDLERS Meinung, daß sich die künftigen Marktchancen der Produktion aus der Einfuhrstatistik ablesen lassen [25], trifft für ein kleines Land wie Libanon nur bedingt zu; es werden stets von vornherein auch die Ausfuhrmöglichkeiten ins Auge gefaßt werden müssen. Zweigbetriebe von internationalen Unternehmungen werden, da sie ohnedies nur nach ausführlichen Studien errichtet werden, für das Gastland ziemlich risikolos sein; sie eröffnen aber eine neue Problematik, die u. a. die Fragen der Eigentumsgarantie und der Arbeitserlaubnisse für Ausländer umfaßt. Gesamtwirtschaftlich besonders erwünscht erscheint die Weiterverarbeitung von Agrarprodukten, inländischen Rohstoffen und Produkten der beiden libanesischen Erdölraffinerien. Es handelt sich im speziellen um Obstverwertungen (Konserven-, Marmeladen-, Safterzeugung), Leder- und Seifenfabriken, Zement- und Zementwarenwerke, keramische Erzeugungen, Steinschleifereien und petrochemische Betriebe. Der Aufbau von Produktionsketten hat bereits begonnen, und auch Anschluß-Erzeugungen, die etwa Verpackungen und Flaschen herstellen arbeiten bereits. Die Meinung, Entwicklungsländer kämen um den Aufbau einer eigenen Groß- und Grundindustrie nicht herum [26], trifft für Libanon

[23] Siehe G. EISERMANN 1964 [1968] S. 85 ff.; der Autor mißtraut dem „Instrumentarium des wirtschaftspolitischen Protektionismus" besonders wegen seiner Rückwirkungen auf den „Produktionsfaktor Mensch".
[24] J. v. SPINDLER 1963, S. 220 ff.
[25] S. 207 ff.
[26] W. HOFMANN 1961 [1966], S. 304.

wohl nicht zu. Die starke Bautätigkeit der frühen Sechzigerjahre hat nicht nur die Zement- und Steinindustrie gefördert, sondern auch Erzeugungen von Baustahl, Aluminiumteilen, Farben, Sanitätskeramik u. ä. ins Leben gerufen. Nach jahrelanger Stagnation auf dem Bausektor ist 1972 wieder eine Belebung eingetreten, welche die Absatzchancen für einschlägige Produkte verbessert hat.

Die Industrieentwicklung in Libanon ermöglicht es schon heute, eine günstige Prognose für die nahe Zukunft zu stellen. Der Aufbau einer stark exportorientierten Industrie wird, wenn sich die Lage in den arabischen Erdölstaaten nicht plötzlich verschlechtert, zügig vorankommen. Zusammen mit der guten Verkehrslage des Landes bildet das große Angebot an Arbeitskräften die Hauptvoraussetzung dafür. Allerdings ist, worauf auch SPINDLER verweist [27], ein langsames Weiterdrehen der Lohn-Preis-Schraube unvermeidlich, denn ohne Lohnerhöhungen bestünde kein Anreiz zu höherer Produktivität und und könnte sich der Inlandsmarkt nicht ausweiten.

Der prozentuelle Beitrag der libanesischen *Agrarwirtschaft* zum Sozialprodukt nimmt, wie zu erwarten war, laufend ab [28], und die Landbevölkerung ist sich ihrer einkommensmäßigen Benachteiligung bewußt geworden. Die notwendige „Gesundschrumpfung" wird dadurch zum schwierigen Problem, daß in manchen Dörfern nur Greise, Frauen und Kinder zur Landarbeit zurückgeblieben sind. In vielen Gegenden Libanons ist zu beobachten, daß Kulturland seit langem brach liegt und augenscheinlich bereits aufgegeben wurde. Verfallende Terrassen erhöhen die Gefahr der Bodenerosion. In einem Land, dessen landwirtschaftlich genutzte Fläche nur etwa 38% des Staatsgebietes umfaßt und dessen Bevölkerung rasch zunimmt, kann einer Beschränkung der Nutzung auf die besten Lagen und Böden (Küstenebenen, mittlere Béqaa) nicht das Wort geredet werden. Ehemaliges Kulturland, für das keine landwirtschaftlich tragbare Nutzungsform mehr gefunden werden kann, wäre aufzuforsten.

Mehrere Organisationen bemühen sich, den Bauern zu höheren Einkommen zu verhelfen und damit die Abwanderung zu bremsen. So wurde das landwirtschaftliche Schulwesen verbessert und vergrößert; der Grüne Plan schafft durch Terrassenverbreiterungen die Grundlage für die Mechanisierung in Hanglagen, das Office de la Soie sucht die traditionsreiche Seidenraupenzucht, das Office du Développement Social das dörfliche Kunstgewerbe zu beleben.

Im Gegensatz zu den Verhältnissen in anderen orientalischen Ländern ist die Mehrzahl der libanesischen Bauern Eigentümer ihrer Parzellen, doch bewirtschaften neun Zehntel der Grundeigentümer nur drei Zehntel der landwirtschaftlichen Nutzfläche und leiden damit unter dem „Übel des Minifundiums" [29]. Zur Kommassierung wird wenig unternommen; in den muslimischen Landesteilen wäre die weitere Besitzteilung nur durch eine Änderung des Erbrechtes aufzuhalten [30]. Zur Stärkung der Stellung der Pächter und Teilpächter ist nichts geschehen. Man erhält den Eindruck, als seien alle Maßnahmen, die auch nur entfernt an eine Bodenreform erinnern, in Libanon derzeit undurchführbar. Da der starke Zustrom ausländischen Kapitals die

---

[27] 1963, S. 130 ff.
[28] Der Beitrag von Landwirtschaft und Fischerei zum Bruttoinlandsprodukt wird in der libanesischen Statistik mit 9,2% für 1970 angegeben, gegen 11,6% für 1965. Die der Landwirtschaft zugehörige Bevölkerung kann nur ganz grob auf die Hälfte bis ein Drittel der Einwohner geschätzt werden.
[29] K. H. PFEFFER 1967, S. 38.
[30] Auf diese Folge des muslimischen Rechtes verweist J. v. SPINDLER 1963, S. 124.

Bodenpreise in die Höhe getrieben hat, erscheint auch eine Besitzaufstockung mit Hilfe von Krediten nicht möglich.

Das wichtigste Verfahren zur Ertragssteigerung pro Flächeneinheit wird künftig die für weite Gebiete geplante Bewässerung darstellen, vor allem jene des großen Litani-Projektes in Südlibanon. Die lokalen Notabeln, besonders jene im schiitischen Süden, drängen stets darauf, daß möglichst viel Land — und damit ein möglichst großer Teil ihrer Anhängerschaft — in die Vorhaben einbezogen wird. Wasser zur Berieselung a l l e r geeigneten Flächen ist jedoch auch im „Wasserschloß der Levante" nicht vorhanden. Im Kampf der Interessen und zur Zuteilung und gegebenenfalls Änderung von Quoten muß das Ministerium für Wasser- und Elektrizitätswirtschaft als oberste Wasserbehörde fungieren und auch der herrschenden Anarchie bei der Nutzung des Grundwassers in den Küstenebenen und in der Béqaa ein Ende setzen. Die Errichtung vieler kleiner Speicher wäre aufwendigen Großprojekten vorzuziehen, doch sollte die Einigung mit Syrien über die Nutzung des Orontes weiter angestrebt werden.

Im Ackerbau liegen die Chancen Libanons in der Saatzucht, z. B. von Kartoffeln oder Mexipak-Weizen [31]. Die Produktion von Rübenzucker wird durch die bodenverbessernde Wirkung der Rübe und ihre Verwendbarkeit als Futter für Großvieh gerechtfertigt. Der staatlich kontrollierte Tabakanbau wurde bereits weit über den inländischen Bedarf hinaus ausgedehnt, was einer indirekten Hilfe für den schiitischen Süden des Landes gleichkommt. Der Versuch, die — gleichfalls schiitischen — Bauern im Nordosten durch die Förderung von Ersatzkulturen (z. B. Sonnenblumen) vom Anbau von Hanf zur Haschischerzeugung abzuhalten, muß vorläufig als gescheitert betrachtet werden. Im Gemüsebau der Küstenzone beginnen sich Glashäuser und Plastikzelte durchzusetzen, die eine starke Ertragsteigerung ermöglichen.

Der libanesische Obstbau, besonders die Apfelkultur, stößt in allen guten und selbst in manchen durchschnittlichen Erntejahren auf Absatzschwierigkeiten, die bisher durch die Tätigkeit des staatlichen Obstamtes (Office Fruitier) nicht behoben werden konnten; es fehlte an Marktforschung und an Absatzförderung. Zu dieser bietet sich eine Reihe von Maßnahmen an, wie die Aufnahme von Obstkontingenten in die Handelsverträge, die Errichtung von Kühlhäusern in afrikanischen und asiatischen Häfen oder der Aufbau einer Verwertungs- und Konservierungsindustrie. Spezialstudien müßten klären, wieweit durch eine Steigerung der Ernte eine Verbilligung und damit der Einbruch in neue, vielleicht sogar europäische Märkte möglich wäre. Die Aufsplitterung der Kompetenzen zwischen Landwirtschaftsministerium, Office Fruitier und Grünem Plan wirkt sich ungünstig aus; so ist z. B. zu befürchten, daß die energisch vorangetriebenen Terrassierungen des Grünen Planes die Obstkultur ausweiten werden, bevor die Marktlage geklärt ist.

In der Milchwirtschaft hat die Einfuhr von Milchpulver als Basismaterial für die Molkereien die bescheidene Zahl der Kühe weiter verringert. Aussichtsreicher erscheint die Förderung der Schafhaltung mit dem Ziel, die im Lande beliebten Käsesorten herzustellen. Die gleichzeitige Verringerung der Zahl der Ziegen ist schon zur Erhaltung und Wiederherstellung der Pflanzendecke unumgänglich. Die Hühnerzucht ist zu einer Art landwirtschaftlicher Industrie herangewachsen, die mehr als die Hälfte des Wertes der tierischen

---

[31] Durch die Einführung dieser für Mexiko und Pakistan entwickelten Sorte sind die Weizenerträge in Libanon bereits beträchtlich gestiegen.

Produktion beisteuert. Ihr Aufstieg ist im wesentlichen gut funktionierenden Genossenschaften zu danken.

Verglichen mit Israel, erscheinen die bisherigen Erfolge der Wiederbewaldung recht gering. Die libanesischen Forstmänner und die sie unterstützenden Experten kämpfen gegen das Unverständnis in nahezu allen Bevölkerungsschichten; sie dürfen nicht müde werden, auf die enorme Bedeutung des Waldes für Bodenbildung und Wasserhaushalt und auf die günstigen Auswirkungen der Wiederbewaldung auf den Fremdenverkehr hinzuweisen. Wenn es nicht möglich ist, die Mittel für ein großzügiges Aufforstungsprogramm zu bekommen, könnten die Schulen, die Jugendverbände und selbst die Armee zur Mithilfe aufgerufen werden.

b. Entwicklungsplanung

Libanons offizielle Wirtschaftspolitik bekennt sich zum „klassischen" Liberalismus, der in Reden und Aufsätzen gepriesen wird. Andererseits ist eine starke Verbreitung interventionistischer Maßnahmen festzustellen, und es erheben sich die Fragen nach deren Berechtigung sowie nach Art und Grenzen des staatlichen Eingriffes. A. J. Meyer hat das Problem in anderer Form so formuliert: Kommt im Entwicklungsprozeß der Unternehmer zuerst, oder bereiten ihm Staatsinvestitionen und -regulierungen das Feld [32]?

Die Meinungen, welche die *Bedeutung des Unternehmers* betonen und zumeist auf J. Schumpeter fußen [33], schildern den Unternehmer als „sozialen Abweichler", der mit der bestehenden Ordnung bricht und gerade durch diese Zerstörung schöpferisch wirkt. Er ist vielfach Ausländer oder entstammt den „kulturellen Randexistenzen" eines Landes [34]. Die schöpferische Rolle des Unternehmers müsse erhalten bleiben, ein Versuch des Staates, sie zu übernehmen, würde alle spontanen Anpassungsprozesse ersticken [35]. Ein wirtschaftspolitischer Schutz des Unternehmers sei verfehlt, denn Unternehmer könnten nicht gezüchtet werden, vielmehr würden die Unternehmer-Eigenschaften dadurch unterdrückt. Planwirtschaftliche Maßnahmen seien, selbst wenn sie als vorübergehende eingeführt wurden, kaum wieder zu beseitigen, Teilplanungen hätten Ausweitungstendenzen gezeigt, die Anwendung von Mischsystemen könne die grundsätzliche Entscheidung zwischen Planwirtschaft und Marktwirtschaft zwar hinausschieben, aber nicht aufheben [36]. Dem steht diametral die Meinung anderer gegenüber, daß Wirtschaftsentwicklung durch den Laisserfaire-Liberalismus nicht erreicht werden könne und Entwicklungsplanung eine conditio sine qua non sei [37].

Libanons Entwicklung seit dem Zweiten Weltkrieg bestätigt jedoch keine der beiden Lehrmeinungen. Sie zerfällt in *zwei Stadien:* Im ersten, das man treffend als „liberale Explosion" bezeichnet hat [38], wurde der staatliche Eingriff klein gehalten, fehlte aber nicht. Die „goldenen Tage" des Unternehmertums wurden vielmehr durch bedeutende staatliche Investitionen im Verkehrswesen und durch staatliche Regulierungen im Geldwesen kräftig gefördert. Die Wirt-

---

[32] 1959, S. 32 ff. MEYER war durch seine langjährige Lehrtätigkeit in Beirut ein guter Kenner der libanesischen Verhältnisse.

[33] Siehe auch B. F. HOSELITZ 1955 [1969], S. 34 ff.

[34] In Libanon finden sich unter den industriellen Unternehmern zahlreiche Armenier, doch auch griechische u. a. nicht-arabische Namen treten auf; andererseits stammen die Großkaufleute und Bankiers vielfach aus den bodenständigen, auch politisch tonangebenden christlichen Familien. Siehe dazu H. LECHLEITNER 1972 B.

[35] Dazu und zum folgenden G. EISERMANN 1964 [1968], S. 85 ff.

[36] W. NIES 1967, F. MACHLUP 1967.

[37] B. KNALL 1967, S. 13.

[38] G. G. CORM 1964, S. 9.

schaftspolitik begünstigte das Einströmen von Flucht- und Anlagekapital und die Entwicklung des Dienstleistungssektors im weiteren Sinne, was sich im raschen Aufblühen der Hafen-, Handels- und Bankenstadt Beirut widerspiegelte. Das Bevölkerungswachstum und die starke Zuwanderung hielten die Löhne niedrig und bewirkten stabile Preise.

In der Staatskrise von 1958 wurden neben politisch-konfessionellen auch soziale Faktoren sichtbar: Die peripheren, unterentwickelten und vorwiegend muslimischen Landesteile standen in Aufruhr gegen den wirtschaftlich vorgeschrittenen — und hauptsächlich christlichen — Zentralraum. In dem dann folgenden interventionistischen Stadium trachtete eine stärkere Staatsführung die sozialen und regionalen Kontraste zu mildern, ohne das Wirtschaftssystem grundlegend zu ändern, und dem überdimensionierten Tertiärsektor stärkere produzierende Sektoren zur Seite zu stellen. Das Planungsministerium erhielt die dazu weitergehende Befugnisse. Ein französisches Team, die Mission IRFED [39], die unter der Führung des Dominikanerpaters L.-J. Lebret stand, arbeitete die Grundlagen für einen Entwicklungsplan aus. Große Programme infrastruktureller Arbeiten (Straßenbau, Wasserversorgung, Bewässerung, Elektrifizierung) wurden durchgeführt. Die Wirtschaftspolitik, die heute für den modernen Teil der „dual economy" des Landes Geltung hat, stellt *einen der sozialen Marktwirtschaft angenäherten Übergangstyp* dar.

Daß Marktwirtschaft und Planung einander nicht ausschließen, wurde mehrfach — und unseres Erachtens überzeugend — dargelegt. Die Privatwirtschaft löst nicht die gesellschaftlichen Probleme, der Wettbewerb kann entarten, der Marktmechanismus arbeitet nicht immer reibungslos und kann bestimmte makroökonomische Aufgaben nicht lösen; schließlich sind nicht alle Menschengruppen für den Wettbewerb gleich geeignet. Daraus ergeben sich für den Staat struktur-, ordo-, makro- und sozialökonomische Aufgaben [40]. Die Öffentliche Hand muß sich in der Marktwirtschaft überall dort betätigen, wo mangelnde Rentabilität den Unternehmer abschreckt, und muß bei Stillstand oder Rückschlag die Führung übernehmen. Solange der Staat den Unternehmern alles überläßt, was diese mindestens ebensogut leisten können wie er, bedeuten Aufbauprogramme und Planungen noch keine Planwirtschaft [41].

J. v. Spindler nennt als staatliche Aufgaben im Hinblick auf das Wirtschaftswachstum den Aufbau einer Wirtschaftsordnung, die Förderung von Investitionen und Ersparnissen, die Sicherung der Währung, die Bekämpfung der Konjunkturschwankungen, die Sicherung eines ständigen Wirtschaftswachstums bei hohem Beschäftigungsstand und schließlich — zu allgemein formuliert — die Beeinflussung der Bevölkerung in wirtschaftlichen und gesellschaftlichen Fragen [42]. Für den libanesischen Staat ergeben sich — in Anlehnung an die Zielvorstellungen L.-J. Lebrets und R. H. Khourys — folgende *Aufgaben,* die über den wirtschaftlichen Bereich hinausgreifen:

---

[39] Institut International de Recherche et de Formation en vue de Développement, Paris.

[40] H. ARNDT 1966. Vergleiche auch K. MEYER (1970, Spalte 627): „Es zeigt sich hier eindeutig, daß eben mit privatwirtschaftlichen Kalkulationen in Form von Kosten und Gewinnen die gesamtpolitischen Ziele, die meist langfristiger Natur sind ..., nicht erreicht werden können. Nur ein starker Staat, der ... über eine saubere Verwaltung verfügt, wird ... zuweilen auch gegen die Wünsche der breiten Masse und bisher privilegierter Schichten den kumulativen Expansionsprozeß durchhalten".

[41] J. v. SPINDLER 1963, S. 49, S. 233. F. MACHLUP (1967) möchte dagegen die Planung auf das oberste Niveau (Niveau- oder Globalplanung) beschränkt sehen und spricht von der Gefährdung der Marktwirtschaft durch die Branchen- (Struktur-)planung und die Detailplanung.

[42] 1963, S. 179.

(1) Festigung der internationalen Stellung Libanons durch faktische Neutralität bei Aufrechterhaltung guter Beziehungen nach möglichst vielen Seiten, insbesondere auch zu den Vereinten Nationen und ihren Sonderorganisationen; dazu Ausbau der höheren Ausbildungs- und Forschungswesen, verbesserte Verbindungen zu den Auslandslibanesen.

(2) Förderung der arbeitsintensiven Wirtschaftszweige, um die starke Bevölkerungszunahme aufzufangen; dazu Aufbau einer entwicklungsfördernden Verwaltungsstruktur.

(3) Hebung des Lebensstandards der unteren Bevölkerungsschichten, Einbeziehung der Randgebiete in die Entwicklung, dazu Vermehrung der Zahl der Dauerarbeitsplätze, Bremsung des Preisauftriebes, Aufbau regionaler Entwicklungsorganisationen unter Beteiligung der Bevölkerung.

(4) Verminderung des großen Defizits im Außenhandel durch Exportförderung.

Es muß jedoch klargestellt werden, daß es nicht möglich ist, diese Ziele vollständig und gleichzeitig zu verwirklichen, weil die zu ihnen führenden Wege auseinanderlaufen. So erscheint z. B. die Aufrechterhaltung guter Beziehungen zum einzigen arabischen Nachbarstaat und wichtigen Handelspartner Syrien mit faktischer Neutralität und Aufrechterhaltung guter Beziehungen zu „westlichen" Mächten schwer vereinbar. Hinsichtlich der wirtschaftlichen Staatsaufgaben kennt man das „magische Dreieck" — und nach F. MACHLUP auch ein „magisches Sechseck" — der Ziele, die nicht gleichzeitig erreichbar sind: Bei freier Preis- und Lohnbildung wird das Preisniveau sowohl durch beschleunigtes Wirtschaftswachstum und Vollbeschäftigung als auch durch ausländische Preissteigerungen bedroht [43]. Im Bereich der staatlichen Finanzwirtschaft führt die Zunahme der öffentlichen Investitionen zu Budgetdefiziten, die, wenn sie eine von der Regierung abhängige Notenbank durch Kredite deckt, eine inflationäre Wirkung ausüben [44].

In Libanon ist es bisher gelungen, die Entwicklung zu finanzieren, ohne den Geldwert bedeutend zu verschlechtern. Vor 1958 hatten die Regierungen, dem Modell des „Nachtwächterstaates" nachstrebend, Budgetüberschüsse erzielt und gehortet; die so eingesparte halbe Million LL[45] hatten die Ausgaben der Sechzigerjahre ermöglicht. Den starken Kapitalzustrom [46] hat Libanon in der Vergangenheit erstaunlich gut verkraftet; er hat überdies bereits nachgelassen und wird in Zukunft, nicht zuletzt wegen des Ausbaues des Bankwesens in den Erdölscheichtümern, weiter abnehmen. Die Budgetdefizite wurden ab 1962, als sie erstmals auftraten, klein gehalten und zeigten erst in den letzten Jahren die Tendenz zur Ausweitung. Die Kreditgewährung der Banken an die Wirtschaft wurde in jüngster Zeit mehrfach durch Maßnahmen der Zentralbank eingeschränkt. Dennoch hat die *schleichende Inflation,* die zum Grundübel wachsender Marktwirtschaften geworden ist, auch Libanon ergriffen. Da bisher die Politik der libanesischen Regierungen mehr auf die Erhaltung des Geldwertes als auf Steigerung der Staatsausgaben gerichtet war, sind besondere Diskrepanzen der Meinungen zwischen Regierung und Zentralbank noch nicht aufgetreten.

---

[43] F. MACHLUP 1967; siehe auch J. v. SPINDLER 1963, S. 197 ff.
[44] L. KÖLLNER 1963 [1968], S. 299.
[45] LL = Livres Libanaises = Libanesische Pfunde.
[46] Grundsätzlich kann das Geldangebot nach D. HOROWITZ (1965 [1968], S. 304 ff.) durch Budgetdefizite, durch Kreditexpansion und durch Kapitalzustrom erhöht werden, wobei jeder dieser Wege nicht nur zu einer Wachstumssteigerung, sondern auch zu einer Geldwertverschlechterung führen kann.

Eine zusätzliche Frage betrifft die Notwendigkeit einer umfassenden *Wirtschaftsplanung* für Libanon. Könnte nicht mit den herkömmlichen, ad hoc angewandten Mitteln der Wirtschaftspolitik das Auslangen gefunden werden? Die meisten Autoren betonen die Wichtigkeit der Entwicklungsplanung, die K. Hesse als „geistige Infrastruktur" bezeichnet[47], doch ist zu bedenken, daß sie dabei Länder im Auge haben, die viel weniger weit fortgeschritten sind als Libanon. Für ein halbentwickeltes Land treffen eher die Gedanken A. O. Hirschmans[48] zu, wonach die Regierung vor allem die durch vorhergegangene Entwicklung entstandenen Engpässe zu beseitigen habe und die „Mode umfassender Pläne" ziemlich nutzlos sei. Auch A. Waterston[49] sieht einen Teilplan, der den öffentlichen Sektor für 1—3 Jahre erfaßt, für geeigneter an als einen umfassenden längerfristigen Plan, bei dem schon die Ausarbeitung 2—3 Jahre dauert. In Libanon ist auf einen Fünfjahresplan (1965—69) ein Sechsjahresplan (1971—76) gefolgt; beide sind nur Ausgabenvorschauen für die Öffentliche Hand, was nicht zum Vorwurf gemacht werden kann, da das dem Wirtschaftssystem des Landes entspricht. Dagegen sind die Planperioden zweifellos zu lang. Der Vergleich des Fünfjahresplanes mit der tatsächlichen Entwicklung zeigt, daß ein derartiges Vorausdisponieren unter den libanesischen Gegebenheiten kaum möglich ist. Die französische Planifikation, die von zahlreichen gebildeten Libanesen bewundert wird, setzt eine entwickelte Wirtschaft und eine wirksame Staatsverwaltung voraus und kann für Libanon nicht als Vorbild dienen[50].

In vielen Entwicklungsländern haben sich die Planer zuwenig um die Wahl der Mittel und um die Ausführung des Planes gekümmert, sodaß Programme und Projekte Papier geblieben sind[51]. Auch in Libanon mangelt es an der Ausführungskontrolle. Die wünschenswerte Koordination zwischen den Projekten und Programmen fehlte zum Teil von Anfang an, in anderen Fällen ging sie mit dem Fortschreiten verloren, was von der Doppelgeleisigkeit der libanesischen Verwaltung begünstigt wurde. Das gewählte Vollzugsverfahren, das der Informativplanung[52], kann nur dann zielführend sein, wenn von der Planungsstelle ein kräftiger, ständiger Informationsfluß ausgeht und rege Kontakte mit allen beteiligten und interessierten Stellen bestehen. Tatsächlich wurden die gegebenen Informationen — etwa der Fünfjahresplan 1965—1969 — von den Zweigen der Verwaltung sehr wenig und von der Privatwirtschaft fast nicht beachtet; der Plan erhielt auf diese Weise auch nicht das für seine modifizierte Weiterführung notwendige Echo. Ein künftiger Plan wird nur dann von der Privatwirtschaft zur Kenntnis genommen werden, wenn sie sich überzeugt hat, daß die Ansätze im wesentlichen befolgt werden. Die bereits getroffenen Förderungsmaßnahmen für die Industrieansiedlung außerhalb der Ballungsgebiete deuten darauf, daß für die Zukunft ein Übergang zur anreizbietenden Planung zu erwarten ist.

Wenn also die Methode der Planung der öffentlichen Investitionen als ein im wesentlichen geeignetes Mittel der libanesischen Entwicklungspolitik anerkannt wurde, so ist ferner zu klären, ob die Entwicklung weiterhin aus-

---

[47] K. HESSE 1965, S. 13.
[48] 1967, S. 189 ff.
[49] 1965 [1968], S. 237. Siehe auch A. KONRAD (1967, S. 57), der jährliche Entwicklungspläne als Bindeglieder zwischen mehrjährigen Plänen und Budget vorschlägt; ähnlich P.-P. SCHWEITZER 1970.
[50] Siehe auch A. WATERSTON 1965 [1968], S. 228.
[51] KONRAD, S. 56; WATERSTON, S. 232 ff.
[52] F. MACHLUP (1967) unterscheidet an Stelle des Begriffes Indikativplanung, den er für unzulänglich erklärt, die informierende, appellierende und anreizbietende Planung.

schließlich zentral und sektoriell gesteuert werden soll oder ob eine stärkere *Regionalisierung* der Maßnahmen erwünscht ist. Eine solche, getragen von einer personalstarken und weit aufgefächerten Organisation, war von der Mission IRFED vorgeschlagen, aber im Regionaldienst des Planministeriums nur in reduzierter und verwässerter Form durchgeführt worden. Die Kleinheit des Landes schien eine solche Organisation überflüssig zu machen [53], lassen sich doch Lokalausgenscheine, Erhebungen und Rücksprachen fast immer in Tagesfahrten von Beirut aus erledigen. Für eine zentrale, sektoriell gegliederte Entwicklungspolitik spricht ferner die straff zentralistische Staatsverwaltung, die den Gemeinden — soweit sie überhaupt bestehen — wenig, den Bezirken fast keine und den Provinzen sehr wenig Autonomie beläßt.

Dieses Nachgeben gegenüber der bestehenden administrativen Struktur wirkt aber einer „Planung von unten her" [54] entgegen. Von den zahlreichen „grünen Tischen" der Beiruter Büros aus sind die Probleme der unterentwickelten Randgebiete Libanons nur unscharf oder verzerrt zu erkennen. Es fehlt eine dezentralisierte Organisation, welche die unerläßlichen Informationen liefern und zugleich die zentralen Entscheidungen der Bevölkerung gegenüber vertreten könnte [55].

Eine scharfe Kritik der „imitativ-zentralistischen Entwicklungsschematik" hat R. F. BEHRENDT geliefert. Die „Verabfolgung exogener Entwicklungsrezepte von oben nach unten" müsse versagen, da sie einen Nationalstaat voraussetzt; auch fehlten dazu die statistischen Daten. Dennoch würden von extrem bürokratisierten Behörden, die in weiter sozialer Distanz von der Bevölkerung arbeiten, ehrgeizige, einseitig wirtschaftlich ausgerichtete Pläne erstellt, die dann größtenteil Theorie bleiben. BEHRENDT verlangt statt dessen eine „originärdezentralisierte Entwicklungsstrategie"; „Praktiker der untersten Ebene" sollten eigene Methoden ausarbeiten, Genossenschaften und Freiwillige die Träger der lokalen Projekte sein [56].

Auch die am südamerikanischen Beispiel entwickelten Vorstellungen von J. FRIEDMANN können hier herangezogen werden. Sie besagen, daß für ein Land im Übergang zur Industrialisierung der Regionalpolitik kritische Bedeutung zukomme. Die Regionalpolitik habe das Übergewicht der Fortschrittsregion oder -regionen zu mildern, sobald sich dort ein annähernd selbsttragender Wachstumsprozeß herausgebildet habe [57].

Werden diese Gedanken auf das libanesische Beispiel angewendet, so ergibt sich, daß lediglich die in bestimmten Dörfern stationierten Sozialarbeiter des Office du Développement Social (ODS) und ihre mit Hilfe von Ortsbewohnern durchgeführten kleinen Projekte den Vorstellungen einer „realistischen Planung auf der Grundstufe" unter „Weckung von Selbstverantwortung und Selbstinteresse" [58] entsprechen. Es erscheint bedauerlich, daß zwischen dieser Organisation, dem Regionaldienst des Planministeriums und den „Vulgarisateurs" des Landwirtschaftsministeriums kein engerer Kontakt besteht. Die „Entwicklungsknoten" des ODS leisten zugleich Aufbauarbeit für die Bildung von Gemeinden, so wie andererseits die Gemeinden dort, wo sie bereits konstituiert

[53] Auch K. HESSE (1965, S. 83) vertritt die Ansicht, ein kleines Land benötige eine Globalplanung, die keine Aufteilung in Regionalplanungen zulasse.
[54] C. TROLL 1960 [1966], S. 10; siehe auch H. KÖRNER 1966 [1968], S. 2886.
[55] Eine solche Organisation verlangen K. W. KAPP (1960 [1968], S. 201) und B. KNALL (1967, S. 17) im allgemeinen.
[56] 1965 [1968], S. 108 ff.
[57] Siehe die Darstellung der Gedanken FRIEDMANNs bei W. STÖHR (1967, S. 382) und F. BUTTLER (1969, S. 121).
[58] H. KÖRNER 1966 [1968], S. 268 ff.

wurden und auch funktionieren, das nahezu einzige Gegengewicht gegen den Zentralismus darstellen und daher in ihrer noch bescheidenen Autonomie unbedingt gestärkt werden sollten.

Die Mission IRFED hatte vorgeschlagen, jeden der 24 Bezirke des Landes mit einer Planungsgruppe (Equipe polyvalente) auszustatten, was von den Kritikern unter Hinweis auf die Kleinheit der Bezirke als unnötige Aufblähung des Apparates bezeichnet wurde. Tatsächlich sind die meisten Bezirke — keineswegs alle — zu klein, um die Bildung eigener Entwicklungsorganisationen zu rechtfertigen. Die Provinzen, die in ihren Provinzialräten bereits über beratende Organe verfügen, denen potentielle Bedeutung für die Entwicklungsförderung zukäme, erscheinen dagegen wegen der Kammerung des Landes und der Verschachtelung von Sozialräumen für diese Aufgabe eher zu groß zu sein. Ein Ausweg wäre darin zu sehen, daß Bezirksverbände als Entwicklungsregionen gebildet werden, wobei in Anlehnung an die IRFED-Vorschläge die „Pole II. Ordnung" als Kerne dieser Regionen festgesetzt werden könnten [59].

Erkennt man die Bedeutung einer wissenschaftlich fundierten regionalen Entwicklungspolitik an — die von den ad hoc-Inverventionen lokaler Notabeln sehr verschieden sein müßte —, so erhebt sich als nächstes die Frage nach den regionalen und lokalen Prioritäten. „Kein Land — und am wenigsten ein in Entwicklung begriffenes — ist in der Lage, alle Landesteile gleichzeitig oder auch nur mit gleicher Priorität auszubauen" [60]. Wie sollte aber die Regierung eines so kompliziert strukturierten Landes wie Libanon imstande sein, die Förderung bestimmter Gebiete — und damit indirekt die Vernachlässigung anderer — zu beschließen und durchzuführen? Einen Ausweg bietet der noch keineswegs veraltete Raumordnungsgrundsatz, daß man die kleinen Zentren stärken müsse. Die Mission IRFED hat die — im wesentlichen auf F. Perroux zurückgehende — Theorie der *Wachstumspole* in ihr libanesisches Planungskonzept eingebaut und damit eine Hierarchie der zentralen Orte unterer Ordnung geschaffen.

Gute Beispiele für die Wirkungen, die von einem Wachstumspol ausgehen, bieten bereits die Provinzhauptstädte und einige Bezirkshauptorte Libanons, wie etwa Nabatiyet in der Südprovinz. Sie sind, um A. Kolbs Worte zu gebrauchen [61], zu „Kristallisationskernen" geworden, an die „neue Zonen der Umformung, Thünenschen Ringen vergleichbar, angeschweißt" werden. Ein das Land überspannendes Netz solcher Entwicklungsschwerpunkte könnte den Zustrom der Landbevölkerung nach Beirut, der dort bereits schwere Verdichtungsprobleme hervorgerufen hat, zumindestens abbremsen [62]. Andere Maßnahmen, wie jene der Landwirtschaftsförderung und der Unterstützung der dörflichen Handwerke, haben ja die Landflucht nicht merklich verringert. Die beschleunigte Aufschließung Libanons durch Nebenstraßen, die als Hilfe für die Landbevölkerung gedacht war, hat als isolierte Maßnahme das Tempo der Abwanderung aus den Dörfern sogar noch gesteigert [63].

---

[59] Es handelt sich um die Provinzhauptstädte außer Baabda sowie um Halba, Joûnié, Beit ed Dine zusammen mit Deir el Qamar, Nabatiyet und Baalbek; siehe IRFED, Atlas (1964).

[60] W. STÖHR 1967, S. 388.

[61] 1961, S. 42.

[62] Zweifel an der Wirksamkeit der Wachstumspole hat dagegen kürzlich N. GINSBURG geäußert (1973, S. 15).

[63] W. STÖHR (1967, S. 389) hat auf Grund südamerikanischer Erfahrungen vorgeschlagen, die Anziehungskraft eines Zentralraumes dadurch zu vermindern, daß dort bewußt Engpässe belassen werden. Ein solcher Weg wäre für Libanon nicht gangbar, da die Stellung des Landes in der Tertiärwirtschaft weitgehend von der weiteren Verbesserung (d. i. Europäisierung) der Lebensbedingungen im Beiruter Raum abhängt.

An die Fragen nach Zielen, Ausmaß und Art der Entwicklungspolitik ist noch die Frage nach ihren Trägern und Mitteln anzuschließen. Die Wichtigkeit einer wirksamen *staatlichen Verwaltung* für die Förderung der Entwicklung wurde — nach K. W. KAPP [64] — lange verkannt, da Ökonomen dazu neigen, die Probleme der Durchführung als nicht-ökonomische anzusehen, und da man Probleme der öffentlichen Verwaltung nicht in die Wirtschaftswissenschaften einbezog. In Libanon hat man die Wirksamkeit der Verwaltung seit den späten Fünfzigerjahren durch den Aufbau einer „dual administration" zu erhöhen versucht: An die Seite der schwerfälligen, legalistischen Ministerialbürokratie traten zur rascheren Erledigung bestimmter Aufgaben autonome Ämter [65]. Nachteile dieser Lösung sind die Steigerung des Personalaufwandes und die fast beständigen Kompetenzstreitigkeiten. Diese Doppelgeleisigkeit kann nicht beseitigt werden, solange große Projekte in Ausführung sind, die Möglichkeiten der Vereinfachung und Zusammenlegung wären jedoch zu studieren. Ein Schritt zur Beseitigung der doppelten Verwaltung wäre der stärkere Zusammenschluß der autonomen Ämter mit ihren aufsichtsführenden Ministerien.

Ein besonderes Problem bildet die Stellung des Planungsministeriums, die Anlaß zur Kritik geboten hat. Es wurde angemerkt, daß die Abstimmung der Investitionsvorhaben der Fachministerien ebensogut oder besser durch das Finanzministerium im Rahmen der Budgetverhandlungen vorgenommen werden könne. Selbst die interessanten Studien des rührigen Regionaldienstes im Planungsministerium wären eigentlich Aufgabe anderer Ressorts gewesen. Da jedoch auch hier eine grundlegende Organisationsänderung unrealistisch erscheint, wird es weiterhin die Aufgabe des Planungsministeriums sein, mehrjährige Investitionspläne der Öffentlichen Hand aufzustellen, die auch eine Vorschau über die sonstigen entwicklungspolitischen Maßnahmen enthalten müssen. Da Planung und Durchführung in der Praxis kaum zu trennen sind [66], muß das Planungsministerium auch mit der Kontrolle der Durchführung betraut werden; bei notwendigen Änderungen wäre es rechtzeitig zu konsultieren und hätte seinerseits die Meinungen der betroffenen Stellen einzuholen; auch hätte das Ministerium Berichte über den Stand der Planerfüllung und die Änderungen des Planes auszuarbeiten. Die Umwandlung der obersten Planungsbehörde in eine autonome Organisation analog zur Notenbank [67] würde die künftige Ausübung einer Kontrollfunktion erleichtern. Vorläufig besitzt diese Unabhängigkeit nur der Planungsrat, das beratende Organ des Planungsministeriums.

An der bedeutenden Rolle des Staatshaushaltes bei der *Finanzierung* der Entwicklungsaufgaben kann nicht gezweifelt werden, wenngleich sie in Libanon, das über ein ausgebildetes Bankensystem verfügt, nicht so überragend erscheint wie in Ländern am Beginn ihrer Entwicklung [68]. In schroffem Gegensatz zur Finanzlage in den Fünfzigerjahren sind die Ansprüche an den libanesischen Staatshaushalt in den Sechzigerjahren stärker gestiegen als die Staatseinnahmen. Libanon mußte viele der Aufgaben eines Staates in der sozialen Marktwirtschaft übernehmen, ohne über die Einkünfte eines solchen Staates

---

[64] 1960 [1968] S. 197, 208.

[65] Z. B. Office National du Litani, Office Fruitier, Plan Vert, Office de la Soie, Office du Développement Social, Conseil National du Tourisme u. a.

[66] Siehe KAPP, S. 202 ff.

[67] H. ARNDT (1966, S. 9) hat darauf verwiesen, daß nicht nur die Geldpolitik, sondern auch andere wirtschaftspolitische Maßnahmen unabhängigen Organisationen übertragen werden sollten.

[68] Von ihnen sagt L. SCHNITTGER (1963), die öffentliche Finanzwirtschaft werde als Kapitalquelle alle anderen übertreffen, und es sei durchaus möglich, Entwicklungsaufgaben durch Steuern zu finanzieren.

zu verfügen. Seine Einnahmen zeigen, wie jene anderer Entwicklungsländer, noch hohe Anteile solcher Einkommensarten, die in modernen Staaten „finanzhistorisch bedingte Restposten" bilden [69]. Nur solange die Einfuhren nach Libanon in ihrer bisherigen Aufwärtsbewegung verharren, ist auch die Steigerung des wichtigsten Aktivpostens im libanesischen Haushalt, der Zolleinnahmen, gesichert. Eine verbesserte Einhebung der Einkommenssteuer ist anzustreben, kann aber nicht kurzfristig erreicht werden, denn die Ausprägung einer „Steuergesinnung" durch die Bevölkerung kann mehr als eine Generation dauern [70]. Die Politikerschicht kann kein echtes Interesse an einer Änderung der Zustände haben, da sich diese gegen sie selbst richten würde; eine radikale Verschärfung der Steuerpraxis würde zweifellos zur Flucht der Höchsteinkommen führen.

Libanon sieht sich daher gezwungen, schon lange vor der Erreichung der steuerlichen Belastbarkeitsgrenze einen Teil seiner Entwicklung durch Anleihen zu finanzieren. Die Bedenken, die lange Zeit gegen die Aufnahme von Inlandsanleihen bestanden, sind durch die günstigen Erfahrungen bei den Schatzscheinausgaben der letzten Jahre zerstreut worden. Hinsichtlich ausländischer Anleihen hat Libanon wenig Aussichten auf „weiche" Kredite, während andererseits die Wirtschaftlichkeitsberechnungen für seine Projekte nur selten den strengen Anforderungen der Weltbank und ähnlicher Kreditgeber genügen können. Am Beispiel des Litaniprojektes lassen sich die Probleme aufzeigen, die sich aus der Annahme ausländischer Kredite mit beträchtlich hoher Verzinsung ergeben: Die Entscheidung, den Energiegewinnungsteil des Projektes vordringlich auszubauen, war finanzpolitisch richtig, da durch den Weltbankkredit vorgezeichnet; sie bedeutete aber die Vernachlässigung des Bewässerungsvorhabens und förderte damit die ständige Unzufriedenheit in der Südprovinz und die israelischen Vorwürfe, Libanon wisse mit seinem Wasserreichtum nichts anzufangen.

Hinsichtlich der Art der Staatsausgaben in Entwicklungsländern fordert SPINDLER den Vorrang der produktiven Ausgaben vor den Verteilungsausgaben und den sogenannten echten, vom „Nachtwächterstaat" abgeleiteten Ausgaben [71]. Ähnliche Forderungen sind für Libanon seinerzeit von G. G. CORM erhoben worden, der auch versucht hat, Verteilungsschlüssel aufzustellen [72]. Zu bedenken bleibt, daß Ausgaben wie jene für die Elektrifizierung oder den Ausbau des Schulwesens erst mit langer Verzögerung produktionsfördernd wirken können. Die Verteilungsausgaben sind wegen ihrer gesellschaftlichen Auswirkungen nicht gering einzuschätzen, und schließlich haben die Erfahrungen der letzten Jahre besonders in Südlibanon gezeigt, daß nicht einmal die „echten" Staatsausgaben für die Aufrechterhaltung von Ruhe und Ordnung und für den Schutz der Grenzen ohne Nachteil für die gesamte Entwicklung vernachlässigt werden können.

c. Beziehungen zwischen wirtschaftlicher und gesellschaftlicher Entwicklung

In der Literatur zum Entwicklungsproblem herrscht weitgehende Übereinstimmung darüber, daß wirtschaftliche Maßnahmen nicht allein, sondern nur in Kombination mit sozialen Maßnahmen die Entwicklung vorantreiben können [73].

---

[69] L. KÖLLNER 1963 [1968], S. 277.
[70] L. KÖLLNER, S. 285.
[71] 1963, S. 196 ff.
[72] 1964. S. 107 ff.
[73] Siehe u. a. K. HESSE 1965, S. 67, B. KNALL 1967, S. 22, K. H. PFEFFER 1967, S. 104, W. HOFMANN 1961 [1966], S. 291.

PFEFFER stellt fest, daß Traditionalisten und Nationalisten irrtümlich glaubten, die Wirtschaft könne die Errungenschaften einer fremden Lebensform übernehmen, ohne die Gesellschaft zu beeinflussen. Das Verharren im älteren Sozialzustand bedeute jedoch Leistungsschwäche, Nichtansprechbarkeit für technische Neuerungen und Konsumanreize sowie Blockierung der Kaufkraft. Der Autor betrachtet als unabdingbare soziale Entwicklungsziele die Verwirklichung der sozialen Gerechtigkeit (Egalisierung, womöglich „nach oben") und die fundamentale Demokratisierung im Sinne einer Teilnahme an öffentlichen Angelegenheiten [74].

In Libanon sind es wohl nicht nur Muslime der orthodoxen Richtung, sondern auch Christen der älteren Generation, die den Fortbestand der Dichotomie zwischen rascher wirtschaftlicher und langsamer gesellschaftlicher Entwicklung wünschen. Die steigende Bedeutung des Marktes hat jedoch auch in Libanon die Struktur der menschlichen Beziehungen geändert: die gesellschaftliche Zukunft wird, in G. EISERMANNS Worten, nicht mehr als prädestiniert aufgefaßt, die Grundlage der Gesellschaftsordnung bildet eher der Kontrakt als der Status [75]. Die Entwicklung einer modernen Wirtschaft setzt u. a. voraus, daß die Kleinfamilie „nicht ein ganzes Gefolge von Verwandten hinter sich herzieht"; die Großfamilie kann jedoch ihre Bedeutung erst verlieren, wenn sie nicht mehr die einzige Form sozialer Fürsorge darstellt [76].

Damit ergibt sich erneut eine Entscheidungsfrage: Müssen einer im Aufbau befindlichen Wirtschaft die Kosten der Schaffung einer *sozialen Infrastruktur* aufgebürdet werden, die letzten Endes die menschliche Arbeitskraft verteuern und damit die Wettbewerbsfähigkeit herabzusetzen drohen? PFEFFER bejahte diese Frage im allgemeinen [77], und in Libanon zeigen sich entsprechende Bestrebungen: Festsetzung von Mindestlöhnen und Kinderbeihilfen, Schaffung einer Sozialversicherung [78], Ausbau des staatlichen kostenlosen Schulwesens. Diese — mit Anfangsmängeln behafteten — Errungenschaften kommen allerdings erst einem Teil der Bevölkerung zugute, während zahlreiche — überwiegend, aber nicht ausschließlich muslimische — Bevölkerungsgruppen, vor allem in den abgelegenen Gebieten, in den traditionellen Sippenbindungen und sonstigen überlieferten Verhaltensformen verharren.

Auf den Ländereien der dortigen Großgrundbesitzer herrscht noch eine Art Rentenkapitalismus, und rentenkapitalistische Züge in modernem Kleide weist, wie PFEFFER feststellt [79], der Beiruter Realitätenmarkt auf. Im ganzen ist aber Libanon kein rentenkapitalistisches Land, denn auch ein Teil der Großgrundbesitzer betreibt keine „Minimumswirtschaft" im Sinne H. BOBEKS [80], sondern investiert kräftig mit dem Ziel, wirtschaftlich interessante Produktionen zu erhöhen. Die Überproduktionskrise der Äpfel ist auf die rasche Ausbreitung der Kultur nach den aufsehenerregenden Anfangserfolgen einzelner Pioniere zurückzuführen. Der libanesische Agrar- und Industrieunternehmer hat jedoch Züge des — aussterbenden — levantinischen Handelsvermittlers übernommen:

---

[74] 1967, S. 25, 84, 86.
[75] G. EISERMANN 1964 [1968], S. 75 ff.; siehe auch L. KÖLLNER 1963 [1968], S. 299. A. KOLBs treffende Beschreibung der Entwicklung in den Städten Lateinamerikas (1958, S. 292) ließe sich mit ganz geringen Änderungen auch auf Beirut anwenden.
[76] PFEFFER, S. 15 ff.
[77] „Die wirtschaftliche Entwicklung ist unsicher, solange es nicht geglückt ist, eine soziale Haltung der öffentlichen Verantwortlichkeit durchzusetzen"; PFEFFER, S. 54.
[78] Hinsichtlich der Kinderbeihilfen wird eine Erhöhung der Geburtenzahl (siehe auch J. BLACHE 1966, S. 370), hinsichtlich der Krankenversicherung eine solche der Krankenstände befürchtet.
[79] PFEFFER, S. 40.
[80] 1962, S. 13.

Er erwartet rasche und hohe Gewinne und ist, wenn diese ausbleiben, schnell bereit, die Produktion ein- oder umzustellen [81].

Im Unternehmertum — und darüber hinaus in der staatstragenden Oberschichte, die mit dem Unternehmertum durch familiäre Bande verflochten, ja zum Teil identisch ist — haben die Ereignisse von 1958 einen *Gesinnungswandel* eingeleitet, der vom „klassischen" Liberalismus wegführt. Wie rasch wird dieser Wandel fortschreiten? Können die durch ihn veranlaßten, zwangsläufig verzögerten Maßnahmen den relativen sozialen Frieden, der Libanon bisher auszeichnete, noch retten? Pater Lebrets Worte über die Notwendigkeit einer Gesinnungsänderung haben ihre Aktualität in über 10 Jahren nicht verloren [82]. Wird — in der Terminologie von Hoselitz [83] — das Establishment seine Ichbezogenheit hinsichtlich der ökonomischen Werte vermindert? Bobek verneint die Möglichkeit der Evolution, wenn er sagt: „Welche herrschende Schicht hätte je ... die eigene Entmachtung, die weitgehend gleichbedeutend ist mit Verarmung, und den Untergang einer alten, liebgewordenen und kulturvollen Lebensform in die Wege geleitet? [84]. Radikale Maßnahmen, wie Bodenreform, starke Erhöhung der Grund-, Erbschafts- und Schenkungssteuer oder einschneidende politische Reformen, etwa bei der Mandatsvergabe, sind auch in Libanon in naher Zukunft undenkbar, soferne nicht eine grundlegende politische Umwälzung erfolgt; die Möglichkeit einer beschleunigten Evolution, einer „Revolution von oben", ist jedoch nicht auszuschließen.

Da Libanons Regierungssystem mit der Konfessionsstruktur eng verknüpft ist, müssen Neuerer fürchten, mühsam ausbalanzierte Verhältnisse, die immerhin die innere Ruhe und eine gewisse Kooperation mit sich gebracht haben, aus dem Gleichgewicht zu bringen. Dennoch sind Schritte denkbar, die allmählich vom Proporz- und Notabelsystem wegführen. So wäre es vorstellbar, daß die konfessionelle Bindung der Regierungsämter — bis hinauf zum Amt des Staatspräsidenten — gelockert wird, mit der Begründung, daß über das Vertrauensvotum des konfessionell zusammengesetzen Parlamentes ohnedies eine Kontrolle durch die Religionsgemeinschaften ausgeübt werden kann. Eine Erhöhung der Wahlbeteiligung durch Vermehrung der Wahllokale oder durch organisierte Transporte zu diesen und ein Einschreiten der Gerichte gegen Stimmenkauf würde wohl zur Folge haben, daß die Zahl der Honoratioren mit traditioneller Klientel im Parlament sinkt, jene der reformfreudigen jüngeren Intellektuellen aber steigt. Auch die Zunahme der Anhängerschaft der wirklichen, d. h. mit einem Programm versehenen Parteien wirkt dem „Feudalismus" entgegen. In Libanon muß, wie in anderen Entwicklungsländern, der größere Teil der Menschen erst an eine Direktbeziehung zur Gesellschaft ohne die Notwendigkeit einer Fürsprache gewöhnt werden [85]. Mit der abnehmenden Bedeutung der Notabeln wird sich der Postenschacher vermindern, und damit wird ein großer Teil dessen wegfallen, was von ausländischen und libanesi-

---

[81] Siehe dazu Y. A. Sayighs klassische Studie über die libanesischen Unternehmer (1962), ferner E. Wirths Darlegungen über die Unstetigkeit der libanesischen Agrarlandschaft (1966 A, S. 192).

[82] „Ce qui manque le plus au Liban, plus que l'eau, plus que les routes, plus que l'électricité, ce sont les équipes de gens totalement donnés au bien public et s'appliquant ... à résoudre la multitude des problèmes de mise en valeur économique et d'élévation humaine. Si une mutation de mentalité ne se produit pas dans les jeunes élites libanaises, si une souffle nouveau provenant d'une révolution intellectuelle et éthique ne passe pas sur le pays, le développement sera fragile ..."; siehe IRFED (1960/61) II. Band, S. 476. Lebret scheint nicht als Autor auf, doch ist seine leitende Mitarbeit bei der „Conclusion générale" der Studie anzunehmen.

[83] B. F. Hoselitz 1953 [1969], S. 22.

[84] 1962, S. 17.

[85] Pfeffer, S. 38.

schen Kritikern als Korruption bezeichnet wird, was aber eigentlich eine „Prävalenz der nichtrationalen Normen" bei der Stellenbesetzung [86] darstellt.

Mit der Aufklärung der Öffentlichkeit über Entwicklungsprobleme und mit der Förderung des Gesinnungswandels befassen sich in Libanon mehrere Organisationen [87], denen es nicht zuletzt zu danken ist, daß die „faktische Entwicklungsbereitschaft" [88] der gebildeten Schichten relativ groß ist; mit diesen Organisationen engen Kontakt zu halten, stellt eine wichtige Nebenaufgabe der Staatsverwaltung und insbesondere des Planungsministeriums dar.

Der libanesische Mittelstand ist in seiner heutigen Form ein oberer Mittelstand aus Akademikern, der sich in seinem Verhalten an der Oberschichte orientiert, und zugleich eine christlich-städtische Gruppe. Im Interesse der weiteren Entwicklung ist zu hoffen, daß sich bald ein *unterer, multikonfessionell zusammengesetzter Mittelstand* (Subalternbeamte, Lehrer, Angestellte, Werkmeister u. a.) bilden wird. Er könnte den unteren Schichten vermehrte Aufstiegsmöglichkeiten bieten. Diese neue Sozialschichte würde sich wahrscheinlich stärker über das Land verteilen als der obere Mittelstand, eine wünschenswerte Entwicklung, die durch die bessere Ausstattung der Entwicklungspole unterster Ordnung beschleunigt werden könnte [89]. Der untere Mittelstand würde auch, im Sinne BEHRENDTS, die grundlegenden demokratischen Einrichtungen (Gemeindeverwaltungen) tragen, freiwillige Mitarbeiter für lokale Projekte stellen und durch seine Kritik nach oben an der Erstellung realistischer Vorhaben, durch seine Kontakte nach unten an der Adaption von Neuerungen mitwirken [90]. Zur Stärkung des unteren Mittelstandes müßte das Berufs- und technische Schulwesen weiter ausgebaut werden. Ein Teil des Wohnbauprogrammes, dessen lange Verzögerung kaum entschuldbar ist, müßte auf die Bedürfnisse dieser Schichte abgestellt werden.

Eine der Klammern zwischen dem oberen und unteren Mittelstand wird die wachsende Gruppe der Staats- und Gemeindebeamten bilden. Ihre Zunahme erscheint, allen Gegenvorstellungen zum Trotz, ebenso unvermeidlich [91] wie ihr Ruf verbesserungswürdig. Reformen zur Qualitätssteigerung und besseren Sektion der Bewerber sind angelaufen, ein weit energischeres Vorgehen wäre jedoch gegen die Unsitte des Geschenkannehmens geboten. Zugleich mit einem Anheben der Bezahlung auf den unteren Stufen sollten die täglichen Dienststunden verlängert und Nebenerwerbe genehmigungspflichtig gemacht werden. Auch in der Verwaltung ist an eine Reduzierung des konfessionellen Proporzes zu denken, dem noch alle gehobenen Positionen unterliegen.

Im *Fundament der sozialen Pyramide* verschiebt die Landflucht den Bedeutungsschwerpunkt von den Kleinbauern zu den städtischen Arbeitern, die mit Sippe und Konfession nur mehr in geringerem Maße verhaftet sind. Die Gewerkschaftsbewegung erstarkt allmählich, bedarf aber weiterer Zusammenschlüsse, um als Dialogpartner auftreten zu können; die sehr förderungswürdige Bildung von Konsumgenossenschaften steckt in den ersten Anfängen. Sozial tiefer als die städtischen Arbeiter stehen die Halbpächter und Land-

---

[86] HOSELITZ 1963 [1969], S. 219.
[87] Als vermutlich wichtigste sei die Association des Etudes pour le Développement angeführt.
[88] Siehe R. F. BEHRENDT 1965 [1968], S. 107.
[89] Die Phase der Ausstattung der Dörfer mit Honoratioren im europäischen Sinne (Pfarrer, Arzt, Tierarzt, Lehrer, Förster u. a.) ist in den muslimischen Dörfern Libanons ganz, in den christlichen weitgehend ausgeblieben und wird, auch wegen der inzwischen eingetretenen Motorisierung, auch nicht mehr folgen.
[90] BEHRENDT, S. 114.
[91] Auch A. KONRAD (1967, S. 45) betont die durch den Aufbau in Entwicklungsländern bedingte Erweiterung der Verwaltungsaufgaben.

arbeiter, insbesondere jene der schiitischen Gebiete. Sie sind es vor allem, die nach Beirut ziehen in der Hoffnung, dort irgendwelche Arbeit zu finden, während Kinder, Frauen und Greise teils in den Dörfern zurückbleiben, teils den Männern in den Slums Beiruts nachfolgen. So und durch das beständige Einsickern kurdischer Flüchtlinge wächst das städtische Unterproletariat der Gelegenheitsarbeiter und Flüchtlinge, das sozial den untersten Rang einnimmt [92]. PFEFFER nennt seine Budenviertel „Sinnbilder für die Hilflosigkeit der Gesellschaft" und stellt fest, den Entwicklungsländern fehle ein Konzept für die Lösung der Probleme der modernen Großstadt [93], was in sehr gemildertem Sinn auch noch für Beirut gelten kann. Während die oben besprochenen regionalen Maßnahmen den Druck auf die Großstadt etwas vermindern können, sollten schon wegen der Seuchengefahr die Kanistersiedlungen immer wieder beseitigt und ihre Bewohner in Volkswohnungen einfachster Art untergebracht werden. Die Schaffung von Auffanglagern für Flüchtlinge würde eine schärfere Überwachung der Staatsgrenzen voraussetzen. Ein Sonderproblem bilden die Palästinenser, die aus Gründen, die hier nicht zu erörtern sind, vom „Flüchtlingsland" Libanon größtenteils nicht absorbiert wurden. Die Entwicklung seit 1967 hat dieser Frage besondere innen- und außenpolitische Brisanz verliehen.

Von allen derzeit laufenden Maßnahmen kommt wohl der Ausbau des kostenlosen staatlichen und staatlich subventionierten *Schulwesens* den unteren Bevölkerungsschichten am meisten zugute. Die restlose Erfassung der schulpflichtigen Kinder dürfte in naher Zukunft erreicht werden [94]. Da eine Meisterlehre im europäischen Sinne weitgehend fehlt, wäre das Berufsschulwesen noch stärker zu fördern. Eine Lockerung der Bindung an die französischen Schulen und die französische Kulturwelt wird sich auf lange Sicht nicht vermeiden lassen. Durch die gegenwärtige Erziehungspolitik werden, nach HANF, die Zahlen der muslimischen Schüler und Studenten anwachsen; damit fallen zwar wichtige Klagegründe der muslimischen Bevölkerung weg, doch wäre auch denkbar, daß sich mit dem verstärkten Eindringen der Muslime in die Akademikerschichte die politischen Spannungen verstärken.

Da die meisten Libanesen ihrer Konfessionsgruppe lebenslang verhaftet bleiben, hat H. BARAKAT die libanesische Gesellschaft als „Mosaikgesellschaft im Zustand der Koexistenz" bezeichnet. Wie jeder Staat behauptet jedoch auch der libanesische die gemeinsame Abkunft seiner Bewohner [95] und erwartet Stolz, historisches Bewußtsein und den Willen zur Zusammengehörigkeit [96]. Den tatsächlichen Zustand in Entwicklungsländern hat HOSELITZ treffend geschildert: Die Stammes- und Dorfgemeinschaft stellt die wirksame politische Einheit dar, außerhalb derer jeder als Fremder betrachtet wird. Die unter der Kolonialherrschaft durchgesetzten zentralistischen Tendenzen haben kein echtes Loyalitätsgefühl gegenüber der Nation erzeugt [97]. In dieser Haltung verharrt in Libanon noch ein beträchtlicher Teil der Bevölkerung, vor allem in den Randgebieten. Ein anderer Teil verhält sich nur gegen seine Konfessionsgruppe oder seinen — konfessionell gebundenen — Parteiführer loyal,

---

[92] A. BOURGEY und J. PHARES haben kürzlich die Bidonvilles der Beiruter Agglomeration untersucht (1973).
[93] 1967, S. 47 ff.
[94] Vergleiche dazu und zum folgenden T. HANFs Werk (1969), insbesondere S. 355 ff.
[95] Die zu beobachtende Selbstvergrößerung, u. a. durch die Überbetonung des sogenannten „phönizischen Erbes", deutet BARAKAT als Reaktion auf die Zweifel an der Existenz einer libanesischen Nation (Vortrag 1967).
[96] PFEFFER, S. 63.
[97] B. F. HOSELITZ 1965 [1969], S. 271.

ein dritter betrachtet den Staat als das Produkt und den Repräsentanten seiner Religionsgemeinschaft allein. Bei diesen starken Gegenkräften kann ein *Staatsbewußtsein* nur langsam heranreifen, und nur wenige behutsame Förderungsmaßnahmen sind denkbar: „Libanisierung" des Schulwesens, Aufnahme Andersreligiöser in die konfessionellen Privatschulen, Patenschaften prosperierender Gemeinden über abgelegene Dörfer, Einführung eines Arbeitsdienstes für junge Männer [98]. In Abänderung des alten Satzes „ubi bene, ibi patria" läßt sich von der libanesischen Bevölkerung sagen, daß sie bereit ist, den Staat Libanon zu tolerieren, solange sie darin relativ gut leben kann. In Zeiten wirtschaftlicher und politischer Krisen können diese Ansätze zu einem Staatsbewußtsein sehr rasch schwinden.

2. Libanon als Entwicklungskernland

Bevor eine etwaige Beispielwirkung des besonderen Falles Libanon erörtert werden kann, muß getrachtet werden, die Stellung des Landes in den Theorien und Typologien der Entwicklung zu bestimmen. Allgemeingültigen Gesetzen der Entwicklung auf die Spur zu kommen, hat vor allem W. W. ROSTOW versucht und als die ersten drei Stadien — die hier ausschließlich interessieren — jenes der traditionellen Gesellschaft, jenes der Vorbereitungen für den Aufstieg und jenes des Aufstieges unterschieden [99]. Voraussetzungen für diesen „take-off" sind nach ROSTOW ein plötzliches Ansteigen der Investitionsrate, die Ausbildung eines oder mehrerer Leitsektoren und die Schaffung geeigneter institutioneller Rahmenbedingungen, durchwegs Vorgänge, die am Anfang von Libanons „liberaler Explosion" tatsächlich auftraten. ROSTOWs Gedankengänge sind scharfer Kritik unterzogen worden. Von nationalökonomischer Seite hat man ihm Geschichtsdeutung und unzulässige Vereinfachung vorgeworfen und bemängelt, daß die Steigerung der Investitionsrate unerklärt bleibe [100]. Der Soziologe R. KÖNIG nennt ROSTOWs Modell primitiv, eine deskriptive Schablone, die an einem unerträglichen Ethnozentrismus leidet [101]. Daß es Phasen plötzlichen Aufstieges gibt, kann jedoch nicht bezweifelt werden. Nach ROSTOW kann dieser „take-off", der normalerweise 1—2 Jahrzehnte dauert, durch exogene Faktoren verzögert werden; im Falle Libanons wären von allem der Junikrieg und die seither folgenden Krisen als solche Faktoren zu nennen.

Besonders gut auf den libanesischen Fall zugeschnitten erscheint die bereits erwähnte Entwicklungstheorie von A. O. HIRSCHMAN [102], der den ungleichmäßigen Verlauf des Wachstums betont; die Wirtschaft werde durch zeitweilige Engpässe und die von ihnen ausgehenden Preissignale „hochgeschaukelt". Nach HIRSCHMAN haben die Regierungen zwei entgegengesetzte Aufgaben: Sie müssen einerseits das Wirtschaftswachstum durch Vorstöße einleiten — wie das im Libanon der Fünfzigerjahre durch die Bevorzugung des Tertiärsektors geschah — und andererseits die entstandenen Engpässe zu beseitigen trachten, ein Bemühen, das in der libanesischen Wirtschafts- und Sozialpolitik der Sechzigerjahre feststellbar ist. Es erscheint nicht ausgeschlossen, daß durch eine energische Förde-

---

[98] Libanon hat keine allgemeine Wehrpflicht, sondern unterhält ein — sehr kleines — Berufsheer.
[99] W. W. ROSTOW 1960; siehe auch Darstellung und Kritik von ROSTOWs Gedankengängen bei F. BUTTLER 1969, S. 17 ff.
[100] BUTTLER, S. 17 ff. Auch J. TINBERGEN stellt fest (1967, S. 30), es sei in vieler Hinsicht unbekannt, was eigentlich den Entwicklungsprozeß einleite.
[101] 1969, S. 14.
[102] 1967, S. 189 ff.

rung der Industrialisierung die erste Funktion künftig wieder das Übergewicht erlangt.

Zu den frühesten Versuchen, *Typen* von Entwicklungsländern aufzustellen, gehört jener von B. F. HOSELITZ [103]; Berührungen mit der libanesischen Wirklichkeit ergeben sich nur insoferne, als Libanon von der überwiegend autonomen Entwicklung (im Sinne HOSELITZ) nach 1958 zur mehr oder minder induzierten Entwicklung übergegangen ist. Gut fügt sich der Fall Libanon dagegen in die Typologie von D. LORENZ, der das Merkmal der Landesgröße zur Grundlage genommen hat: es ist (Typ III) ein weltpolitisch potentiell unbedeutendes Land mit einem für die Industrialisierung unzureichendem Binnenmarkt, das auf weltwirtschaftliche Eingliederung angewiesen ist. Es besitzt eine rudimentäre Wirtschaftsplanung und einzelne Projekte; das Vorbild der „westlichen" Marktwirtschaft ist für das Land noch relevant [104].

In der Entwicklungsforschung tätige Geographen haben frühzeitig davor gewarnt, aus sehr verschiedenen Ländern einen einheitlichen Typus „des Entwicklungslandes" ableiten zu wollen [105]. Statt dessen wurde vorgeschlagen, eine regionale Typologie der Unterentwicklung auszuarbeiten und die Länder nach Ähnlichkeiten zu gruppieren [106]. Das leitet zur Frage einer etwaigen Modellwirkung Libanons über. Libanon ist, um die wesentlichen Züge nochmals hervorzuheben, ein Küsten-Kleinstaat in guter Verkehrslage, die durch einen ausgebauten Hafen und modernen Flughafen betont wird. Es hat ein gut erträgliches Klima und außerdem Erholungsmöglichkeiten im nahen Gebirge aufzuweisen. Bewohnt von einer im allgemeinen toleranten, fremdenfreundlichen und sprachenkundlichen Bevölkerung [107], bietet es innenpolitisch relativ stabile Verhältnisse und ein zumindest für die oberen Einkommensschichten ausgezeichnetes Bildungswesen. Der moderne Teil der Wirtschaft ist besonders im tertiären Sektor weit entwickelt. Die Währung ist frei konvertierbar und weitgehend stabil, Zölle und Steuern sind niedrig.

Da eine derartige Kombination von Faktoren einmalig ist, können sich die Ähnlichkeiten, die es festzustellen gilt, jeweils nur auf einige von ihnen beziehen. Die beiden „Stadtstaaten" Hongkong und Singapur dienen wie Libanon als „Einfallstore", Handels- und Bankenzentren, sind aber — vor allem Hongkong — viel stärker industrialisiert als dieses. In Iberoamerika wiesen Costa Rica und der Mittelstaat Uruguay in jüngerer Vergangenheit vielversprechende Ansätze auf; ihre jüngste Entwicklung zeigt aber, daß der Beginn eines „take-off" noch keine Gewähr für den tatsächlichen Aufstieg bietet. In Westafrika liegen mehrere Klein- und Mittelstaaten, die den Zugang ins Innere vermitteln können. Elfenbeinküste nimmt die Chancen seiner Verkehrslage durch liberale Wirtschaftspolitik und Ausländerfreundlichkeit energisch wahr. Sein wirtschaftlicher Aufschwung kommt, wie zu erwarten war, zunächst vor allem dem Haupthafen zugute.

In der Nachbarschaft Libanons tragen Zypern, Kuweit und Israel ähnliche Züge; sie stellen damit tatsächliche oder potentielle Konkurrenten dar. Zypern hatte vor den Unruhen vielversprechende Ansätze zur Entwicklung des Fremdenverkehrs und zur Niederlassung ausländischer Vertretungen aufgewiesen.

---

[103] 1955 [1969], S. 57 ff.; siehe auch die Übersicht über die Typisierungsversuche bei F. BUTTLER 1969, S. 27 ff.
[104] D. LORENZ 1961 [1968], S. 55.
[105] A. KOLB 1961, S. 16, L. SCHEIDL 1963, S. 24.
[106] N. GINSBURG 1961, S. 2, SCHEIDL, S. 22.
[107] K. H. PFEFFER (1967, S. 78) sieht eine besondere Chance mancher Entwicklungsländer darin, daß sie zugleich verschiedenen Kulturkreisen angehören.

Es ist nun durch innere Konflikte gelähmt, die sich durch Nachahmung des libanesischen Konfessionsproporzes vielleicht lösen ließen. Kuweit hat sein eigenes Bankwesen aufgebaut und damit das Einzugsgebiet der Beiruter Geldinstitute bereits verkleinert; seine Verkehrslage ist aber weit weniger günstig als jene Libanons, sodaß es nicht viel Zwischenhandel an sich ziehen kann.

Israel bildet in vielen Hinsichten ein Gegenstück zu Libanon. Auf der Tabelle von Entwicklungsländertypen, die B. KNALL 1962 aufgestellt hat, stimmt Libanon — das KNALL nicht nennt — in den ersten drei Merkmalen (aktive Bevölkerung, „vorhandene" Landwirtschaft, potentiell vorhandene und z. T. genutzte Ressourcen [Wasser!]) mit Israel überein. Die Ähnlichkeit würde um ein viertes Merkmal (vorhandenes Eigenkapital) bereichert, wenn man KNALLS Behauptung, Israel besitze wenig Kapital, im Hinblick auf die andauernden Assistenzzahlungen revidierte. Israels Absperrung gegen das arabische Hinterland, die nun schon ein Vierteljahrhundert andauert, hat sicherlich zum Aufstieg Libanons beigetragen. Libanesische Politiker müssen einerseits auf eine friedliche Lösung des Konfliktes hoffen, der den Süden des Landes entvölkert und innenpolitisch immer wieder explosive Situationen schafft, andererseits haben sie dann die scharfe Konkurrenz Israels und insbesondere des Hafens Haifa zu fürchten.

Die Stellung Libanons in Südwestasien leidet darunter, daß mit dem zweiten Nachbarstaat nur mäßige gute, zeitweise sogar schlechte Beziehungen bestehen. Syrien hat seinen eigenen Haufen ausgebaut und seinen Außenhandel dorthin verlagert; es behindert zeitweilig den Transitverkehr von und nach Beirut. Dennoch bleibt es wichtigster arabischer Handelspartner und sendet hunderttausende Wanderarbeiter nach Libanon; zahlreiche verwandtschaftliche Bande verknüpfen syrische und libanesische Familien. Über Syrien hinweg reicht der Einfluß Libanons vor allem in arabische Länder mit ähnlichen Wirtschaftsverfassungen, wie Jordanien, Saudi-Arabien und die Erdölscheichtümer.

Die Theorie der Wachstumspole, oben im Zusammenhang mit regionalpolitischen Aspekten bereits genannt, bietet die Möglichkeit, Libanon — sieht man von seinen unterentwickelten Randgebieten ab — als großen Wachstumspol aufzufassen. Die Phasen in den Beziehungen eines Wachstumspoles mit seiner Umgebung [108] sind im Falle Libanons deutlich gegeben: Die Auslaugungsphase („backwash effekt") wurde durch die Kapitalflucht aus Syrien (und anderen Ländern) repräsentiert, die Phase des Überfließens („spill-over effect") durch den Verdienst der syrischen Arbeiter. Wertet man die Tätigkeit zehntausender Libanesen in Kuweit, so läßt sich dieser Konkurrent als Ableger Libanons auffassen. Da ein ganzes Land wohl nicht als Pol bezeichnet werden sollte, wird der Ausdruck *Entwicklungskernland* vorgeschlagen. Ein solches Land kann für andere, vor allem solche desselben Kulturerdteils, Vorbild und Ausbildungsstätte sein. Da es die aus den entwickelten Staaten kommenden Innovationen „filtert", erleichtert es die Auswahl geeigneter Verfahren. Es kann die Nachbarstaaten beraten, ihnen mit Sprache und kulturellen Gegebenheiten vertraute Fachkräfte senden [109] und an der Finanzierung ihrer Projekte teilnehmen.

---

[108] Siehe D. E. KEEBLE 1968, S. 258.
[109] Siehe E. WIRTHs Bericht (1966 B) über die Tätigkeit ausländischer Beratungsbüros, darunter des libanesischen Industrieinstitutes, in Saudi-Arabien.

Schlußfolgerungen

Das libanesische Beispiel deutet darauf hin, daß in einem Land, in dem bereits der moderne Teil der Wirtschaft dominiert, auch eine dem Vorbild der Industriestaaten nachstrebende Wirtschaftsordnung — einschließlich der sozialen Infrastruktur — aufgebaut werden muß und kann. Voraussetzung ist ein mit Generationenwechsel verbundener Gesinnungswandel in der Oberschichte, die nun durch eine „Revolution von oben" der „Revolution von unten" zuvorzukommen trachtet. Das demokratische System begünstigt derartige Veränderungen an der Staatsspitze auch dann, wenn es — wie das libanesische — grobe Mängel aufweist.

Mit dem Fortschreiten der Entwicklung gewinnen das Instrumentarium und die Denkweise der Wirtschaftswissenschaften — die in unterentwickelten Ländern kaum anzuwenden sind — zunehmend an Relevanz. Allerdings ist auch weiterhin mit Mängeln und Lücken in den statistischen Grundlagen, mit dem Einwirken traditioneller Strukturen auf den Wirtschaftsprozeß und mit nichtrationalem Verhalten von Wirtschaftssubjekten zu rechnen.

In Libanon kann man erkennen, daß sich der Mittelstand vorzugsweise von oben her bildet; zur Überbrückung der sozialen Kluft erscheint die Stärkung des unteren Mittelstandes angezeigt. Wird, wie in Libanon, die Wirtschaft zuerst über den Tertiärsektor angekurbelt, so bilden sich starke Einkommensdisparitäten nicht nur innerhalb der sozialen Pyramide, sondern auch zwischen dem Zentralraum und den peripheren Gebieten aus. Globale und regionale Entwicklungspolitik können daher auch für ein kleines Land nicht als Alternativen aufgefaßt werden. Die Globalplanung, die schon wegen der Stellung der Fachministerien in der Verwaltung nach Wirtschaftssektoren gegliedert sein wird, bedarf der Koordination und Ergänzung durch Regionalpläne, welche die Verminderung der Divergenzen in den Regionaleinkommen zum Ziele haben. Der Ausbau der Wachstumspole, d. h. der zentralen Orte unterer Ordnung, vermag dem Sog des Zentralraumes entgegenzuwirken und damit auch die dort auftretenden Verdichtungserscheinungen zu lindern. Die Fülle der Aufgaben erzwingt die Gründung besonderer Organisationen, die insgesamt eine „zweite Staatsverwaltung" darstellen.

In der Agrarwirtschaft kann es, wie das Beispiel der Apfelkulturen in Libanon zeigt, durch Spezialisierung und Intensivierung überraschend schnell zu Absatzkrisen kommen. Auch die Zunahme der Industrieproduktion wird fallweise Überangebote hervorrufen, doch besteht eher die Aussicht auf ein generelles Steigen der Nachfrage und ferner die Möglichkeit, daß sich zwischen halbentwickelten Ländern und Industriestaaten eine Arbeitsteilung ausbildet. Wichtigste Voraussetzungen für eine Industrialisierung auf breiter Basis sind die Elektrifizierung zumindestens der Städte und der Ausbau des Berufsschulwesens. Hinsichtlich des Tertiärsektors erscheint das ausgeprägte Banken- und Handelsland Libanon eher als Extremfall, der eine besondere Währungspolitik erfordert; für die Regierungen anderer halbentwickelter Länder mag die Aufrechterhaltung des Geldwertes mehr ein „magisches" als ein wirkliches Ziel darstellen.

Die Möglichkeit, das libanesische Beispiel anderswo nachzuvollziehen, ist gegeben; Ansätze dazu sind bereits vorhanden. Die beiden bisher erkennbaren Entwicklungsphasen — die sich teilweise überlappen — sind jene der „liberalen Explosion" und jene der wachsenden staatlichen Intervention. Hervorstechende Kennzeichen der ersten Phase sind die Förderung des Handels durch

Ausbau des Transportwesens und niedrige Zölle, die Förderung des Bankwesens durch Konvertibilität und stabile Wechselkurse, die Begünstigung der Niederlassung von Repräsentanzen und die durch Geschäftsreisende bedingte Vergrößerung der Hotelkapazität. Die zweite Phase wird u. a. durch Maßnahmen zur Milderung der sozialen Gegensätze und regionalen Einkommensdivergenzen, Förderung der produktiven Sektoren, Kampf gegen die Verdichtungsfolgen im Zentralraum und die Anfänge eines Erholungstourismus charakterisiert. Eine dritte Phase könnte sich durch die intensive Förderung der weiteren Industrialisierung ergeben.

Für Länder, die einen ähnlichen Prozeß mitmachen, sind Küstenlage und ein erträgliches Klima unbedingte Voraussetzungen, das Vorhandensein eines ausgebauten Hafens und nahegelegener Erholungsräume gewichtige Vorteile. Kleinheit des Staatsgebietes ist günstig zu werten, da die aufstrebende Volkswirtschaft nicht viel räumlichen Ballast mitschleppen muß, doch kommen auch Mittelstaaten mit ausgeprägtem, küstennahen Zentralraum und dünnbesiedelten Randgebieten für diese Ländergruppe in Betracht. Solche Entwicklungskernländer können in der ersten Phase als Parasiten erscheinen [110], denn das Überfließen" setzt erst ein, wenn ein deutlicher wirtschaftlicher Vorsprung vor den Nachbarländern erzielt wurde. Entwicklungskernländer können ferner nicht nahe beieinander liegen, ohne sich durch Konkurrenz zu schaden; in jedem Subkontinent hat sozusagen nur ein Libanon Platz.

Literaturverzeichnis

ARNDT, H.: Die Marktwirtschaft kommt nicht ohne Planung aus. Die Industrie, Nr. 46, Wien, 18. 11. 1966, S. 6—9.
BARAKAT, H.: Observations on Lebanese Society. Vortrag im Deutschen Kulturzentrum Beirut, 10. 2. 1967. The Daily Star, Beirut, 11. 2. 1967.
BEHRENDT, R. F. (Hrsg.): Die wirtschaftlich und gesellschaftlich unterentwickelten Länder und wir. Vorträge und Diskussionen eines Kolloquiums. Bern 1961.
— Gesellschaftliche Aspekte der Entwicklungsförderung. In: Weltwirtschaftliche Probleme der Gegenwart, Schriften d. Ver. f. Socialpolitik, Bd. 35, 1965. Wiederabdruck in: FRITSCH, B. (Hrsg., 1968), S. 95—118.
BERRY, B. J. L.: Basic Patterns of Economic Development. In: GINSBURG, N. (1961), S. 110—119.
BLACHE, J.: Les problèmes géographiques du sous-développement. Revue de Géogr. de Lyon, vol. 41, no. 4, Lyon 1966, S. 367—396.
BOBEK, H.: Zur Problematik der unterentwickelten Länder. Mitt. d. Österr. Geogr. Ges., Bd. 104, Wien 1962, S. 1—24.
BOURGEY, A. u. PHARÈS, J.: Les bidonvilles de l'agglomeration de Beyrouth. Revue de Géogr. de Lyon, vol. 48, no. 2, Lyon 1973, S. 107—139.
BUTTLER, F.: Entwicklungsstufen in wirtschaftspolitischer Sicht unter besonderer Berücksichtigung ihrer Anwendbarkeit auf unterentwickelte Volkswirtschaften. Göttinger wirtschafts- u. sozialwiss. Studien 9, Göttingen 1969.
CORM, G. G.: Politique économique et planification au Liban 1953—1963. Beirut 1964.
EISERMANN, G.: Die Rolle des Unternehmers in den Entwicklungsländern. In: EISERMANN, G.: Wirtschaft und Gesellschaft. Stuttgart 1964, S. 23—57. Wiederabdruck in: EISERMANN, G. (Hrsg., 1968), S. 69—105.
— (Hrsg.): Soziologie der Entwicklungsländer. Stuttgart, Berlin, Köln, Mainz 1968.
FRITSCH, B. (Hrsg.): Entwicklungsländer. Neue Wiss. Bibliothek 24, Wirtschaftswiss., Köln, Berlin 1968.
GINSBURG, N.: Atlas of Economic Development. Chicago 1961.
— From Colonialism to National Development: Geographical Perspectives on Patterns and Policies. Annals of the Ass. of American Geogr., Vol. 63, No. 1, Lawrence, Kansas, March 1973, S. 1—21.
GUTH, W. (Hrsg.): Probleme der Wirtschaftspolitik in Entwicklungsländern. Beiträge zu Fragen der Entwicklungsplanung und regionalen Integration. Berlin 1967.
HANF, T.: Erziehungswesen in Gesellschaft und Politik des Libanon. Freiburger Studien z. Politik u. Gesellschaft überseeischer Länder, Bd. 5, Bielefeld 1969.
HESSE, K.: Planung in Entwicklungsländern. Eine Einführung in Wesen und Praxis des Entwicklungsplanes an Hand von sechs Beispielen. Berlin 1965.
— Das System der Entwicklungshilfen. Berlin 1969.
HIRSCHMAN, A. O.: Die Strategie der wirtschaftlichen Entwicklung. Stuttgart 1967.

---

[110] Eine derartige Auffassung von Libanon und den libanesischen Geschäftsleuten lassen z. B. syrische Gesprächspartner häufig erkennen.

HOFMANN, W.: Zur Theorie der Industrialisierung von Entwicklungsländern. In: BEHRENDT, R. F. (Hrsg., 1961), S. 154 ff.
  Wiederabdruck in HOFMANN, W.: Theorie der Wirtschaftsentwicklung. Vom Merkantilismus bis zur Gegenwart. Sozialökonomische Studientexte, Bd. 3, Berlin 1966, S. 291—307.
HOROWITZ, D.: Inflationskontrolle bei schnellem wirtschaftlichem Wachstum. Englisch in: ROBINSON, E. A. G. (Hrsg.): Problems in Economic Development. London, New York 1965.
  Deutsch in: FRITSCH, B. (Hrsg., 1968), S. 302—313.
HOSELITZ, B. F.: Wirtschaftliches Wachstum und sozialer Wandel [Sammelband von Arbeiten aus den Jahren 1953—1965]. Schriften zur Wirtschafts- und Sozialgeschichte, Bd. 15, Berlin 1969.
HOTTINGER, A.: Fellachen und Funktionäre. Entwicklungswege im Nahen Osten. München 1967.
(Mission) IRFED: Besoins et possiblités de développement du Liban. Etude préliminaire (3 Bde.). Beirut 1960/61.
— Atlas du Liban. Beirut 1964.
JOCHIMSEN, R.: Dualismus als Problem der wirtschaftlichen Entwicklung. Weltwirtsch. Archiv, Bd. 95, 1965.
  Wiederabdruck in: FRITSCH, B. (Hrsg., 1968), S. 65—80.
KAPP, K. W.: Wirtschaftliche Entwicklung, nationale Planung und öffentliche Verwaltung. Englisch in: Kyklos, Vol. XIII, 1960. Deutsch in: FRISCH, B. (Hrsg., 1968), S. 197—223.
KEEBLE, D. E.: Models of Economic Development. In: CHORLEY, R. J. u. HAGGET, P. (Hrsg.): Socio-Economic Models in Geography. London 1968, S. 243—302.
KNALL, B.: Wirtschaftserschließung und Entwicklungsstufen. Rostows Wirtschaftsstufentheorie und die Typologie von Entwicklungsländern. Weltwirtsch. Archiv, Bd. 88, 1962, 184—258.
— Ziele und Kriterien realistischer Entwicklungsplanung. In: GUTH, W. (Hrsg., 1967), S. 13—37.
KÜLLNER, L.: Grundfragen der Finanzpolitik in Entwicklungsländern. Schmollers Jahrbuch, Bd. 83, I, 1963.
  Wiederabdruck in: FRITSCH, B. (Hrsg., 1968), S. 272—301.
KÖNIG, R.: Über einige offene Fragen und ungelöste Probleme der Entwicklungsforschung. In: KÖNIG, R. (Hrsg., 1969), S. 9—36.
— (Hrsg.): Aspekte der Entwicklungssoziologie. Kölner Zeitschr. f. Soziol. u. Sozialpsychol., Sonderh. 13, Köln, Opladen 1969.
KÖRNER, H.: Industrie und Landwirtschaft im Prozeß der wirtschaftlichen Entwicklung. Jahrb. f. Sozialwiss., Bd. 17, H. 2, 1966, S. 158 ff.
  Wiederabdruck in: FRITSCH, B. (Hrsg., 1968), S. 262—271.
KOLB, A.: Die Industrialisierung außereuropäischer Entwicklungsländer. Verh. d. deutschen Geographentages, Bd. 31, Wiesbaden 1958, S. 288—303.
— Die Entwicklungsländer im Blickfeld der Geographie. Wiesbaden 1961.
KONRAD, A.: Finanzierungsprobleme: Der Zusammenhang von Entwicklungsplan, Budget und Zahlungsbilanz. In: GUTH, W. (Hrsg., 1967), S. 38—57.
LEBRET, L.-J.: Les objectifs pour le développement du Liban et les étapes de leur réalisation. Conférence donnée à Beyrouth le 26. 2. 1962. Beirut 1962.
LECHLEITNER, H.: Die Rolle des Staates in der wirtschaftlichen und sozialen Entwicklung Libanons. Wiener Geogr. Schriften, hrsg. v. L. SCHEIDL, Nr. 36/37, Wien 1972 (A).
— Konfessionsgruppen und Wirtschaftsleben in Libanon. Geogr. Rundschau, Jg. 24, H. 6, Braunschweig, Juni 1972, S. 213—218.
LORENZ, D.: Zur Typologie der Entwicklungsländer. Jahrb. f. Sozialwiss., Bd. 12, H. 3, 1961.
  Wiederabdruck in: FRITSCH, B. (Hrsg., 1968), S. 38—64.
MACHLUP, F.: Zuwenig Planung in der Marktwirtschaft? Die Presse, Wien, 4./5. 3. 1967.
MEYER, A. J.: Middle Eastern Capitalism. Nine Essays. Harvard Middle Eastern Studies, No. 2, Cambridge, Mass. 1959.
MEYER, K.: Entwicklungsländer. Handw. d. Raumforsch. u. Raumord., Hannover 1970, Spalte 620—627.
NIES, W.: Planwirtschaft oder Marktwirtschaft in Entwicklungsländern. Neue Zürcher Zeitung, Nr. 119, Zürich, 2. 5. 1967, Blatt 3.
PFEFFER, K. H.: Die Entwicklungsländer in soziologischer Sicht. Soziologische Aspekte der wirtschaftlichen Entwicklung (Band d. Reihe „Probleme d. Weltwirtschaft" d. Deutschen Übersee-Institutes). Hamburg 1967.
ROSTOW, W. W.: Stadien wirtschaftlichen Wachstums. Göttingen 1960.
SALIN, E.: Unterentwickelte Länder: Begriff und Wirklichkeit. Kyklos, Vol. XII, 1959.
  Wiederabdruck in: FRITSCH, B. (Hrsg., 1968), S. 21—37.
SAYIGH, Y. A.: Entrepreneurs of Lebanon. The Role of the Business Leader in a Developing Economy. Center for Internat. Affairs — Center for Middle Eastern Studies. Cambridge, Mass. 1962.
SCHEIDL, L.: Die Probleme der Entwicklungsländer in wirtschaftsgeographischer Sicht. Wiener Geogr. Schriften, Nr. 16, Wien 1963.
SCHNITTGER, L.: Staatshaushalt und Finanzierung in Entwicklungsländern. Der öffentliche Haushalt im wirtschaftlichen Wachstum der Entwicklungsländer. Darmstadt 1963.
SCHWEITZER, P.-P.: The Contribution of the International Monetary Fund to Conditions Favorable to Development. Le Commerce du Levant, Edit. Mensuelle, No. 115, Beirut, März 1970, S. VII—IX.
SPINDLER, J. v.: Das wirtschaftliche Wachstum der Entwicklungsländer. Stuttgart 1963.
STÖHR, W.: Geographische Aspekte der Planung in Entwicklungsländern: Die südamerikanische Problematik und das Beispiel Chiles. Festschrift L. G. SCHEIDL zum 60. Geburtstag, II. Teil, Wiener Geogr. Schriften, Nr. 24/29, Wien 1967, S. 377—393.

TINBERGEN, J.: Der Beitrag der Wirtschaftswissenschaften zum Aufstieg der Entwicklungsländer (Vortrag, St. Gallen, 13. 6. 1964). In: FRITSCH, B. (Hrsg., 1968), S. 413—421.
— Modelle zur Wirtschaftsplanung. Kindlers Universitäts-Bibliothek, München 1967.
TROLL, C.: Die räumliche Differenzierung der Entwicklungsländer in ihrer Bedeutung für die Entwicklungshilfe [Sammelband]. Erdkundliches Wissen, H. 13, Wiesbaden 1966.
WATERSTON, A.: Was wissen wir über Planung? Englisch in: Internat. Development Review, Vol. VII, No. 4, Dezember 1965. Deutsch in: FRITSCH, B. (Hrsg., 1968), S. 224—239.
WIRTH, E.: Damaskus — Aleppo — Beirut. Ein geographischer Vergleich dreier nahöstlicher Städte im Spiegel ihrer sozial und wirtschaftlich tonangebenden Schichten. Die Erde, 97. Jg., H. 2, 3, Berlin 1966 (A), S. 96—137, S. 166—202.
— Über die Bedeutung von Geographie und Landeskenntnis bei der Vorbereitung wirtschaftlicher Entscheidungen und bei langfristigen Planungen in Entwicklungsländern. Nürnberger Wirtschafts- und Sozialgeogr. Arbeiten, Bd. 5 (Angewandte Geogr., Festschr. f. E. SCHEU), Nürnberg 1966 (B), S. 77—83.

Erdöl im Nahen Osten

Ferdinand Mayer, Braunschweig

Einführung

Mit dem in Kuweit gefaßten Beschluß der OAPEC (Vereinigung der arabischen Erdölausfuhrländer) vom Oktober 1973, ihre Ölförderung aus politischen Gründen um monatlich 5% kürzen zu wollen, ging für die Öleinfuhrländer in fast allen Teilen der Welt eine Periode ungehemmten Energiewachstums ihrem Ende entgegen. Jahrzehnte hindurch hatten sich die westlichen Industrieländer daran gewöhnt, ständig wachsende Rohölimporte in ihre Energiebilanzen einzuplanen und damit einseitige Importabhängigkeiten von fallweise bis nahezu 100 % geschaffen. Bedingt durch die Preis- und Technologievorteile des Erdöls wurde die Heranziehung und Weiterentwicklung anderer Energieträger weitgehend vernachlässigt. Wohl hat es nicht an warnenden Stimmen gefehlt, sich zeitgerecht und ernsthaft auf mangelnde Versorgungsengpässe einzustellen. Die Tatsache jedoch, daß man in nahezu allen westlichen Industrieländern überhaupt erst in den letzten Jahren daran ging, ein langfristiges Energiekonzept aufzustellen, mag die erstaunliche Sorglosigkeit illustrieren, mit der man auf diesem Sektor ans Werk ging.

Der Oktoberbeschluß von Kuwait traf deshalb die Ölverbrauchsländer mit großer Härte und nahezu völlig unvorbereitet. Die durch ihn ausgelösten Notmaßnahmen und nationalstaatlich orientierten Zweckaktivitäten zeigen in eindrucksvoller Weise die Notwendigkeit einer kontinuierlichen Energieversorgung als unabdingbare Voraussetzung für ein wenn auch nur gemäßigtes BSP-Wachstum. Spätestens seit diesem Zeitraum liefert das Thema „Erdöl" die großen Schlagzeilen in der Weltpresse, wobei naturgemäß der Nahe Osten im Vordergrund der Betrachtung steht.

Angesichts des enormen Preisanstiegs für Rohöl — der gegenwärtige Weltmarktpreis liegt bei 8 bis 9 Dollar je Barrel (ungefähr 159 Liter) und wird vermutlich 1974 zu Jahreseinkünften der Exportländer in der unvorstellbaren Größenordnung von nahezu 100 Mrd. US-Dollar führen — sehen sich heute zahlreiche Verbraucherländer gezwungen, ihre Rohölimporte stark einzuschränken, um Schwierigkeiten mit der Zahlungsbilanz in Grenzen zu halten. Besonders diejenigen unter den Entwicklungsländern, die über keine eigenen Energierohstoffe verfügen, werden unter dieser Entwicklung schwer zu leiden haben.

Die Preispolitik der Ölförderländer wird zweifellos auch dazu beitragen, sich in den Verbrauchsländern mehr als bisher der Entwicklung anderer Energiearten zuzuwenden, so vor allem der Kohle, der Extraktion von Ölschiefer und Ölsanden, der Nutzung von Sonnenstrahlung und Erdwärme, dem Bau von Gezeitenkraftwerken und schließlich der Nutzung der Riesenkräfte, die in der Struktur von Atomen gebunden sind. Man kann auch davon ausgehen, daß sich die Erdölexploration außerhalb der traditionellen Fördergebiete weiter intensivieren wird, und zwar hauptsächlich in der Nordsee und in arktischen Bereichen. Die Hoffnung jedoch, daß es gelingen könnte, die arabischen Ölländer wieder zu einer uneingeschränkten Belieferung bei marktkonformen Preisen zu bewegen, dürfte kaum angebracht sein. Man wird sich ihrem Argument, sich nicht innerhalb einer einzigen Generation ihres natürlichen Reichtums begeben zu wollen, kaum verschließen können. Der Zwang zu einer sparsamen Verwendung unserer Energierohstoffe — und das mag als einer der positiven Aspekte dieser Ölkrise hervorgehoben werden — wird hoffentlich auch zu der Einsicht führen, daß in Zukunft Fragen der Energieversorgung wie auch des Umweltschutzes in größerer Wertigkeit gesehen werden müssen.

Der Nahe Osten

Raumabgrenzung / Entwicklung der Erdölwirtschaft

Mit „Naher Osten" bezeichnet man im allgemeinen den Länderkomplex, der im Norden durch den Kaspischen See und das Schwarze Meer, im Westen durch das Ägäische, Mittelländische sowie — mit Ausnahme von Ägypten — durch das Rote Meer begrenzt wird. Nach Süden schließt ihn das Arabische Meer und nach Osten der Golf von Oman sowie die iranische Grenze ab. Dieser Raum besitzt eine weitgehend ähnliche kulturelle, wirtschaftliche und soziale Struktur. Trotz unterschiedlicher Beschaffenheit der Oberfläche weist er in vieler Hinsicht einheitliche geographische Züge auf. Mit Ausnahme des Iran waren alle Länder dieses Gebiets einst Teile des Osmanischen Reiches.

Seit dem Anfang der Menschheitsgeschichte waren die Erdöl- und Bitumenvorkommen des Nahen Ostens durch zahlreiche Hinweise an der Oberfläche bekannt. Archäologische Forschungen haben ergeben, daß Erdöl bereits in sumerischen Zeiten vor fünf- bis sechstausend Jahren als Baumaterial und Leuchtöl verwendet wurde. Im älteren Gilgamesch-Epos findet sich die erste Erwähnung von Bitumen als Dichtungsmittel im Schiffsbau, und schon 445 v. Chr. beschreibt Herodot, der große Reisende des Altertums, die Erdölgewinnung in der Nähe von Susa.

Die eigentliche Ölzone des Nahen Ostens ist auf ein fest umrissenes Gebiet zu beiden Seiten des Persischen Golfs mit Ausläufern nach Nordwesten, Nordosten und Südosten konzentriert. Diese Zone wird nach Westen durch das Grundgebirge der Arabischen Masse und nach Osten durch die Gebirgsketten begrenzt, die sich von der Türkei aus über den nordwestlichen Irak und den Südwestteil des Iran bis in den Golf von Oman erstrecken.

Die Ölablagerungen in dieser Zone haben sich vor allem im Mesozoikum und im Tertiär gebildet, als Randmeere große Teile des heutigen Nahen Ostens bedeckten, vordrangen und wieder zurücktraten und dabei ungeheure Massen organischer Substanzen zurückließen, die dann feinkörniges, sedimentäres Material von den Landseiten her überdeckte. Der heutige Persische Golf ist ein Rest dieses Urmeeres. Er enthält ebenfalls große Öllager, deren erfolgreiche Erschließung voll im Gange ist.

Unter solch günstigen geologischen Bedingungen der Ölbildung und Ölerhaltung kam es im Nahen Osten zu einer Ansammlung von Lagerstätten, die nach dem bisherigen Stand der Forschung nirgends auf der Welt ihresgleichen hat. Rund 54% aller bestätigten Erdölreserven der Welt oder 48,6 Mrd. t befinden sich allein in diesem Raum. Dabei ist zu berücksichtigen, daß der Nahe Osten noch weit weniger erforscht ist als beispielsweise die Vereinigten Staaten, wo die Erdölgewinnung schon auf eine mehr als 100-jährige Tradition zurückblicken kann.

Was die Ölfelder des Nahen Ostens darüber hinaus von allen anderen bisher entdeckten Ölvorkommen der Welt unterscheidet, ist ihr ungeheurer Reichtum und die überaus große Produktivität der einzelnen Ölquellen. Bohrturmwälder, wie sie für die nordamerikanischen oder westvenezolanischen Öldistrikte charakteristisch sind, fehlen im nahöstlichen Raum vollkommen. Während in den USA die Zahl der Ölbohrungen bereits die Millionengrenze erreicht hat und rund 510.000 Sonden fördern, stammt die nahöstliche Erdölförderung — 1972 mehr als ein Drittel der Weltförderung — aus nur knapp 3200 Quellen. Die Förderleistung je Sonde beläuft sich zur Zeit im Durchschnitt auf 280.000 t im Jahr. Demgegenüber beträgt die Jahresförderung je Bohrung in den USA nur rund 1000 t, in der Bundesrepublik etwa 2500 t und in Österreich knapp 2000 t.

Von dem gewaltigen Ölstrom, der sich vom Persischen Golf und von der Levanteküste in nahezu alle Teile der Erde verzweigt, gingen 1972 etwa 53% nach Westeuropa. An zweiter Stelle stehen der Ferne Osten und Australien mit rund 34%, gefolgt von Süd- und Nordamerika mit 4 bzw. 5% und Afrika mit 3%.

Nur wenige Länder des Nahen Ostens verfügen bis heute noch über keine eigene Ölförderung. Zu ihnen gehören Jordanien und der Libanon, die jedoch durch die Transitgebühren der durch ihr Territorium führenden großen Ölfernleitungen sowie durch die Hafenumschlagplätze Banias, Tripoli und Sidon bedeutende Einnahmen erlangen.

Die Karte der Land- und Seekonzessionen der Länder um den Persischen Golf zeigt, daß der früher in wenigen Händen liegende Konzessionsbesitz in der Zwischenzeit stark diversifiziert wurde. Die „Großen" der Erdölindustrie, von denen jeder in zwei oder mehr ölreichen Ländern fördert, spielen zwar immer noch eine wichtige Rolle, doch die historisch gewachsene Struktur der Erdölwirtschaft des Nahen Ostens hat sich im Laufe der letzten Jahre grundlegend verändert. Infolge der erschwerten Rückgabebestimmungen der Verträge wird sich die Tendenz zu einer weiteren Streuung der Konzessionen auf immer kleiner werdende Gebiete fortsetzen. Allein in den letzten fünf Jahren wurden im Nahen Osten rund 30 neue Konzessionsgebiete vergeben.

In allen Förderländern ist der Einfluß des Staates auf die Ölwirtschaft stark gewachsen. Dabei wählten einige Länder den Weg der teilweisen oder völligen Verstaatlichung ihrer Erdölindustrie. Neben den traditionellen Fördergesellschaften wurden neue staatliche Ölunternehmen gegründet, beispielsweise im Irak, im Iran, in Kuwait und in Saudi-Arabien. Eine für die künftigen Beziehungen zwischen den Ölexportländern und den internationalen Ölgesellschaften besonders wichtige Stufe stellt die Staatsbeteiligung dar. Sie wurde von der Organization of Petroleum Exporting Countries (OPEC) ausgearbeitet und soll den Förderstaaten die Beteiligung von mindestens 51% an den ölfördernden Gesellschaften verschaffen. Solche Beteiligungsabkommen wurden in jüngster Zeit mit Saudi-Arabien, Kuwait, Abu Dhabi und Qatar abgeschlossen.

Die einzelnen Länder

Bahrain

Das 1971 nach Ablauf des britischen Mandats selbständig gewordene Bahrain war mit seinem Handelsstand und seiner hochentwickelten Oasenwirtschaft und Perlenfischerei im Gegensatz zu allen anderen Scheichtümern im Persischen

Golf schon vor der Erschließung des Erdöls ein wichtiges Wirtschaftszentrum. Als Kuwait, Qatar und heutige Zentren Saudi-Arabiens noch völlig unbekannt waren, gab es hier bereits reiche arabische Kaufleute, die einen intensiven Transithandel betrieben.

Als 1932 die amerikanische Bahrain Petroleum Company (BAPCO) erstmals in der Struktur von Awali auf Erdöl stieß, war dieser Fund weit über Bahrain hinaus von Bedeutung. Durch sein geologisch aufschlußreiches Ergebnis führte er in der Folgezeit zu einer raschen Belebung der Suchtätigkeit an der gesamten Ostküste der Arabischen Halbinsel. Für die Insel Bahrain blieb Awali mit einer mittleren Jahresförderung von rund 1,5 Mill. t allerdings das einzige Ölvorkommen. Durch einen Grenzvertrag mit Saudi-Arabien ist Bahrain aber aber auch zu 50% an der Ausbeute des Offshore-Ölfeldes Abu Safah beteiligt, das 1965 von der ARAMCO erschlossen wurde.

Besondere wirtschaftliche Bedeutung kommt auf Bahrain der 12-Millionen-Raffinerie zu, die zu etwa 70% Rohöl aus Saudi-Arabien verarbeitet. Die Verschiffung der Raffinerieprodukte erfolgt auf offener See auf dem Pier von Sitra.

Zur größeren Diversifizierung der Wirtschaftsbasis Bahrains wurde 1971 — erstmalig im Bereich des Persischen Golfs — eine Aluminiumhütte in Betrieb genommen. Die Anlage wird Erdgas von Awali beziehen und Tonerde aus Australien verhütten. Einem Beschluß der OAPEC (Organization of the Arab Petroleum Exporting Countries) zufolge soll darüber hinaus noch in den nächsten Jahren auf der Insel Muharrak nördlich von Sitra ein Trockendock für Supertanker bis zu 325.000 dwt — sogenannte Very Large Crude Carriers (VLCC) — gebaut werden.

Föderation Arabischer Emirate

Längs der Südostküste des Persischen Golfs erstrecken sich die ehemaligen Seeräuberstaaten, „Trucial States", wie sie früher genannt wurden, die insgesamt sieben arabische Fürstentümer umfassen. Wüste und Meer sind die natürlichen Grenzen dieser Kleinstaaten, deren Bevölkerung bis zur Erschließung ihrer Erdölreserven in weitgehender Isolierung und Armut lebte. 1968 schlossen sie sich zu einer losen Föderation arabischer Emirate zusammen, aus der 1971 nach dem Weggang der Briten aus dem früheren Mandatsgebiet ein engerer Staatenbund entstand.

Abu Dhabi, das bei weitem größte dieser Fürstentümer, erstreckt sich vom Südende der Halbinsel Qatar über etwa zwei Drittel der Küste bis zur Straße von Hormuz.

Schon 1953 erschloß hier die zur IPC-Gruppe gehörende Abu Dhabi Petroleum Company (ADPC) das Feld Murban, das nur etwa 20 km von der Küste entfernt liegt, die jedoch an dieser Stelle von Riffen übersät und unzugänglich ist. Erst durch den Bau einer Pipeline nach dem etwa 100 km entfernten Djebel Dhannah, wo sich eine geschütze Bucht mit tiefer Fahrrinne befindet, konnte 1963 die Förderung aufgenommen werden. Das Feld Murban wurde später im Süden durch das Vorkommen Bu Hasa beträchtlich erweitert. Beide Felder lieferten 1972 zusammen mehr als 28 Mill. t. Ein weiteres, schon 1966 entdecktes Vorkommen, Asab (früher Abu Jidu), wird gegenwärtig durch eine Leitung mit der Küste verbunden und zur Förderung vorbereitet.

Neben den Landfeldern gibt es in Abu Dhabi auch noch sehr ertragreiche Offshorevorkommen. Die Produktion begann Mitte 1962 aus dem etwa 100 km

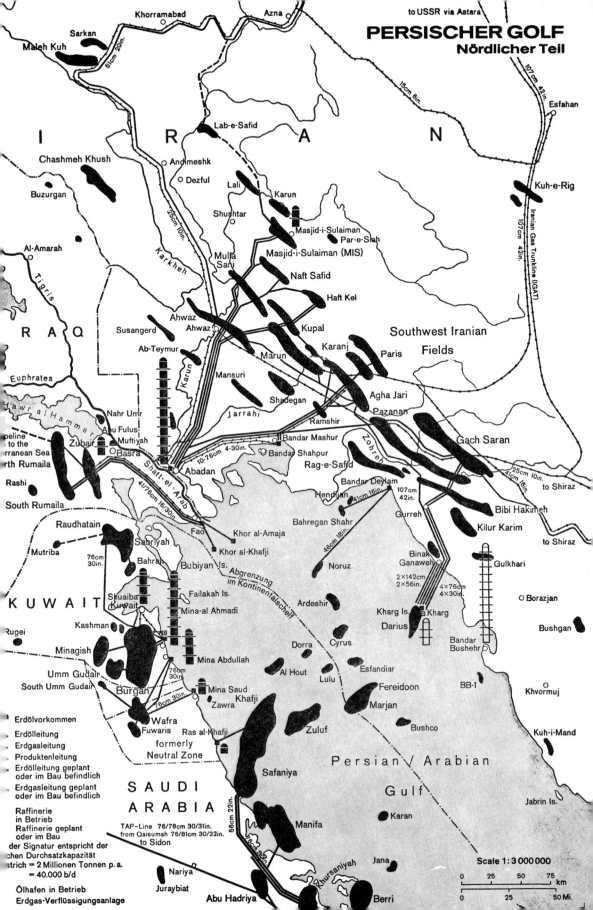

PERSISCHER GOL
SÜDLICHER TE

Nach "Erdöl- und Erdgaswelt atlas"
herausgegeben von der ESSO AG, Hamburg
© WESTERMANN

Scale 1:3 000 000

SAUDI ARABIA

UNITED ARAB EMIRATES

Al Hasa

Abu Dhabi

QATAR

BAHRAIN

Persian Gulf

Arabian

to Er-Riyadh

Mazalij
Qirdi
Khurais
Haradh
Hawiyah
Ghawar
Uthmaniyah
Ain Dar
Fazran
Harmaliyah
Al Udayliyah
Shedgum
Shedgum
Al Hofuf
Haradh
Abqaiq
Dhahran
Qatif
Al-Jubayl
Juaymah
Berri
Fadhili
Tufaih
Abu Hadriya
Ras Tanura
Sea Island
Abu Safah
Dammam
Al-Khobar
Ras Tanura
Awali
Al Manamah
Awali
Sitra
Mubarak Is.
Awali
Al-Uqayr
Umm Bab
Salwah
Kharit
Dukhan
Umm Said
Doha
Fuwayrit
Sila
Dalma Is.
Jebel Dhannah
Sir Bani Yas Is.
Dalma
Ruays
Marawah Is.
Al-Abyadh Is.
Habshan
Shames
Murban
Bab Dome
Bu Hasa
Asab
(Abu Jidu)
Mubarras Is.
Mubarras
Abu Dhabi
Umm Addakh
Zakum
Umm Shaif
Nasr
Saath al-Razbur
Das Is.
Al-Bunduq
Sharwah Is.
South
Idd el-Shargi
North
Maydam
Mahsam
Bul Hanine
Hatul Is.
Abu al-Bukhush
Sassan
Rostam
Rakhsh
Lavan
Shoeyb Is.
Hendorabi Is.
Bandar Maqam
Qeys Is.
Bandar Lengeh
Forur Is.
Bani Forur Is.
Sirri Is.
Sirri
SW Fateh
Fateh
Mubarak
Sir Abu Nuayr Is.

41cm 16in.
25-81cm 10-32in.
102 cm 40in.
46cm 18in.
36cm 14in.
51cm 20in.
46cm 18in.
56cm 22in.
61cm 24in.
76cm 30in.

vor der Küste liegenden Feld Umm Shaif, das von der britisch-französischen Abu Dhabi Marine Areas (ADMA) erschlossen wurde. Eine Unterwasser-Pipeline befördert das Öl zur nahe gelegenen, bis dahin unbewohnten Insel Das, an deren Ostseite sich ein moderner Tankerhafen mit einer vor der Küste verankerten Ladestelle befindet. Zusammen mit dem 1964 entdeckten Feld Zakum konnte hier ein ungewöhnlich rascher Produktionsanstieg erzielt werden. 1972 wurden von der Insel Das mehr als 20 Mill. t Erdöl verschifft.

In unmittelbarer Nähe dieser beiden Felder konnten in den letzten Jahren noch weitere Vorkommen entdeckt werden, darunter das aussichtsreiche Abu al-Bukhush, eine Fortsetzung des persischen Offshorevorkommens Sassan. Die lange Zeit gehegte Hoffnung der deutschen Explorationsgesellschaft Deminex auf eine Beteiligung an der ADMA konnte nicht realisiert werden. Das schon Mitte der sechziger Jahre von dem japanischen Konsortium entdeckte Offshorevorkommen Al- Bunduq, das zum Teil in das Schelfgebiet von Quatar hineinragt, wird spätestens Anfang 1974 über eine nach der Insel Das führende Pipeline die Förderung aufnehmen. Ab 1976 soll von Das aus auch verflüssigtes Erdgas verschifft werden, das hauptsächlich für Japan bestimmt sein wird. Eine weitere japanische Gesellschaft, die Abu Dhabi Oil Company (ADOC), wird spätestens 1974 mit der Förderung aus ihrem nahe der Küste gelegenen Ölfeld Mubarras beginnen. Eine Unterwasser-Pipeline wird gegenwärtig zu der winzigen Insel gleichen Namens verlegt, eine zweite zu den im offenen Meer liegenden Umschlagseinrichtungen.

Auch in dem weiter nordöstlich von Abu Dhabi gelegenen Emirat *Dubai* wird seit Jahren nach Erdöl gesucht. Mitte 1966 eroberte die Dubai Petroleum Company rund 90 km vor der Küste und schon ziemlich nahe zur Grenze des iranischen Schelfgebietes das Vorkommen Fateh. Dieses Feld, aus dem seit 1968 gefördert wird, wurde berühmt durch den dort installierten riesigen Unterwassertank, der ein Fassungsvermögen von mehr als 70.000 t aufweist. Im Rahmen des weiteren Ausbauprogrammes sind inzwischen noch zwei weitere solcher Tankanlagen auf dem Meeresgrund versenkt worden. Alle drei Tanks sind durch Brücken miteinander verbunden. Ein zweiter Liegeplatz für Tankschiffe bis zu 300.000 dwt mit einer Einpunkt-Drehboje ist im Bau. In den letzten Jahren konnte bei Abgrenzungsbohrungen auch noch die zum Hauptfeld gehörende Erweiterung SW-Fateh endeckt werden.

Schließlich wurde in jüngster Zeit auch noch in einem dritten Emirat, in *Sharjah*, ein wirtschaftlich verwertbares Erdölvorkommen im Offshorebereich erbohrt. Eine Gemeinschaft amerikanischer Ölgesellschaften unter Führung der Buttes Gas and Oil Company als Betriebsunternehmen bereitet für 1974 den Beginn der Ölförderung aus dem etwa 15 km vor der Küste der Insel Abu Musa gelegenen Offshorevorkommen Mubarak vor. In einem Abkommen zwischen dem Iran und Sharjah, die beide das Besitzrecht auf Abu Musa und die beiden Tumb-Inseln beanspruchen, — alle drei Inseln wurden 1971 vom Iran besetzt — wird Sharjah das Recht der Förderung im Feld Mubarak gegen Überlassung der Hälfte aller künftigen Erdöleinnahmen zuerkannt. Mit der Förderung soll Anfang 1974 begonnen werden.

In den übrigen vier Emiraten entlang der Seeräuberküste, in Ras al-Khaimah, Fujairah, Umm al-Qaiwain und Ajman, wurde bisher kein Erdöl entdeckt.

Irak

Der Irak steht mit einer Ölproduktion von rund 67 Mill. t im Jahre 1972 an vierter Stelle unter den nahöstlichen Förderländern. Aufgrund schwebender Streitfragen zwischen der Regierung und der größten Fördergesellschaft des Landes, der Iraq Petroleum Company (IPC), stagnierte die Erdölförderung mehrere Jahre lang, während die der Nachbarländer unaufhörlich wuchs. Erst Anfang 1973 gelang es, nach einem mehr als zwölfjährigen Rechtsstreit zu einem Abkommen zwischen den Partnern zu kommen, worin sich die IPC mit der Verstaatlichung ihrer Felder im Norden des Landes und der Beschränkung ihres Konzessionsgebietes auf etwa ein Prozent der früheren Fläche im Austausch für langfristig verbürgte Rohöllieferungen einverstanden erklärte. Nach Inkrafttreten dieser Regelung kann mit einem raschen Wiederanstieg der Ölförderung gerechnet werden, die für den Irak nach wie vor das wirtschaftliche Rückgrat bildet. Durch die ständig wachsenden Öleinnahmen — 1971 rund 840 Mill. Dollar — werden etwa 50% des Staatshaushaltes gedeckt und mehr als 80% aller Mittel für die Verwirklichung des laufenden Fünfjahresplanes bereitgestellt.

Im Irak setzte die Ölsuche schon etwa um die Jahrhundertwende ein. 1904 erhielt die Anatolische Eisenbahngesellschaft, von der die Berlin-Bagdad-Bahn geplant wurde, eine Option für die Erdölsuche in den Bezirken Mosul und Bagdad. 1912 stieß eine deutsche Gruppe bei Qaijarah, etwa 130 km westlich Kirkuk, erstmals auf Öl und nahm die Förderung in bescheidenem Umfang auf. Zwei Jahre später wurde die deutsch-britische Turkish Petroleum Company gegründet, die als Nachfolgegesellschaft die Konzessionen übernahm. 1919, nach dem Zerfall des Osmanischen Reiches, übertrug man im Vertrag von San Remo den deutschen Anteil an der Turkish Petroleum Company auf die Compagnie Française des Pétroles (CFP).

1921 wurde der Irak selbständig, und vier Jahre später erteilte der neue Staat erstmals Such- und Förderungskonzessionen, die zu einer raschen Wiederaufnahme und Intensivierung der Sucharbeiten führten. 1927 traf man nach zahlreichen Fehlbohrungen nördlich von Kirkuk zum erstenmal auf Erdöl in größeren Mengen. Im gleichen Jahr wurde dicht an der Grenze zum Iran das kleine Feld Naft Khaneh erschlossen, die westliche Fortsetzung des kurz vorher entdeckten iranischen Feldes Naft-i-Shah. 1928 erfolgte unter Beteiligung amerikanischer Ölgesellschaften die Gründung der heutigen Iraq Petroleum Company, die durch Tochtergesellschaften weit über den Irak hinaus tätig geworden ist.

1934 wurde ein System von Ölleitungen mit je 31 cm Durchmesser von Kirkuk nach Haifa und Tripoli mit einer Jahreskapazität von 4 Mill. t in Betrieb genommen. Die von Kirkuk ausgehenden Leitungen verlaufen zunächst als K-Linie parallel bis Haditha. Dort, wenige Kilometer außerhalb der Pumpstation K-3, teilen sie sich: Der nördliche Strang, die T-Linie, erreicht die Mittelmeerküste bei Tripoli, während der südliche Strang, die H-Linie, Haifa zustrebt.

Seit Beginn der Erdölförderung im Irak war der Ölexport des Landes von der Kapazität dieser Pipelines abhängig. Infolge der laufenden Felderweiterungen von Kirkuk entschloß man sich schon 1939 zum Bau weiterer parallel laufender Ölleitungen, mit deren Verlegung jedoch erst 1946 begonnen werden konnte. Wegen des arabisch-israelischen Konflikts wurde 1948 die Verlegung des neuen H-Zweiges eingestellt und die alte, nach Haifa führende Leitung stillgelegt. Damit verblieb nur noch die alte 31-cm-Leitung Kirkuk-Tripoli und die 1949 fertiggestellte neue 41-cm-Parallelleitung. 1952 nahm man eine zusätzliche 76-cm-Leitung nach dem syrischen Hafen Banias in Betrieb und 1962 eine zweite Pipeline gleichen Durchmessers, die alternativ nach Tripoli oder Banias benutzt werden kann. Die Jahreskapazität des IPC-Pipelinesystems beträgt damit gegenwärtig rund 60 Mill. t.

Die Ölgebiete im Norden des Irak lieferten von Anbeginn den Hauptteil der irakischen Förderung. Aus dem Feld Kirkuk, das sich über eine Länge von mehr als 100 km erstreckt, stammen rund 70% der Gesamtförderung. Es ist geplant, von diesem Feld ein Leitungspaar für den Transport von Erdgas und Erdölprodukten nach Bagdad zu verlegen.

Im äußersten Süden des Irak wurden erstmals 1948 größere Ölvorkommen bei Nahr Umr entdeckt, denen noch im gleichen Jahr ein zweites Feld bei Zubair und 1953 westlich davon ein weiteres bei Rumaila folgte. Zubair wurde wenig später durch eine Pipeline mit dem Hafen Fao verbunden. Auch Rumaila, dessen Nordteil in den letzten Jahren mit sowjetischer Hilfe weiter ausgebaut wurde, ist an dieses Leistungssystem angeschlossen. Der Hafen von Fao erwies sich jedoch trotz mehrfacher Ausbaggerung als unzureichend. Deshalb wurde der neue Ölverladehafen Khor al-Amaja in 32 km Entfernung vor der Küste von Fao angelegt. Dieser durch eine Unterwasser-Pipeline mit dem Festland verbundene Ausfuhrhafen steigerte die Ausfuhrkapazität des Irak auf maximal 70 Mill. t pro Jahr. Mit dem Bau eines weiteren Großtankerhafens — Khor al-Khafji — in den tieferen Gewässern des Persischen Golfs sowie durch zusätzliche Pipelines soll diese Kapazität der beabsichtigten Steigerung der Aufuhr entsprechend vergrößert werden.

Mit Ausnahme von Nord-Rumaila, das der Staatsgesellschaft Iraq National Oil Company (INOC) gehört, erfolgt die gesamte Erdölförderung im Südirak durch die Basrah Petroleum Company (BPC). Als Vergeltungsschlag gegen die USA wegen ihrer Hilfe für Israel wurde der amerikanische Anteil an der BPC gegen Ende 1973 verstaatlicht. Auch der britisch-niederländische Anteil wurde aus den gleichen Gründen einer Teilverstaatlichung unterworfen.

Iran

Der Iran, das älteste und traditionsreichste Ölland des Nahen Ostens, stand 1972 mit einer Jahresförderung von 254 Mill. t hinter Saudi-Arabien an zweiter Stelle. Die Erschließung der iranischen Ölvorkommen war von entscheidender Bedeutung für die wirtschaftliche Entwicklung des armen und nur zu einem geringen Teil landwirtschaftlich nutzbaren Landes. 1972 nahm der Staat durch die Ölförderung knapp 2 Mrd. Dollar jährlich ein — mehr als die Hälfte seines Staatsbudgets.

Die Ölgeschichte im Iran begann 1872. Damals erhielt Paul Julius Reuter, der Gründer der bekannten Londoner Nachrichtenagentur, die erste Konzession. 1901 wurde die erste nahöstliche Fördergesellschaft, die D'Arcy Company, gegründet. Nach jahrelanger Ölsuche stieß sie 1908 etwa 150 km von der Küste des Persischen Golfs entfernt erstmalig auf Öl. Das Vorkommen erhielt seinen Namen — Masjid-i-Sulaiman — durch die inmitten des Feldes gelegenen Ruinen eines alten Tempels: Moschee des Salomon. Die Entdeckung war eines der wichtigsten Ereignisse in der Geschichte der Ölerschließung des Nahen Ostens. Von hier aus wurde in den Jahren 1910 bis 1913 eine Ölleitung nach Abadan — damals eine kleine Hafenstadt mit kaum 400 Einwohner — verlegt, dort eine Verladebrücke gebaut und eine Raffinerie in Betrieb genommen. Kurz nach den ersten Funden übernahm die Anglo-Persian Oil Co. — später Anglo Iranian Oil Co., heute British Petroleum Co. — die D'Arcy-Konzession.

In den zwanziger Jahren erschloß man im Südwesten des Landes die Felder Naft-i-Shah, Haft Kel und später Gach Saran, das sich zum bedeutend-sten Ölfeld des Iran entwickelte. Diese Aufschlußerfolge in den ungemein ergiebigen tertiären Asmarikalken der Zagroskette wurden durch die Funde von Naft Safid, Agha Jari und Pazanan noch gesteigert.

Nach und nach verband man sämtliche südwestiranischen Felder durch Pipelines mit Abadan oder Bandar Mashur, lange Zeit wichtigster iranischer Ölhafen. Die Raffinerie Abadan wurde immer mehr erweitert. Anfang der fünfziger Jahre war sie mit 23 Mill. t Jahreskapazität die größte der Welt.

Die Verstaatlichung der iranischen Ölindustrie 1951 führte zu einem ernst-haften Rückgang der Fördertätigkeit. Während die Ölproduktion 1950 noch 32 Mill. t betragen hatte, sank sie zwei Jahre später — da die Weltmärkte verschlossen blieben — auf nur 1 Mill. t. Der Staat gründete in dieser Zeit die National Iranian Oil Company (NIOC). Nach langen und überaus schwieri-gen Verhandlungen wurde mit einem Konsortium von 17 international tätigen Ölgesellschaften ein neues Abkommen geschlossen. Wenig später gelang es, die Ölförderung wieder stufenweise in Gang zu bringen. Schon 1957 erreichte sie erneut 36 Mill. t.

Zu den bis dahin fördernden Feldern kam in den den letzten Jahren noch eine Reihe weiterer bedeutender Lagerstätten hinzu. Südlich von Teheran wurde 1951 das Ölvorkommen Alborz entdeckt, und 1958 stieß man in unmittel-barer Nähe auf das Erdgasfeld Sarajeh, das durch eine Leitung mit Teheran verbunden wurde. Die bedeutendsten Aufschlußerfolge erzielte man erwar-tungsgemäß in der Asmariformation im südwestlichen Iran. Kurz nacheinander wurden hier die Felder Ahwaz, Bibi Hakimeh, Karanj, Marun und Rag-e-Safid entdeckt und in das Pipelinenetz einbezogen. Auch in dem bis dahin als Erdgas-feld geltenden Vorkommen Pazanan erbohrte man große Erdölreserven. Die meisten dieser Felder konnten später noch beträchtlich erweitert werden, und besonders in den Ausläufern der Zagroskette stieß man in jüngster Zeit noch auf manche Neuentdeckung.

Schließlich verlief auch die Suchtätigkeit im Persischen Golf erfolgreich. Am Nordende des Golfes erbohrte man die Vorkommen Bahregan Shahr, Hendi-jan und Noruz, die durch Pipelines mit Bandar Deylam verbunden sind, und auf der Höhe der Insel Kharg die Lagerstätten Darius, Cyrus, Fereidoon und einige andere Vorkommen, die gegenwärtig noch untersucht werden. Auch am Südende des Persischen Golfs wurden zwei Offshorevorkommen — Rostam und Sassan — erbohrt und durch Leitungen mit der Insel Lavan verbunden, von wo aus die Verschiffung erfolgt. Sirri und Rakhsh, die beiden Neuent-deckungen der jüngsten Zeit, werden gegenwärtig für die Förderung einge-richtet.

Mit dem raschen Anstieg der iranischen Ölproduktion wurde in den sechziger Jahren der Bau eines neuen Verladehafens notwendig. Als günstigste Lösung bot sich hierfür die etwa 40 km vor der Küste liegende Insel Kharg an, die durch sechs Unterwasserleitungen mit dem Festland verbunden wurde. Heute ist Kharg mit seinen zahlreichen Ladebrücken im Osten und Westen der Insel, an denen Tanker bis zu 500.000 dwt anlegen können, der größte Erdölhafen der Welt. Mit einer Umschlagkapazität von nahezu 300 Mill. t pro Jahr kann er den gesamten Ölexport aus den südwestiranischen Feldern bewältigen, während der frühere Verladehafen von Bandar Mashur nur noch der Ausfuhr von Erdölprodukten der 23-Millionen-Tonnen-Raffinerie Abadan dient.

Im Iran, wo der Export von Erdölprodukten schon immer eine wichtige Rolle gespielt hat, sollen in den nächsten Jahren zusätzliche Verarbeitungskapazitäten — darunter eine von einem deutschen Firmenkonsortium geplante Großraffinerie nahe Bandar Busher — geschaffen werden. Auch eine auf der Insel Kharg geplante Erdgas-Verflüssigungsanlage wird voraussichtlich ab 1975 für den Export von verflüssigtem Erdgas nach Japan zur Verfügung stehen.

1958 wurde mit dem Bau einer von Abadan ausgehenden Produktenleitung begonnen, die nach Überquerung der Zagroskette nach Teheran und mit Zweigleitungen nach Esfahan, Resht und Meshhed führt. Parallel zum Hauptstrang dieser Leitung wurde eine Erdölleitung von Ahwaz nach Teheran verlegt, die der Versorgung der dortigen 6-Millionen-Tonnen-Raffinerie dient.

Der Iran verwendet heute nahezu 18 Mrd. m³ Erdgas aus eigener Förderung. Mit sowjetischer Hilfe wurde gegen Ende der sechziger Jahre ein rund 1700 km langes Gasleitungsnetz geschaffen, das neben der Versorgung mehrerer Industriestädte vor allem dem Gasexport in die Sowjetunion dient. Diese Iranian Gas Trunkline (IGAT) führt von den südwestiranischen Erdölfeldern mit Abzweigungen nach Shiras, Esfahan und Kashan nach Teheran und erreicht bei Astara die sowjetische Grenze. Das Erdgas kommt hauptsächlich aus den Ölfeldern Agha Jari und Marun. Ein weiterer Ausbau des Gasleitungsnetzes und eine Erweiterung des Erdgasexports — unter anderem auch nach der BRD — sind geplant.

Nach fast einjährigen Verhandlungen kam Anfang 1973 zwischen dem Iran und den Teilhabern des iranischen Konsortiums eine Einigung über die zukünftige Betriebsführung zustande. Danach übernimmt der Staat Besitz und Betrieb der Erdölwirtschaft im Austausch für langfristig verbürgte Rohöllieferungen voll in eigener Regie. Rechtlich waren die Ölfelder, Raffinerien und Ausfuhreinrichtungen ohnedies schon seit Inkrafttreten des Verstaatlichungsgesetzes von 1951 iranisches Staatseigentum.

Die Staatsgesellschaft NIOC führt nun auch unmittelbar die Unternehmungen, während das Konsortium als Dienstleistungsgesellschaft für den gesamten technischen Betrieb — Erdölsuche, Förderung und Verarbeitung — zuständig ist.

Israel

In Israel, wo Ölaustritte im Bereich des Toten Meeres schon seit Jahrhunderten bekannt waren, begann die Suche nach Kohlenwasserstoffen erst verhältnismäßig spät. 1955 gelang es einer israelisch-amerikanischen Gesellschaft nach langwierigen Vorarbeiten erstmals bei Heletz im südlichen Küstengebiet nahe dem Gazastreifen Öl im Jura-Kalkstein zu erbohren. Kurze Zeit später wurde das benachbart liegende Vorkommen Bror entdeckt, und 1963 folgte dann einige Kilometer nördlich davon die Erschließung der Lagerstätte Kochav. Alle diese Felder der Lapidoth Israel Oil Prospectors Corporation als Betriebsgesellschaft liefern jedoch nur geringe Erträge, die auch in den besten Förderjahren die 100 000 t-Grenze nicht überschritten.

Durch die Besetzung der Halbinsel Sinai konnte 1967 die Rohölbasis des Landes ganz entscheidend verbessert werden. Die an der Westküste Sinais liegenden Felder Sudr, Asl, Abu Rudeis, Sidri, On- und Offshore-Belayim sowie mehrere in der Zwischenzeit hier durch die Fördergesellschaft Netivei Neft Company neu entdeckte Vorkommen liefern Gesamterträge von rund 7 Mill. t pro Jahr. Im Zuge der letzten kriegerischen Auseinandersetzungen auf Sinai wurden die Anlagen einiger dieser Ölfelder schwer beschädigt.

Auch das Erdgas gewinnt in Israel zunehmend an Bedeutung. Neben den Anfang der sechziger Jahre entdeckten Gasfeldern Zohar, Kidod und Haknaim südwestlich des Toten Meeres wurden neue Lagerstätten erbohrt, darunter das aussichtsreiche Vorkommen Gurim. Das Erdgas wird durch Leitungen nach Sedom am Südende des Toten Meeres in die dortigen Kali-, Brom- und Phosphatwerke und in einige Industrieorte des Negev geleitet.

Neben die seit 1960 bestehende Rohölleitung von Elat zur Raffinerie nach Haifa wurde 1970 noch eine zweite nach Ashkalon am Mittelmeer führende Leitung verlegt, die hauptsächlich dem Öltransitverkehr dient. 1971 wurden durch diese Leitung, die Trans-Israel Pipeline (TIP-Line), rund 25 Mill. t Rohöl befördert. Der Ausbau auf eine Durchflußkapazität von 60 Mill. t pro Jahr ist für 1975 vorgesehen.

Nahe dem Endpunkt dieser Pipeline in Ashkalon wurde etwa 20 km weiter nördlich in Ashdod eine neue und standortgünstiger gelegene Raffinerie mit einem Jahresdurchsatz von rund 5 Mill. t pro Jahr errichtet. Über eine 1972 fertiggestellte Leitung erfolgt von hier die Versorgung des Raumes Jerusalem mit Erdölprodukten.

Kuwait

Kuwait steht in der Rangliste der nahöstlichen Ölförderstaaten hinter Saudi-Arabien und dem Iran an dritter Stelle. Auf dem kleinen Staatsgebiet, das etwa der Größe Schleswig-Holsteins entspricht, wurden 1972 aus rund 700 Sonden nahezu 152 Mill. t Erdöl gefördert. Durch seine niedrige Bevölkerungszahl verfügt Kuwait unter den Förderländern des Nahen Ostens bislang über die höchsten Pro-Kopf-Einnahmen.

Die seit Beginn der Ölförderung auf allen Gebieten des wirtschaftlichen, öffentlichen und sozialen Lebens vollzogenen Wandlungen Kuwaits sind in der Wirtschaftsgeschichte der Welt ohne Beispiel. Noch vor wenigen Jahrzehnten war Kuwait eine arme Fischersiedlung ohne Trinkwasser, deren Bedeutung fast ausschließlich in der seit altersher betriebenen Fertigung arabischer Segelschiffe (Dhau, Bum) und in der Perlenfischerei bestand. Die von Jahr zu Jahr steigenden Erdöleinnahmen — 1971 mehr als 1,4 Mrd. Dollar oder 94% des gesamten Staatshaushalts — ermöglichten Investitionen größten Stils, wie z. B. den vollkommenen Umbau der Stadt Kuwait mit ihren bis dahin vorherrschenden Lehmhütten und engen Gassen zu einer modernen Großstadt mit Hochhäusern, breiten Straßen und einem pulsierenden Geschäftsleben. Eine leistungsfähige Meerwasserentsalzungsanlage — die größte ihrer Art im Nahen Osten — versorgt die Hauptstadt und ihre Umgebung mit einwandfreiem Trinkwasser. Ohne daß ein eigentliches Budget besteht, werden die Einnahmen Kuwaits zu je einem Drittel für laufende Ausgaben, langfristige Entwicklungsvorhaben und Investitionen im Ausland verwendet.

Die neue Epoche des Scheichtums begann 1934 mit der Erteilung der ersten Förderkonzession durch Scheich Ahmed an die heutige Kuwait Oil Company (KOC), eine britisch-amerikanische Gesellschaft. Schon bei der zweiten Bohrung stieß man 1938 auf die Struktur des heutigen Burgan-Feldes. Nach einer kriegsbedingten Pause wurde das mächtige, in nur geringer Tiefe liegende

Feld rasch weiter erschlossen; Pipelines stellten die Verbindung zur Küste her, wo geeignete Verladestellen entstanden. Burgan gilt heute als das reichste Ölfeld der Welt, obgleich sein Umfang im Verhältnis zur Ausbeute erstaunlich gering ist. Aus knapp 400 Sonden werden hier pro Jahr rund 90 Mill. t Erdöl gefördert.

1952 stieß man auf die Vorkommen Magwa und Ahmadi, die gleiche geologische Kennzeichen wie das Hauptfeld — Burgansande und Ratawikalke — aufweisen. Kurze Zeit später folgte im Norden die Entdeckung des Feldes Raudhatain, das durch eine Ölleitung mit dem zentralen Ölverladehafen Mina al-Ahmadi verbunden wurde. Um 1960 sind dazu noch die Felder Bahrah, Sabriyah, Minagish, Umm Gudair und Mutriba gekommen. Im Gegensatz zu der großen Zahl reicher Landvorkommen gelang es trotz intensiver und langer Suchtätigkeit bisher nicht, auch vor der Küste auf Erdöl zu stoßen.

Die Transportverhältnisse für Kuwait sind außerordentlich günstig. Das Öl fließt durch natürliches Gefälle zum Hafen Mina al-Ahmadi, der über eine Ladekapazität von etwa 500.000 t pro Jahr verfügt. Ein Teil des Rohöls wird in den beiden Raffinerien des Landes verarbeitet. Eine dritte, staatseigene Raffinerie wurde durch die Kuwait National Petroleum Company (KNPC) in Shuaiba bei Kuwait geschaffen.

Das Scheichtum Kuwait ist darüber hinaus auch noch zu 50% an der Förderung und Verarbeitung von Erdöl in den Konzessionsgebieten der ehemaligen „Neutralen Zone" zwischen Kuwait und Saudi-Arabien beteiligt.

Neutrale Zone

Im Jahre 1922 wurden mit dem Vertrag von Uqair die beiden Neutralen Zonen zwischen Saudi-Arabien und dem Irak sowie zwischen Kuwait und Saudi-Arabien geschaffen. Während bisher die westliche Neutrale Zone ohne Bedeutung geblieben ist, erlangte die Zone zwischen Saudi-Arabien und Kuwait durch die Auffindung großer Erdölvorkommen besondere Bedeutung. 1964 wurde das rund 5840 km² umfassende Gebiet durch ein neues Grenzabkommen zwischen den beiden Anliegerstaaten aufgeteilt. Da sich in der Erdölstatistik nach wie vor der Begriff „Neutrale Zone" wiederfindet und überdies die neue Grenzziehung keinerlei Einfluß auf die gegenwärtigen Konzessionen hat, wurde auch hier die bisherige Bezeichnung aus methodischen Gründen zunächst beibehalten.

1948 und 1949 erhielten erstmals zwei amerikanische Ölgesellschaften von Kuwait und Saudi-Arabien Konzessionen. Die erste, von Kuwait erteilte Konzession ging an die Aminoil Independent Company, während die saudiarabischen Rechte an die Getty Oil Company vergeben wurden. Gemeinsam erschlossen diese beiden Unternehmen 1953 das ergiebige Wafra-Feld. Schon 1954 begann von dem notdürftig eingerichteten kuwaitischen Hafen Mina Abdullah aus der Rohölexport nach Europa. Etwas weiter südlich wurde später auf dem Territorium der Zone der zweite Exporthafen Mina Saud errichtet. Beide Häfen, die mittlerweile auch Industriestandorte wurden, sind durch Pipelines mit dem Wafra-Feld verbunden. Ende 1962 stieß man südwestlich von Wafra auf das Vorkommen Fuwaris, das im Jahre 1964 die Förderung aufnahm.

Die Offshorekonzession vor der ehemals Neutralen Zone wurde Ende der sechziger Jahre von Saudi-Arabien und Kuwait an die japanische Gesellschaft Arabian Oil Company (AOC) verliehen, der es schon 1960 gelang, das

Vorkommen Khafji — die nördliche Fortsetzung des saudi-arabischen Unter-
wasservorkommens Safaniya — zu erbohren. Von dem Feld führt eine Pipeline
zur Küste nach der Raffinerie Ras al-Khafji, von wo aus Rohöl und Produkte
nach Japan verschifft werden. Westlich der Lagerstätte Khafji, in dem Gebiet
bis zur Trennlinie der Konzessionsgebiete im Persischen Golf, konnten in
jüngster Zeit weitere aussichtsreiche Offshorevorkommen entdeckt werden,
darunter Al-Hout und Zuluf, die beide bereits fördern.

Oman

Das 1970 deklarierte Sultanat Oman umfaßt das frühere Maskat und Oman
sowie das unmittelbar daran anschließende Gebiet von Dhofar. Das riesige
Territorium erstreckt sich längs der arabischen Südost- und Südküste des
Golfs von Oman und des Arabischen Meeres. Im Inland reicht es tief in die
Wüste Rub'al-Khali (Leeres Viertel) hinein. Nordwestlich der Stadt Maskat
erstreckt sich ein breiter, mit Dattelpalmen bewachsener Landstrich, in dem
die seit Jahrhunderten gleich gebliebene Oasenwirtschaft betrieben wird. Doch
zwischen Maskat und der weit im Süden gelegenen Provinz Dhofar ist die
Küste rauh und abweisend. Dhofar selbst ist dagegen wieder ein weitgehend
fruchtbares Gebiet.

Lange Zeit schien es, als ob alle Ölvorkommen Arabiens längs der Küste
des Persischen Golfs konzentriert wären. Als die Cities Service Petroleum
Corporation im Jahre 1957 in Dhofar an mehreren Stellen Erdöl entdeckte,
wurden auch hier erstmals Hoffnungen geweckt. Die dortigen Vorkommen
Marmul und Mazraq enthielten jedoch keine wirtschaftlich verwertbaren
Ölmengen. Hingegen stieß die Petroleum Development Oman Ltd. (PDO) westlich der Hauptstadt Maskat, tief im Landesinneren nahe der Grenze zu Saudi-
Arabien, schon bei ihren ersten Bohrungen 1962 auf aussichtsreiche Ölvorkommen. Nacheinander wurden die Felder Yibal, Natih und Fahud entdeckt und
durch eine rund 280 km lange Erdölleitung mit dem neu geschaffenen Ausfuhrhafen Saih-al-Malih, nördlich Maskat, verbunden. Schon 1967 konnte hier
die Förderung aufgenommen werden. Weitere Bohrungen in dieser Region
führten 1970 südlich davon zur Entdeckung der Lagerstätte Huwaisah, in der
mittlerweile ebenfalls die Produktion in Gang gebracht wurde. Im Vergleich
zu den sonstigen nahöstlichen Feldern sind die bisher entdeckten Vorkommen
Omans jedoch relativ klein und außerdem stark von der Versalzung bedroht.
Die an der Nordküste Omans von mehreren Gesellschaften intensiv betriebene
Offshore-Exploration hat bisher noch zu keinerlei Aufschlußerfolgen geführt.

Qatar

In keinem anderen Land am Persischen Golf hat das Erdöl so große und
sprunghafte Veränderungen hervorgerufen wie in dem 1971 selbständig
gewordenen Qatar, das heute pro Kopf der Bevölkerung etwa gleich große
Staatseinnahmen wie Kuwait aufweist.

Eine Förderkonzession für das gesamte Gebiet des Scheichtums war bereits
1935 der Anglo-Iranian Oil Company (AIOC) übertragen worden, deren Rechte
später an die IPC-Tochtergesellschaft Qatar Petroleum Company gingen. Schon
Ende 1939 stieß man an der unwegsamen, Bahrain zugekehrten Westküste bei
einer deutlich sichtbaren Antiklinale auf die ergiebige Erdölstruktur Dukhan.
Doch erst nach dem Zweiten Weltkrieg war es möglich, das Vorkommen weiter
zu erschließen und eine Pipeline quer durch die Halbinsel nach Umm Said
zu verlegen, von wo aus Ende 1949 die Erdölausfuhr begann.

Außerhalb der Hoheitsgewässer entdeckte Mitte 1959 die Shell Company of Qatar das Offshorevorkommen Idd el-Shargi und einige Jahre später nordöstlich davon die Struktur Maydam Mahsam. Beide Felder wurden durch Pipelines mit der nahe gelegenen Insel Halul verbunden, von wo aus die Ölverladung erfolgt. Als dritten Ölfund in diesem Gebiet erbohrte man Ende 1970 Bul Hanine, das ebenfalls durch eine Pipeline mit Halul verbunden ist. Südwestlich davon, nahe der Insel Sharwah, wurden in den letzten Jahren von einer japanischen Fördergesellschaft, der Qatar Oil Company, die Such-arbeiten aufgenommen. Der Förderanteil aller Offshorefelder an der Gesamt-produktion Qatars lag 1972 bei rund 50%. In Umm Said wird gegenwärtig ein großes petrochemisches Werk errichtet, das hauptsächlich Harnstoff und Ammoniak für den Export nach Südostasien herstellen soll. Als Energieträger und Rohstoff wird Erdgas aus Dukhan verwendet. Qatar ist damit nach dem Iran, Kuwait, Saudi-Arabien und dem Irak der fünfte Anliegerstaat des Persischen Golfs, in dem ein modernes petrochemisches Werk errichtet wurde.

Saudi-Arabien

Saudi-Arabien ist unter allen ölexportierenden Staaten ein Land der Superlative. Es hat den größten Anteil an den Weltreserven aufzuweisen — rund 21% —, ist seit Jahren größter Erdölförderer im Nahen Osten und seit kurzem auch der größte Rohölexporteur der Welt.

Im Gegensatz zu seinen nördlichen Nachbarn und zu den südlichen An-rainern Jemen, Aden und Maskat hatte der heute im Königreich Saudi-Arabien zusammengefaßte Hauptteil der Arabischen Halbinsel zu keiner Zeit einen nennenswerten Anteil am Welthandel. Das ungünstige Klima, der Mangel an Wasser und der hohe Anteil an Wüsten haben sowohl die Entwicklung einer ertragreichen Landwirtschaft als auch eines exportfähigen Gewerbes verhindert. Eine Ausnahme bilden die drei wichtigsten Städte des Hedjas — Mekka, Djidda und Medina —, deren Wirtschaft von den bis zu 800.000 Pilgern profitiert, die jährlich zu den heiligen Stätten des Islam kommen.

Die sprunghaft wachsenden Öleinnahmen — 1971 rund 2,2 Mrd. Dollar oder knapp 90% der gesamten Staatseinkünfte — haben inzwischen eine neue Phase eingeleitet, in der sich die Begegnung von Tradition und Fortschritt in einzigartiger Weise widerspiegelt. Während rund 4,5 Mill. Beduinen — mehr als die Hälfte der Bevölkerung — noch die althergebrachte nomadische Vieh-zucht betreiben, haben der Ausbau der Ölindustrie in der Ostprovinz Al-Hasa und das Interesse der Regierung an der Modernisierung des Landes das wirt-schaftliche Leben von Grund auf verändert.

1933 bewarb sich die Standard Oil Company of California, durch Ölfunde auf Bahrain ermutigt, erstmals um eine Ölkonzession. Nach mehrfachen Umfor-mungen und anteilmäßigen Veränderungen wurde schließlich die Arabian American Oil Company (ARAMCO) gegründet, an der heute neben Saudi-Arabien die Exxon Corporation, die Mobil Oil, die Standard Oil of California und die Texaco beteiligt sind.

Die ersten Bohrungen im Osten der Provinz Al-Hasa um 1935 erwiesen sich zunächst als Fehlschläge. Die einzige wirklich aussichtsreiche Fundbohrung gelang 1937 in der schon von außen erkennbaren klassischen Antiklinal-struktur von Dammam in einer Tiefe von 1440 Metern. Schon ein Jahr später konnte die Förderung aufgenommen werden. Eine Leitung brachte das Rohöl nach Al-Khobar, von wo es anfangs in Leichtern zur Raffinerie nach Bahrain weitertransportiert wurde. Seit 1945 übernahm diese Aufgabe eine Unterwasser-Pipeline. 1939 entstand der neue Ölverladehafen in Ras Tanura, heute mit seinen Zusatzeinrichtungen und Ausbauten einer der leistungsfähigsten im Persischen Golf.

Schon vor dem Krieg hatten sich die Arbeiten der ARAMCO-Geologen als äußerst nutzbringend für Saudi-Arabien erwiesen. Bei Kriegsbeginn hatten sie etwa 450.000 km² in groben Zügen vermessen und 130.000 km² detailliert kartographisch aufgenommen. Zum erstenmal war die Lage einer ganzen Reihe von Städten, Dörfern und anderen wichtigen Punkten des Landes exakt festgelegt worden. Diese Arbeit wurde nach kriegsbedingter Pause später erfolgreich fortgesetzt.

Nach der Entdeckung des Ölfeldes Dammam wurden 1940 die Vorkommen Abu Hadriya und Abqaiq erschlossen, jedoch zunächst nur in Reserve behalten. Trotz vieler Schwierigkeiten entstand während der Kriegsjahre eine Raffinerie in Ras Tanura, die Ende 1945 mit einer Durchsatzkapazität von 2,5 Mill. t den Betrieb aufnahm. Heute zählt sie mit mehr als 20 Mill. t Jahreskapazität zu den größten Raffinerien im Nahen Osten.

Den bedeutendsten Erfolg erzielte die Gesellschaft südwestlich von Abqaiq. Zuerst glaubte man, hier drei verschiedene Vorkommen — Ain Dar, Uthmaniyah und Haradh — vor sich zu haben. Später stellte sich dann heraus, daß eine gewaltige zusammenhängende Öllagerstätte erschlossen worden war, die sich von Norden nach Süden über ungefähr 230 km erstreckt. Die Feldergruppe, die den Namen Ghawar erhielt, zählt zu den ausgedehntesten Erdöllagerstätten der Welt und liefert etwa die Hälfte der saudi-arabischen Förderung.

Ende 1951 wurde durch Unterwasserbohrungen nahe der früheren Grenze zur Neutralen Zone das sich weit in den Persischen Golf erstreckende Vorkommen Safaniya erschlossen. Nach dem Bau einer Pipeline zur Verladestelle Ras Tanura konnte 1957 mit der Förderung begonnen werden. Das Vorkommen Khursaniyah nahe der Küste wurde 1956 entdeckt, ein Jahr später das Offshorevorkommen Manifa.

In einem völlig neuen Gebiet westlich von Ghawar stieß man Ende 1957 auf die Lagerstätte Khurais, die durch eine Pipeline über Ain Dar in die Förderung einbezogen wurde. Südlich davon konnten in jüngster Zeit noch weitere Ölvorkommen — Qirdi, Mazalij und Harmaliyah — erbohrt werden, die den Schluß zulassen, daß es sich hier um ein ähnlich großes und zusammenhängendes Vorkommen wie in Ghawar handelt. Aus dem Feld Khurais soll eine Erdölleitung nach Er-Riyadh verlegt werden, um die dort von der staatlichen Petromin zu errichtende Raffinerie zu versorgen. Er-Riyadh wird in Zukunft auch über eine von Ghawar heranführende Pipeline mit Erdgas versorgt werden.

In den letzten Jahren wurde durch eine Betriebsgesellschaft der italienischen Staatsgesellschaft ENI erstmals auch im äußersten Osten Saudi-Arabiens in den Sanddünen der Rub'al-Khali (Leeres Viertel) Erdöl gefunden. Das Vorkommen liegt nahe zur Grenze nach Abu Dhabi, wo sich bereits ertragreiche Felder, darunter die Lagerstätte Murban, befinden. Von den zahlreichen Entdeckungen und Felderweiterungen im Offshorebereich Saudi-Arabiens sind besonders Abu Safah, Berri und das jüngst erbohrte Marjan zu nennen.

Von der im letzten Jahrzehnt enorm gesteigerten Förderung Saudi-Arabiens — sie erreichte 1972 rund 285 Mill. t — wurden mehr als 255 Mill. t in Ras Tanura verschifft, 21 Mill. t durch die TAP-Linie zum Mittelmeer transportiert und der Rest in Ras Tanura und Bahrain verarbeitet. Um das Anlegen von Tankern aller Größenordnungen zu ermöglichen, wurden nördlich von Ras Tanura die Plattformen Sea Island und Juaymah errichtet und durch Pipelines mit dem Land verbunden.

Der schon in früheren Jahren gefaßte Plan, eine leistungsfähige Pipeline vom Persischen Golf zum Mittelmeer zu schaffen, wurde bald nach Kriegsende verwirklicht. In einer Bauzeit von nur drei Jahren gelang es, eine der größten Rohölleitungen der Welt — 1213 km lang, mit 500 km Sammelleitungen — fertigzustellen. Sie nahm im September 1950 ihren Betrieb auf. Mit sieben Pumpstationen hat die Trans-Arabian Pipeline (TAP-Line) eine Jahreskapazität von 25 Mill. t. Das Öl benötigt für den Weg von den Ölquellen der Provinz Al-Hasa bis zum Hafen Sidon rund 16 Tage.

Der Bau der Ölleitung durch teilweise bisher völlig unerschlossene Gebiete Saudi-Arabiens, durch Jordanien, Syrien und den Libanon, schuf gleichzeitig eine neue Verkehrsader, deren wirtschaftliche Bedeutung sich erst mit der Zeit voll auswirken wird. Entlang der TAP-Line wurden 29 Frischwasserbrunnen angelegt; an den Hauptpumpstationen entstanden mitten in der Wüste mehrere moderne Kleinstädte. Parallel zur Pipeline verläuft eine Autostraße, die über rund 1800 km von Ras al-Mishab am Persischen Golf nach Sidon führt.

Im gleichen Maß wie Kuwait hat Saudi-Arabien neben seiner Eigenproduktion auch noch 50-prozentigen Anteil an der Förderung und Verarbeitung von Erdöl in den Konzessionsgebieten der ehemaligen Neutralen Zone zwischen Kuwait und Saudi-Arabien, die 1964 aufgeteilt wurde.

Syrien

Angeregt durch die Ölfunde im irakischen Teil von Mesopotamien wurde in Syrien bereits 1939 mit der Ölsuche begonnen, die anfänglich ohne jeden Bohrerfolg verlief. Erst Mitte der fünfziger Jahre erbohrte man in der äußersten Nordostecke Syriens, ganz in der Nähe der nordirakischen Ölfelder, die Lagerstätte Karachok. 1959 wurde im gleichen Gebiet durch die Deutsche Erdöl Aktiengesellschaft (heute Texaco) das Vorkommen Souedie mit damals geschätzten Reserven in Höhe von rund 70 Mill. t erschlossen. Bevor es jedoch zu einer wirtschaftlichen Nutzung kam, wurde Ende 1964 die Erdölindustrie des Landes verstaatlicht.

1968 wurde eine etwa 700 km lange Erdölleitung von Karachok über Homs nach dem Mittelmeerhafen Tartus in Betrieb genommen, und schon drei Jahre später mußte mit dem Anstieg der Förderung eine Parallelleitung verlegt werden. Ein kleiner Teil der von der syrischen General Petroleum Company (GPC) erbrachten Jahresförderung wird in der Raffinerie Homs verarbeitet und durch Produktenleitungen nach Damaskus, Haleb und Latakia befördert.

Durch die letzten Kriegshandlungen wurde die staatseigene Raffinerie in Homs weitgehend zerstört. Auch die Ölhäfen Tartus und Banias — letzterer ist Endpunkt des nördlichen Zweiges der von Kirkuk heranführenden IPC-Leitung — wurden schwer in Mitleidenschaft gezogen. Die Verschiffung von Kirkuk-Erdöl erfolgte deshalb verstärkt über Tripoli im Libanon, dem südlichen Endpunkt der IPC-Leitung. Mit dem Wiederaufbau der Raffinerie in Homs soll auch deren Durchsatzkapazität auf rund 6 Mill. t vergrößert werden.

Türkei

In der Türkei wurde erstmals 1940 durch das staatliche Bergbauforschungs- und Explorationsinstitut (MTA) in der Nähe von Ramandagh im südöstlichen Teil des Landes Erdöl entdeckt. Anfang der fünfziger Jahre erbohrte man nahe davon die Struktur Garzan, der später im Rahmen einer systematischen Suchtätigkeit in dieser Region noch zahlreiche weitere Funde — darunter Germik und Selmo — folgten. Das Öl dieser Felder dient hauptsächlich zur Versorgung der Raffinerie von Batman, wohin auch ein Netz von Feldleitungen führt. Nur ein geringer Teil der Produktion wird durch eine Pipeline nach dem Tankerhafen Dörtyol bei Iskenderun gepumpt.

In den letzten Jahren konnten durch die Türkiye Petrolleri A. O. (TPAO) und andere Gesellschaften zahlreiche Explorationserfolge erzielt werden. Nahe- zu alle neu entdeckten Kleinvorkommen liegen im Gaziantep-Diyarbakir- Becken, hauptsächlich im Raum zwischen Euphrat und Tigris. Alle diese Funde reichen jedoch nicht aus, um den Förderrückgang der alten Felder abzudecken. 1972 mußte die Türkei mehr als 6 Mill. t Rohöl einführen.

Die beiden Raffinerien in Mersin und Izmit wurden in den letzten Jahren auf 4,5 bzw. 5,5 Mill. t jährlich ausgebaut. Eine weitere Anlage mit einer Jahreskapazität von 3,5 Mill. t ist für den Schwarzmeerhafen Trabzon geplant. Der besseren Versorgung der westlichen Türkei mit Erdölprodukten dient eine Leitung von Antalya nach Bandirma, die in beiden Richtungen benutzt werden kann.

Quellennachweis

Arabian American Oil Company (ARAMCO): Handbook. New York 1960.
International Petroleum Encyclopedia, Jahrbücher 1968 bis 1973, Tulsa/Oklahoma.
LONGRIGG, St. H.: Oil in the Middle East. London 1961.
MAYER, F.: Erdöl im Mittleren Osten. Unveröffentlichte Diss., Hochschule für Welt-
    handel, Wien 1962.
-- Erdöl-Weltatlas. Braunschweig 1966.
MICHAELIS, A.: Wirtschaftliche Entwicklungsprobleme des Mittleren Ostens. Kieler
    Studien, herausgegeben von F. BAADE, Kiel 1960.
TOTTEN, Don E.: Erdöl in Saudi-Arabien. Heidelberger Geogr. Arb., hrsg. von
    G. PFEIFER, Stuttgart 1953.

Zeitschriften und sonstige Quellen:
    Erdöl und Kohle, Hamburg.
    Offshore, Tulsa/Oklahoma.
    Oil and Gas Journal, Tulsa/Oklahoma.
    Oilweek, Calgary/Alberta.
    Petroleum Press Service (The Petroleum Economist), London.
    Div. Papers of the World Petroleum Congresses (Mexico 1967, Moskau 1971).

Central Saudi Arabia

Wigand Ritter, Darmstadt

Foreword

Central Saudi Arabia, which is also called the Central Regions or Central Nejd [1], was for a long time rightly considered to be one of the least known and least accessible interior fastnesses of the world. She is the core area of Wahhabism and the homeland of the Saud dynasty and as such remained firmly rooted in her time-honoured and proud traditions, that at the same time make up the strenght and the weakness of the Saudi state [2]. While modern cities did spring up in the oil-bearing areas of the Eastern Province and even the pilgrimage centers of the Hijaz modernized, little did change here. Central Saudi Arabia seemed to go on in the old ways, demanding nothing from the world and offering the only thing she could give — religious fervor — until recent years.

There is, however, much probabillity that change will be all the more fundamental here in the near future. The main factors in this process will be the rapid growth of Riyadh into a metropolis such as was never seen in Arabia and the channels by which oil- wealth finds its way and is redistributed to the people. By both the existing spatial and social structures have been stressed strongly during the last twenty or so years and, with time, they loose their usefulness and may even cease to be understandable for the younger generation. Altogether this process is not unkown in industrial countries but here it meets a peculiar setup which shall be outlined below. Some of the ways and byways of change, as they were observed by the author in the spring of 1970, combined with the the physical nature of the land merit closer attention.

I. General Introductory Remarks

It was only in 1917/1918 that H. St. B. J. Philby (1925 I, II), finally succeeded in solving the major open questions of the geography of Central Arabia. During the late fifties and early sixties of our century aerial survey for the purpose of oil-prospection was done on large scale by ARAMCO (Arabian American Oil Company), the results of which were used for the first geological maps and for much improved topographical maps [3]. Where oil was not likely to to be found, however, close ground control of the map data was deemed to be

---

[1] The Nejd also includes the Qasim (Buraydah) and Jabal Shammar (Hayil) as well as other regions to the west, up to the frontiers of Hijaz. The Central Regions comprise Dawadimi, Sha'rah and parts of Jabal 'Aridh that were not included in our survey. Of the nomadic tribes the Subay', Suhul, Eastern 'Ataybah, Qahtan and the Mutayr of Artawiyah belong to it (TWITCHELL 1953, p. 114).

[2] The history of the Saud dynasty and of Wahhabism has been written down by many authors. The most easily accessible studies will be PHILBY (1925 or 1922 and 1955), the ARAMCO Handbook or the Geographical Handbook of the British Admirality (Western Arabia and the Red Sea, 1946).

[3] Up to this time existing maps like the sheets of the International world Map 1 : 1 million were based on traveller's intineraries and often grossly inaccurate. PHILBY after the second war covered much ground in primary survey until his expulsion from the country in 1955.

unnecessary and so quite a few "white spots" remained, as far as settlements are concerned. Some of these spots have been filled by field-research of international consultings, but usally their reports are not fully available even to other departments of the government. Much additional confusion has been created by the lack of an offical system for recording topographical data and place names [4]. It may happen that for instance the ministery of education has teachers on its pay-roll in villages whose location in quite unknown to the officals in Riyadh. This situation gets all the more awkward as the officials are mostly foreigners from other Arab countries, that do not know how to put into terms of map reference the knowledge of the people and especially of the beduins, who used to be the living geographical encyclopedia of the country.

This general difficulty was probably the main reason why a program of field-studies for feeder-roads in the whole of the kingdom was linked with a provisory survey of all settlements. And this was the point, too, where the author came in, rather unprepared, as a geographer.

The Central Regions as a geographic concept figure in the administrative subdivision of the country used by some ministeries, notably the ministery of finance and national economy. This part of Saudi Arabia is a sort of privileged zone as it comprises the Wahhabi coreland and its people technically are allies of the dynasty as opposed to the former "infidels" that had been subjected to Saudi rule. The boundaries as shown on map I are of course indistinct. They are very roughly adjusted to traditional lines that divide grazing and water claims of nomadic tribes and settled communities. As a whole this area covers some 320,000 square kms of land. In the area covered by our survey we found a sedentary population of about 280,000 persons. Including 350,000 for Riyadh and another 20,000 for the area not covered (see map I) the total would be 650,000 of which nearly 60% live in the capital alone. The number of nomads remains a matter of pure conjecture. Adapting figures on the grazing capacity of the range as given by the SOGREAH-report the area might be able to sustain 8000 to 9000 nomadic families with their flocks on an annual basis. As most tribal groups also use grazing lands outside our area but belong to the Central Regions or to Wahhabi tribes, the total number may be somewhere near 15,000 families or around 105,000 persons [5].

Permanent settlements are rather unevenly distributed over this vast area. Traditionally they are grouped into districts or better "cantons" who in history were considered to be coherent socio-political units. Sometimes, during times of emergency, they even acted as such, usually they were fractured by bitter feuds down to the very village level. The geographical extent of these districts has little to do with topography but rather with the necessity of procuring food, participating in trade and perhaps with defence against neighbours, too [6].

The number and size of these districts are again somewhat indistinct. Geographical names seem to have changed in the course of time. While NIEBUHR

---

[4] Toponyms are often difficult to interpret. Names for settlements or settlement fractions are often freely exchanged in spoken usage with names of the oasis. Many villages have three names, one is a real place name, the second a nick-name (like Ushayqir meaning "little Shaqra", which itself is a nickname meaning the "blonde") which is mostly in the diminutive, the third may refer to the clan living there or to the ancestor of the people.

[5] SOGREAH (see below) did a very thorough study on agricultural conditions which unfortunately was confidential so that only extracts could be made in haste.

[6] Contrary to the statements of TOTTEN (1959, p. 16), who speaks of the "terroristic rule" of nomads over the oasis-population of Al-Ahsa and Qatif, there is no mention found of nomads capturing or plundering oasis-villages in the Nejd in literature. There was a lot of fighting in the last century but always among sedentaries into which the nomads might join as auxiliaries.

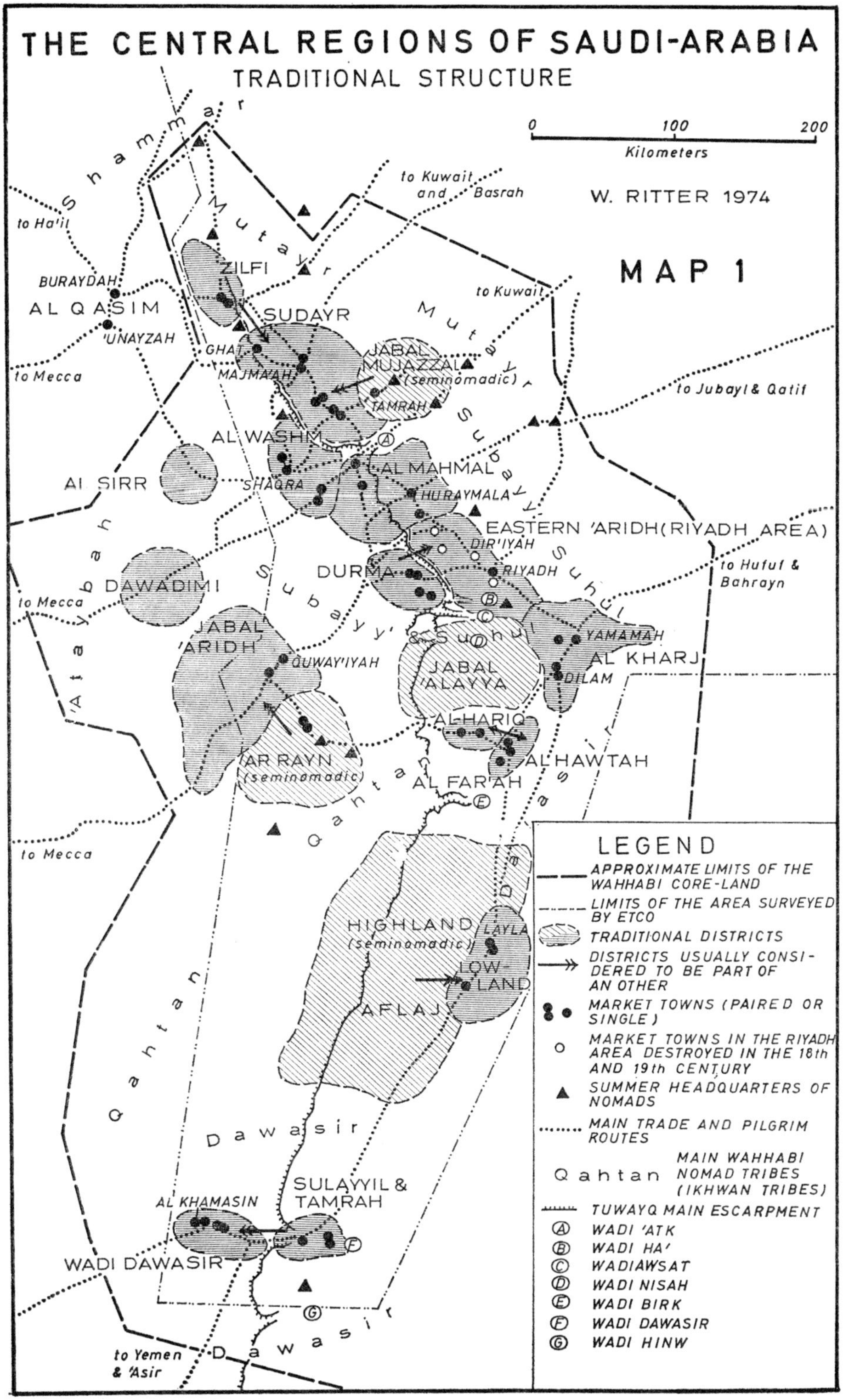
THE CENTRAL REGIONS OF SAUDI-ARABIA
TRADITIONAL STRUCTURE
0 100 200
Kilometers
W. RITTER 1974
MAP 1
Shammar
Mutayr
to Ha'il
to Kuwait and Basrah
to Kuwait
to Jubayl & Qatif
to Hufuf & Bahrayn
to Mecca
to Yemen & 'Asir
ZILFI
BURAYDAH
AL QASIM
'UNAYZAH
SUDAYR
GHAT
MAJMA'AH
JABAL MUJAZZAL (seminomadic)
TAMRAH
AL WASHM
AL SIRR
SHAQRA
AL MAHMAL
HURAYMALA
Subay'
EASTERN 'ARIDH (RIYADH AREA)
DIR'IYAH
RIYADH
DURMA
DAWADIMI
'Atayba
Suhul
YAMAMAH
AL KHARJ
DILAM
JABAL 'ARIDH
QUWAY'IYAH
Subayy' & Suhul
JABAL 'ALAYYA
AL HARIQ
AL HAWTAH
AR RAYN (seminomadic)
Qahtan
AL FAR'AH
HIGHLAND (seminomadic)
LAYLA
LOW-LAND
AFLAJ
Dawasir
AL KHAMASIN
SULAYYIL & TAMRAH
WADI DAWASIR
LEGEND
APPROXIMATE LIMITS OF THE WAHHABI CORE-LAND
LIMITS OF THE AREA SURVEYED BY ETCO
TRADITIONAL DISTRICTS
DISTRICTS USUALLY CONSIDERED TO BE PART OF AN OTHER
MARKET TOWNS (PAIRED OR SINGLE)
MARKET TOWNS IN THE RIYADH AREA DESTROYED IN THE 18th AND 19th CENTURY
SUMMER HEADQUARTERS OF NOMADS
MAIN TRADE AND PILGRIM ROUTES
Qahtan MAIN WAHHABI NOMAD TRIBES (IKHWAN TRIBES)
TUWAYQ MAIN ESCARPMENT
Ⓐ WADI 'ATK
Ⓑ WADI HA'
Ⓒ WADI AWSAT
Ⓓ WADI NISAH
Ⓔ WADI BIRK
Ⓕ WADI DAWASIR
Ⓖ WADI HINW

and PALGRAVE speak of the 'Aridh as the whole area to the west and north of Riyadh, this term is much restricted in usage today and only used for the Jabal 'Aridh. The term Riyadh-area has supplanted Eastern 'Aridh and the Washm, Mahmal and Sudayr are no longer included. This is obviously due to a genuine change and not only to a more differentiating usage of geographic terms. Even today traditional links of villages to a district can be loosed by new and easier traffic-routes or by attraction of commerce to new market centers.

The system of government in this part of Saudi Arabia rests on local or tribal self-government. Villages, tribes and districts are in a way to be regarded as "independent nations", most of them with democratic, oligarchic or monarchic constitutions of their own. The leaders called "prince" or "amir" are either elected by the people or selected among the members of a hereditary ruling family. They all are linked to the state by their common allegiance to the dynasty and to the faith[7]. At the head of each district or subdistrict there is an amir appointed by the government. Usually he comes from an influential family of a neighbouring district and is not involved in the local quarrels, so that he can act as an arbiter in the name of the king. Formerly he had to supervise the delivery of tributes to the king, too, but this form of taxation is of no importance today.

In much the same manner religious authority is organized. On the higher levels it is exercised by the family of 'Abd ul Wahhab, the founder of the faith. Local representatives are the "religious police" that supervises prayers, the ban on alcohol and the poor-tax. District representatives care for law and religious education. There is, as we see, a sort of division of powers and a very high degree of self-government that can do well enough without clearly defined hierarchies in its relation to the central government.

Only in recent years several government departments have started to create hierarchies and to organize administrative districts. But as the whole gamut of new public services is offered to the people free of charge and is financed out of the state's oil revenue without recourse to taxation, central administration does not obtrude on the everyday life of the people and their communities. Public administration thus exists side to side with traditional self-government and is regarded as a sort of present given by the king. Probably as more and more services are introduced and managed by the government a definite administrative system will have to emerge. Today this unique dual system is a going concern and to all intents runs smoothly and without conflicts.

II. Sidelights on Geology, Climate and Physical Geography

Although the physical conditions of this area throughout history and up to our times have not been decisive factors in human affairs, a glance at them will prove useful to the reader and provide a framework of reference. Secondly modern development does in fact put more emphasis on physical factors and natural resources which — except the overriding question of where and how to find water — were irrelevant in former times.

---

[7] All other parts of Saudi Arabia with the exception of the beduin tribes were long regarded as "subject nations". They have amirs out of families from the Central Regions and local affairs are more or less strictly controlled.

The overall physical frame of the Central Regions is made up by the Arabian Scarpland, a series of limestone plateaus with westward facing escarpments. Its geologically oldest formations lie discordantly on the cristalline Nejd-shield, whose ancient drainage pattern has been partly reexposed. The most salient feature ist the Tuwayq escarpment that runs as a mighty arc for some 950 kms from north to south. On either side of the Tuwayq-plateau softer marls, sandstones and limestones have been removed by erosion and deflation to form vast depressions.

The Tuwayq plateau itself, made up by massive limestones of upper jurassic age, is traversed by seven large wadis. They are Wadi 'Atk in the north, Wadi Ha', Wadi Awsat, Wadi Nisah and Wadi Birk, that in Al-Kharj unite to form the Wadi Sahbah in the middle, and Wadi Dawasir and Wadi Hinw in the south. Only in the Wadi Dawasir a flood streaming for its whole length has ever been recorded by PHILBY (1925 II, p. 183) in 1917. The upper ends of Wadi Birk, Wadi Nisah and Wadi Awsat are barred by high sand-dunes and show no signs of recent stream courses. Wadi Ha' and Wadi Atk may even have lost their gradient. These fossil rivers are, however, outlets for ground-water that accumulates to the west of the Tuwayq. That they have been rivers long ago, is testified by raised river beds and vast fans of quarzitic gravels all the way from the eastern edge of the Tuwayq to the Arabian Gulf.

Along an axis running due west from Al-Kharj there has been considerable uplift and some fracturing. As a consequence the three wadis that cut the Tuwayq here, form picturesque canyons and the relative height of the escarpment in places reaches 450 to 500 metres. These Wadis divide the plateau into the Northern and Southern Tuwayq.

It should be noted that the Tuwayq and the other limestone plateaus show a conspicuous lack of carstic features. No caves were known to the people and only one could be observed that formed a subterranean outlet of a small sidestream. Consequently there are no carstic springs. Only within the gipsiferous strata of the Hit-formation there are large water-filled solution-pits that form the well known lakes of Aflaj, the springs of Al-Kharj and the subterranean pond of Dahl-Hit southeast of Riyadh. On the other hand the Tuwayq is so heavily dissected by larger or smaller valleys that larger expanses of the plateau surface are rather rare. The drainage pattern is dendritic with the major valleys ending blind on the western escarpment.

Recent wadi beds are mostly covered by coarse gravel which contrasts sharply with beds of fluvially deposited loess found in some of them. These loess fills are the preferred sites for agricultural occupation. In all cases the loess beds are dissected by recent stream courses on their lower end or on their whole length. In the Wadi Ha' there are veritable badlands. The origin of the loess fills might go back to the pleistocene but can in part be younger, for in the Wadi Ushayran at Al-Ghayl a layer of cinders and debris was observed 1,5 m below the cultivated surface. We might suppose that loess deposition has partly been a result of the degradation of vegetation on the plateaus and dissection of the loess a consequence of human interference by means of bad irrigation techniques. This view would be enhanced by the numerous remains of weirs and flood control works. CATON-THOMPSON and GARDINER (1939, p. 18 ff.) report similar beds in the Wadi Hadhramaut and its affluents. They found artifacts of Levalloisian type associated with them in situ. As they think these deposits to be partly fluvial, partly aeolian in origin they call them "aeolian silts" and think that dissection was brought about by a present climate with more frequent floods. Whatever the cause, dissection continues but the wadis do not now deposit clay in appreciable quantities nor does the wind deposit material other than sand. We therefore think that these wadi-fills might be derived from a former soil cover of the plateaus.

The depressions between the escarpments are in part flat serir, interspersed with silt plains. Sebkhas do exist but are rare enough. Only in parts of the Aflaj and the Wadi Dawasir salinity of the soil is a problem. Most of the rocky ground is made up by smaller escarpments and plateaus with an uncoordinated drainage pattern that is called "summan" like the similar landscapes east of the Dahna. Large sand accumulations have formed wherever the wind systems allow deposition. They are called "nafuds" and are stationary. In the northwest we find the striking giant sand-domes of the Nafud Thuwayrat first noted by HOLM (1935 and 1960) and recently treated by RITTER (in print). The Nafud Dhahi west of the Tuwayq is shallow and does not form the continuous belt of sand that is usually shown on older maps. The Dahna with its parallel moving dune ridges is the eastern boundary of our area and, like all sandy areas, a preferred spring grazing for the nomads.

Rather little is known of the exact nature of the climate. Only quite recently a network of observation stations has been set up for agricultural research. Most of the results are still unpublished and confidential so the best illustration will be given by the values of the SOGREAH-report, although the length of the observation period and rainfall data are not mentioned (Tab. 1).

Table 1: Climatic Data for Central Arabia (SOGREAH-report)

	Hawtah Sudayr	Zilfi	Durma	Al Kharj	Layla/ Aflaj
Mean annual temperature	23,6	23,8	23,9	23,8	26,3
Mean temp. January	12,1	13,1	14,0	11,8	15,9
Mean temp. July	33,8	32,3	33,6	33,5	35,8
Mean max. temp. July	41,6	39,0	41,5	42,7	42,7
Mean min. temp. January	4,5	6,3	6,7	3,8	9,6
Absolute min. (February)	− 4,0	− 3,0	− 4,0	− 6,0	+ 4,0
Mean relative humidity %	33,9	37,2	30,5	34,7	34,6
Potential anual evapotranspiration in mm	2417	2278	2447	2347	2466

A few additional values are given by DEQUIN (1963, p. 20) for Al-Chebibah, which is probably Ash-Shababah south of 'Unayzah in the Qasim for 1956—59, and by the Klimadiagramm-Weltatlas (Hannover 1967) for Riyadh. In Chebibah annual rainfall was 120 mm, in Riyadh 81 mm; the annual mean temperature 20—23 degrees and 24,7; absolute minima recorded were — 11 and — 7,2 degrees.

Preliminary precipitation figures were seen in the agricultural research-station of Riyadh. There seems to be a belt of maximum precipitation with more than 200 mm around Al-Ghat in the Northern Tuwayq and this belt of higher rainfall extends eastward. Towards the south precipitation decreases to 100 mm in al Kharj and 50—70 mm in Aflaj while of course the Tuwayq itself receives much more. Small as these rainfalls are, they provide enough accessible grazing to allow the free movement of the nomads. Its is therefore erroneous to speak of hyperarid deserts in Central Arabia.

Rain falls during winter in several cloudbursts and occasional drizzles and is highly unreliable. This has but litte consequence for oasis settlements with good wells but tends to affect those who more strongly rely on flood water. In April the shift of the winds from the northwesterly to a more southerly direction ends the rainy season. This is the time of the "rain prayer" [8]. Late rains in these weeks provide summer pasture and benefit the crops in times of maximum need.

Strong rains followed by a wadi-flood or "sayl" are of great importance for agriculture. Water is diverted for flush irrigation and a sayl will recharge the ground water. The villagers know very well how to cope with normal floods and how to prevent the water from carrying away their loess banks. For less experienced foreign technicians sayls are a bigger hazard. In 1969, during one rainy night, the newly opened highway from Al-Kharj to the Wadi Dawasir was practically destroyed over a length of 400 kms. All bridges and culverts were swept away and the embankment of the road, which acted as a dam, was eroded by water flowing over it. This is a striking example for thoughtlessly applied foreign engineering standards. There was quite a number of casualities later on, when cars crashed into the breaks during the nights. Of course, nobody had thought to put up warning signs.

Temperatures are quite high for most of the year, made tolerable by low humidity of the air. In winter frost is a common ocurrence, only the Aflaj plains and Wadi Dawasir seem to be frost-free. Al-Kharj suffers by inversions as do many other valleys. Frost limits the growing season for most vegetables and excludes bananas and even citrus. In the higher valleys grapes, apricots and peaches are grown instead. Olive-trees are said to thrive but we did not see any. Being frost-free Aflaj and Wadi Dawasir might have an advantage on the markets in the future.

Natural vegetation belongs to the Saharo-Arabian zone. What plants can be observed today will, however, give clues only to the skilled botanist. Centuries of overgrazing have degraded vegetation and in places destroyed it to leave only bare rock [10]. As a climax we might expect dry scrub and thickets of acacias. On the sands clear woodland of tamarisk could be supposed. Today the plateaus and most valleys are treeless and only occasionally a stand of acacias or of Sodom's apple is found. This bleak character is most pronounced around the bigger towns, along the former caravan-routes and in the more

---

[8] In 1970 when the author stayed in Majma'ah and Artawiyah, the rain prayer was promptly followed by strong downpours on the 28th and 29th of April.
[10] SOGREAH recommends to set aside large tracts of land and to not allow the nomads to enter for several years, to make the fodder-grasses spread again. In a newly fenced-in grave-yard in the Nafud Thuwayrat the author could observe a quick natural reseeding with tamarisks and grasses.

densely populated Northern Tuwayq. Here all trees have long been felled and carried away to provide charcoal. Only a few protected stands called "hawtah" remain. One near Huraymala was proudly shown by the villagers and is often visited on Fridays by picknickers from Riyadh.

The further removed a place is from settlements the better vegetation gets, irrespective of the quantity of rainfall. Valleys in the Southern Tuwayq are still well wooded. At Al-Hassi on the very border of the Empty Quarter abundant acacias and shrubs give a savannah-like appearence to the country.

What trees are left are threatened today by modern machinery and transport. Trees are not felled but uprooted with caterpillars or scrapers and shipped to Riyadh in increasing quantities. It shall be hoped that bottled gas will spread more rapidly than the caterpillar and supplant the use of charcoal and wood in time.

III. Traditional Types and Patterns of Settlement

Up to about twenty years ago the existence of a permanent settlement wholly depended on the technology available to secure enough water for the crops. Due to the lack of carstic water bodies there are no free flowing springs except one in Al-Ghayl, which is named for it. At Ghat a little water seeps from fissures in the side of the wadi and has formed cascades of limestone-sinter. These are the only perennial sources in the whole of the Tuwayq.

Therefore lifting water from wells is necessary for dates and summer crops but always implied high inputs of human labour as animal power for most farmers was much too costly. No outline of oasis-agriculture shall be given here. DEQUIN (1963) gives a well-founded description which could only be repeated. The very thorough study done by SOGREAH reveals that agrarian population densities are extremely high and run up to 30 persons per ha of cultivated land, yet most uses are extensive, provide only one crop per year and with the exception of Aflaj and Al-Kharj areas do not meet the costs. It may suffice here to say that dates, wheat, barley and alfalfa are the most important crops, supplemented by fruit and vegetables for local use. Formerly cotton and saffron were grown too. PHILBY still observed cotton bushes in many places, which today have vanished except in the Wadi Dawasir.

It is more interesting for our argument that in the plains and valleys water is usually found in depths from 5 to 20 m and settlements could have been easily set up in many places. Why then are settlements so rare and so unevenly distributed in Central Saudi Arabia? Why do the Wadi Hanifah or the Wadi Sudayr have an almost continuous chain of villages while neighbouring similar valleys are empty?

A look at the types of oasis-villages may lead us on. There are very few locations to be found where wells are enough to support sedentary life. This is the case for the uqlah-villages west of Zilfi and maybe was the case for old Ghatghat when it was the capital of the kingdom of Yamamah. From the lakes and pits in Aflaj and Kharj water was diverted by means of underground galleries to the fields, some of which still function today [11]. Genetically

[11] These galleries are locally called "karaz" or "saqi" (PHILBY 1925 II, p. 31 ff.). The older Arabic name is "falaj", plur, "aflaj" from which the district derives its name. In the Liwa Oases of Abu Dhabi the term falaj is still in common use (STEVENS 1970, p. 413). The same term is used in Oman (letter from F. SCHOLZ, Göttingen). The problem would merit discussion as Peleg (Hebrew for Aflaj) is one of the scions of Sem and mentioned in the Book Genesis of the Bible. Peleg also was the forefather of Abraham.

speaking this would be the oldest type of oasis-settlement and archeologic remains abound in these areas.

The second and most frequent type are villages in valleys which have a loess fill or loess terraces. The band of cultivation in the Wadi Hanifah clearly demonstrates that there is water enough to be found for cultivation. In addition to wells flood water is diverted by means of channels and weirs to the fields. Wells, so to speak, only ensure the water requirements for the crops in summer, in dry periods and during dry years in which farmers may neglect other crops to keep their palms alive.

But water from wells seems to be more easily available than one might suppose. Some of these villages are tucked away in little valleys whose total catchment area is very small. Some are so near to the western scarp that one has to wonder how water can accumulate at all. It seems therefore that the occurrence of good soil, which means loess, might be geographically more important than water. And this raises the question whether oasis-villages are absent in so many large valleys for lack of water or for lack of soil?

This question cannot be answered here. Photomosaics do not give information and uninhabited valleys were not systematically visited on our trips. Conceivably in some valleys floods have in historic time eroded all the fertile soil and the remains of villages as well. There are tales of vanished towns and villages. Philby (1925 II, p. 13 ff.) mentions traditions of large villages between Riyadh and Ha'ir in the Wadi Hanifah and below the latter town where nowadays only a few isolated farms are found. Where the loess has vanished and only gravel and sand remain, as it is often the case at the downstream end of a cultivated area, even date palms seem to do badly. In the Jabal Mujazzal near Tumayr there are loess-filled valleys still cultivated for grain. They could, however, be seen only on small-scale aerial photographs and so nothing can be said about the actual situation of soil erosion there. Only thorough research could give an answer, whether the valleys were more habitable in former times. The concern of farmers for the protection of the loess banks from undercutting manifests itself in walls of dry stone-masonry in numerous places.

The third type of settlements might be called delta-oasis. Such oases are usually found on outwash plains where the channel of a wadi spreads out into a reticular flow pattern of small water-courses. Floods can be controlled here in such a way that fertile silt is deposited on the fields and the water retained by mud-walls deeply moistens the ground. Wells are important to ensure a harvest, but in good years most of the irrigation labour might be done by the flash floods. Majma'ah, Harmah, Shaqra, the Washm villages, the settlement of the Durma plain, parts of Zilfi, Kharj and Aflaj are good examples. Where the flood water is able to spread over a flat silt plain even isolated farmsteads, called "qusur" (sing. qasr) are found. They are examples for dispersed settlement of which there seems to be a tradition in Central Arabia.

Very good conditions for farming exist where flood-water is barred by the sands of a nafud and forced to seep into the ground. Such locations are called "lughf" or "leeside". Soils can be easily worked here, and where the clay contents is high enough crops are planted, where sand prevails we find date palms and tamarisks grown for timber. Our sketch-map of Zilfi (map II) illustrates all these oasis-types.

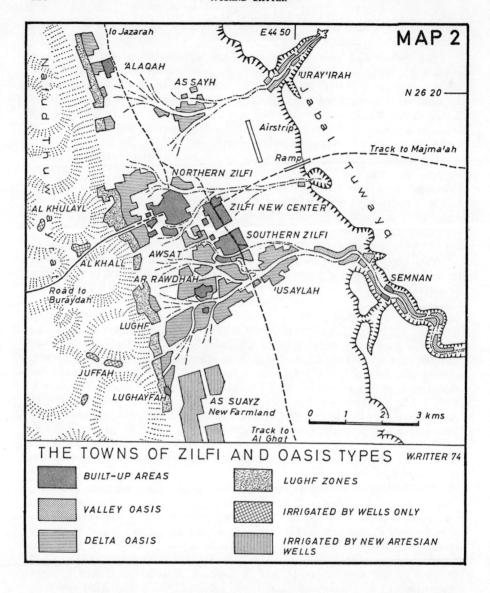

THE TOWNS OF ZILFI AND OASIS TYPES   W.RITTER 74

	BUILT-UP AREAS		LUGHF ZONES
	VALLEY OASIS		IRRIGATED BY WELLS ONLY
	DELTA OASIS		IRRIGATED BY NEW ARTESIAN WELLS

    Genetically speaking this third type might well be the youngest, probably
introduced by tribes from the south, for in Yemen and 'Asir these techniques
are well known. Again there are far more favourable locations to be found
than are actually used. Thus while part of the settlement distribution can be
explained by the above-mentioned conditions we have still to look out for
possible other causes. Historians still make responsible the wholesale destruc-
tion wrought by the Egyptians during their invasions in 1818/19 and 1836 to 1842.
But Egyptians and Turks never got into the Southern Tuwayq. And, when
peace finally came through king Abdulaziz in the second decade of this century,
farming immediately started to expand in some areas while others show

no appreciable change compared with what PHILBY and other early travellers observed.

To bring possible factors into a hypothesis, we can start with the observation that the use of small lateral wadis is generally restricted to the surroundings of large towns and market centers such as Riyadh, Majma'ah, Zilfi or Shaqra. Many of these farms are managed by share-croppers, tenants and even former slaves. Evidently here capital accumulated by trade has found its usual way into new agricultural ventures. Farm-owners could always hope to sell dates, alfalfa and grain to caravans at a profit. As the Northern Tuwayq is crossed by many caravan routes from the Gulf to Mecca, this may be one of the main reasons why settlements are more numerous here. With the constant shift of the importance of towns as market centers, colonization of new land and dereliction will have occurred around them.

In the north and in the south powerful nomadic tribes were the lords of the land. Welfare and even survival of a wandering tribe in times of drought is, or better was, determined by access to water and grazing in summer. It might be dangerous to let farmers occupy the best wells and grazings and on the whole the tribes could keep them out. But on well-watered locations powerful sedentary communities with an adequate potential for auto-sufficiency could establish themselves. This certainly is the case with the Bani Tamim of the Hawtah district, whom PHILBY (1925 II, p. 254) calls "rough yeomen" and with the seminomadic yeoman-farmers of the Durma plains. Communities of free farmers also established themselves further off from the towns in the Northern Tuwayq.

The nomads of course need dates and grains as supplies. Mostly they obtained them by bartering animals and wool. On promising locations inside their domain tribes planted colonies of negro-slaves and sometimes a fraction of a tribe would settle as farmers in an oasis region far removed from the grazing area, to provide the tribe with a foothold and to ensure supplies. In Al Kharj we find colonies of almost any tribe of Central Arabia. If we accept rational economic behaviour of this kind in nomadic societies, the need for sedentary colonies would be limited of course by the size of the tribe which again would be a function of the grazing capacity of its range. There would be no need for them if surplus producing farming communities could be found for barter trade nearby.

Only when these reservations are temporarily overcome an extension of tribal settlement would occur. Such a period was the time of the ikhwan-colonization from 1912 until the ikhwan rebellion of 1929 when about 200 new settlements were established in tribal territory [12]. Many of these settlements were subsequently abondoned or partly deserted when the economics of nomadism began to prevail again.

This hypothesis is very crude, but it helps to explain the confusing pattern of settlement and shows rational motives underlying some of the recorded

[12] The ikhwan (brotherhood) was founded as a means to make the nomads into a standing armed force at the service of Wahhabism. By settled life and agriculture the time-exacting migrations could be made unnecessary. All blood-feuds had to be given up. In the initial period large urban settlements sprang up. Artawiyah north of Majma'ah had about 15000 inhabitants, today only 3000—4000. Ruined houses show the former importance of Ghatghat, Dahinah, Furuthi, and others. With the end of the wars of conquest settlers found that to live by agriculture alone was not possible and left again. Today ikhwan families are mostly included in the National Guard (Haras al-Watani), receive a salary and are resettled at strategic locations near non-Wahhabi towns and oilfields as a sort of supplementary armed force.

tribal migrations. It allows for the uneven distribution of settlements, which cannot be explained by physical factors, and why so many types of social organization can exist side by side. We find in Central Arabia share-cropping and even wholesale exploitation of farmers by landlords in the style of BOBEK'S "Rentenkapitalismus" in one place while free and independent farmers live in the next valley. Subsistence farming prevails in the vicinity of market-oriented gardening and not too far off a nomadic group attempts some half-hearted agriculture. Princely families and hereditary nobility rule their "baronies"as PHILBY called them while basic democracy is the rule nearby.

The special touch is given to this structure, which is rather sophisticated, by the fact that city-dwellers, farmers, and nomads are not antagonists here as they used to be in so many other parts of the East. They are bound into a system of well-defined links of tribal affiliation and common ancestry. This system has proved itself to be highly adaptable and represents Oriental Society in a sort of plastic state. Given good leadership considerable political and military strength could be mustered, as the histories of the Saudi-states of Dir'iyah and Riyadh and the Rashidi-state of Jabal Shammar have repeatedly shown.

IV. The Impact of Recent Technical Innovations and Motorization

Between 1950 and 1960 there was in Central Arabia a rapid shift to motorized transport and water pumping by means of diesel pumps. Both innovations are closely linked.

Motorized transport after 1965 necessitated the building of a system of asphalted main-roads, which is in rapid progress today and brought about the relocation of several important trade routes, putting many villages and towns at a disadvantage while favouring others. The sedentary farmers rely on the motor-car for marketing their products and bringing in supply goods which now include diesel-fuel in large quantities. Nomads depend still more on it, for today flocks are brought into grazing areas by car and water is shipped to places where no wells are found. A more recent addition is the motor-cycle. It finds favour with the younger generation as it allows free cross-country movement even where no roads or tracks exist, on paths that have been "paved" by the hoofs of wandering flocks.

In order to pay for diesel-fuel the farmer has now to market some of his products. Where possible fruits and vegetables are planted for this purpose. Transportation rates are still high and more or less prohibitive for villages further removed from the paved mainroads. Therefore car-ownership or cars owned by relatives in Riyadh and other market towns have become important. Here transports are combined with family visits. Visitors also provide the necessary technical skills for pump and car repairs. Villages that can rely on such links are visibly better off than others, that have to pay fully for their transportation needs.

As might be expected diesel-pumping had other effects too. Lifting water for summer-crops became possible in new areas. There has been around Riyadh and in Al-Kharj a first wave of land reclamation led by royal princes and wealthy notables. They were the first to have the funds to set up large new estates on previously barren and therefore unclaimed land[13]. Judged by the

---

[13] For land ownership and related laws see DEQUIN 1963.

present upkeep of such estates, most will have been a disappointment for their owners. Apparently it is difficult to ensure intensive irrigation farming with hired Yemenites as labourers and Palestinian managers. Independent farmers and merchants have used the pump and associated agricultural innovations with far better success. We could visit several well-kept large modern farms that are wholly market-oriented and have even taken up the raising of beef cattle. These farmers make good use of machinery and fertiliziers and on their estates have reorganized flash-flood irrigation by newly constructed dams and diversion channels. On the other hand the large Khafs Daghrah farm, set up as a model estate by American agriculturalists and managed currently by the ministery of finance is badly run down and there are plans to subdivide it into smaller private farms.

Some of the effects of water-pumping are controversial. The need for male labour has been greatly reduced which again favours out-migration. Owners of good wells could install pumps and take over the holdings of less lucky neighbours. Land can be irrigated by deeper wells. By relaying two or three pumps in the same well-shaft, water can be brought up from depths up to 40 metres. This again means that already low water tables can be lowered still more and that the ground water flow of a whole wadi can be intercepted until the wadi is "pumped dry". There is no water code to prevent this.

The SOGREAH-report therefore recommends the limitation of pumping in the valley-oases and to reduce the cropped area to leave enough water for intensive cropping of the rest. It is still quite improbable that such suggestions will be taken up. Farmers are rather inclined to hope for floods and good rains to recharge the aquifers, even if such floods fail to come for several years and land has to be abandoned temporarily.

As a way out a number of catchment-dams have been constructed. Their sole purpose is to intercept floods and to let water percolate into the ground. Two such dams are in the Wadi Hanifah near Riyadh, two near Huraymala and another near Majma'ah, but they are still too new to allow their usefulness to be judged. The dam north of Riyadh has been quickly filled with sand and gravel and there is much undercutting of embankments now.

The most immediate reaction of the farmers to the pump was to establish new farms upstream of the older oasis, where enough water can still be found and where the loess fills may be still unaffected by erosion. This upstream movement of farming is shown on map III for the Kharj district. Most of these new farms have at least in part turned to fruit and vegetable farming. Citrus, peaches, grapes, melons, tomatoes, and other soft vegetables are the most promising crops and those least suffering from the competition of foreign imports. Dates are planted out of tradition but date consumption sinks and only the best varieties will find a ready market in the future. Similarly the growing of grain is considered to be a waste of resources by the agricultural experts. It can be cheaply imported and will never be produced at competitive prices in Central Saudi Arabia. Nor can it be grown in such quantities that a modern milling industry would become profitable.

To substitute grain as a winter crop the growing of alfalfa and dairy-farming is recommended. But despite increasing needs for fresh milk in Riyadh — now met by imports from as far away as Denmark — farmers will not be able to take up this suggestion quickly. There is still a very strong social taboo to be overcome, which regards the sale of fresh and sour milk to be shameful. Milk may be offered to guests or be given free to needy

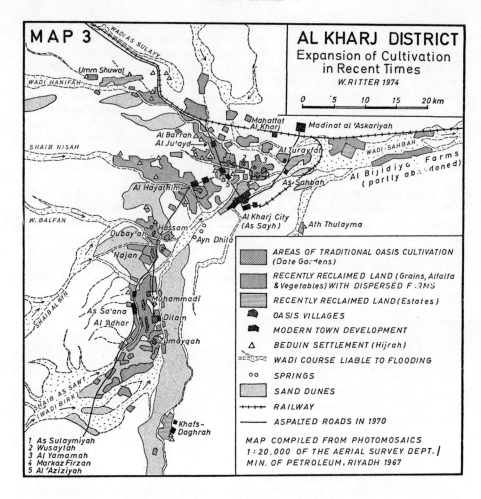

MAP 3

AL KHARJ DISTRICT
Expansion of Cultivation
in Recent Times
W.RITTER 1974

0   5   10   15   20 km

Umm Shuwal
WADI HANIFAH
SHAIB NISAH
Al Barrah
Al Ju'ayd
Al Turayfah
Mahattat
Al Kharj
Madinat al 'Askariyah
WADI SAHBAH
As-Sahbah
Al Bijidiya Farms
(partly abandoned)
Al Hayathim
W. BALFAN
Al Kharj City
(As Sayh)
Ath Thulayma
Dubay'ah
Hassam
Ayn Dhila
Najan
SHAIB AL'AYN
As Sa'ana
Al 'Adhar
Muhammadi
Dilam
Umayqah
SHAIB AS SAWT
(WADI BIRK)
Khafs-
Daghrah

AREAS OF TRADITIONAL OASIS CULTIVATION
(Date Gardens)
RECENTLY RECLAIMED LAND (Grains, Alfalfa
& Vegetables) WITH DISPERSED FARMS
RECENTLY RECLAIMED LAND (Estates)
OASIS VILLAGES
MODERN TOWN DEVELOPMENT
△ BEDUIN SETTLEMENT (Hijrah)
WADI COURSE LIABLE TO FLOODING
oo SPRINGS
SAND DUNES
RAILWAY
ASPALTED ROADS IN 1970

MAP COMPILED FROM PHOTOMOSAICS
1 : 20.000 OF THE AERIAL SURVEY DEPT.
MIN. OF PETROLEUM, RIYADH 1967

1 As Sulaymiyah
2 Wusaytah
3 Al Yamamah
4 Markaz Firzan
5 Al 'Aziziyah

neighbours but it must not be sold. Only in the form of dried biscuits made
from sour milk, which are nibbled with tea or coffee, it may find its way
to the market. Moreover for setting up dairies or cheese-factories the individual
economies of the farmers of a whole oasis would have to be thoroughly reorganized on a cooperative basis, and this seems to be a far way off if not
altogether impossible.

For selling soft fruits and vegetables the asphalted road becomes all-
important. Many farmers around Riyadh bitterly complained about the slow
progress of feeder road construction. Deliveries to the market suffer badly
on rough and dusty tracks putting them at a disadvantage to farmers from
Kharj or even Hufuf. In some of the valleys west of the Wadi Hanifah four-
wheel-drive is necessary, while on the eastern bank land-owners could build
short private access-roads from the main-road. The fruit and vegetable belt
of Riyadh is therefore much narrower than might be expected, and rather
irregular in shape. Farmers that are 10 to 15 kms off the road-head have to
accept much transport damage and have to sell at non-profit prices quite often.

But fruit and vegetables as we have seen are cash-crops that are shipped to Riyadh from far away villages.

With road building also big earth-moving machinery has become available and is used for the construction of new and bigger diversion dams for flash-flood farming. It is a "new" innovation. Extensive levelled and dyked basins could be seen in 1970 in the upper reaches of the Wadi Hanifah and in Wadi Ammariyah. Some of these new fields are laid out to catch the runoff from small lateral wadis and from the slopes, a method that resembles the Nabatean techniques rediscovered in the Negev, which may have been well known here on a smaller scale. New fields were in part already planted with grains and even potatoes, but evidently this type of farming is highly speculative in nature. Agricultural machinery and earth-moving equipment have to be available at short notice for dam repairs.

With such machines kept and hired out by agricultural stations even some prospects for competitive grain farming might become feasible using the "maba'alah" system. A maba'alah is a depression or wadi bottom which nomads have ploughed and sown and which, if it rains, might get enough moisture for the seeds to germinate and to provide a harvest. With strong plows vast tracts of the siltplains could be used in this form. The effects might be still better if instead of grains fodder grasses were planted to allow nomads to become sedentary without giving up stock-rearing.

A profitable use for the water-potential of deep aquifers will again be linked to previous road-construction. Artesian wells have been drilled at first for the water supply of Riyadh (BURDON and OTKUN 1968). With the help of a government-sponsored company wealthy families now have artesian wells drilled in promising locations and set up new estates there. Most probably, however, much of this water will be wasted for extensive grain farming and not profit villages in need of additional water, even where geologic and topographic conditions might allow it. Current projects favour large projects with centralized model-farms instead of a supply by pipeline to already existing farming areas.

V. The Growth and the Regional Impact of Riyadh

On the phenomenal growth of this city during the last 50 years only a few hints can be given. In 1918 PHILBY (1920, p. 162) estimated the population to be about 12,000 to 15,000. Already in this period new quarters outside the old walls were laid out and settled but the city was not significantly larger than her former rivals Hayil or Buraydah or vassal-cities like Majma'ah or Zilfi. She still could be adequately supplied from her vicinity. More recently RUGH (1969) has given a number of population estimates for former years which give a good idea of the growth of Riyadh in spite of all the reservations as to the accuracy of such estimates (see Table 2).

In 1970, according to the municipality of Riyadh there were 350,000 inhabitants. Using the number of boys in elementary schools as given by the ministry of education with 33,557, this figure would be corroborated, for as a thumb-rule one out of 10 persons can be expected to be a boy of elementary-school age and in Riyadh most boys do attend school. But we have to allow, too, for the large proportion of unattached adult males, for foreigners and for fluctuating indigenous groups so that an estimate of 400,000 would not be too unreasonable. Plans reckon with 550,000 inhabitants in 1985.

Table 2: Growth of Riyadh after W. RUGH (1969)

Number of inhabitants	Years
under 10,000	about 1900
19,000	1920
27,000	1930
47,000	1940
60,000	1945
106,000	1955
218,000	1965

With this development went a change of the appearance of the town. Riyadh attempts to become a modern city. In the old center area clay-built houses and palaces disappear fastly and make place for modern houses, offices, and shops which turn it into a sort of central business district. Suburbs to the west have crossed the Wadi Hanifah and engulfed numerous agricultural suburbs. Northwestward land has been subdivided all the way to Dir'iyah. In the south Manfuhah and Masana have been included and in the direction to Al-Kharj some industries and a rapidly expanding car-repair district have developed. Industries and smaller manufacturing include the production of cement, bricks, concrete tubes, matches, furniture, and a lot of iron working, mostly doors and window-shutters and are thus linked entirely to the building boom. The eastward expansion has been led by the airport road on whose sides the buildings for the ministeries and other government institutions have been set up. They are surrounded by modern villas, many of which have been built speculatively to be let to foreigners, who must not own real estate here. The spread of the built-up area has reached the Mugharizat escarpment and even superated it along the highway to Al-Ahsa. A quite distinct quarter is Nasiriyah in the north with sumptuous modern residences of members of the royal family. Thus the area of the town has already a size of 20 by 25 kms.

A city of such dimensions has never yet existed in Central Arabia, nor has a city with such far-flung relations. For the Central Regions Riyadh is the only place that has industries, crafts and modern services, a bazaar, and also the business community necessary to keep contacts to all other parts of the kingdom. She is the only place with a resident European and American population and the only place where a person might share in modern life and get a slice out of the oil-wealth by his own efforts.

Where have the inhabitants of Riyadh come from ? Natural increase, which is some 2 to 3% annually can account only for a small share. Strong in-migration has to be supposed already for the early decades of this century. It has gained in momentum after 1955 when the airlines had made Riyadh accessible and the government moved into the city and its offices began to expand. A part of this in-migration can be accounted for by people coming from other Arab countries notably Palestine, the Yemen and Hadramaut. The two other main sources are former nomads and villagers and towns-people from the Central Regions.

The share of the nomads is quite large but it should not be overestimated. An influx of nomads into a town is usually easy to be seen in Arabia, for people going into town jobs as drivers, taxi-drivers, mechanics, or workers with foreign companies or in services tend to move into separate quarters where a vestige of tribal organization can be kept up. The first step from the tent mostly is a crude hut and these huts form shanty-towns which are aptly called "hijrah" or "migrants quarters" in Saudi Arabia. Such hijrahs are quite frequent in the Eastern Province. They are not found on a larger scale in Riyadh although single huts or tents and even small clusters may be seen. Families of nomadic origin that are better off own houses in Manfuhah, which today may have 30—50,000 inhabitants. Allowing for other similar quarters and huts the total of the nomadic group might be 60,000 to 70,000 but scarcely more [14]. Therefore the bulk of the migration to Riyadh must consist of sedentary groups from the Central Regions and perhaps the Qasim. Shiites from Al-Ahsa or Hijazis can be expected to be somewhat reluctant to migrate into Wahhabi areas.

Ample evidence for this migration could be collected during the interviews with the amirs and people of the villages. In many places all the population increase and whole family groups have moved into Riyadh and the present population was said to be significantly lower than in former times, but in others this tendency is slight and the villages increase.

Luckily Philby in 1918 (1925 II) in the areas south of Riyadh to the Wadi Dawasir and Shakespear in 1914 (see Carruthers 1922, p. 321 ff. and 401 ff.) for the Sudayr and Mahmal have given population estimates that can be compared to present figures. Their estimates and ours had to be obtained in rather the same way, by questioning the inhabitants, counting houses, which is quite difficult to do, or by estimating the size of the Friday mosques [15]. Where Philby or Shakespear may have brought into play their better knowledge, we had the advantage of being able to check this information with the enrollment of schools and to compare what teachers told us with figures of the ministery of education.

The results show a zone of depopulation by out-migration to Riyadh in the north that comprises the Sudayr, Washm and Mahmal excepting only towns like Zilfi, Majma'ah and Shaqra; the latter was barely able to maintain her population. Some villages in the Sudayr have shrunk to a fraction of their former size. In the south Al-Kharj has expanded greatly but Hawtah, Hariq and most of Aflaj villages are smaller than in Philby's time. Wadi Dawasir again has increased considerably.

This observation fits in with what was said about the nomads above. In villages or areas with strong links to nomadic fractions of the tribes we find an increase of population. In purely farming communities and small market towns population has decreased sharply. Evidently there are two distinct types of reaction to the challenge of Riyadh. Farmers and towns-people emigrate with their families and rent their lands to remaining neighbours. Nomads or semi-nomads send some members of their families to Riyadh to work there and to remit money, the bulk of the clan, however, settles in some village to where family links exist and practices some agriculture. This would be

---

[14] There is a number of nomad's settlements at some distance from Riyadh like Ha'ir (whose former negro-population mentioned by PHILBY [1925 II, p. 16] has been changed to white by the in-migration of nomads), Hillat Hit of the 'Ujman, Banban and a large encampment of the Haras al-Watani.

[15] The unpublished and confidential census of 1963, whose figures are very incomplete, was based on estimates of the adult male population checked by the size of the Friday mosque, where all the men from 15 upwards have have to unite for prayer.

one of the possible reasons why the nomadic element is less conspicuous in Riyadh than in the Eastern province [16].

Craftsmen, it seems, went to Riyadh almost as a group. Where specialized crafts have existed formerly nothing remains. They all ply their trades in Riyadh now. In the same manner all merchants have moved to Riyadh and at best left a branch. With the exception of the larger towns nothing remains and even local trade today consists mostly of retailing and a little collecting of local products for shipment to Riyadh. Only on the main roads new car and travel-oriented crafts have begun to establish themselves.

Many families, moreover, that are to be considered nobility have, as trusted supporters of the faith and the dynasty, important functions to fulfill throughout the kingdom. They are officials, army officers, governors (amirs), or have other posts to fill outside the Central Regions. This involves long absences and leads to setting up the closer family in Riyadh where the sons and also the daughters can find good education, job opportunities with the government and for the girls chances to arrange marriages.

These three groups form a sizeably part of the in-migration to Riyadh. Although the sense of belonging to a village is very strong and many emigrants seem reluctant to go, it is a permanent loss of population. The more a village is off the main road the stronger the push is. Some of the villages are already relying mostly on earnings of relatives in Riyadh and on public support which is given under various titles to people in need. In these subsidized zones only the strong feelings of allegiance, the pervasive family links, and the general scarcity of irrigable land have so far prevented the decay of villages. It might well be that they get abandoned in the next generation.

Counter-measures seem difficult to conceive. As we have already seen, the beneficial influence of Riyadh as a consuming center for agricultural products is still rather restricted spatially. With new roads some villages will come into a zone where market-gardening pays and will keep their people when daily commuting becomes possible. Further out the situation is worse. Agricultural investment will be economic only in large units and the villages cannot yet benefit from the development of a recreational belt around Riyadh. There is a lot of outdoor recreation and thanks to the motorcar more and more people from Riyadh can enjoy it, but it is still limited to family-picknicks in the desert. Prospects for industrialization are bleak. Riyadh and to a lesser degree Al-Kharj are the only places to offer locational advantages. But even with further growth of Riyadh as a market for consumer-goods manufacturing industries will find better locations in the Hijaz and in the East. Heavy industries like fertilizers, primary metals, vehicles or basic chemicals would be too far removed from markets or sources of supplies. There are no mineral resources of any magnitude that are likely to be exploited on a larger scale in the near future [17].

Thus Riyadh threatens to "eat up" its surroundings and only precariously can traditional attitudes counterbalance its attraction. This balance, however, is not likely to stay, for Saudi Arabia is already an affluent country

---

[16] The oil-towns in the east and Kuwait offer more job-opportunities for nomads than the capital of Saudi Arabia. As the oasis population is shiite here the nomads had no villages for settlement and this might be the reason why large hijrahs sprang up. Only in a few places nomads start to take up agriculture here.

[17] Only the Jabal 'Aridh holds some promise. Here copper ores and gold are found and at Jabal Idsas highgrade haematite is quarried and in small quantaties exported via Dammam. Gipsum and salt are available in Kharj and Qasab.

and will get more affluent year by year. To prevent depopulation there are
only two ways, to pay the people who are willing to stay or to provide well-
paid government jobs in smaller towns [18]. Both policies have begun.

VI. The Emergence of a Central Place System

Before the growth of Riyadh made itself felt, there was already a number
of market towns spread over Central Arabia. Usually they only catered for
their own districts but others, situated on the trade or pilgrim routes or
raised to some importance by a powerful ruling family, could become partners
in far-flung trade exchanges.

The importance of such centers remained unstable and ranks tended
to shift. In the Wadi Hanifah region first Uyaynah, then Manfuhah and later
Dir'iyah and Riyadh were the leading towns. With the rising power of
Abdulaziz Ibn Saud all neighbours could be overshadowed by Riyadh. From
the view of service-centrality, however, all these places large or small were
formerly equal in rank.

By today Riyadh would be the only central place of the whole region
if trade was analyzed. Although she is still commerically inferior to the ports,
to Jeddah or Dammam/al-Khubar, she increasingly compensates for this by
the presence of the government apparatus and the diversity of consumer
demand this implies. Second order commercial centers are not found in the
Central Regions. Buraydah or Hufuf are of this type. All other smaller market
towns have been declining and only act more or less as intermediaries between
Riyadh and their own sphere of influence.

This old system of market towns has been characterized by a peculiar
trait. In the same way as two conflicting tribal groups could share an oasis,
most larger settled areas and districts used to have two market centers. Sometimes they were oriented towards trade with different nomadic groups but
more often they bitterly competed each other. BOBEK (1959) has pointed out
that a dualism of this sort is characteristic of anarchic yeomen-communities.
With the rising prestige of one of those twins, mostly brought about by a ruling
family, sometimes the other could be reduced to purely agricultural functions.
Such a pair was once constituted by Dir'iyah and Riyadh, who fought a sort
of "thirty years war" from 1745 to 1773 until Riyadh was finally overwhelmed
and reduced to village status for almost a century (RUGH 1969, p. 4). Other
pairs are Lidam and Al-Khamasin in the Wadi Dawasir, Layla (Ghasibah)
and Mubarraz in the Aflaj, Hariq and Hillah, Yamamah and Dilam in Kharj,
Ghatghat and Mozahimiyah, Shaqra and Marrat in the Washm, Quway'iyah
and Mi'zal in the Jabal 'Aridh, Majma'ah and Harmah, Huraymala and Sudus
in the Mahmal and numerous others. The rivalry of the two towns of Zilfi is
attested by MEMON (1966, p. 98), who says that visitors had to be careful to pay
visits to notables of both towns otherwise there would be trouble. In the
Qasim we find the dualism of Buraydah and 'Unayzah on a higher rank, the
same in Al-Ahsa with the towns of Hufuf and Mubarraz. A similar relationship existed in antiquity between Mecca and Yathrib (Medinah). Dammam and
Al-Khubar constitute a pair that came into being only recently.

---

[18] An immigration policy on a large scale would be a possible way out. It has been
practiced in Kuwait and was forced by political events on Jordan.

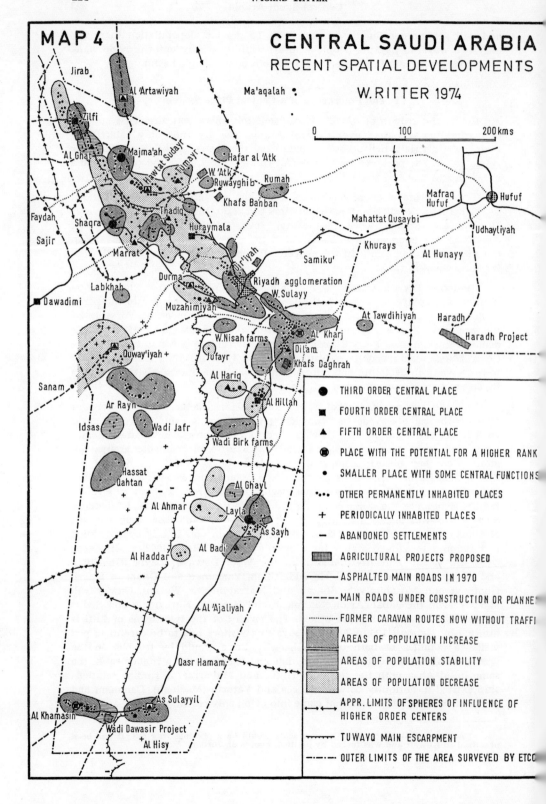

MAP 4

CENTRAL SAUDI ARABIA
RECENT SPATIAL DEVELOPMENTS
W. RITTER 1974

LEGEND:

● THIRD ORDER CENTRAL PLACE
◼ FOURTH ORDER CENTRAL PLACE
▲ FIFTH ORDER CENTRAL PLACE
◉ PLACE WITH THE POTENTIAL FOR A HIGHER RANK
• SMALLER PLACE WITH SOME CENTRAL FUNCTIONS
∴ OTHER PERMANENTLY INHABITED PLACES
+ PERIODICALLY INHABITED PLACES
− ABANDONED SETTLEMENTS
▨ AGRICULTURAL PROJECTS PROPOSED
—— ASPHALTED MAIN ROADS IN 1970
----- MAIN ROADS UNDER CONSTRUCTION OR PLANNED
········ FORMER CARAVAN ROUTES NOW WITHOUT TRAFFIC
▨ AREAS OF POPULATION INCREASE
▨ AREAS OF POPULATION STABILITY
▨ AREAS OF POPULATION DECREASE
◀—▶ APPR. LIMITS OF SPHERES OF INFLUENCE OF HIGHER ORDER CENTERS
⌄⌄⌄⌄ TUWAYQ MAIN ESCARPMENT
—·—·— OUTER LIMITS OF THE AREA SURVEYED BY ETCC

This duplication of centers is not quite unknown to central-place researchers in Europe. Here it is the rule rather than the exception and we have to ask whether central-place theory did not miss an important point up to now. Under the old social order in Central Arabia duplication would be the normal state of affairs and the emergence of a solitary center a side effect of the organization of states. This is what happens in Saudi Arabia now.

The new development of central functions is characterized by the localization of public services, nearly all of them financed and directed by ministeries and government agencies. To the public the use of these services is freed from charges or even remunerated, as in the case of higher religious schools. Services are the expression of the concern of the ruler for the welfare of his followers who in turn consider it as their due to receive everything the state can afford to offer gratuitously. This welfare system fits into Arab tradition but its sheer size and complex management calls for new ways of organization.

Formerly the district amirs, appointed by the king or by one of the viceroys of the four old provinces of the kingdom, were the sole representatives of the state. The amir was more or less only an arbiter but held the full royal prerogatives and was personally held responsible for any trouble. Today, apart from heading the police, all other new government services are directly under the respective ministeries. They have rarely used the old districts but have built up their own hierarchies and deliminated administrative districts according to their special needs that do not coincide spatially. The most pervasive influence is exerted by the educational departments. Primary schools for boys are now found in almost every village. Girls' schools managed by a special department somewhat lag behind but gain ground rapidly. With the introduction of higher education location of schools becomes an issue. Intermediate and secondary schools or higher religious institutes can be established only where enough pupils can be mustered, for which many old towns are too small. Influential amirs sometimes can secure a school for their village but mostly locations have to be found arbitrarily.

The same holds true for medical services. Only larger villages can get first-aid stations staffed by male nurses, and only sizeable towns can get a full hospital. Agricultural extension services and directorates, law courts, passport offices, postal services, social services (mostly concerned with the payment of subsidies to the poor), social development services and agricultural credit facilites have the same localization problems [19]. The economics of the welfare-state tend toward concentration of all services in selected places, the local pressure groups by use of family links to the royal family tend towards dispersal. The overall situation, however, favours concentration. Many of the higher-order services of the government do not yet have branch offices in the towns of the Central Regions and will be found only in Riyadh. They are, however, established in Buraydah or Hufuf. We are thus concerned here mostly with medium and low order central services of the public welfare field.

The emerging picture shows that there are three distinct levels of central places. *Third-order centers* — first-order would be Riyadh only and the second order is absent — are Shaqra, Majma'ah and Layla. Al Kharj city (As Sayh)

---

[19] Agricultural credits are regarded by many farmers as subsidies and will not be paid back. There are no branches of banks outside Riyadh.

is somewhat deficient in services but makes up for it by other government and military installations. These centers have a complete set of medium-order services, directorates or regional supervisory offices for education, health, agriculture etc. They are well advanced in the development of secondary and girl's schools and have a large number of resident government-paid employees and officials. *Fourth-order centers* are small towns with several thousand inhabitants. They have all services of the basic level, hospitals and secondary schools but lack the supervisory functions for a larger region except in the social field. Centers of this type are Zilfi, Huraymala, As Sayh al Kharj, Hillah and Al-Khamasin. The *fifth order* is made up by small market towns and large villages of 2000—3000 inhabitants. They have as yet only basic services like a post office, police station, court of law, first-aid station, agricultural units and elementary and intermediate schools. Some of them like Quway'iyah, Artawiyah, Hawtat Sudayr, Durma and Sulayyil may attain a higher rank in the future through consequent accumulation of all services the government will give. Others like Muzahimiyah, Hariq or Marrat will probably remain in their present level. Many of the small market towns like Hamr, Sudus, Thadiq, Tumayr, Mi'zal, Ushayqir, Na'am and others seem to be destined to sink back to village status as they are too small to collect more services than any village of comparable size will get.

The influx of government employees and officials has an important backwash effect on the local economy. There is now a group that stands outside the kinship-system and is not entitled to mutual help. Government employees have to pay for transport and are dependent on local shopkeepers, but they are able to pay in cash, too. Where this group is large enough shops can stock consumer goods like canned milk, meat and many other items that are not usually bought by the natives. On the other hand the life of the lonely schoolteacher or nurse in a small village may be very hard for the total lack of social contacts [20].

In the new central places building of schools and offices stimulates brick-making and implies the need for piped water, electricity, sewage, filling stations, and a minimum of planning for all these activities. In some cases a small modern town came into being, which in Zilfi (map II) has been aptly located between the two competing old towns. In Majma'ah, Shaqra, Layla and As Sayh al Kharj even wealthier families from the old towns or surrounding villages have moved here and inhabit modern houses. Where a main road passes there are also car-repairs, retail-shops, and caterers. Mostly one of the two former centers looses despite efforts to modernize.

Planning and managing of new urban services leads to the establishment of a "municipality", which also issues labour permits and supervises the shopkeepers and craftsmen. Again the directors of municipalities are not responsible to the amir but directly to the ministery of the interior. People have discovered that the setting up of a municipality brings more and other government-paid services into the town and so even small villages keep bombarding the ministery with requests for municipal services but it seems that this dispensation will remain reserved for centers from the fourth-order upwards.

---

[20] Most teachers and nurses are Palestinians, Sudanese or Pakistani. They find it very difficult to get even fruits and vegetables, do their own baking and keep poultry as they could buy meat only by the whole goat or live out of tins for months. Eventually more Saudis will graduate from teacher's colleges and ease this problem.

In this way government-spending is quite helpful for fostering public and economic life in large places that are eligible as future central places. Most other villages will have to rely on direct subsidies if these centers shall not be without any hinterland one day.

Conclusion

In Central Saudi Arabia where traditional life and social patterns still strongly persist, change is a recent thing. It is fully grasped only by that part of the younger generation that is fully literate and could already benefit from the school system. The traditional order with its peculiar spatial structures might easily crumble away under the impact of Riyadh and increasing affluency, were it not for the retarding effects of patriarchal society and age-old kinship ties. The welfare policy of the government will hasten the change and as yet shows little awareness of the problems that will inevitably arise, including the depopulation of many villages. Present trends suggest concentration in Riyadh and a few larger towns.

But these are but sketchy hypothetical views. The problems of Central Saudi Arabia are quite complex in nature and only few answers could be given in this paper. The questions raised are far more numerous and show that this country may offer a rewarding field for geographical research.

References

ARAMCO Handbook. Revised edition, Dhahran 1968.
BOBEK, H.: Die Hauptstufen der Gesellschafts- und Wirtschaftsentwicklung in geographischer Sicht. Die Erde, Berlin 1959, p. 259 ff.
BURDON, D. and OTKUN, G : Hydrogeological Control of Development in Saudi Arabia. Papers of the XXII Int. Geol. Congr., Vol. 12, p. 145 ff.
CARRUTHERS, D.: Captain Shakespear's Last Journey: The Geographical Journal, Vol. LIX/5, London 1922, p. 321 ff and 401 ff.
DEQUIN, H.: Die Landwirtschaft Saudi Arabiens und ihre Entwicklungsmöglichkeiten. Zeitschr. f. Ausländische Landwirtschaft, Sonderheft Nr. 1, Frankfurt 1963.
CATON-THOMPSON, G. and GARDINER, E. W.: Climate, Irrigation and Early Man in the Hadramaut. The Geogr. Journal, Vol. XCII/1, London 1939, p. 18 ff.
HOLM, D. A.: Dome Shaped Dunes of Central Nejd: Deserts Actuals et Anciens. Congr. Géol. Internat., Comptes Rendues., 19e Algiers 7, 1953.
HOLM, D. A.: Desert Geomorphology in the Arabian Peninsula. Science 132 (3427), London 1960, p. 1369 ff.
MEMON, A. F.: Oil and the Faith, Karachi 1966.
Naval Intelligence Div. (Brit. Admiralty): Geogr. Handbook Series, Western Arabia and the Red Sea, London 1946.
PHILBY, H. St. J. B.: Southern Nejd. The Geogr. Journ., Vol. LV/3, London 1920, p. 161 ff.
— Das geheimnisvolle Arabien, Leipzig 1925; 2 vols. (German ed. of: The Heart of Arabia. London 1922).
— (Abdullah): Saudi Arabia. London 1955.
RITTER, W.: Die Nafud Thuwayrat und die Uqlahs von Zilfi. Vienna (in print).
RUGH, W. E.: Riyadh, History and Guide. Dammam 1969.
SOGREAH (Societé Grenobloise d'Études et d'Applications Hydrauliques): Area V Kingdom of Saudi Arabia, Water and Agricultural Development Studies; sev. volumes. Grenoble 1969.
STEVENS, J. H.: Changing Agricultural Practice in an Arabian Oasis. The Geogr. Journal, Vol. 136/3, London 1970, p. 410 ff.
TOTTEN, D. E.: Erdöl in Sa'udi Arabien. Heidelberg 1959.
TWITCHELL, K. S.: Saudi Arabia. Princeton N. J. 1953.

Maps:

Geolog. Map of the Arabian Peninsula 1 : 2 Mill.; US Geol. Survey Map I—270 A, 1963, Washington.
Kingdom of Saudi Arabia, Geol. Map 1 : 500.000: Geol. Survey, Washington.
Southwestern Asia, Map 1 : 250.000: US Army Map Service, Washington.
Photomosaics 1 : 100.000: Aero Service Corp., Philadelphia and Min. of Finance, Riyadh (covering only the Tuwayq and Washm).
Nejd 1 : 100.000, four sheets (Riyadh and surroundings); Hansa Luftbild Münster/Germany FR and Min. of Petroleum and Mineral Resources, Riyadh.

Notes:

(1) The transliteration of names and words in Arabic follows the system used by ARAMCO with a free use of the letter 'ain (') and supression of all diacritical signs. Some names are used in their conventional forms like Mecca or Nejd.

(2) The author was a member of the team of ETCO Consulting Engineers, Teheran/ Riyadh. In cooperation the following reports were submitted to the government of Saudi Arabia in 1970:

— Master Plan-Plan Folder (containing economic and detail-maps of Central and Eastern Saudi Arabia-Areas IV and V).

— General Alphabetical Index of all Settlements in Areas IV and V (giving the exact location and a short description of economic conditions and estimated population); English and Arabic in separate vols.

— Master Plan-Final Report (containing regional aggregates of data for population and economy and projections into the future); English and Arabic in separate vols.

AFRIKA

Andenkenware in den Völkerkundemuseen?

Walter Hirschberg, Wien

In zunehmendem Maße gelangen gegenwärtig in Völkerkundemuseen Schnitzwerke, Keramiken und Kunstprodukte zur Aufstellung, die von Beginn an nur für den Verkauf an Fremde bestimmt gewesen waren und niemals im Brauchtum der Eingeborenen eine Verwendung gefunden hatten. Für den Fachmann sind solche „Kunstwerke" zumeist als „unecht" leicht erkenntlich, für den Laien aber ist es oft schwer, wenn nicht unmöglich, im gegebenen Falle „Echtes" von „Unechtem" zu trennen, und dies umso mehr, wenn solche Gegenstände in die Schausammlungen gelangten. Umstritten ist auch in Fachkreisen die Frage, ob oder in welchem Ausmaße es ratsam ist, „Unechtes" neben „Echtem" zur Aufstellung zu bringen. Im übrigen ist es tatsächlich nicht leicht, Begriffe wie „Kunstgewerbe", „Volkskunst", „Volkstümliche Kunst", „Naive Kunst", „Touristen-" und „Andenkenware" oder „Souvenir- oder Andenkenkunst" säuberlich von einander zu trennen. Denn welche Kriterien sind es, nach denen eine solche Scheidung bzw. Wertung vorgenommen werden könnte? Von der zünftigen Kunstwissenschaft bestenfalls als „Kunst zweiten oder dritten Ranges abgetan" hat es sogar die vielzitierte „Volkskunst" gar nicht so leicht, vor den kritischen Augen ihrer Betrachter zu bestehen.

Für gewöhnlich wird unter „Volkskunst" das einem bestimmten Ethnos eigene Kunsthandwerk verstanden, das sich in einem hohen Maße von bestimmten Stiltraditionen, von Brauchtum und religiösen Vorstellungen abhängig zeigt, dessen Schöpfungen auch stets zweckgebunden sind und in den meisten Fällen auch die Anonymität ihrer Hersteller wahren. Analog zur europäischen Volkskunst spricht man in der Völkerkunde (Ethnologie) von einer „Kunst der Primitiven" oder „Naturvölker" oder von einer Kunst der „Völker geringer technischer Naturbeherrschung". Letztere ist der Forschungsgegenstand der sogenannten Kunstethnologie, einer Teildisziplin der Völkerkunde, ohne daß jedoch eine klare Abgrenzung des kunstethnologischen Arbeitsbereiches zur Kunstgeschichte, zur prähistorischen Kunstforschung, zur Volkskunstforschung, zur Kunstphilosophie, zur Ästhetik und zur Kunstpsychologie gegeben werden könnte. „Der Aufgabenbereich der Kunstethnologie" — schreibt Herta Haselberger — „überschneidet sich streckenweise auch mit der Religionsethnologie, die Aussagen zur Verwendung von Kunstgegenständen machen sowie künstlerische Motive aufschlüsseln kann, und mit der Ethnosoziologie, die u. a. Aussagen machen kann über die Stellung des Kunsthandwerkers in der traditionellen Stammesgesellschaft und über Zusammenhänge zwischen Gesellschaftsordnung und Kunstproduktion, sowie mit weiteren völkerkundlichen Disziplinen"[1]. Mitunter ist auch von einer „exotischen Kunst" oder einer „traditionellen Kunst" die Rede. Dies allein zeigt schon, „daß es keinen Begriff gibt, der den ganzen Bereich der Kunst der ‚Völker geringer technischer Naturbeherrschung' zufriedenstellend abgrenzen und kennzeichnen würde"[2]. Erst recht aber nicht,

---

[1] Herta HASELBERGER: Kunstethnologie. Wien und München 1969, S. 8/9.
[2] H. HASELBERGER, a. a. O., S. 14/15.

wenn noch obendrein Begriffe wie „Touristen- und Andenkenware" oder „Souvenir- und Andenkenkunst" in den Kreis der Betrachtungen miteinbezogen werden.

Wie alle echte Volkskunst ist auch die „traditionelle Kunst" der Neger zweckbestimmt und mit dem Gefüge ihrer traditionellen Kulturen engstens verbunden. Der große kulturelle, auf das gesamte Leben sich erstreckende Wandel konnte nicht spurlos an der Kunst der Afrikaner vorübergehen, insbesondere als die gesellschaftlichen, politischen und religiösen Strukturen weitgehende Veränderungen erfuhren und auch gegenwärtig in einem steten Wandel begriffen sind. Mit der Erschütterung der traditionellen Kulturen verlor auch die Volkskunst zunehmend an Boden und eine geschickt aufgemachte „Fremdenindustrie" gewann zunehmend an Bedeutung unter Voransetzung wirtschaftlicher Interessen. Ein neuer Kunstmäzen war erstanden: der Fremde bzw. der Tourist. Mit der gesteigerten Nachfrage nach „afrikanischer Kunst" stieg auch das Angebot mit all den daraus sich ergebenden Auswüchsen und Entartungserscheinungen, die mit dem Streben nach Gewinn verbunden sind.

Ein extremes Beispiel für eine solche Entwicklung bieten die bekannten Wakamba-Schnitzereien in Ostafrika. Sie haben kaum eine Beziehung zur Volkskunst. Es sind dies mit Nandi- und Masaiköpfen verzierte Salatschüsseln, Kriegerfiguren mit Schild und Speer, Elefanten-, Leoparden und Antilopenfiguren u. a. m. Solche Figuren bilden heute eine wichtige Handelsware in allen Teilen Ost- und Zentralafrikas, in Rhodesien, im Sudan und selbst auch im Kongo. Sie haben längst auch den Weg in die europäischen und amerikanischen Antiquitäten- und Souvenirläden gefunden. Andenkenverkäufer bieten in den afrikanischen Städten auf dem Gehweg vor den Hotels, an belebten Straßenecken oder auch im Hausierhandel von Tür zu Tür die Ware an. Die Schnitzereien werden handwerksmäßig mit primitiven Werkzeugen hergestellt und werden in erster Linie von ihrem Produzenten selbst vertrieben oder durch Händler der Kamba, die erkannt haben, daß man am Handel mehr verdienen kann als am Erzeugen. Diese ertragreiche Industrie blickt auf etwa 50 Jahre zurück. Die Kamba selber haben keine Tradition als Holzschnitzer; sie kannten auch ursprünglich keine Skulpturen und auch keine repräsentative Kunst im Sinne einer „Hofkunst" oder Aulik. Sie schnitzten nur Stühle und Löffel oder auch Korkfiguren.

Die Initiative zum Aufbau dieser Industrie soll von einem gewissen Mutisya Munge ausgegangen sein, einem geschickten Schnitzer, der die Anregungen, die er aus dem Hinterland von Dar es-Salam empfangen hatte, zu den typischen Kamba-Figuren weiterentwickelte. Nach dem Ersten Weltkrieg machte Mutisya Munge das Schnitzen zu seiner Hauptbeschäftigung. Andere folgten seinem Beispiel. Die Zeit nach dem Weltkrieg war günstig für den Absatz dieser Ware, besonders zu Weihnacht, wenn die Weißen nach Geschenken für Verwandte in der Heimat suchten. Der richtige Aufschwung dieser Industrie erfolgte jedoch während des Zweiten Weltkrieges. Der Straßenhandel in Nairobi wurde zunehmend ertragreicher. Nach 1945 erfolgte eine neue Blüte. Der Touristenstrom setzte ein, der Absatz in den Kuriositäten- und Souvenirläden wuchs ständig und insbesondere zeigten sich die USA als interessierte Abnehmer dieser Ware. Man hatte dort die Kamba-Schnitzereien entdeckt und die Bestellungen nahmen von Tag zu Tag zu. Bald wurden jedoch der steten Nachfrage wegen die Schnitzerein vereinfacht, um den Bestellungen auf diese Weise nachzukommen, und die Folge von all dem war, daß die Qualität der Ware darunter litt. In den fünfziger Jahren, als Walter ELKAN[3] seinen Beitrag schrieb, hinkte die Produktion der Nachfrage nach. Das geringe Gewicht und die Größe der Schnitzereien erleichterten deren Export in fremde Länder in beträchtlichem Maße. Steinwaren erweisen sich für den Versand zu schwer, Korbwaren zu umfangreich. Matten und Obstteller aus Uganda wurden als zuwenig typisch für Afrika empfunden, die Kamba-Figuren erfüllten dagegen die an den Export gestellten Voraussetzungen und gewannen damit das Rennen. Sie erschienen den Kunden für Afrika als charakteristisch, waren leicht zu verpacken und waren in Vergleich zu Größe und Gewicht auch noch genügend wertvoll, um leicht abgesetzt zu werden. Wir verdanken dem Aufsatz von Walter ELKAN wichtige und tiefe Einblicke in den Entwicklungsgang einer solchen Industrie.

Eine Studienreise im Sommer 1959 bot mir Gelegenheit, mich in Kamerun einem ähnlichen Problemkreis zu widmen. Ich konnte einen Einblick in das Kunsthandwerk des Bamumlandes gewinnen, vor allem den modernen Werkstätten- und Ausstellungsbetrieb in der „Künstlerstraße" in Foumban studieren. Diese Stadt war in Mittelkamerun einst das Zentrum einer sehr bedeutenden höfischen Kunst. Sie erfuhr unter dem Vorgänger des heutigen Sultans, nämlich unter König Njoya (1895—1923), eine Art Renaissance, um dann rasch zu entarten. Als es zum Bruch zwischen König Njoya und der französischen Verwaltung kam, wurde im Jahre 1922 ein Großteil der im Palast des Königs arbeitenden Kunsthandwerker auf einen benachbarten Hügel (Quartier Fo Youn) übersiedelt, wo dann von den Franzosen in der sogenannten „Künstlerstraße" ein sehenswerter Werkstätten- und Ausstellungsbetrieb ins Leben gerufen wurde.

Heute nehmen die Künstler oder besser noch die Kunsthandwerker im Sozialgefüge Foumbans keine besondere Stellung ein. Früher aber wurden sie vom König an den Hof (Palast) berufen und arbeiteten dort im Sinne einer ausgesprochenen „Hofkunst", wie sie unter König Njoya noch lebendig war. Aber schon damals machten sich in den letzten Regierungsjahren Njoyas Verfallserscheinungen bemerkbar, die sich dann in zunehmendem Maße zu einer Andenken- und Fremdenindustrie neu entwickelten. Daß aber das Kunstgewerbe im Bamumland vor dem gänzlichen Verfall bewahrt wurde, ja daß sich im Gegenteil da und dort bereits Ansätze einer neuen Kunstentwicklung zeigen, ist ohne Zweifel ein Verdienst französischer Ethnologen aus dem Institut Français d'Afrique Noire[4].

Abgesehen von der „Künstlerstraße" ist dieser wissenschaftlichen Institution auch die Gründung eines „Bamum-Museums" im Grasland Kameruns zu verdanken. Den Grundstock der Museumssammlungen bildet die wertvolle Sammlung des verstorbenen Dolmetschers Mosé Jejab am Hofe König Njoyas. Seine heutige Form (1959) erhielt das Museum 1955. In dem dem Andenken Mosé Jejabs gewidmeten großen Ausstellungsraum finden wir sehr bemerkenswerte Masken, Flachreliefs aus Holz mit Darstellungen aus der Bamumgeschichte sowie hervorragend geschnitzte alte Häuptlingsstühle, eine schöne Sammlung tönerner Häuptlingspfeifen und Tonfiguren sowie eiserne Glocken und Doppelglocken, Zeremonialmusikinstrumente, die von Notablen geschlagen werden. Hinzu kommen noch prächtig geschnitzte Türpfosten mit Kupfereinlagen. Kurzum, man sieht in diesem Saal die schönsten Stücke alter Bamum-

[3] Walter ELKAN: The East African Trade in Woodcarvings. Africa, Vol. XXVIII, 1958, S. 314 ff.
[4] Walter HIRSCHBERG: Die Künstlerstraße. Wien 1961. Ders.: Die Kulturen Afrikas. Frankfurt a. M. 1974.

kunst vertreten. Weitere Säle sind dem Kriegerstand, der Welt der Notablen, dem Tanz und der Küche gewidmet.

Das „Musée des Arts et Traditions Bamum", wie sein offizieller Name lautet, bildet gleichsam den Abschluß der „Künstlerstraße". Während dieses Museum einen tiefen Einblick in die glanzvolle Zeit der Bamumkunst vermittelt, erhalten wir in der Künstlerstraße eine Vorstellung von dem modernen kunsthandwerklichen Werkstätten- und Ausstellungsbetrieb Foumbans. Darüber hinaus aber wäre auch noch das bereits von König Njoya begründete Palast-Museum zu nennen, das im wesentlichen die mit dem höfischen Zeremoniell in Verbindung stehenden Kultobjekte beherbergt. Das Glanzstück dieser Art „Schatzkammer" ist der über und über mit Glasperlen und Kauri bestickte und mit Figuren versehene Thronstuhl König Njoyas, eine noch von König Njoya selbst in Auftrag gegebene Kopie, nachdem er das gegenwärtig im Völkerkundemuseum Berlins befindliche Original Kaiser Wilhelm II. zum Geschenk gemacht hatte. Beide Museen, das „Musée des Arts et Traditions Bamum" und das soeben genannte „Palast-Museum", insbesondere aber das letztere, zeigen u. a. bis an den Beginn des 19. Jahrhunderts, d. h. bis in die Regierungszeit Mbuembues, zurückreichende Schätze. Dies ist eine beachtenswerte Zeittiefe angesichts der Vergänglichkeit afrikanischer Kunstwerke im tropischen Raum[5].

Abgesehen von den in den beiden Museen aufgespeicherten Schätzen einer traditionellen Kunst haben wir es bei den Produkten in der „Künstlerstraße"" gewiß zum Teil mit einer „unfreundlichen Bastardkunst" zu tun, die jedoch die Hoffnung weiterhin bestehen läßt, daß „eines Tages neue Aufgaben eine neue Negerkunst entstehen lassen", um die Worte Hans HIMMELHEBERS zu wiederholen[6]. „Wenn man die Produktion von heute (1959, d. h. zu einer Zeit, in der ich die „Künstlerstraße studierte) mit der aus dem Jahre 1910 vergleicht, wird die innere Verarmung deutlich" — schrieb ich in meinem Buch „Die Künstlerstraße"[7]. Bernhard ANKERMANN[8], der von Bali kommend, in den Jahren 1909 und 1910 zweimal Foumban besuchte, gerade in der Zeit, als man im Hausbau zu Lehm und Stein überging, was zu neuen Formen führte, schreibt noch von Pfeifenköpfen, Armringen, Ohrpflöcken, Mützennadeln und anderem Schmuck, den man damals in Foumban aus Messing goß. Eine Spezialität von Bamum waren damals kugelige, hohle Knäufe, die auf das spitze Ende der Trinkhörner gesetzt wurden. Sie waren meist mehreren zweiköpfigen Schlangen, manchmal auch Spinnen oder Menschenköpfen nachgebildet. Damals, zu ANKERMANNS Zeiten, war die Formfülle der Messinggüsse weitaus größer als heute. Man begnügt sich gegenwärtig mehr oder weniger mit Standardtypen, von denen man aus Erfahrung weiß, daß sie sich verkaufen lassen. Der Abstieg ist unverkennbar, unverkennbar aber ist auch das Bemühen, zumindest einen weiteren Verfall aufzuhalten.

Alte Formen wurden aufgegeben. Oft haben sich aus den alten neue, auf die neuen Verhältnisse Bedacht nehmende Formen entwickelt. An die Stelle der alten Tikar-Glocken, die einst als Ehrenzeichen galten und vom Häuptling an verdienstvolle Männer vergeben wurden, sind heute in Foumban die Tischglocken mit der Bamumschlange als Handgriff getreten. Solche Tisch-

[5] Les Musées de l'I.F.A.N. au Cameroun. Etudes Camerounaises, Sept. 1956, No. 52.
[6] Hans HIMMELHEBER: Negerkunst und Negerkünstler. Braunschweig 1960.
[7] Walter HIRSCHBERG: Die Künstlerstraße. A. a. O., S. 83/84.
[8] Bernhard ANKERMANN: Bericht über eine ethnographische Forschungsreise ins Grasland von Kamerun. Zeitschrift für Ethnologie 1910 (Heft 2), S. 288—310.
Hermann BAUMANN und L. VAJDA: Bernhard Ankermanns völkerkundliche Aufzeichnungen im Grasland von Kamerun 1907—1909. Baessler-Archiv, Neue Folge, Band VII, S. 217 bis 318.

glocken sah ich in mehreren Haushalten der Weißen in praktischer Verwendung. Statt hohlen Knäufen für die Trinkhörner der Häuptlinge fabriziert man Messingknöpfe für Bambusspazierstöcke, die ein Massenartikel geworden sind. Tischglocken und Spazierstöcke werden von den weißen Touristen gerne als Andenken gekauft.

Wurde früher einmal der milde Glanz der Gußstücke durch mühseliges und zeitraubendes Scheuern mit Sand und Asche erzielt, so geschieht das jetzt rasch und robust mit Drahtbürste und Feile. Beide Werkzeuge stammen aus Europa und haben auch den Geist der raschen Arbeit mitgebracht.

Von den alten Schmuckelementen, wie etwa der halben oder ganzen Spirale oder der Schnurverzierung an den Rändern, ist nur noch wenig zu merken, dagegen besteht die Tendenz zu einer geradezu hypertrophischen Verwendung von Symbolen, ohne daß sie in sinngemäßem Zusammenhang mit dem Werkstück stünden. Besonders an den teuren Stücken macht sich diese sinnlose Anreicherung alter Symbole bemerkbar, wie zum Beispiel an den mit Schmuckelementen geradezu überladenen Tabakspfeifen, die längst natürlich keine Häuptlingspfeifen mehr sind, an den verschiedenen Aschenbechern, Prunkvasen und Schüsseln, die alle bereits auf europäische Initiative hin entstanden sind. Eidechse, Frosch und Spinne sind zu reinen Ziermotiven abgesunken, sie haben nichts mehr mit Fruchtbarkeit, Klugheit oder sonst etwas zu tun, sie werden stilisiert und naturalistisch dargestellt, und man kommt kaum dahinter, ob ein bestimmter Stil den Vorzug genießt. Meist überwiegt bei den Messinggüssen die naturalistische Art der Darstellung.

Armringe, wie sie etwa in älteren Sammlungen in reicher Zahl zu finden sind, werden merkwürdigerweise kaum noch angefertigt. Das ist eigentlich unverständlich. Man könnte doch erwarten, daß gerade solch ein Schmuck sich gut absetzen ließe. Ebenso sah ich auch keine Fingerringe und keine Schmuckanhänger, wenn man von den kleinen Masken, die als solche verwendet werden könnten, absehen will; auch keine Amulettbehälter, Ohrpflöcke, Mützennadeln und Fläschchen für Schminke und Parfum.

Das anscheinend beliebteste und am häufigsten angefertigte Werkstück ist die Messingmaske. In ihrem Typus lehnt sie sich an den einer älteren Holzmaske an. Sie wird in den verschiedensten Größen angefertigt. Ein ovaler Kopf mit Hörnerfrisur bildet das Grundelement. Dazu kommen als charakteristische Einzelheiten stark geblähte Nasenflügel, hervorquellende, glotzende Augen, ein halbmondförmiger, das Kinn umrahmender Bart und ein lachend geöffneter Mund mit deutlich sichtbarer oberer Zahnreihe. Eine gewisse Ähnlichkeit mit Messingmasken aus Yoruba ist unverkennbar.

Eine solche „synkretistische Kunst" oder „Bastardkunst", wie sie HIMMELHEBER nannte, hat jedoch in den sogenannten „afroportugiesischen" oder „afroeuropäischen Elfenbeinarbeiten" ihre berühmten Vorläufer, die, ehe man die Beninkunst nach 1897 entdeckt hatte, in den europäischen Kuriositätenkabinetten und späteren Völkerkunde-Sammlungen für gewöhlich als „türkisch", „indianisch", „gotisch", „merowingisch" oder „altdeutsch" bezeichnet wurden. Nach der Entdeckung der Beninkunst wurden sie jedoch, wie bereits angedeutet, allesamt als „Beninkunst" erklärt. Erst W. B. FAGG [9] zog für die „Afroportugiesischen Elfenbeinarbeiten" drei Ursprungsgebiete in Erwägung: 1. Das Gebiet um Freetown (alte potugiesische Handelsstation Mitombo), 2. das Küstengebiet

---

[9] W. B. FAGG: Vergessene Negerkunst. Afro-Portugiesische Elfenbeinarbeiten. Prag 1959.

von Loango und der Kongomündung, und 3. die Sklavenküste mit Lagos und Porto Novo und eventuell Whydah. „Doch gab er [W. B. FAGG] keine Begründung für die Auswahl eben dieser drei Gebiete mit Ausnahme des letzten" — schrieb Nikola SUWALD [10] in ihrer Dissertation — „bezüglich dessen er die stark yorubischen Gesichtszüge einiger Menschenköpfe hervorhebt — kein sehr fundierter Beweis". Erst die ethnohistorischen Untersuchungen der Genannten vermochten als „gesicherte Herkunftsorte" zu nennen: 1. Sierra Leone. Valentim FERNANDES weiß bereits aus dem 15. Jahrhundert von wunderbaren Elfenbeinschnitzereien zu berichten, von elfenbeinernen Salzfässern und Löffeln, die von Sherbro (Bullom) und Temne für Europäer angefertigt wurden. Eben diese Sherbro werden auch von dem portugiesischen Hofchronisten Duarte Pacheco PEREIRA (ca. 1460— ca. 1530) als besonders geschickt in der Herstellung von Elfenbeinlöffeln und Palmmatten gerühmt. F. C. RYDER (1964) [11] fand bei der Durchsicht des Zollbuches der portugiesischen Casa de Gunié, daß Elfenbeinschnitzereien und Palmmatten immer zusammen erwähnt werden, und schloß daraus, daß im 15. und 16. Jahrhundert nur die Bewohner der Küste von Sierra Leone die Produzenten gewesen sein konnten. Aus Benin finden wir die älteste Nachricht über Elfenbeinschnitzereien bei dem englischen Kaufmann James WELSH (1588). Es heißt von den Bewohnern Benins, sie hätten u. a. auch viele hübsche, zarte Matten und Körbe, die sie erzeugen, und merkwürdig gearbeitete elfenbeinerne Löffeln, die mit verschiedenen großen Vögeln und Tieren verziert sind. Vermutlich wurden diese Produkte WELSH als Handelsartikel angeboten, während er selber die reichen Proben beninischer Elfenbeinkunst in Gestalt von Masken als Gürtelanhänger, Armmanschetten, Armringen, Stab- oder Fliegenwedelgriffen, Szeptern, Glocken, Hörnern, Menschen- und Tierfiguren, Dosen und Kästchen niemals zu Gesicht bekommen hatte. Ein drittes Zentrum afroportugiesischer beziehungsweise afroeuropäischer Elfenbeinkunst dürfte nach Samuel BRUN (1625) in Loango gelegen haben, so wenn zum Beispiel von „köstlichen Messerhefften" und „zierlich zubereiteten Tischtaffeln" aus Elfenbein bei diesem Autor die Rede ist. Der Ausdruck „köstlich" bei BRUN läßt nach N. SUWALD [12] darauf schließen, „daß die Schnitzereien BRUN gefielen, daß die Negerkünstler also wirklich so weit dem Geschmack der Europäer entgegengekommen waren, daß ihre Produkte als wertvoll angesehen wurden und die Kauflust der Seeleute geweckt wurde." ... Es ist also damals schon mit einer ähnlichen Situation zu rechnen wie in rezenter Zeit. Es wird dem Geschmack der Touristen Rechnung getragen, doch ist dieser nicht immer der beste. Der Begriff „zierlich" kann sich nach der Meinung SUWALDS nur auf die Ausführungen beziehen. „Die Verarbeitung geschah also in sorgfältiger und daher auch zeitraubender Weise — ganz im Gegensatz zu den nur ganz flach reliefierten Zähnen der nahen Vergangenheit und Gegenwart" — heißt es bei N. SUWALD.

Interessante Aspekte zu dem in Rede stehenden Problemkreis lieferte vor kurzem die Ausstellung „Volkskunst aus Lateinamerika" im Wiener Völkerkunde-Museum [13]. Die Ausstellung zeigte in seltener Schönheit aber auch Ein-

---

[10] Nikola SUWALD: Elfenbeinschnitzereien in Kongo und Loango vom 15. bis 18. Jh. Diss. Wien 1970, S. 93.
[11] F. C. RYDER: A note on the Afro-Portuguese ivory. Journal of African History, 1964, Vol. V, S. 363—365.
[12] N. SUWALD, a. a. O.
[13] Volkskunst aus Lateinamerika. Unter Patronanz der österreichischen UNESCO-Kommission unter Mitwirkung der UNESCO-Arbeitsgemeinschaft Wien, des Österreichischen Lateinamerika-Instituts und des Museums für Völkerkunde, Wien. Museum für Völkerkunde, Wien.

dringlichkeit die Probleme, welche heute mit der historischen Volkskunst sowie ihren zahlreichen Ablegern und Ausläufern verbunden sind. „Noch gibt es in Lateinamerika viele Kunsthandwerker, darunter schöpferische Menschen, die überkommene Formen weiterentwickeln und nicht etwa nur nachahmen, die neue Muster, neue Techniken erfinden und genau so von ihrer Arbeit besessen sind wie alle echten Künstler dieser Welt" — schreibt Etta BECKER-DONNER [14] in ihrer Einführung zum Katalog. Aber alle diese Volkskünstler drohen in den Sog gerissener Geschäftemacher zu geraten, sodaß schon mehrere lateinamerikanische Regierungen, welche die drohende Gefahr für die Volkskunst erkannt haben, heute versuchen, „durch Schaffung offizieller Kunsthandwerkszentren und Preisregulierungen diesen Tendenzen entgegenzuarbeiten" [15]. „Bedauerlich und gefährlich ist dabei" — heißt es dann weiter — „daß oft nicht mit künstlerisch und folkloristisch versierten Kreisen zusammengearbeitet wird, die so gut wie in jedem Land vorhanden sind, sondern man sich häufig nur durch rein äußerliche, augenblicksbestimmte Handelsinteressen leiten läßt, was echter Kunst sehr bald den Todesstoß versetzen muß". Mit diesen unmißverständlichen Worten wird auch ein klarer Trennungsstrich gezogen zwischen „echter Volkskunst" und der „typischen Andenkenware für die ständig steigenden Bedürfnisse des Fremdenverkehrs", und wir erinnern uns dabei an eine ähnliche, mit der „Künstlerstraße" verbundenen Problematik, insbesondere aber an jene der „Wakamba-Ware". Es besteht tatsächlich die Gefahr, daß „echte Volkskunst" sich zu „Touristenkram" und „purem Kitsch" hin entwickelt. Eine Zusammenarbeit künstlerischen wie auch volks- beziehungsweise völkerkundlich geschulten Personals, um solchen Entartungserscheinungen entgegenzuwirken, erscheint als ein dringendes Gebot und wurde auch erfreulicherweise bereits in mehreren Staaten, darunter auch in Österreich, durchgeführt. „Neben den Massenfluten reiner Touristenware — deren mildeste, durchaus vertretbare Version die Verkleinerung und Vereinfachung gewisser Volkskunstformen ist", nennt Etta BECKER-DONNER „Stier- und Kirchendarstellungen in Peru, bunte Kerzenleuchter, sorgfältige Rindenpapiermalereien und Lackarbeiten in Mexiko sowie gestickte oder gewebte kleine Deckchen aus vielen Ländern" und als „angewandte Kunsttechnik für moderne Gebrauchsgegenstände Tischtücher und Sets aus verschiedenen Materialien, traditionelle Hemdstickerei auf Blusen, Kleidern und dergleichen". Als Voraussetzung gilt allerdings, daß alle diese Arbeiten auch weiterhin qualitativ gut ausgeführt werden. Die hier angedeutete Reihung, die von echter Volkskunst sich über Versuche hin erstreckt, alte Volkskunsttechniken und Volkskunstmotive an modernen Gebrauchsgegenständen anzuwenden, um schließlich unter Umständen in den „Massenfluten moderner Touristenware" unterzugehen, legt die eingangs erwähnten Schwierigkeiten bloß, Begriffe wie „Volkskunst", „Kunstgewerbe", „Volkstümliche Kunst", „Naive Kunst", „Touristen- und Andenkenware" oder „Souvenir- oder Andenkenkunst" auseinanderzuhalten. Die Übergänge sind offenbar fließend und sind in der Regel einem subjektiven Werturteil anheimgestellt. Eine dem Werkstätten- und Ausstellungsbetrieb in Foumban analoge Erscheinung bietet sich auch in Peru an, wenn Etta BECKER-DONNER berichtet: „Keramiker, Kalebassenschnitzer, Kerzenmacher, Silberarbeiter usw. ziehen nach Lima, wo sie auf eigenen Märkten, wie dem ‚Mariana', dem Parquede las Leyen-

---

[14] Etta BECKER-DONNER: Einführung und Textteil zum Katalog der Ausstellung „Volkskunst aus Lateinamerika", S. 7.
[15] Etta BECKER-DONNER, a. a. O., S. 7.

das, und einigen anderen eben im Entstehen begriffenen Plätzen kleine Läden aufmachen, die zugleich ihre Werkstätten sind. So haben bekannte Kalebassenschnitzerfamilien, wie die Dorregaray oder die Medina, einige Verwandte in Lima, wo sie arbeiten, verkaufen und verdienen, ohne aber den Kontakt mit ihrer Familie und ihrem Heimatdorf zu verlieren. ... Freilich findet man auf solchen Märkten viel Touristenware, aber wer ein wenig stöbert, entdeckt auch fein gearbeitete Gegenstände, die der echte Künstler nicht umhin kann, dann und wann unaufgefordert anzufertigen und sie feilbietet in der stillen Hoffnung, auf Verständnis zu stoßen". Es ist also immer wieder so, daß neben „Andenkenware" auch noch gute Stücke angeboten werden.

Ähnlich wie Westafrika hat auch Lateinamerika seine historischen Beispiele einer synkretistischen Volkskunst. In Lateinamerika sind es die Jesuiten gewesen, die „durch die Übernahme manch alten Festes in neuem christlichen Gewande nicht selten die Urheber neuer Kunstformen" gewesen waren. „Durch synkretistische Vorstellungen hat man tradiertes kultisches Gedankengut anders eingekleidet und mit überraschender Originalität formuliert." Ähnlich wie in den alten afrikanischen Königreichen wurden auch an den Hof des Inka ausgezeichnete Kunsthandwerker berufen, „wo sie all die Luxusgegenstände anfertigten, von denen uns die spanischen Historiker berichten." Und auch das alte Mexiko besaß seine Kunsthandwerker. „Man nannte sie laut Sahagún ‚tolteca', da nach der aztekischen Tradition Tolteken die Träger der hohen Kultur und aller Kunstfertigkeiten waren. Sahagún zitiert vor allem die Schmuckherstellung und Steinbearbeitung in Jade, Türkis, Bergkristall u. a. sowie die Verarbeitung von Gold und Silber, dann Federmosaikarbeiten, Malereien u. a. Als älteste Kunstfertigkeit galt die Federmosaikarbeit, die von einer früheren Bevölkerungsschicht aus dem Dorfe Amantlan stammen soll." Den Bemühungen der Jesuiten ist es schließlich zu danken, daß das Interesse an Kunst und einheimischem Kunsthandwerk nicht verloren ging und dieses sich sogar zu neuen Formen weiterzuentwickeln vermochte. Abschließend sei auch noch auf das von Becker-Donner gebrachte „Experiment des Bischofs Vasco de Quiroga" verwiesen, der unter Einfluß von Thomas Mores Utopia eine Anzahl von Dörfern im heutigen Michocán gegründet hatte, „von denen jedes einem anderen Handwerks- oder Kunsthandwerkszweig gewidmet war. Es erschiene durchaus möglich" — meint Becker-Donner — „daß dieses ‚Experiment' nicht nur in Michocán durchgeführt, sondern stillschweigend auch in anderen Teilen des spanischen Kolonialreiches imitiert wurde, vielleicht von der Geistlichkeit, der ja damals alle Erziehung und Schulung oblag. Denn es bleibt eine auffällige Tatsache, daß in sehr vielen Gebieten der alten Hochkulturländer, sogar heute noch, ganze Dörfer auf bestimmte Arbeiten spezialisiert sind" ... ähnlich, wie dies mitunter auch in Westafrika der Fall ist.

AMERIKA

Die Meeresküste als Wirtschafts- und Entwicklungsfaktor
mit einem Verweis auf die Brasil- und die Angolaküste *

JOSEF MATZNETTER, Frankfurt/M.

Ungeachtet der von der Technik und den Wirtschaftsmethoden der Gegenwart erzielten Annäherung, ja sogar Angleichung der siedlungs- und wirtschaftsräumlichen Strukturen in weiten Teilen der Erde wirken sich innerhalb dieser natürliche Grenzlinien oder -gürtel noch immer als merklich modifizierend aus. Dies gilt selbst für hochentwickelte Gebiete. Derartige „natürliche Grenzen"[1] erster Ordnung bilden namentlich die Meeresküsten und die Uferlinien der größeren fließenden und stehenden Gewässer des Binnenlandes wie aber auch Gegebenheiten des Reliefs, so besonders Gebirsränder und -kämme oder Kanten und Füße von Landstufen. Ebenso gehören die Ränder — genauer gesagt meistens Säume — flächenmäßig ausgedehnter Vegetationseinheiten, wie z. B. ausgedehnter Waldgebiete gegenüber Grasland, als Ausdruck von Klima- und/oder Gesteins- und Bodengrenzen hierzu. Im einzelnen mag es sich dabei der Ursächlichkeit nach um Polar-, Äquatorial- oder Höhengrenzen, gleichwohl aber auch um Trocken- oder Feuchtgrenzen handeln. Wesentlich ist aber bei alledem — sofern es sich nicht um Anökumene handelt —, daß jeder der dabei voneinander abgegrenzten naturräumlichen Großeinheiten ein mehr-weniger typisches, von Menschen geschaffenes Struktur- und Beziehungsmuster zu eigen ist. Primär in der Regel durch die Land- und Forstwirtschaft, sekundär meist auch durch andere Wirtschaftszweige — wobei Minerallagerstätten gewisse Ausnahmeverhältnisse schaffen können — bedingt, entwickelt sich innerhalb dieser Einheiten eine ganz bestimmte Anordnung der Siedlungs-, Wirtschafts-, Erholungs- und Ödflächen sowie der Verkehrslinien. Im einzelnen bezieht sich dies einerseits auf die Dichte, Stufenzahl und Schablone des zentral-örtlichen Netzes wie andererseits auf die Art, Größe und Verteilung der ländlichen Siedlungen, die agrarischen Flächenmuster, Agglomeration oder Dezentralisation der z. T. wenigstens typischen Industrieanlagen, der Erholungseinrichtungen und -räume usw. Hierzu gehören dann auch Richtungen, Intensität und Periodizität der menschlichen Wanderungen, des Warenaustauschs, Nachrichtenverkehrs u. a. m. Derartige Unterschiede in der humanen und ökonomischen Struktur großer natürlicher Raumeinheiten können dabei auch noch durch zeitliche Abstände in ihrer jeweiligen Erschließung mit beeinflußt worden sein. Insgesamt können somit Raumeinheiten dieser Art, ungeachtet aller möglichen Überlappungen und Verzahnungen, als irgendwie in sich geschlossene Spannungs- oder Bezugsfelder menschlichen Wirkens angesehen werden. Die Grenzen bzw. Säume zwischen ihnen, die naturbedingt sind oder es zumindestens in der Ausgangslage waren und fast in jedem solchen Falle in der einen oder anderen Form noch nachwirken, bilden somit gleichzeitig Übergangs-

* Verfasser dankt der Deutschen Forschungsgemeinschaft in Bonn—Bad Godesberg aufrichtig für die Ermöglichung von Studienreisen nach Angola 1971 und an die Brasil-küste 1973.

[1] Die Untersuchung von J. SÖLCH „Die Auffassungen der ‚natürlichen Grenze' in der wissenschaftlichen Geographie", a. a. O., kann diesbezüglich auch nach einem halben Jahrhundert noch als richtungsweisend angesehen werden.

streifen für derartige unterschiedliche Spannungsfelder. Es entsteht somit zwischen den beiden Bezugsfeldern eine Art von Interferenzzone, innerhalb der sich dann meist auch eine ihr zugehörige Längsspannung entwickelt. In der Regel ist dabei das verbindende Element stärker als das sie trennende. Derartige Übergangs- oder Interferenzzonen werden meistens u. a. auch durch Siedlungen deutlich, deren Hauptfunktion die Verbindung zwischen den unterschiedlichen Bezugsfeldern ist, ebenso auch durch Verkehrslinien, die diese Siedlungen wiederum miteinander verbinden. Beispiele dieser Art finden sich vielfach in allen Kontinenten; so etwa die Grenzlinie zwischen Wald und Steppe in der Sowjetunion, die durch den Wald sichtbar werdende Grenze des Kanadischen Schildes gegenüber dem südlich davorliegenden Tal des St. Lorenz und dem Gebiet der Großen Seen, weiters die Sahel-Zone südlich der Sahara oder aber auch der Alpennord- und -südrand sowie zahlreiche andere mehr.

Unter allen diesen natürlichen Grenzen ist diejenige zwischen Land und Meer, also die Küstenlinie, die am weitaus stärksten ausgeprägt. Von einzelnen Ausnahmen abgesehen (wie etwa bei den von Inseln durchsetzten Wattenzonen) ist diese Grenze eine absolute. Ihr Wesen besteht vor allem darin, daß sie zwei grundsätzlich voneinander verschiedene Bezugsfelder einmal kaum verrückbar voneinander abgrenzt und sie zum anderen zugleich miteinander verbindet. Beim Bezugsfeld Land handelt es sich überwiegend um einen permanenten Siedlungs-, Wirtschafts- und Verkehrsraum, also den eigentlichen Lebensraum des Menschen. Im einzelnen finden sich auf ihm stark differenzierte Strukturmuster, wie auch oben schon angedeutet, deren Variabilität nur bedingt ist. Veränderungen dieser Strukturen gehen am Land in der Regel nur relativ langsam vor sich, wobei aber auch dann die natürlichen Gegebenheiten immer wieder durchschimmernd bleiben. Im Gegensatz dazu ist das Bezugsfeld See ein vornehmlich dem Durchgangsverkehr dienender und nur sporadisch oder temporär für die Wirtschaft oder auch die Erholung genutzter Raum. Wohl sind auch hier gewisse Strukturmuster vorhanden, doch sind sie im allgemeinen nur unscharf ausgeprägt und auch relativ veränderlich. Solche Veränderungen können z. B. durch bestimmte Witterungslagen oft recht kurzfristig eintreten und dabei auch vorübergehend sein. Sonderfälle stellen innerhalb des Meeres als dauernde Elemente insulare oder archipelagische Bezugsfelder dar.

Die einzelnen Küsten sind nun freilich hinsichtlich der Erfüllung ihrer trennenden ebenso wie verbindenden Aufgaben auf Grund ihrer differenzierten Gestaltung sehr unterschiedlich. Die physische Natur der Küsten ist heute im großen und ganzen weltweit bekannt [2]. Untersuchungen zur wirtschaftlichen Entwicklung der Küsten mit speziellem Bezug auf ihre Morphologie fehlen dagegen noch in solchem Maße [3], daß diese Frage bei den nachfolgenden Ausführungen im wesentlichen ausgeklammert werden muß. Grundsätzlich ist die Küste ganz allgemein aufgefaßt als Bezugs- und Schnittlinie der von den Bezugsfeldern Land und See ausgehenden Spannungslinien anzusehen. Die Schnittpunkte dieser mit der Küstenlinie sind die Häfen. Von der Küste aus landeinwärts gehende Spannungslinien, die als Landverkehrswege sichtbar werden, sind ihrer Richtung und ihrem Verlauf nach wesentlich weniger variabel als jene über die See laufenden und daher im allgemeinen auch viel dauerhafter.

---

[2] Diesbezüglich siehe das grundlegende Werk von H. VALENTIN, a. a. O.
[3] Eine beispielhafte, gleichermaßen physisch- wie kulturgeographische Arbeit dieser Art ist die von H. LEHMANN „Standortverlagerung und Funktionswandel der städtischen Zentren an der Küste der Po-Ebene", a. a. O.

Ihrer Art nach gibt es zu Lande mehrere Arten von Spannungsverhältnissen und daher auch -linien (siehe Skizze 1). Als bedeutendste wäre dabei die *Transversalspannung* zu nennen. Diese ist als eine von einer Küste aus binnenwärts über eine ganze Landfläche, die auch eine Kontinentalfläche sein kann, hinweg bis zur anderen Küste hinreichende aufzufassen. Bei einigermaßen existierenden natürlichen Durchgangsmöglichkeiten sind derartige Transversalspannungen mehrweniger überall latent vorhanden. Eine andere Frage hinwiederum ist es, inwieweit sie de facto ausgenutzt werden. Schließlich kann es sich bei ihnen auch um solche handeln, die tatsächlich den ganzen Landraum querend in einer Linie durchgehen oder solche, die sich aus Verknotungen im Binnenland her zusammensetzen. Für ihre weitere Entwicklung ist dann die aufkommende Rivalität der beiden Küsten und die dadurch entstehende Ausgeglichenheit oder Ungleichgewichtigkeit des von der einen oder von der anderen ausgehenden Einflusses maßgeblich. Wesentlich zum Verständnis der Bedeutung derartiger Transversallinien ist es aber auch, daß es nicht so sehr darauf ankommt, daß die eine Küste mit der anderen unmittelbar verbunden ist, sondern vielmehr, daß jeder Punkt des Binnenlandes, der im Bereich einer solchen Linie liegt, die Bezugsmöglichkeit nach beiden Küsten hin hat. Die Verwirklichung von solchen Transversalspannungen und ihre Bedeutung für die wirtschaftliche, soziale und kulturelle Entwicklung größerer Landräume kann an vielen Beispielen nachgewiesen werden. In Europa fand sie wohl ihren ersten Ausdruck in der sog. Bernstein-Straße, bei der es sich nicht nur um einen einzelnen Verbindungsweg, sondern um ein ganzes System von solchen zwischen der südlichen Ostsee- und der nördlichen Mittelmeerküste gehandelt hat. Die Entwicklung Mitteleuropas einschließlich des östlichen Frankreichs vom hohen Mittelalter bis zur Zeit der Entdeckungen muß ganz besonders unter diesem Aspekt der Verbindung des Binnenlandes zu den Küsten im Norden und Süden, wo sich sowohl die italienischen Seestädte wie andererseits auch die Hanse zu großer Bedeutung entfaltet hatten, gesehen werden.

Eine weitere Transversalspannung mehrweniger quer zur nord-südlichen gab es auch damals schon zwischen der Nordsee und der Kanalküste einerseits, der ägäischen und der europäischen Schwarzmeerküste andererseits. Zeitweilig ist auch diese z. B. in den Wegen verschiedener Kreuzzüge und noch mehr der griechischen Händler unter besonderer Benutzung des Donaulaufes deutlich hervorgetreten. Das Entdeckungszeitalter zog dann eine Schwerpunkt- und auch -linienverschiebung nach Westen und Nordwesten an die atlantische Seite mit sich, wodurch fühlbare Ungleichgewichtigkeiten in der wirtschaftsräumlichen Struktur Kontinentaleuropas verursacht worden sind. Durch die industrielle Revolution haben sich diese dann noch mehr verstärkt. Weitere Beispiele als Ausfluß solcher Transversalspannungen ergeben sich dann etwa in Zentraleuropa nach dem 1. Weltkrieg durch die Rivalität zwischen den deutschen Nordseehäfen und denen an der oberen Adria [4].

Derzeit spielt der Ausgleich zwischen den nördlichen und den südlichen Küsten des kontinentalen EG-Raumes und damit eine Stabilisierung der Wirksamkeit der Transversalspannungen nach beiden Richtungen hin eine nicht unbedeutende Rolle für das wirtschaftsräumliche Gleichgewicht innerhalb von diesem [5]. Als weiteres, auf einen einzigen Staat bezogenes europäisches Beispiel

---

[4] Hierüber u. a. J. MATZNETTER 1946, a. a. O., H. PASCHINGER 1955, a. a. O., und E. RIFFEL 1973, a. a. O.
[5] J. MATZNETTER 1971, a. a. O., S. 27 f., und 1975 („The Northern . . .", im Druck).

der Auswirkungen von Spannungen zwischen 2 Küsten kann insbesondere auch Frankreich genannt werden. Während es sich dabei gleichermaßen um durchgehende wie zusammengesetzte Spannungslinien handelt, so bietet etwa die benachbarte Iberische Halbinsel den Fall ausgesprochen zusammengesetzter Linien mit Knoten im Zentralraum Kastiliens. Wohl das deutlichste Exempel der Wirkung ausgebauter Transversallinien bieten die USA und auch Kanada. Die Fertigstellung der großen Pazifikbahnen schuf im nordamerikanischen Raum ein Verkehrsgrundnetz, auf dem aufbauend sich Besiedlung und Wirtschaft erst vollends entfalten konnten. Gleichermaßen gehört aber auch die schon im zaristischen Rußland fertiggestellte Transsibirische Bahn, welche die Ostsee und das Japanische Meer, also den atlantischen und den pazifischen Raum ungebrochen miteinander verband, hierzu. Den bestehenden Planungen gemäß soll sie in nächster Zeit durch eine Parallellinie noch verstärkt werden. Ihre Existenz erst ermöglichte einen durchgehend entwickelten Streifen durch diesen ganzen Großraum hindurch. Im Gegensatz dazu sind in den Südkontinenten bisher nicht verwirklichte Transversalspannungen kennzeichnend. Diese **Tatsache muß, wie noch weiter unten näher auszuführen sein wird, sogar als ein besonderes Charakteristikum von Entwicklungsländern gelten.** Verschiedentlich kann es aber auch sein, daß solche Spannungen gar nicht einmal vorhanden sind. Hier wäre etwa die Meridianrichtung durch Asien anzuführen, wo einmal im N die Eismeerküste eine wenigstens vorläufig nur sehr schwache Ausgangslinie und zum anderen die Hochgebirge, Hochländer und Wüsten Innerasiens kaum zu querende Hindernisse bilden.

Als *Binnenspannung* wäre ferner eine solche zu bezeichnen, wo zwischen einer Küste und einem Punkt oder Gebiet des Binnenlandes ein mehrweniger dauerhaftes Korrespondenzverhältnis besteht. Maßgeblich erscheint dabei auch, daß derartige Binnenlinien ihren Bezug von oder zu einer ganz bestimmten Küste haben. Beispiele dafür bieten die meisten Entwicklungsländer, wie später noch aufzuzeigen sein wird. Auch China mag hierbei zuzurechnen sein. Gerade von diesem Großreich aus hat es im Laufe der Geschichte nur einzelne Verwirklichungen von Transversalspannungen quer durch den Kontinent, wie z. B. die berühmte Seidenstraße oder den Teehandel über Rußland, gegeben, die aber modern, bisher wenigstens, in keiner Weise mehr ausgebaut worden sind. Die Realisierung einer Binnenspannung erfolgt, u. zw. speziell in den Entwicklungsländern im Zuge des Versuchs ihrer Inwertsetzung, in der Regel durch *Vorstoßlinien*. Unter diesen sind von der Küste aus landeinwärts gerichtete Linien zu verstehen, durch die ein dauernder Korrespondenzpunkt bzw. ein Korrespondenzgebiet im Binnenland oder auch eine Transversallinie gesucht werden soll. Gelegentlich allerdings verfehlen sie ihren Zweck und verkümmern.

Die Spannungsverhältnisse und -linien des Meeres gleichen im Prinzip jenen des Festlandes, allerdings im Rahmen des grundsätzlichen Unterschiedes der Strukturmuster, wie weiter oben schon skizziert worden ist [6]. Als ausschlaggebender Begriff ist hier jener der *Gegenküste* anzusehen. Dabei ist zwischen einer Gegenküste im engeren und im weiteren Sinne zu unterschei-

---

[6] Die Problematik der wirtschaftlichen, politischen und militärischen Spannungsverhältnisse der See wurde schon zu allem Beginn einer politischen Geographie um die letzte Jahrhundertwende klar erkannt. Diesbezüglich sind vor allem die Standardwerke des US-amerikanischen Admirals A. TH. MAHAN u. z. „The Influence of Sea Power upon History, 1660—1783" (1890), zuletzt in der Ausgabe in deutscher Sprache. „Der Einfluß der Seemacht auf die Geschichte 1660—1812" in der Bearbeitung von G. A. WOLTER 1967 sowie F. RATZEL, „Das Meer als Quelle der Völkergröße", München 1900, zu nennen.

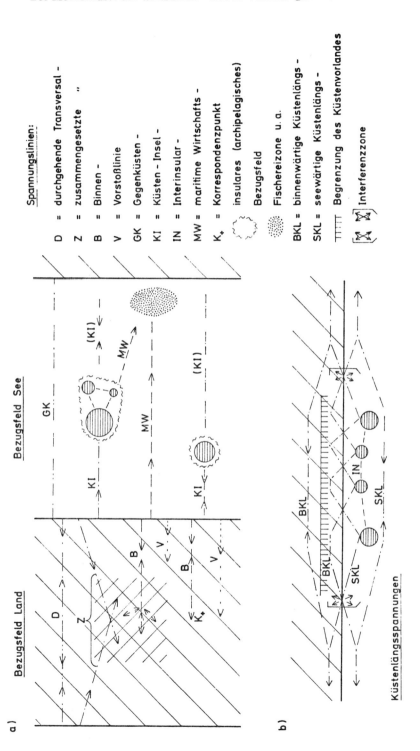

Skizze 1: Bezugsfelder und Spannungslinien zu Land und See

Spannungslinien:

D = durchgehende Transversal -
Z = zusammengesetzte   ,,
B = Binnen -
V = Vorstoßlinie
GK = Gegenküsten -
KI = Küsten - Insel -
IN = Interinsular -
MW = maritime Wirtschafts -
K₊ = Korrespondenzpunkt
       insulares (archipelagisches)
       Bezugsfeld
       Fischereizone u. a.
BKL = binnenwärtige Küstenlängs -
SKL = seewärtige Küstenlängs -
       Begrenzung des Küstenvorlandes
       Interferenzzone

den. Im ersteren Fall ist dies die unmittelbar gegenüberliegende, mehrminder parallel verlaufende Kontinentalküste oder auch diejenige einer sehr großen Insel. Die Entfernung als solche ist dabei nicht maßgeblich. Man kann hier auch von einer *echten* Gegenküste sprechen. Im anderen Falle dagegen kann man jede andere Küste des gleichen Meeres oder Ozeans einbeziehen; unter Hinweis auf den speziellen Teil der vorliegenden Arbeit etwa die Iberische Westküste im Verhältnis zur Brasil- und Angolaküste oder auch die nordamerikanische Ostküste gegenüber der Brasilküste u. a. m. [7].

Eine Gegenküstenspannung erscheint überall dort als gegeben, wo von wenigstens einer Küste aus Hochseefahrt betrieben wird. Die Entdeckungsfahrt des Kolumbus war sogar ausgesprochen eine bewußte Suche nach der angenommenen Gegenküste. Letzten Endes ist sie auch die Voraussetzung aller Hochseefahrt. Im Prinzip ähnlich der Gegenküstenspannung ist die *Küsten-Inselspannung* zu sehen, allerdings mit dem Unterschied, daß eine Insel oder auch ein Archipel in der Regel noch stärker als eine Festlandküste auf eine dauernde Verbindung mit einer der näheren Küsten angewiesen ist [8]. Der festländischen Binnenspannung vergleichbar ist wiederum eine anzusehen, die etwa als *maritime Wirtschaftsspannung* zu bezeichnen wäre. Bei dieser handelt es sich erstlinig um eine Spannung zwischen der Küste und entfernteren Fischgründen oder Walfanggewässern sowie, in jüngster Zeit an Wichtigkeit gewinnend, um die Ortung von Bodenschätzen am oder unter dem Meeresgrund. Als Beispiel können hier die europäischen Küsten in ihren Beziehungen zur Neufundlandbank, den Islandgewässern, den antarktischen Walfanggewässern u. a. angeführt werden. Die nächsten Küsten davon, oft für die Fanggründe namengebend, sind in diesem Sinne allerdings nicht als Gegenküste aufzufassen, da ja der Fischgrund im Meer und nicht die Küste als solche Bezugspunkt ist. Die modernen Fangflotten, in ihrer Versorgung weitgehend autark, bedürfen dieser Küsten heute vielfach nicht einmal mehr wegen dort vorhandener Stützpunkte [9]. Freilich sind diese Bezüge unsicher und wechselhafter als jene binnenländischer Korrespondenzpunkte für die Küste.

Ein sehr maßgebliches Spannungsverhältnis besteht entlang der Küsten selbst (siehe Skizze 1 b). Dabei kann man zwischen binnenseitigen und seeseitigen Längsverbindungen der Küstenpunkte untereinander differenzieren. Unmittelbar vorgelagerte Inseln und Inselreihen können mit einbezogen sein. Derartige *Küstenlängsspannungen* kommen beinahe an jeder Küste mehrweniger stark zum Ausdruck. Hiebei können die binnen- und die seeseitigen beide gleichzeitig vorhanden sein oder streckenweise einander ablösen. Die Ursache solchen Wechsels mag in ungünstigen Schiffahrtsbedingungen in Küstennähe oder durch ausgeprägte Steilküsten, Sumpfland usw. bedingt sein. Es ist daher möglich, daß solche Längsverbindungen oft relativ weit binnen- oder seewärts, z. T. sogar außerhalb des unmittelbaren Küstenbereichs verlaufen. In der Regel sind auch die seewärtigen Verbindungslinien die älteren, während die landseitigen, wie der Ausbau zahlreicher Küstenlängsstraßen in der Gegenwart zeigt, oft erst jetzt die Folge von Tourismus und Industrialisierung sind. Beispiele dafür geben etwa die neue dalmatinische Küstenstraße oder jene in Brasilien zwischen Rio und Santos im Bau befindliche ab. Meistens besteht

---

[7] Eine Gegenküstenspannung ist an sich eine maritime Transversalspannung. Da der Begriff „Gegenküste" aber derart klar und auch allgemein im deutschen Sprachgebrauch eingeführt ist, so ist eine auf ihn bezogene Benennung vorzuziehen.

[8] J. MATZNETTER 1958, S. 5.

[9] Beobachtungen des Verf. an der Neufundlandküste im August 1972.

ein mehrweniger starkes Wechselverhältnis zwischen den binnen- und seeseitigen Parallelverbindungen, die gelegentlich durch unmittelbar vorgelagerte
Inseln oder sogar Inselreihen verstärkt werden. Es bildet sich somit in einem
solchen Fall eine Interferenzzone beiderseits der Küstenlinie aus. Küstenlängsspannungen sind nicht selten maßgeblicher als die übrigen see- und binnenwärts führenden Spannungen. Diese ist namentlich bei stark entwickelten
Küstenwirtschaftsräumen und/oder auch bei sehr schlecht ausgebauten Land-
verbindungen im Inneren der Fall. Typisch ist dies etwa an der adriatischen
Ost- und Westküste ausgeprägt und kann auch an den beiden speziellen Beispielen dieser Arbeit festgestellt werden.

Den *Küstenraum* im eigentlichen Sinne und seinen direkten Einzugsbereich
abzugrenzen, ist ein vielfach schwieriges Unterfangen. Soweit es die Küstenlinie und auch die Küste im morphologischen Sinne betrifft, so sind die diesbezüglichen Begriffe im wesentlichen klar. Der Küstenraum und das Küstenland sind dagegen weitgehend landschaftliche oder auch administrative Begriffe. In einigen Staaten, so u. a. in Brasilien und Portugal, wird die Küste
administrativ als ein 100 bzw. 80 m breiter, unterbrechungslos laufender Streifen
bestimmt, der von der mittleren Wasserlinie landeinwärts gerechnet wird. Er
untersteht nicht der zivilen Verwaltung, sondern jener der Kriegsmarine. Das
land- und seeseitige unmittelbare Einflußgebiet kann sich durch politische oder
wirtschaftliche Entwicklungen oder auch durch den Verkehrsausbau positiv
oder negativ verändern. Landseitig ist seine Ausdehnung nur dann klar gegeben, wenn durch einen Gebirgsrand, ausgedehnte Sümpfe oder Waldflächen
u. ä. eine natürliche Abgrenzung vorhanden ist. Dazwischen kann dann ein
unterschiedlich breites „Küstenvorland" sein. Es ist dies sogar ein besonders
in Afrika und Südamerika relativ häufiger Fall, wie er sich u. a. an der ganzen
Angola- und auch auf weiten Strecken der Brasilküste findet. Im Mittelmeer-
raum z. B. dagegen sind weitgehend sog. „Küstenhöfe" verschiedenen Aus-
maßes typisch. Seeseitig können die „Küstengewässer" durch vorgelagerte Inseln, Riffe, Landvorsprünge, Watten oder sehr seichte Gewässer mehrweniger
eindeutig natürlich abgrenzbar sein. In vielen Fällen können sie aber auch
durch die Ausdehnung des Schelfes bestimmt sein. Politisch galt bis zum
2. Weltkrieg die 3-Meilen-Zone, die jedoch in der unmittelbaren Gegenwart
durch willkürliche Änderungen von seiten vieler Staaten aus militärischen oder
wirtschaftlichen Erwägungen heraus uneinheitlich geworden ist. Da man in
manchen Fällen sogar bis zu 200 Meilen geht, so wurde dadurch die schon
Anfang des 17. Jhs. von Hugo GROTIUS geforderte und zumindest seit dem
19. Jh. allgemein geltende Freiheit der Meere ernstlich in Frage gestellt. Verschiedene diesbezüglich in den letzten Jahren stattgefundene internationale
Konferenzen vermochten in diesem Belang noch keine, nunmehr unabdingbar gewordene einheitliche Regelung herbeizuführen. Eine weitere mögliche
Abgrenzung kann auch land- und seeseitig durch die äußersten Linien des
Küstenlängsverkehrs zu Wasser und zu Lande genommen werden. Auch der
„Küstenwirtschaftsraum" muß nicht unbedingt identisch mit dem natürlichen
oder politischen sein. Es ist hier einmal zwischen einer unmittelbar und einer
mittelbar meeresbezogenen Wirtschaft zu unterscheiden. Im ersten Falle gehören hierzu der Hafenverkehr mit allen einschlägigen Diensten einschließlich
der Versorgung, die Stützpunkte und die Vermarktung der Hochseefischerei,
die Küstenfischerei und Salinenwirtschaft, der Seebäderverkehr und zumindest
überwiegend auch die Sportschiffahrt sowie endlich die meeresgebundene In-

dustrie, unter der erstlinig die Werften zu nennen sind. Zum anderen ist hier die durch die Meeresnähe begünstigte Wirtschaft zu verstehen, wobei vor allem Erdölraffinierien oder Produktionsstätten zur Verarbeitung überseeischer oder sonstwie auf dem Seewege herangebrachter Produkte anzuführen sind. Darüber hinaus gibt es auch in zunehmendem Maße Industrien mit sonstigen Standortvorteilen an der Küste, namentlich dann, wenn eingeführte Rohstoffe sogleich be- oder verarbeitet wieder zum Export kommen sollen. Schließlich sind aber auch tropische Exportkulturen in Küstennähe mit vorwiegendem Überseeabsatz hierzu zu zählen, wie z. B. sehr häufig bei Zuckerrohr, Kakao, Sisal, Kokospalmenpflanzungen u. a. m.; weiters aber auch die in jüngster Zeit stark expandierende mineralogische Exploitation des Schelfes. Gewisse Sonderfälle gibt es einmal dort, wo ein nur extensiv wirtschaftlich oder bloß für Fischerei oder Salinen genutztes Küstengebiet als reiner Durchgangsraum für ein entwickelteres Binnenland dient. Diesbezüglich können größere Teile der ostafrikanischen Küste, die südliche Angolaküste u. a. m. genannt werden. Das Gegenteil ist dort der Fall, wo sich an einen relativ intensiv bewirtschafteten Küstenraum ausgedehnte Wüsten unmittelbar anschließen, wie das Beispiel Libyen zeigt.

Von entscheidender Bedeutung für das Verständnis der Küsten als Wirtschafts- und Entwicklungsfaktor ist ein fast weltweiter *Funktions-* und *Lokalisationswandel* seit der Mitte des 19. Jh. geworden (siehe Skizze 2). An den europäischen und der US-amerikanischen Ostküste einsetzend, war er eine unmittelbare Folge der Verkehrs- und der ersten industriellen Revolution und wurde in unseren Tagen durch die neuere Entwicklung der Weltwirtschaft noch maßgeblich verstärkt. Er setzt mit einem allgemeinen Konzentrationsvorgang ein, in dem durch die Dampfschiffahrt und die Eisenbahn die Mehrzahl der bis dahin bestehenden vielen kleinen Handelshäfen bis auf einige untergeordnete Verteileraufgaben ganz oder fast ganz funktionslos werden. Nur die auf kleineren oder mittelgroßen Inseln gelegenen Häfen dieser Art behalten vorläufig noch ihre Bedeutung. Andererseits steigt die Mehrzahl der bisherigen größeren Häfen sowie auch einige wenige der kleineren, die über ausreichende Wassertiefen verfügen oder nahe zu Kohlenvorkommen liegen und auch einen baldigen Eisenbahnanschluß erhalten, zu einer vorher nicht bestandenen Größenordnung auf. Dieser Konzentrationsvorgang greift namentlich seit dem letzten Viertel des 19. Jhs., ausgelöst durch die Einführung von Dampfkuttern, auch auf die Fischerei über. Es kommt demnach verstärkt zur Ausbildung spezieller Fischereihäfen — die es allerdings auch schon vorher gab — und zu dem allmählichen Abkommen kleinerer Fischerorte. Diese Ansätze zu einer Spezialisierung treten zur selben Zeit mit teilweise neuen Lokalisationen auch anderweitig auf. Es handelt sich dabei insbesondere um Kohlenbunkerstationen und Passagiervorhäfen, die zugleich auch Posthäfen sind, sowie weiters um Fährstationen für die Eisenbahnen, Lotsen- und Kabelstationen oder auch um den Ausbau sonstiger Anlagen des Sicherungs- und Rettungsdienstes [10].

---

[10] Bereits die ältere geographische Literatur hat diese Erscheinungen in ihre Untersuchungen einbezogen. Besonders verwiesen sei hier auf die Untersuchung von L. MECKING „Die Seehäfen in der geographischen Forschung", a. a. O. und andere Arbeiten vom gleichen Verfasser. Von A. RÜHL wäre insbesondere die Arbeit „Die Typen der Häfen nach ihrer wirtschaftlichen Stellung", Zeitschr. d. Ges. f. Erdkunde, 1920, und ebenso J. H. SCHULTZE „Die Häfen als Glieder der Kulturlandschaft", Mitt. d. Geogr. Ges. f. Thüringen, Bd. 39, 1931, ferner A. J. SARGENT „Seaports and Hinterlands", London 1938, aus jüngster Zeit dann vor allem das große wirtschaftswissenschaftliche, von H. SANMANN herausgegebene Werk „Handbuch der europäischen Seehäfen", a. a. O., zu nennen.

In diese Zeit der Konzentrationen und auch schon einer gewissen Spezialisierung fallen aber gleichzeitig durch das Emporkommen des Seebäderwesens die Anfänge einer neuen linearen wirtschaftlichen Entwicklung entlang der Küsten selbst. Ihre Spur läßt sich als ausgesprochen feudal-aristokratische Badeorte bis gegen Anfang des 19. Jhs., z. B. an der Côte d'Azur in den dreißiger Jahren, zurückverfolgen. Gegen das Jahrhundertende zu macht sich eine deutliche Zunahme der Zahl der Seebadeorte, die nunmehr auch einen allgemein bürgerlichen Charakter anzunehmen beginnen, bemerkbar. Sehr häufig knüpft man dabei an alte, sich nunmehr in ihrer Funktion ändernde Fischerorte an. Noch vor dem 1. Weltkrieg schließlich finden sich weitere Ansätze zunehmender Spezialisierung u. zw. vorerst in größeren Häfen selbst. So entstehen zu Anfang des 20. Jhs. eigene Petroleum-, Getreide- und andere einem ganz bestimmten Produkt oder auch dem Verkehr mit einem besonders zugeordneten Seeteil dienende Hafenteile oder auch große Hafenbecken. Ebenso ist gleichzeitig festzustellen, daß die Standortentwicklung eisenschaffender Industric in Hafenstädten beginnt. Triest und Neapel gehören hier zu den ersten Beispielen.

Die einmal im Zuge befindliche Entwicklung setzt sich in den Zwischenkriegsjahren fort. Einen der ersten Fälle einer ausgesprochenen Industriehafengründung in einem meliorisierten Küstengebiet finden wir in Porto Marghera, dem neuen Festlandhafen von Venedig [11]. Ebenso kommt es zu einer Zunahme und Vergrößerung der Erdölhäfen wie auch an der Küste gelegener Raffinierien, nachdem ursprünglich, insbesondere von den USA her, bereits raffinierte Ölprodukte eingeführt worden waren. Dieser Prozeß ist nicht zuletzt auch durch das um das Jahr 1930 liegende Überholen der Kohlen- durch die Ölfeuerung bei den Schiffen mitbedingt; eine Bedeutungsabnahme der Kohlenbunkerstationen ist verständlicherweise damit verbunden. Weiters schreitet die starke Spezialisierung innerhalb der Häfen selbst voran. Auch die Anzahl der Seebadeorte, die zugleich an Ausdehnung zunehmen, erhöht sich ebenso wie diejenige der Sporthäfen. Namentlich von Italien ausgehend (Agro Pontino u. a.) werden versumpfte Küstenniederungen meliorisiert und einer intensiven landwirtschaftlichen Nutzung zugeführt. Nicht unerwähnt kann in diesem Zusammenhang auch der Beginn der Einpolderung der früheren Zuidersee, des nunmehrigen Ijsselmeeres, bleiben. Diese landwirtschaftliche Inwertsetzung unmittelbarer Küstengebiete ist seither besonders in den Mittelmeerländern weiter vorangetrieben worden und hat zu einer grundsätzlichen Änderung ihres wirtschaftlichen Wertes im Verhältnis zu den dahinterliegenden Hügel- und Bergländern geführt [12].

Noch viel tiefreichender und wesentlich mehr beschleunigt wie früher setzt sich der wirtschaftliche Ausbau der Küsten nach dem 2. Weltkrieg fort. Mehrere an sich voneinander ganz oder beinahe unabhängige Vorgänge fallen dabei zusammen. Zum einen ist es die explosive Entwicklung des Massentourismus, die ganze lange Strände insbesondere an den west- und südeuropäischen, den nordamerikanischen und auch anderen Küsten in unterbrechungslose Badeplätze umwandelt. Damit steigt weiter die Anzahl der Seebadeorte und auch der Yachthäfen [13]. Wie etwa im Falle der Languedoc-Küste sind damit umfang-

[11] J. MATZNETTER 1951, a. a. O., S. 82 ff.
[12] B. FREUND: Gedanken zur Entwicklung des mediterranen Siedlungsraumes. Rhein-Mainische Forsch., im Druck, Frankfurt/M. 1975, und K. ROTHER: Die Kulturlandschaft der tarentinischen Golfküste, a. a. O.
[13] Die geographische Behandlung dieses Phänomens hat eigentlich erst in den

reiche Regierungsprogramme verbunden oder es ist — wie besonders an der spanischen Mittelmeerküste — das Interesse privater Promotoren dabei maßgebend. Verschiedentlich geht der Ausbau solcher Badeküsten in ganz kurzer Zeit vor sich, wie es u. a. das Beispiel der Algarve, wo dieser Prozeß erst um die Mitte der sechziger Jahre einsetzte, deutlich zeigt [14]. Eine andere Entwicklungsreihe knüpft an die zunehmende Abhängigkeit der europäischen Industrieländer, sowie Japans und auch der USA, von der Zufuhr überseeischer Erze an. Mit der z. T. zunehmenden Erschöpfung der eigenen Lagerstätten bzw. dem stark gestiegenen Verbrauch verbindet sich hier die Verbilligung des Transportes durch große Schiffseinheiten, wie auch die beschleunigte Be- und Entladung durch mechanische Anlagen. Dementsprechend werden nunmehr — wie auch weiter unten am Fall Brasilien und Angola zu zeigen sein wird — selbst überseeische Erzlagerstätten, die tief im Binnenland liegen, für die Verhüttung in Europa rentabel. Es kommt somit zu einer ausgesprochenen Lagegunst von schwerindustriellen Küstenstandorten einschließlich jener bestimmter Nachfolgeindustrien. Im Zuge dessen entstehen sowohl neue große Erz- [15] als auch Industriehäfen an z. T. neuen Standorten [16]. Diese Tendenz greift einmal durch die Anlage der Erdöl- und Erzverladeplätze, zum anderen aber durch die Entwicklungshilfe mit der Errichtung von Industriehäfen u. ä. auch auf die tropischen Überseeländer über. Schließlich ziehen diese nunmehr entstandenen Agglomerationen an den Küsten auch weitere Industrien vom Binnenland her an sich. Auf der anderen Seite ist ein völliges Abkommen auch der letzten Kohlenbunkerstationen ebenso wie eine starke Abnahme der Passagierhäfen [17] infolge der Bedeutungsabnahme der transozeanischen Passagierschiffahrt festzustellen. Die starke allgemeine Motorisierung bringt hingegen auch einen raschen Anstieg in der Zahl der Autofährstationen mit sich. Mitte der Sechziger Jahre setzt dann mit dem von den USA herkommenden Container-Verkehr und den entsprechenden Spezialhäfen eine neue Entwicklungslinie ein.

Als Folge all dieser Vorgänge ist auch seeseitig durch den Sportverkehr eine Ausdehnung des Erholungsraumes und seit relativ kurzer Zeit, beschleunigt durch die zunehmende Exploitation von am Schelf gelegenen Minerallagerstätten, insbesondere Erdöl, eine verstärkte wirtschaftliche Nutzung wahrzunehmen. Insgesamt ist es somit zu einem saumartigen wirtschaftlichen Ausbau der Küsten in den meisten Industrieländern und teilweise auch in anderen Gebieten gekommen. Damit Hand in Hand ging aber auch eine grundsätzliche Änderung des *Funktionscharakters* der Küste innerhalb der gesamten Raumstruktur vor sich. Ursprünglich und bis ins 20. Jh. hinein ist die wirtschaftliche Inwertsetzung der Küste nur eine punktweise mit vereinzelten linearen Ansätzen gewesen. Land- und seeseitig war die reine Umschlagsfunktion durch Verkehr und Handel sowie auch die Hochseefischerei weit vorrangig gewesen. Die Produktionsfunktion, insbesondere Küstenfischerei und gebietsweise auch Salinen, kann in dieser Zeit nur als relativ schwach entwickelt angesehen werden, vor allem deshalb, da die Küstenfischerei weitgehend nur subsistenzwirtschaftlich orientiert war. Eine beschränkte Produktionsfunktion mit wei-

---

letzten Jahren eingesetzt. Eine kurze Übersicht wichtiger einschlägiger Arbeiten bringt S. SCHACHT, a. a. O., S. 113; ferner U. ZAHN, a. a. O.

[14] P. WEBER, 1970, a. a. O.

[15] Z. B. Bakar bei Rijeka gehört an sich zur Verwaltung dieses Hafens, muß aber infolge der relativ großen Entfernung von diesem als eigener spezieller Hafen gewertet werden.

[16] J. NAGEL, a. a. O.

[17] Nach Zeitungsmeldungen November 1973 wird in Kürze auch die Kolumbus-Kaje in Bremerhaven einer neuen Bestimmung zugeführt.

terem Absatzradius gab es in einzelnen Hafenstädten durch Veredlungsindustrie (wie z. B. die berühmte Diamantenschleiferei in Amsterdam) oder durch Nahrungsmittelkonservierung. Eine Ausnahme gab es freilich insofern, als die Standorte des Schiffsbaues damals an viel mehr Punkten als heute gestreut waren mit besonderen Verdichtungen an waldreichen Küsten. Dabei gab es vereinzelt sogar nach heutigen Vorstellungen echte Großbetriebe, wie es etwa die Arsenale von Venedig, Barcelona u. a. O. mit ihren Tausenden von Arbeitern gewesen waren. Nunmehr aber ist die Küste als ein namentlich land- aber auch seeseitig schon geschlossener bzw. sich schließender streifenförmiger Wirtschaftsraum anzusehen. Die Produktions- und Erholungsfunktion tritt dabei in noch zunehmendem Maße neben jene des Umschlages. Gebietsweise kommt auch neben den schon oben genannten Beispielen eine Intensivierung der agrarischen Produktion des unmittelbaren Küstenraumes als Folge des Fremdenverkehrs hinzu. Die Umschlagsfunktion ist quantitativ merklich verstärkt, weist aber qualitativ sogar eine relative Minderung auf. Dies ergibt sich einmal daraus, daß die Bedeutung der Handelshäfen (Emporien) gegenüber früher abgeschwächt erscheint. Infolge des Flugverkehrs und der modernen Nachrichtentechnik verteilen sich verschiedene ihrer früheren speziellen Aufgaben auch auf weit binnenwärts gelegene Zentren. Hierbei kann etwa eine Stadt wie Frankfurt/M. in ihrem diesbezüglichen Verhältnis gegenüber den Nordseehäfen genannt werden. Zum anderen aber wurden bei kleineren Häfen noch bestehende Reste lokaler Verteilerfunktionen durch den landseitigen LKW-Verkehr von Binnenorten aus auf vermehrten und verbesserten Straßen so gut wie ganz verdrängt. Dies betrifft selbst solche auf kleinen Inseln infolge der Autofähren. Allerdings konnte der Seefrachtverkehr mancher kleiner Häfen einen wenigstens teilweisen Ersatz durch Rohstoffimporte für inzwischen hier entstandene Industrien finden. Die Verkehrsfunktion als solche ist in jedem Fall stark angestiegen. Dies gilt namentlich auch für den landseitigen Küstenlängsverkehr. Vornehmlich wegen des Tourismus und des Erholungsverkehrs, aber auch wegen der übrigen Bedürfnisse des verstärkten Wirtschaftsraumes „Küste" kam es zum Ausbau leistungsfähiger küstenparalleler Straßen und Autobahnen. Neben den weiter oben schon genannten Beispielen ist hier u. a. auch die technische Meisterleistung der italienischen Riviera-Autobahn anzuführen. Bei längeren Küsten, insbesondere in den Überseeländern, sind auch diesen entlangführende Fluglinien hinzugekommen. Innerhalb dieser ganzen jüngeren Entwicklung besteht andererseits aber auch eine gewisse Tendenz zu neuen Ballungen. Dies betrifft insbesondere die großen Handelshäfen, da die oft unter ihrer Verwaltung stehenden Spezialhäfen meist innerhalb einer gewissen Entfernung von ihnen errichtet werden. Beispiele dafür geben Marseille, Rotterdam usw. ab.

Die Fremdenverkehrsorte an Küsten der gemäßigten Zonen und größtenteils auch der Subtropen sind durch einen ausgeprägten saisonalen Charakter gekennzeichnet. Es gibt jedoch auch hier merkliche Bestrebungen zu einer Saisonverlängerung, die man etwa durch Hallenbäder mit gewärmtem Meerwasser oder die Propagierung der Küstenplätze als Luftkurorte und Werbung für das Strandwandern zu erreichen sucht. Zur Ausdehnung der Betriebszeit trägt aber noch mehr der zunehmende kurzfristige Naherholungsverkehr (Wochenende) bei. In diesem Falle machen sich die durch die neuen Industrien gestiegene Zahl der Küstenbevölkerung, die Autobahnen aus dem Binnenland und auch die Appartementhäuser geltend. Diese Entwicklung kann u. a. an

der niederländischen Küste zwischen Scheveningen und Den Helder gut beobachtet werden. Zu den geringsten Veränderungen ist es nach Anzahl und Lage
bei den Kriegshäfen gekommen. Hier kommen die gleichbleibenden strategischen
Grundsätze, nämlich eine geschützte und zugleich möglichst seewärts vorge-
schobene Position, zum Ausdruck (Sewastopol, Pula, Toulon, El Ferrol, Brest,
Plymouth u. a.). Verschiedentlich sind heute auch bei diesen nichtmilitärische
Funktionen ergänzend hinzugetreten.

Wegen des wesentlich erhöhten wirtschaftlichen Eigengewichtes sind die
Spannungsverhältnisse der Küsten in jeder Beziehung verstärkt worden. Ganz
besonders betrifft dies die — wie schon oben gesagt — binnenwärts bestehende
Längsspannung als Folge der streifenförmigen Ausbildung, insbesondere durch
Fremden- und Naherholungsverkehr sowie die Industrieansiedlungen. Die nunmehr gewonnene Eigenständigkeit des Küstenwirtschaftsraumes über seine
frühere vorwiegende Mittlerrolle hinaus ist nicht nur als eine, sondern wohl
auch als die maßgeblichste Erscheinung unter den generellen raumstrukturellen
Veränderungen der Gegenwart anzusehen. Weitere eingreifende Folgewirkun-
gen, die für das Binnenland positiv wie auch negativ sein können, sind zu erwarten. Allerdings wäre es auch denkbar, daß die im Spätherbst 1973 ausge-
brochene Energiekrise in den Industrieländern wenigstens hier diese ganze
Entwicklung zumindest vorläufig zum Stillstand bringt.

Eine besondere Betrachtung ist der Küste als *Entwicklungsfaktor* einzu-
räumen, da sie im Gesamtbereich der europäischen überseeischen Entdeckungen als Ausgangslinie von Innovationen und des allgemeinen wirtschaftlichen
Ausbaues diese Funktion seit der frühen Neuzeit schon besitzt. Seit dem Ende
des 19. Jhs. wurde diese in der durch die industrielle Revolution entstandenen
hochkolonialistischen Periode besonders in den Tropenländern wie aber auch
an anderen, so etwa jenen der Atlasländer, noch wesentlich verstärkt. Auch
in der unmittelbaren Gegenwart bestehen diese Verhältnisse noch auf längeren
Küstenabschnitten des tropischen Afrikas, mehr vereinzelt oder auch nur indirekt in Südamerika, auf großen Inseln, unter denen Borneo, Neu Guinea u. a.
zu nennen wären, fort. Sie sind auch in manchen subpolaren und polaren Bereichen, wie z. B. der Südküste von Alaska, der nordsibirischen Küste u. a.
bestehen geblieben. Mehr oder weniger stark wirken sie aber auch noch an
sonstigen Küsten der Neusiedel- und Entwicklungsländer nach. Im einzelnen
git es dabei namentlich in den ersten Phasen eines solchen Vorganges wesentliche Differenzierungen. Man muß diesbezüglich einmal jene unterscheiden, wo
ein von fortgeschrittenen Hochkulturvölkern ausgelöster Prozeß an der Küste
eines Raumes von noch primitivem Entwicklungsstand ansetzt. Dabei ergeben
sich wiederum verschiedene Verhältnisse, ob es sich um relativ recht dicht be-
völkerte oder dünn besiedelte bis fast unbewohnte Gebiete handelt. Hierzu
gehörten fast alle Teile der nord-, mittel- und südamerikanischen Küsten, die
gesamten Küsten Afrikas südlich der Sahara und Madagaskars, die Atlantischen Inseln, die Küsten der meisten größeren südostasiatischen Inseln, diejenigen Australiens und Neuseelands, die Pazifische Inselwelt sowie auch große
Teile der nordeuropäischen und der sibirischen Küste. In der Regel waren bzw.
sind noch immer Europäer Träger dieser Entwicklungen, die aber gelegentlich
auch von außereuropäischen Hochkulturvölkern ausgelöst wurden. Beispiele
dafür bietet das Auftreten der Araber und Perser schon vor den Europäern
an der ostafrikanischen Küste und auch der Araber und Chinesen in Südostasien.

Anders ist die Situation dort, wo technisch fortgeschrittene Europäer an einer Küste als Träger einer Innovation auftreten, die in an sich entwickelte Binnenräume außereuropäischer Hochkulturen eingreift. Beispiele dafür bieten vor allem die süd-, südost- und ostasiatischen Küsten. Dabei erscheint es als wesentlich, daß die Aufgabenerfüllung der Küste als Ausgangslinie einer Innovation von oft stark wie auch rasch wechselnden politischen Machtverhältnissen abhängig ist und die Auswirkungen daher sehr unterschiedlich sind. Ein derartiger Versuch kann sich sogar in sein Gegenteil, nämlich die völlige Absperrung der Küste gegenüber den Innovationsträgern, verkehren. Dies war durch ein Vierteljahrtausend vom Anfang des 17. bis zur 2. Hälfte des 19. Jhs. in Japan der Fall.

Besondere Verhältnisse liegen dort vor, wo im Landesinneren binnenseitig orientierte außereuropäische Hochkulturgebiete lagen, so z. B. in Mexiko, den Andenhochländern und auch in Äthiopien. Bei den beiden erstgenannten Beispielen kam es zu einer Vernichtung dieser einheimischen Hochkulturen durch die Europäer, beim letztgenannten dagegen folgte nach anfänglichen Kontakten ein längeres Abschließen vor den Innovationsträgern. Die Küste wirkt dann mehrweniger ähnlich wie bei ausgesprochenen Entwicklungsküsten weiter. Gerade auf diese, im eigentlichen Sinne als solche ansprechbar sollen die folgenden Ausführungen hauptsächlich bezogen sein. Die Küste wirkt hier als eine echte Innovationsausgangslinie und ein Entwicklungsfaktor, während ihre diesbezügliche Rolle im Einflußbereich außereuropäischer Hochkulturen als zumindest problematisch anzusehen ist.

Auch bei der eigentlichen *Entwicklungsküste* sind darum 3 Typen zu unterscheiden. Der erste davon betrifft Küsten, die in mehrminder unmittelbarer Folge ihrer Besitznahme besiedelt und wirtschaftlich ausgebaut wurden — und so mit ein Eigengewicht erhielten — und von denen aus als Ausgangsbasis dann die wirtschaftliche Entwicklung und ein permanenter Siedlungsausbau binnenwärts vorangetrieben wurden. Besondere Beispiele für diesen Typ bieten die nordamerikanische Ost- und auch große Teile der Brasilküste. Entdeckung und de facto Besitznahme können in ziemlichem zeitlichen Abstand voneinander erfolgen, wie etwa bei der Angoläküste oder noch mehr bei jener des Kaplandes, bei der diese beiden Vorgänge über 160 Jahre auseinanderlagen. Beim nächsten Typ handelt es sich um solche Küsten, die zum vornehmlichen Zweck des Handels oder auch nur für Zwischenstationen der eigenen Schiffahrt mit Stützpunkten versehen wurden. Soweit dabei direkter Einfluß auf das Hinterland genommen wurde, so war dies bis ins 19. Jh. hinein meist nur bloße Ausbeutung, wobei oft sogar der Sklavenhandel die Hauptveranlassung bot. Irgendwelche Bestrebungen, die Küste selbst zu entwickeln, waren in solchen Fällen kaum in Ansätzen vorhanden. Die einzige gelegentliche Ausnahme bildete dabei die Anlage agrarischer Wirtschaftsflächen im engsten Umkreis der Stützpunkte für deren Eigenbedarf. Tatsächliche, planmäßige Entwicklungsvorgänge setzen an Küsten dieser Art zumeist erst in der 2. Hälfte des 19. Jhs. ein, wobei namentlich die Oberguineaküste als Musterbeispiel zu nennen wäre. Zuweilen kommen auch Mischtypen vor u. zw. dann, wenn zeitweilig versucht wurde, einzelne Küstenstriche oder auch Binnenlandgebiete wirtschaftlich zu entwickeln, ohne daß aber der Grundcharakter des 2. Küstentyps wirklich verändert werden konnte. Teile der Moçambique-Küste gehören beispielsweise hierher [18]. Ein 3. Typ liegt dort vor, wo das unmittelbare Küstenvorland nur

---

[18] J. MATZNETTER, 1974, a. a. O.

sehr beschränkte oder fast keine natürlichen Voraussetzungen, wie etwa bei Wüsten und Steppen, bot, um hier auf Grundlage des Landbaues dauernd zu siedeln; ebenfalls auch dort, wo es des Einsatzes großer Mittel und entsprechender Anstrengungen bedurfte, um einen wirtschaftlichen Ausbau einzuleiten. In diesem Sinne sind Teile der ostafrikanischen Küste namentlich jener von Kenia, Teile der Angolaküste und die ganze von Südwestafrika, ebenso aber auch Teile der peruanisch-chilenischen Küste u. a. m. zu nennen. Hier kam es vornehmlich nur zur Anlage von Küstenplätzen meist in größerem Abstand voneinander, die nur als Ausgangspunkte für die Verbindungen ins weitere Hinterland zu dienen hatten. Auch in diesem Falle herrschte oft ein reines Ausbeutungs- vor dem ausgesprochenen Erschließungsmotiv vor. Erst ab dem 19. und z. T. sogar im 20. Jh. kommt es dabei zu Änderungen in Richtung einer Entwicklungsküste. Dies geschieht in der Regel durch den Aufbau von Fischerei und Fischverarbeitung, Bewässerungen, Erschließung von Lagerstätten im Küstenland oder die Errichtung von Industrien in den Häfen. Verschiedentlich geht die Initiative hierzu vom bereits erschlossenen Hinterland aus. Mitunter ist aber auch noch derzeit der reine Durchgangscharakter des Küstenlandes von einigen gut ausgebauten Häfen her erhalten geblieben.

Die Wirkungsweise einer Küste als Entwicklungsfaktor muß weitgehend von den Phasen ihres Ausbaues her verstanden werden. Bei der Anlage der ersten festen Plätze ergaben sich ungeachtet gewisser Eigentümlichkeiten bei den einzelnen die Entwicklung tragenden Völkern im großen ganzen doch einheitliche Merkmale. Es sind somit für einen Hafen geeignete Stellen, wobei manchmal freilich auch der Zufall der ersten Landung mitentscheidend ist. Die zum Hafen gehörenden Wohnsiedlungen werden auch — soweit durch die topographischen Gegebenheiten möglich — an erhöhten Stellen angelegt. Bisweilen werden ferner unmittelbar vorgelagerte Inseln, wie es besonders bei den Arabern und den Portugiesen beliebt war, und Flußmündungen bevorzugt. Der eigentliche wirtschaftliche Ausbau des Küstenlandes und die Vorstöße ins Binnenland hinein können mehrweniger zugleich oder mit mehrweniger zeitlichem Abstand voneinander unternommen werden. Eine der wesentlichsten Grundlagen für die weitere Entwicklung stellt in der Mehrzahl aller Fälle das Schaffen einer permanenten Küstenbevölkerung dar. Dort, wo nur eine ganz dünne Besiedlung bestand oder auch die Einheimischen verdrängt oder vernichtet wurden, mußte eigene Bevölkerung des Entwicklungs- und Innovationsträgers herangebracht werden. Im anderen Fall erfolgte eine Vermischung der ansässigen Bevölkerung mit solcher vom Kolonisationsträger aus seinem eigenen Land, wie es namentlich die Portugiesen gepflogen haben. Dabei gab es dann in der Regel ungeachtet merklicher blutmäßiger Vermengung einen deutlichen Sozialabstand. Oft behalf man sich auch durch ein mehrminder gewaltsames Herbeiziehen Einheimischer aus dem Binnenland. Vielfach wußte man sich überhaupt nur dadurch zu helfen, daß man eine dritte Menschengruppe zwangsweise herbeischleppte. Dies betrifft weit überwiegend Negride, die auf diese Weise vornehmlich an die Küsten der Neuen Welt verpflanzt wurden. Daneben gab es auch einzelne andere Fälle, wie etwa jenen der Malaien am Kap. Die ersten Kerne des Siedlungsnetzes stellen in jedem Falle die Hafenplätze dar. Zu einem eigentlichen Netz kam es nur dann, wenn das Küstenvorland agrarisch mit entsprechend zugehörigen Siedlungen und ebenso zentralen Orten effektiv erschlossen wurde. Bildete der küstennahe Bereich aber nur einen Durchgangsraum in das fernere Binnenland, dann entstand ein lineares Siedlungssystem einmal entlang der Küste mit den Hafenplätzen selbst und darauf senkrecht mit Stützpunkten an den landeinwärts gerichteten Wegen. In aller Regel bildete sich der erste Verwaltungshauptort an der Küste aus, der auch dann zumeist für sehr lange Zeit — und oft auch noch in der Gegenwart so verblieben — für die ganze weitere Entwicklung der maßgeblichste Punkt wurde. Gelegentliche Ausnahmen gab es dort, wo die Verwaltungshauptorte — manche bildeten sich erst später als solche heraus — in erhöhter Lage, aber relativ nahe noch zur Küste errichtet worden sind (Caracas, Jaunde u. a.); weiters dort, wo das Binnenhochland das wirtschaftliche und auch politische Zentralgebiet darstellte (Mexiko City u. a.).

Die Spannungsverhältnisse an einer Entwicklungsküste i. e. S. treten normalerweise erst aus latent vorhandenen Spannungen heraus in Funktion. Dieses In-Funktiontreten kann bei den 3 Grundspannungsverhältnissen, nämlich den land- und seewärtigen sowie den an der Küste entlang verlaufenden in etwa gleichzeitig oder mehrminder aufeinanderfolgend sein. Dieser Vorgang kann verhältnismäßig rasch oder auch nur sehr allmählich vorsichgehen. Er muß schließlich auch nicht bei jedem von diesen gleichzeitig verlaufen. Es kommt dabei fast in jedem Fall durch den Entwicklungscharakter bedingt zum Herausbilden bestimmter typischer Erscheinungsformen.

Die Verwirklichung der binnenwärtigen Spannungsverhältnisse geschieht anfänglich überwiegend durch Vorstoßlinien auf der Suche nach dauerhaften Korrespondenzpunkten oder -gebieten bzw. nach solchen, die hierzu ausbaufähig sind (siehe Skizze 1 a). Dabei ist das Streben zum Auffinden von Minerallagerstätten oder der Gewinnung von Siedlungsland u. a. vorrangig. Häufig werden dabei auch natürliche Leitlinien insbesondere den Flüssen entlang benutzt. Nur ganz gelegentlich wurden im Entdeckungszeitalter von vornherein bestimmte angenommene und auch mehrweniger reale Bezugsgebiete bewußt besucht, so etwa bei dem Streben, den an sich legendären Erzpriester Johannes oder auch das sog. Reich des Monomotapa, im heutigen Rhodesien, zu finden. Vielfach waren es aber nur reine Fabelvorstellungen wie etwa jene, das Goldland El Dorado zu erreichen. In der Folge kam es dann entweder zur Stabilisierung dieser Vorstoßlinien durch das Herausbilden einer echten und dauernden Binnenspannung mit einem entsprechenden Korrespondenzgebiet oder zu deren Verkümmern. Ein solcher Vorgang kann sich allerdings im gleichen Gebiet mehrfach bis zu einer endgültigen Verfestigung wiederholen. Der Siedlungs- und Wirtschaftsbau des weiteren Binnenlandes kann auch von einer anderen als der unmittelbar nächstliegenden oder leicht erreichbaren erfolgen. Die Realisierung der Spannungslinien zu den beiden letztgenannten geht dann entweder vom Binnenland oder mehrweniger gleichzeitig von beiden Seiten aus. Ein Beispiel hierfür gibt die südliche Moçambique-Küste in ihrem Verhältnis zum Hochland von Transvaal und Rhodesien ab. Das Zeichen eines sehr fortgeschrittenen Binnenlandausbaues bzw. des unbedingten Willens, diesen noch zu verstärken oder zu beschleunigen, stellt die Verlegung des Sitzes von Staats- oder Provinzialregierungen von der Küste in das Landesinnere dar. Die bedeutendsten Beispiele dieser Art und auch diese erst aus dem 20. Jh. geben dafür Brasilia und Canberra oder auch die teilweise politische Doppelstellung von Kapstadt und Pretoria ab. Geplant ist ferner die Verlegung der Landeshauptstadt Angolas von Luanda nach Nova Lisboa. Als Beispiel eines Hauptortes der mittleren Verwaltungsebene möge u. a. Nampula in Moçambique dienen. Als typisch für eine fortschreitende wirtschaftliche und sonstige Ent-

wicklung ist es auch anzusehen, wenn Verwaltungsgebiete der mittleren oder
unteren Kategorie, die ursprünglich in langen Streifen von der Küste, mit dem
Hauptort an dieser, binnenwärts reichten, sich im Inneren zu teilen beginnen.
Es ist dies ein fast in allen Überseeländern in den letzten Jahrzehnten ziemlich
genereller und sich noch beschleunigender Vorgang. Bei den Verkehrswegen
bleiben die Eisenbahnlinien ins Innere hinein meist noch sehr lange nur Stichbahnen und ihre Verdichtung geht im allgemeinen recht langsam vor sich.
Dieser Stichbahncharakter der Schienenstränge ist noch in vielen afrikanischen
und südamerikanischen Ländern erhalten geblieben. Dieser Zustand ist allerdings wenigstens z. T. auch darauf zurückzuführen, daß die Eisenbahn u. zw.
besonders in den überseeischen Entwicklungsländern in ihrer jüngeren und
jüngsten Entwicklung von der Straße und dem Flugverkehr übersprungen
wurde. Bei den Straßen ist dagegen der Netzcharakter meist schon stärker
vorhanden oder bildet sich gegenwärtig gerade heraus. Durch politische Verhältnisse oder wirtschaftliche Rückschläge im Binnenland, insbesondere oft
verursacht durch die Erschöpfung von Minerallagerstätten u. ä., kann es zu
einem völligen oder teilweisen Rückzug zur Küste kommen, die dann die Funktion einer Auffanglinie übernimmt. Derartige Fälle hat es im Laufe der Über-
seegeschichte, namentlich in den portugiesisch-afrikanischen Besitzungen schon
mehrfach gegeben.

Die Realisierung von Transversalspannungen quer durch große Länder-
räume gehört zu den schwierigsten Belangen im Bereich der ganzen Entwick-
lungsländerproblematik. Wie schon weiter oben gesagt, ist ein entsprechender
Ausbau von Landverkehrswegen bisher nur in den Neusiedelländern der gemäßigten oder auch subborealen Breiten wirklich gelungen. Neben den schon
genannten Beispielen von Nordamerika und der Sowjetunion kann hier auch
jenes aus dem südlichen Südamerika in der Relation La Plata — Mittelchile
angeführt werden. In den eigentlichen tropischen Räumen wurden derartige
Transversalspannungslinien bisher höchstens bedingt verwirklicht. Im afrikanischen Nordblock gilt dies etwa für den noch im Ausbau stehenden LKW-
Transsaharaverkehr von der Mittelmeerküste zum Sudan mit Anschlußmöglich-
keiten an die Guinea-Küste. Im Südblock dieses Kontinents bestehen zusammengesetzte Bahnverbindungen von der Angola- zur Moçambique-Küste durch
Catanga und Sambia. Sie werden aber für einen tatsächlich durchgehenden
Verkehr kaum genutzt, sondern nur vom Zentrum aus nach der einen oder
anderen Seite hin. Ähnliches kann im wesentlichen auch für Südamerika in der
Relation La Plata — südliches Brasilien — nördliches Argentinien — Bolivien
— nördliches Chile und Peru gesagt werden. Bezüglich von Allwetterstraßen
liegen diese Verhältnisse in Afrika und Südamerika beinahe noch ungünstiger
als bei den Eisenbahnen. Gewisse Möglichkeiten zeichnen sich für die Zukunft
im Zusammenhang mit dem Ausbau der sog. Transamazonica in N-Brasilien
ab. An sich ist die Bedeutung einer verkehrsmäßigen und zugleich politischen
Realisierung von Transversalspannungen schon seit langem erkannt und auch
versucht worden. Das bedeutendste Beispiel dieser Art stellt die seinerzeitige
Kap-Kairo-Leitidee der britischen Afrikapolitik dar, die nur vorübergehend
zwischen den beiden Weltkriegen politisch verwirklicht werden konnte und
heute in jedem Bezug zerfallen ist. Gleiches gilt von dem von diesem Plan
durchkreuzten portugiesischen Versuch — als 'mapa cor de rosa' bekannt geworden — eines durchgehenden Besitzstandes von der Atlantik- zur Indik-
Küste. In den letzten Jahrzehnten kam es allerdings zu einer wenigstens teil-

weisen Verwirklichung von Transversalspannungen in den in Betracht kommenden Kontinentalräumen durch den Flugverkehr. Hierbei besteht jedoch einmal
eine Beschränkung auf den Personen- und den Leichtgütertransport. Zum anderen kann eine Fluglinie einen durchgehenden Landverkehrsweg nur bedingt
ersetzen, da viele Gebiete durch diese übersprungen werden und die Forderung
nach einer Verbindung aller Punkte untereinander im Bereich einer Linie zwischen zwei Küsten nicht erfüllt wird. Der Ausbau von Transversalverbindungen
bleibt nach wie vor eines der auf jeden Fall zu lösenden Probleme der Entwicklungsländer hinsichtlich des vollen Ausbaues und der Inwertsetzung ihrer
Binnenräume.

Das Festsetzen fremder Entdecker und/oder Innovationsträger an einer
ihnen bis dahin unbekannt oder nicht zu eigen gewesenen Küste kommt in den
weitaus meisten Fällen der Verwirklichung einer bis zu diesem Zeitpunkt nur
latenten direkten oder indirekten Gegenküstenspannung gleich. Es kann sich
bisweilen auch um die Verstärkung eines an sich schon seit langem realisierten
Gegenküstenverhältnisses handeln, wie es etwa im Falle der Franzosen und
Spanier an der mediterranen Küste der Atlasländer so war. Entscheidend für die
Entwicklung einer solchen Küste ist die Regelmäßigkeit, Organisation und
Sicherheit des im Zuge der Gegenküstenspannung laufenden Seeverkehrs. Dabei kam es häufig zu einer Konzentration dieses Verkehrs auf wenige Punkte
sowohl der mutterländischen wie auch der neuen Küste. Das beste diesbezügliche Beispiel ist jenes der seinerzeitigen spanischen Silberflotten. Mitunter
ging dieses Konzentrationsbestreben so weit, daß man gar keinen direkten
Verkehr, sondern einen über andere Küsten laufenden gebrochenen einrichtete.
Auch hier sind die spanischen Kolonialverhältnisse mit ihrem bis gegen Ende
des 18. Jh. vorhandenen Zwang, den Verkehr zum La Plata nicht direkt über
den Atlantik, sondern im Umweg über die Pazifikküste und die Anden zu
führen, zu nennen. Ursache für solche Maßnahmen waren nicht allein die
Furcht vor fremden Konkurrenten und die militärische Sicherung vor diesen,
sondern auch einem möglichen, zu großen politischen und wirtschaftlichen
Selbständigwerden der in Entwicklung befindlichen Küsten entgegen zu wirken.
Dies war besonders dann der Fall, wenn der Küstenraum für wichtige Exportkulturen ausgebaut worden war oder bedeutende Mineralschätze von dort her
verfrachtet wurden. Aus diesem Grunde sperrten besonders die Spanier und die
Portugiesen ihre Überseehäfen für alle fremden Schiffe. Letzten Endes geht
auch der amerikanische Unabhängigkeitskrieg auf ähnliche Ursachen zurück. Dieses Problem durchzieht die gesamte Kolonialgeschichte und muß weitgehend
als Schlüssel zu deren Verständnis gesehen werden. Gerade die Unterbrechung
dieses Verkehrs konnte zu nachhaltigen Folgen führen. So fällt das Unab-
hängigwerden von Spanisch-Amerika mit der Störung dieses Verkehrs in den
Napoleonischen Kriegen zusammen. Weitere direkte und indirekte Gegen-
küstenspannungen beginnen, sich dann auch von einer Entwicklungsküste zur
anderen herauszubilden. Dies zeigt der Sklaventransport von Afrika in die
Neue Welt, und besonders auch der berühmt-berüchtigte Dreiecksverkehr fällt
hierunter. Dieser ging nicht nur von Liperpool und anderen europäischen Häfen,
sondern auch von solchen der Neuenglandküste aus, was weithin noch unbekannt ist [19]. Sekundäre maritime Spannungen bilden sich nach Inseln, Fischgründen u. ä. von den Entwicklungsküsten her, dann in der Folgezeit je nach
Gegebenheit aus.

---

[19] J. POPE-HENNESSY, a. a. O., S. 302 ff.

Schon bald zu Anfang der Besetzung und des wirtschaftlichen Ausbaues von Küsten entstehen seewärtige, sich meist längere Zeit hindurch noch verstärkende Küstenlängsspannungslinien. In der Regel gehen diese vom ersten an einer noch unentwickelten Küste in Besitz genommenen Punkt seeseitig nach beiden Richtungen hin als Suchlinien nach weiteren geeigneten Hafenplätzen und als Ausgangsorte binnenwärts aus. Mit dem zweiten dauernd besetzten Punkt an der gleichen Küste bzw. Küstenabschnitt ist die effektive Küstenlängsspannung vorhanden und verstärkt sich normalerweise mit jedem weiteren Küstenplatz. Ein besonders reger seeseitiger Längsverkehr geht dann an jenen Küsten vor sich, deren Vorland intensiv mit Exportkulturen bewirtschaftet wird. Dies ist umsomehr der Fall, als hier die landseitigen Längsverbindungen oft ausgesprochen schlecht ausgebaut, ja oft fast nicht existent sind. Daher gibt es dort viele kleine Hafenorte zum Abtransport der Produkte zum nächsten Exporthafen sowie zur eigenen Versorgung. Manche von diesen fallen allerdings dann schon der Verkehrsrevolution im 19. Jh. zum Opfer. Im allgemeinen bilden sich gute landseitige Längsverkehrswege gerade an den Entwicklungsküsten nur sehr langsam aus. Vielfach geschieht dies überhaupt erst in den letzten Jahrzehnten unseres Jahrhunderts, wobei dann aber der seewärtige Küstenverkehr fast zum Erliegen kommen kann. Ein Beispiel dafür bietet der Ausbau der Nationalstraße Nr. 1 in Moçambique von der Hauptstadt Lourenço Marques nach dem zweitbedeutsten Hafen Beira. An diesen meist recht lang erstreckten Küsten ist es in der Gegenwart häufig auch zu einem ziemlich dichten Fluglängsverkehr — überwiegend Binnenflugverkehr — gekommen. Dieser übertrifft u. U. an Anzahl der Flüge und Passagieraufkommen alle landeinwärtsgehenden Fluglinien des gleichen Netzes [20].

Die Gegenwartsphase beinahe aller Entwicklungsküsten ist dadurch gekennzeichnet, daß diese in der jüngsten Zeit den allgemeinen Funktions- und Lokalisationswandel der Küsten entwickelter Länder zumindest teilweise mitgemacht haben. Ihrem bereits erreichten Ausbaustand entsprechend, vollzog sich dies in verschiedenen Abstufungen und in manchen Fällen zeitlich sehr gerafft. Dieser Prozeß ergibt sich einmal daraus, daß — wie weiter oben schon ausgeführt — die zugenommene Spezialisierung der Schiffahrt und die nunmehrigen Schiffsgrößen auch entsprechende Belade- und Entladehäfen erfordern. Diesbezüglich aber noch ausschlaggebender wurde die von den Industrieländern gegebene Entwicklungshilfe. Verständlicherweise werden durch diese unter den ersten Maßnahmen viele Häfen an den Küsten überhaupt erst um- oder sogar neu gebaut. Z. T. kam es dabei zur Erstellung von Überkapazitäten in deren hochtechnisierten Anlagen. Nicht selten wurden — wie etwa San Pedro an der Elfenbeinküste — solche an bisher kaum genutzten Küstenabschnitten gänzlich neu errichtet. Aber auch die durch die erwähnte technische und finanzielle Hilfe vorangetriebene Industrialisierung suchte und fand auch dort ihre vornehmlichen Standorte an der Küste. Dies entspricht einmal heute dem allgemeinen Trend zum Industriehafen, zum anderen aber finden sich nur in den Hafenstädten — oft zugleich auch die Hauptstädte der Entwicklungsländer — die einer modernen Industrie angepaßten notwendigen Infrastrukturen überhaupt. Die gute Verkehrslage wie auch die dort meist vorhandenen halbwegs qualifizierten Fachkräfte tragen das ihre dazu bei. Schließlich sind die

---

[20] D. WEBER, a. a. O., S. 254, hat dies sehr deutlich für die Moçambique-Küste nachgewiesen.

unerläßlichen europäischen oder amerikanischen Fachleute, wenn überhaupt, so nur in derartig ausgebaute Städte hinzubringen.

Gerade durch diese aus der europäischen und amerikanischen Vorstellung heraus an sich richtigen Maßnahmen ist vielerorts an den Entwicklungsküsten ein besorgniserregender Prozeß angelaufen. Die Küstenstädte werden hier vor allem dadurch absolut und im Verhältnis zum Binnenland zu überdimensionierten und zu rasch angeschwollenen Agglomerationen mit dementsprechenden wirtschaftlichen, sozialen und politischen Problemen. Das infrastrukturell noch wesentlich vernachlässigte und mehr noch als die Küste entwicklungsbedürftige Innere jedoch verliert Menschen und mit ihnen wertvolle Aufbaukräfte. Gerade deshalb aber können die von den bereits industrialisierten Küsten bzw. Küstenorten ausgehenden Innovationsimpulse im Binnenland noch weniger zum Tragen kommen, als es vorher vielleicht möglich gewesen wäre. Im Gegenteil es werden sogar konträre Wirkungen ausgelöst, wie diese G. Göttlich unlängst am Beispiel vom Raum Abidjan und seinem Verhältnis zum ganzen Staat Elfenbeinküste nachzuweisen vermochte [21].

Im Vergleich zu den Küsten der Industrieländer sind jene der Entwicklungsländer eben durch die Industrialisierung relativ wesentlich stärker gegenüber ihrem Binnenland geworden, als es bei den erstgenannten, die ebenfalls potentiell wuchsen, der Fall ist. Bei diesen ist nämlich ihr zugehöriges Hinterland — von Einzellandschaften abgesehen — in jeder Beziehung voll ausgebaut und in sich gefestigt. Aus dem gegenwärtigen Verhältnis Küste — Binnenland in den Industrieländern kann daher durch richtig gesteuerte gegenseitige Impulse eine weiter aufsteigende wirtschaftliche Entwicklung erwachsen. Bei den Entwicklungsländern erscheint dagegen ein beschleunigter Ausbau der Binnenräume, insbesondere mit Verkehrswegen und mittleren Zentren, unabdingbar, damit die von der Küste ausgehenden Innovationen überhaupt erst wirksam werden können. Etwas günstiger wirkt sich die Industrialisierung von Hafenstädten in Übersee dort aus, wo ein küstennaher Raum vorwiegend Durchgangsgebiet zu weiter einwärts liegenden relativ ausgebauten Binnenräumen ist. Hier erscheint eine wirtschaftliche und institutionelle Stärkung der Küste und ihres Vorlandes im Sinne einer ausgeglichenen Raumstruktur und der auch weiterhin noch bestehenden Aufgabe der Küste als Innovationsausgangslinie sogar sehr erforderlich. Dies soll weiter unten an einem speziellen Beispiel noch gezeigt werden.

Anders als an den europäischen und nordamerikanischen Küsten wirkt der Tourismus und der Erholungsverkehr an jenen der Entwicklungsländer. Dieser bildet gegenüber der Industrialisierung ein ausgleichendes Element und vornehmlich durch ihn kommt es zur tatsächlichen linien- bzw. streifenhaften Gestaltung des Wirtschaftsraumes „Küste". Im Gegensatz dazu bildet es einmal einen Vorzug der tropisch-subtropischen Küsten, daß ihr saisonaler Charakter entweder garnicht oder nur recht mäßig ausgeprägt ist. Hinzukommt auch das zumindestens für europäische und amerikanische Touristen meist reizvolle exotische Landschaftsbild. Diesen Vorteilen stehen allerdings beträchtliche Ungunstfaktoren gegenüber. Einmal ist die Gefährdung durch Menschenhaie oder giftige Seetiere häufig und die starke Sonnenstrahlung wirkt für Ungewohnte schädigend. Noch mehr aber fällt ins Gewicht, daß weitgehend die notwendige Infrastruktur im Strandbereich fehlt. Dies rührt z. T. daher, daß dort selbst der Erholungsverkehr der einheimischen Bevölkerung häufig noch ein sehr

---

[21] G. GÖTTLICH, a. a. O., 1973.

eingeschränkter ist. Dieser wird überwiegend aus dem laufenden oder dem Wochenendbadeverkehr im Nahbereich der Küstenorte getragen. Für einen längeren Seebadeaufenthalt nicht unmittelbar dort Ansässiger fehlt deshalb oft eine entsprechend breite, gehobenere Sozialschicht. Diese ist erst bei schon fortgeschrittener Entwicklung in vorerst noch wenigen dieser Länder vorhanden. Hierzu kommen auch die in der Regel sehr weiten Entfernungen von den Industrieländern. Gewisse Ausnahmen gibt es an einzelnen Küsten bzw. Küstenorten im karibischen Bereich sowie an der mexikanischen Pazifikküste, wo namentlich US-Touristen auftreten. Einige Seebadeorte in Ostafrika und in Südasien werden u. a. auch durch deutsche Reisebüros gefördert. Schließlich gibt es einige internationale Großprojekte, wie z. B. die Riviere Africaine bei Abidjan oder die Insel Boa Vista im Kapverdischen Archipel. Ferner existiert auch ein gewisser internationaler, aber dabei kontinentaler Tourismus in Südamerika und Afrika, wie etwa der Besuch von Argentiniern und Uruguayern in brasilianischen Seebädern oder auch von Südafrikanern und Rhodesiern an solchen der südlichen und mittleren Moçambique-Küste. Aller Voraussicht nach wird sich der internationale Badetourismus an tropischen Entwicklungsküsten auf absehbare Zeit hinaus nur allmählich und unter Bevorzugung ganz bestimmter Gebiete weiter entwickeln. Auch der jeweilige Seebäderverkehr der einheimischen Bevölkerung wird nur in einzelnen dieser Länder rascher an Umfang und zeitlichem Ausmaß unter Einbeziehung längerer Küstenabschnitte merklich zunehmen.

Eine weitere Inwertsetzung der Entwicklungsländerküsten wird verschiedentlich mit Mitteln der Entwicklungshilfe durch Ausbau und Förderung der Fischerei versucht. Im großen ganzen wird diese jedoch auf weiten Strecken als reine Küstenfischerei nach völlig traditionellen Methoden und daher mit entsprechend geringer Effizienz betrieben. Ihr Beitrag zu einer modernen Küstenwirtschaft ist daher derzeit noch als mäßig bis gering anzusehen.

Abschließend sollen als Beispiele für die oben stehenden theoretischen Ausführungen zur Rolle der Küste als Entwicklungsfaktor noch 2 einander gegenüberliegende überseeische Küsten, nämlich jene von *Brasilien* und *Angola,* in einigen ihrer maßgeblichen Charakteristika kurz skizziert werden. Sie fordern insofern schon einen Vergleich heraus, als sie nicht nur jeweils Teile der westlichen bzw. östlichen Begrenzung desselben Meeres, des Südatlantik, bilden, sondern noch mehr deshalb, da sie gleichermaßen in ihren naturgeographischen wie auch kultur- und wirtschaftsgeographischen Gegebenheiten nicht unerhebliche Gemeinsamkeiten oder zumindest Ähnlichkeiten aufweisen. Darüber hinaus standen sie lange in einer unmittelbaren und engen Beziehung zueinander. Nach all dem sind daher auch ihre Spannungsverhältnisse weitgehend komparabel. Andererseits aber ist, erstlinig in klimatischen Ursachen begründet, ihr jeweiliger Entwicklungsgang in Besiedlung und Wirtschaft ebenso wie daraus folgend in ihrer politischen Stellung und Gewicht nach Art, Intensität und Phasen sehr deutlich voneinander differenziert. Dementsprechend ist auch der Ausbaustand ihrer Küsten zu Beginn der industriellen Revolution im 19. Jh. und damit der modernen Strukturierung sehr unterschiedlich gewesen.

Da nun aber ihre Ausdehnung, nämlich eine Küstenlänge Brasiliens von ca. 7500 km, der gegenüber jene Angolas nur ein knappes Viertel beträgt, sehr ungleich ist, so soll der folgende Versuch eines Vergleiches auf den mittleren Teil der Brasilküste, d. i. jener in etwa zwischen Natal im N und Santos im S, im wesentlichen beschränkt bleiben. Diese Einengung kann einmal damit begründet werden, daß dieser Abschnitt in etwa zu der Angolaküste parallel verläuft und ihr auch — mit einer kleinen Ausweitung nach S zu — unmittelbar gegenüberliegt. Der nördliche Küstenabschnitt Brasiliens kann schon deswegen herausgenommen werden, da er in spitzem Winkel nach NW zurücklaufend sich von der Angolaküste entscheidend abwendet. Der Südabschnitt über Santos hinaus kann seinerseits als bereits außertropisch und erst von einer relativ jungen Entwicklung erfaßt hier herausgenommen werden. Der ausgewählte mittlere Abschnitt ist dagegen jener, der auch in seiner historischen Entwicklung den ältesten und am meisten nach Angola zu ausgerichtet gewesenen Teil der Brasilküste darstellt. Schließlich kommt noch ein weiteres Moment hinzu. Die gesamte Brasilküste mit ihrem nationalen Hinterland von 8,5 Mill. km² und einer Bevölkerung von ca. 95 Mill. Menschen erscheint gegenüber Angola mit seinen 1,4 Mill. km² und nur 5,5 Mill. Menschen derart erdrückend, daß jeder Vergleich von vornherein verzerrt wirken müßte.

In ihrer äußeren Gestaltung weisen die Brasil- und die Angolaküste gewisse Ähnlichkeiten auf. Dies betrifft ein ca. 70—150 km breites Küstenvorland, das entweder als Hügelland, gelegentlich auch als Tiefebene ausgebildet ist und meist einen ziemlich deutlichen Rand zum hochlandartigen Inneren aufweist. In Brasilien tritt — von N her die Küste entlang kommend — erst am 20. Grad südl. Breite das Gebirge selbst unmittelbar bis zum Meer heran. Von da an folgen einzelne Küstenhöfe, bis endlich südwestwärts von Rio die Serra do Mar steil abfällt. In Angola zieht sich ein solches Küstenvorland durchgehend von Cabinda im N bis zum Cunene im S. Die binnenwärtige Begrenzung ist im S durch das Chela-Gebirge stark ausgeprägt, fällt aber dann gegen N zu allmählich an Höhe ab und zergliedert sich auch in hintereinander liegenden Ketten. Bezüglich weiterer physisch-geographischer Gemeinsamkeiten wäre einmal darauf zu verweisen, daß die jeweils höchsten Punkte des Landes, u. zw. der Pico da Bandeira mit 2864 m Höhe in Brasilien und der Moço mit 2619 m, relativ nahe zur Küste vorgeschoben sind. Weiters sind in beiden Fällen auch große Buchten als natürliche Häfen zu nennen. Dies gilt am südamerikanischen Beispiel für die Bahia de Todos os Santos und die Guanabara-Bucht, an welchen beiden durch die längste Zeit der brasilianischen Geschichte die Haupthäfen und -städte lagen. An der Angolaküste sind diesbezüglich namentlich die Buchten von Luanda, Lobito und Moçamedes mit den 3 bedeutendsten Häfen und zugleich noch der Hauptstadt zu nennen. Der wesentliche Unterschied zwischen diesen beiden Vergleichsküsten liegt ungeachtet sie sich in denselben Breiten befinden, in ihrem Klima u. zw. besonders in den Niederschlagsverhältnissen. Maßgebliche Ursache dessen ist die relativ warme Brasilküstenströmung einerseits und die gleichermaßen kühle von Benguela andererseits. Die Brasilküste ist im großen ganzen als regenreich zu bezeichnen, und nur an einzelnen Abschnitten treten regelmäßig trockenere Perioden auf. Das Hinterland hinwiederum ist fast durchgehend trockener als der relativ schmale Küstenstreifen, was besonders stark im NO zum Ausdruck kommt. In Angola dagegen ist die Küste in ihrer gesamten Ausdehnung trockener als ihr weiteres Hinterland. Im S ist das Küstenvorland sogar Wüste, während es im übrigen mit sich allmählich verkürzenden Trockenzeiten nach N zu vorwiegend Steppencharakter trägt. Die Gebirgsabfälle sind im Hinterland beider Küsten ziemlich waldreich, wobei für Angola die Rolle der trockenzeitlichen Nebeldecke des Cacimbo mit maßgeblich ist.

Die genannten klimatischen Unterschiede werden auch ausschlaggebend für die politische und wirtschaftliche Entwicklung dieser beiden Küsten, ungeachtet der Tatsache, daß ihre Entdeckung und Besitznahme von den gleichen Innovationsträgern, nämlich den Portugiesen um die Wende des 15. zum 16. Jh., ausging. Beide Küsten sind ziemlich rasch in ihrer Erstreckung bekannt geworden. Die erste Erkundung der Angolaküste lag dabei fast 2 Jahrzehnte vor jener der Brasilküste. Hier in Angola werden bereits 1482 von der Kongomündung aus landeinwärts Vorstoßlinien zum einheimischen Kongo-Reich geschaffen, welche Verbindung dann fast 90 Jahre währte. Die übrige Angolaküste wurde jedoch vorerst nicht in Besiedlung genommen. Erst 1576 wurde dann Luanda gegründet. Bald danach mußten jedoch infolge politischer Verhältnisse im Kongo-Reich die ersten dort von den Portugiesen geschaffenen Einrichtungen, so z. B. der 1595 errichtete Bischofssitz von San Salvador, der 1625 nach Luanda verlegt wurde, an die Küste zurückgenommen werden. Beinahe 300 Jahre später erst konnten die Portugiesen die damals am Kongo-Unterlauf aufgegebenen Gebiete wiederum ihrem Einflußbereich einverleiben.

Die Brasilküste wurde im Jahre 1500 nahe dem heutige Porto Seguro erstmals betreten. Die eigentliche Besiedlungs- und Wirtschaftstätigkeit setzt dann erst mehr als 30 Jahre später ein, um dann freilich rasch vor sich zu gehen. So wurde im S 1532 São Vicente und 1537 Olinda im N und zwischen ihnen eine ganze Anzahl anderer bedeutend gewordener Orte gegründet. Die Erschließung erfolgte auf privater Basis durch sog. Capitanate. Der erste, durch die Gewinnung des berühmten Brasilholzes gekennzeichnete Wirtschaftszyklus bleibt allerdings in seinen allgemeinen Auswirkungen beschränkt.

Für lange Zeit entscheidend wird ab dem Ende des 16. Jhs. der dann einsetzende Zyklus des Zuckerrohres. Dieses wird namentlich in den Küstenstrichen im NO zwischen Recife und Salvador, dann auch im Mündungsgebiet des Rio Doce und von da an weiter bis in das Gebiet von Rio des Janeiro kultiviert. Es ergibt sich dabei ein ziemlich intensiver Ausbau eines langen Küstenstreifens einschließlich eines zentralörtlichen Netzes. Recht stark entwickelt sich in dieser Zeit auch der seewärtige Küstenlängsverkehr [22]. Die Angolaküste hinwiederum tritt als vornehmlicher Lieferant von Sklaven durch fast ein Vierteljahrtausend in ein enges unmittelbares Verhältnis zur Brasilküste. Im Unterschied zu dieser entwickelt sie sich aber recht wenig. Als zweiter bedeutender Ort an der Küste wird 1617 Benguela gegründet und außerdem gibt es bis Cabinda hinaus einige andere Festungsplätze. Die Vorstöße in das Binnenland hinein dienen im wesentlichen nur dem Sklavenhandel und führen vorerst kaum zu nennenswerten permanenten Bezugspunkten. Die Brasilküste dagegen nimmt eine weltwirtschaftlich bedeutende Stellung ein, die durch das niederländische Zwischenspiel in der ersten Hälfte des 17 Jhs. nur noch gefördert wird. Auch die Zeit der niederländischen Besetzung hatte wegen des Sklavenbezuges aus Angola ähnliche Rückwirkungen auf die dortige Küste. Bereits in diese Zeit fallen auch schon erste Ansätze eigener politischer Interessen und Handlungen im Gebiet des Zuckerrohrbaues. So etwa weigert sich Bahia, wider den sonstigen Verhältnissen in Brasilien seine Sklaven nicht von Angola, sondern entgegen den Wünschen des Mutterlandes von der Benin-Küste her einzuführen. Den Bahianer Kaufleuten geht es dabei darum, nicht in einem Dreiecksverkehr, bei dem Europäer das Geschäft machen, sondern in einem selbständigen bilateralen

---

[22] Atlas Nacional do Brasil, a. a. O., Karte I-2.

Austausch ihren eigenen Tabak für die Sklaven in Afrika einzuhandeln [23]. Das Wirtschafts- und Bevölkerungspotential der Brasilküste bietet schon ab dem 17. Jh. eine geeignete Ausgangsbasis für kräftige Vorstöße in das Innere wie auch gleichzeitig zum weiteren Ausgreifen der Küste entlang nach S und N. Die erste Beeinflussung des Hinterlandes erfolgte schon in der 2. Hälfte des 16. Jhs. durch die Jesuiten, die hier mit ihren sog. Reduktionen eine wirtschaftliche und soziale Organisationsform für die Indianer schufen. Die großen Vorstöße wurden dann von den sog. Bandeirantes — nach einem ihrer maßgeblichen Ausgangsorte auch Paulistaner genannt — durchgeführt. Gold-, Edelstein- und andere Mineralfunde führten zum Ausbau entwickelter binnenländischer Korrespondenzgebiete. Unter diesen stand seit der Wende des 17. Jhs. zum 18. Jh. Minas Gerais voran. Neben den Häfen für den Zucker und anderen tropischen Agrarexporten entwickelten sich auch eigene Häfen für die Mineralausfuhr wie z. B. Parati zwischen Rio und Santos. Außerdem wurden große Hinterlandsbereiche viehwirtschaftlich intensiviert. Ende des 18. Jhs. beginnt eine weitere Exportkultur u. zw. vom Gebiet von Rio des Janeiro aus der Kaffee, dessen Anbau anfänglich ebenfalls auf die küstennahen Bereiche beschränkt war. Diese verschiedenen neuen wirtschaftlichen Faktoren führten zu einer politisch-wirtschaftlichen Bedeutungszunahme der südlichen Teile der Brasilküste. Durch die Verlegung der Hauptstadtfunktion von Salvador da Bahia nach Rio de Janeiro im Jahre 1763 kommt dies deutlich zum Ausdruck. Weitere einschneidende Änderungen bringt dann der Anfang des 19. Jhs. mit sich u. zw. 1808 durch die Verlegung des Regierungssitzes des portugiesischen Königreichs von Lissabon nach Rio de Janeiro. Im gleichen Jahr werden auch noch die Häfen Brasiliens für den internationalen Handel geöffnet, welche Maßnahme insbesondere Großbritannien zugute kommt. 1815 wird dann das seitherige Vizekönigreich zum Königreich Brasilien, vorläufig allerdings noch im Verband der portugiesischen Krone. Die engültige Erringung der Unabhängigkeit 1822 und dann bald auch das Verbot des Sklavenhandels [24] ziehen weitere einschneidende Änderungen für Brasilien und dabei namentlich wiederum für seine Küsten mit sich. Die Unabhängigkeit verursacht z. T. sogar eine Verstärkung und einen weiteren Ausbau des Küstenwirtschaftsraumes. Dies ergibt sich einmal durch die Bedeutungszunahme der nunmehr dem internationalen Verkehr angeschlossenen größeren Häfen, aber auch durch einzelne neue Wirtschaftszweige, z. B. der Produktion von Seesalz, was bis dahin ein portugiesisches Monopol gewesen war. Im nordöstlichen Küstenraum bleibt im großen ganzen die bisherige wirtschaftliche und soziale Grundstruktur erhalten. Allerdings ist auch hier ein verstärktes binnenwärts gerichtetes Interesse vorhanden, das im allmählichen Ausbau der an die Zuckerrohrzone landeinwärts anschließenden Zona Agreste deutlich wird. Verschiedentliche Umstellungen gehen besonders im mittleren Küstenabschnitt vor sich. Hier wird etwa im Gebiet von Ilheus durch deutsche und schweizerische Zuwanderer die nicht mehr auf Sklavenarbeit beruhende Kultur des Kakaobaumes eingeführt. Ebenso wechselt Espirito Santo, ohne Sklaven zu beschäftigen, vom Zuckerrohr zu Kaffee und

---

[23] P. VERGER, a. a. O., S. 10 ff.
[24] 1815 konnte Großbritannien im Wiener Kongreß ein allgemeines Verbot des Sklavenhandels in den Gebieten nördlich des Äquators durchsetzen. 1831 folgt dann ein generelles Verbot einschließlich des Südatlantiks. Bis gegen die Jahrhundertmitte zu gab es dann noch von Brasilien aus namentlich mit Angola und Moçambique einen illegalen Sklavenhandel, der aber durch scharfe britische Kontrollen allmählich zum Erliegen gebracht werden konnte. Die Sklaverei selbst wurde in Brasilien erst 1888 völlig verboten.

anderen Kulturen [25] über. Ab dem 3. Viertel des 19. Jhs. endlich setzt dann, durch massierte europäische Zuwanderung ausgelöst, die große Schwerpunktverlagerung in die Binnengebiete des südlichen Brasiliens ein, wobei die bisher wirtschaftlich im Vordergrund gestandene Nordostküste gleichzeitig immer stärker zurückbleibt. Insgesamt verhält sich innerhalb der durch die industrielle und die Verkehrs-Revolution ausgelösten Veränderungen an den Küsten diejenige Brasiliens in dem hier behandelten Abschnitt als eine bereits ausgebaute Küste. Dementsprechend beginnen jetzt viele der früheren kleinen Häfen zu verkümmern. Dieser Vorgang spielt sich namentlich im Bereich südlich von Salvador sowie zwischen Rio de Janeiro und Santos, ja auch noch über dieses hinaus ab. Demgegenüber steigen namentlich jenen Häfen auf, von denen Stichbahnen in ein weiteres Hinterland hinein vorgetrieben werden.

Für Angola und seine Küste bringt der Abfall Brasiliens dagegen und das Erliegen des Sklavenhandels eine jahrzehntelange fast völlige Stagnation mit sich. Gewisse mehrweniger permanente Verbindungen ins Innere hinein waren hier vor allem vom Luanda und dem Cuanza-Unterlauf aus in Richtung nach Malanje und dem Gebiet der relativ bedeutenden Feira de Cassange ausgebaut worden. Ferner gab es schon gegen Ende des 18. Jhs. Versuche, das südliche Hochland zu erreichen und zu besiedeln, die aber vorläufig geringe Erfolge zeigten. Maßgeblich wurde hier die Gründung des Hafenortes Moçamedes, der dann besonders gegen die Mitte des 19. Jhs. zu infolge des Zuzuges von Brasilien abgewanderter Portugiesen einen gewissen Aufschwung zu nehmen begann. Eine wirkliche Änderung der Verhältnisse Angolas, und auch da nur sehr allmählich, beginnt sich erst mit der internationalen Aufteilung Afrikas im Gefolge der Konferenzen von Berlin und Brüssel 1884 und 1885 einzustellen. Noch vor und um die Jahrhundertwende werden Bahnen als permanente Vorstoßlinien in das Binnenland hinein vorgetrieben. Die größte Bedeutung kommt dabei der unter englischem Einfluß entstehenden Benguela-Bahn zu, deren eigentlicher Korrespondenzpunkt außerhalb Angolas im Kupfergebiet von Katanga liegt. Dieser Bahn entlang vollzieht sich in unserem Jahrhundert ein merklicher Siedlungs- und Wirtschaftsausbau im Raum der Lundaschwelle. Erfolge zeigt endlich auch die Besitznahme und Besiedlung des südwestlichen Hochlandes, wobei die heutige Stadt Sá da Bandeira Ausgangspunkt der Entwicklung wird. Von gleicher Bedeutung ist der Aufbau eines großen Plantagengebietes hauptsächlich auf Kaffee, aber auch Sisal u. a. im Bereich der Randschwelle. Dies gilt besonders für die nördlichen Teile derselben, wobei nach dem 1. Weltkrieg deutsche Pflanzer maßgeblich in Erscheinung traten. Weiters werden an einigen Stellen des Küstenlandes große Zuckerrohrplantagen u.a. angelegt. Ungeachtet all dessen ist der wirtschaftliche und Siedlungs-Ausbau Angolas im Vergleich zu anderen Gebieten Afrikas — und überhaupt nicht mehr mit Brasilien vergleichbar — bis zum 2. Weltkrieg ein im Grunde genommen recht bescheidener [26]. Erst ab der Mitte des 20. Jhs. ist eine gleichermaßen an der Küste wie auch im Binnenland forcierte Entwicklung festzustellen. An der Küste werden sowohl Luanda wie auch Lobito und Moçamedes als Häfen modern eingerichtet; dementsprechend weiters Urbanisierungsmaßnahmen in den rasch an Bevölkerung zunehmenden Städten und deren Industrialisierung. Ferner wird die Fischereiwirtschaft im südlichen, an sich wü-

---

[25] H. GÖRGEN, a. a. O., S. 115.
[26] Zur allgemeinen Kenntnis über die wirtschaftliche Entwicklung Angolas siehe G. BORCHERT, a. a. O., M. KUDER, a. a. O., J. MATZNETTER 1975, a. a. O., G. SENDLER, a. a. O., u. a. m.

stenhaften Küstenabschnitt ausgebaut und auch in den Küstenabschnitten die Agrarwirtschaft teils durch Plantagen kooperativer Form oder die Strukturverbesserung einheimischer Landwirtschaftsbetriebe weiter gefördert. Ganz im N in der Cabinda-Enklave bringen die Erdölfunde seit Ende der 60er Jahre eine fast stürmische wirtschaftliche Entwicklung in Gang. Die Erschließung des rund 600 km im Binnenland gelegenen Erzreviers von Jamba und Tschamutete läßt den großen Erzhafen Sarco bei Moçamedes entstehen. Die gleichzeitigen Maßnahmen für das Binnenland beinhalten u. a. einen unerwartet raschen Ausbau der Allwetterstraßen und die Entwicklung mittlerer Zentren durch Urbanisierung und Industrialisierung. Unter diesen sind namentlich Nova Lisboa, Silva Porto, Sá da Bandeira, Malanje u. a. zu nennen. Mittels des Kolonatsystems wird auch ein großangelegter landwirtschaftlicher Ausbau versucht. Freilich sind gerade dabei von der Vergangenheit her große Rückstände aufzuholen.

Bei den Eisenbahnlinien ist es bisher nicht gelungen, die eine Transit- und die 2 größeren Stichbahnen im Landesinneren durch eine Querlinie netzartig zusammenzufassen. Innerhalb der gesamten Verkehrsstruktur ragt noch immer der Küstenlängsverkehr seeseitig und zur Luft und auch landseitig, mit merklicher Ablenkung ins Binnenland hinein, stark hervor. Allerdings ist der Einfluß der Binnenzentren im Land- und Luftverkehr ihrerseits bereits mit ausschlaggebend geworden. Insgesamt ist zu sagen, daß die Angolaküste in ihrem derzeitigen Zustand noch immer eine echte Entwicklungsküste ist, die im gegenwärtigen Augenblick (Anfang der 70er Jahre) ihren Aufgaben im wesentlichen gerecht zu werden scheint.

Die Situation Brasiliens ist im 20. Jh. erstlinig durch die dynamische Entwicklung seines Südens mit vollem Ausbau des Binnenlandes gekennzeichnet. Beachtenswert ist dabei, daß diese Entwicklung nicht nur den industriellen Aufbau und die Erzeugung typischer Agrarprodukte der Subtropen oder der gemäßigten Breiten beinhaltet, sondern daß dabei in die noch randtropischen, nördlichen Binnengebiete dieses Raumes auch tropische Exportkulturen mit hineingezogen worden sind. Dies betrifft vornehmlich die Kaffeeproduktion, aber auch andere, wie z. B. jene des Zuckerrohrs. Es ist diesbezüglich darauf zu verweisen, daß der Staat São Paulo ein größerer Rohrzuckerproduzent als die gesamte NO-Küste Brasiliens geworden ist, d. h. also, daß der tropische NO Brasiliens selbst in seinen ureigensten Produkten — mit Ausnahme des Kakao — die Vorrangstellung verloren hat. Die Problematik des früher für die Wirtschaft Brasiliens maßgeblich gewesenen NO ist gegenwärtig durch 2 Bewegungsvorgänge charakterisiert. Einmal ist es ein allgemeiner Zug der Bevölkerung wie auch von Institutionen nach dem S des brasilianischen Staates, zum anderen aber aus dem Inneren des NO her wegen der allgemeinen Verschlechterung der dortigen Lebensverhältnisse in die Hafenstädte an seiner Küste. So sind daher auch in den letzten Jahren sowohl Recife wie auch Salvador beide Millionenstädte geworden. Dabei kann man aber wohl nur im ersten Fall, und auch da nur teilweise, dies als Ausdruck einer irgendwie positiven Entwicklung durch forcierte Industrialisierung bewirkt ansehen [27]. Zu beachten ist schließlich, daß die Agrarstruktur namentlich im Zuckerrohranbaugebiet noch immer als irgendwie erstarrt zu werten ist. Erst 1973 kam es hier zu ersten und vorläufig bescheidenen Ansätzen, modernere Entwicklungen zu iniziieren [28].

[27] Zur allgemeinen Problematik des Ostens s. insbes. die im Literaturverzeichnis angegebenen Arbeiten von Mário Lacerda DE MELO.
[28] Nach Pressemeldungen in Recife v. 6. 9. 1973 wurden staatlicherseits erstmals

Die Problematik des NO ist von den Regierungen Brasiliens schon seit langem erkannt und ein spezielles Programm zur Strukturverbesserung ins Leben gerufen worden. Träger dieses Entwicklungsprogrammes ist die SUDENE (Superintendencia do Desenvolimento do Nordeste) mit dem Sitz in Recife. Ursprünglich standen in deren Programm Energieausbau und Industrialisierung weit voran und erst in den letzten Jahren wurde die Notwendigkeit zu Verbesserungen an der Agrarstruktur ihrerseits voll erkannt. Die an sich viele Zweige umfassende Industrialisierung wurde freilich bisher, von relativ wenigen Ausnahmen abgesehen, vor allem in den Küstenstädten verwirklicht. Gut gelungen erscheint sie in Recife, während das Großprojekt Aratu nahe von Salvador erst in Umrissen erkennbar ist. Durch die aus wirtschaftlichen Gründen verständliche Lokalisierung der neuen Industrien an der Küste wird allerdings die Gefahr verstärkt, daß diese noch mehr als in den letzten Jahrzehnten ohnehin schon der Fall zur Auffanglinie eines sich immer mehr entleerenden Inneren wird. Verschiedene Faktoren können dabei aber auch eine gewisse Gegenwirkung erzeugen. Insbesondere muß dabei auf das Großprojekt der Transamazonica verwiesen werden. Mit dieser Straße, die de facto fast eine Transversalverbindung darstellend in 2 Strängen an der NO-Küste endet, soll die Erschließung Amazoniens entscheidend vorangetrieben werden, womit auch wiederum für die Küste ein zumindest in absehbarer Zeit entwickeltes Binnenland zur Verfügung steht. Günstig wirken sich weiter die verschiedenen Erdölfunde namentlich im Raum Bahia und nunmehr auch am Schelf der Küste vor Espirito Santo aus.

Insgesamt ist der gegenwärtige Zustand der Brasilküste in dem behandelten Abschnitt zwischen Natal und Santos dadurch gekennzeichnet, daß es sich einmal um eine im wesentlichen ausgebaute Küste handelt, zum anderen aber gleichzeitig um eine solche, die auf größeren Strecken auch durchaus noch die Funktion einer Entwicklungsküste in sich trägt. In gewisser Hinsicht zeigt sie durch die Anlage moderner Spezialhäfen (u. a. Industriehafen von Aratu, Erdölhafen von Madre de Deus und den großen vom sogenannten „Eisernen Viereck" her belieferten Erzausfuhrhafen Tuberão) [29] einen Ausbaustand, der mit dem europäischer Küsten vergleichbar ist. Nicht ganz gilt dies dagegen für die durch den Fremdenverkehr gegebene lineare Ausbildung. Zu einer solchen ist es bisher nur im S, namentlich im Einflußbereich von São Paulo und z. T. auch Rio de Janeiro, gekommen. Im NO ist sie vorerst höchstens punktweise vorhanden.

In jüngster Zeit zeigen sich nach langer Unterbrechung erstmals wieder Anzeichen zu Ansätzen einer wirtschaftlichen Zusammenarbeit zwischen Brasilien und der Angolaküste. Das brasilianische Interesse richtet sich dabei vorläufig namentlich auf eine Beteiligung an einer noch aufzubauenden petrochemischen und Agrarmaschien-Industrie in Angola. Eine reguläre Fluglinie zwischen Rio de Janeiro und Luanda ist bereits eingerichtet worden.

Mit den vorstehenden, rein skizzenhaften Ausführungen sollte nur versucht werden, den theoretischen Teil dieses Aufsatzes etwas mehr zu verdeutlichen. Im Grundsätzlichen aber sieht es der Verfasser als unumgänglich an, bei künftigen wirtschaftsgeographischen Behandlungen größerer oder auch nur regio-

---

18.000 ha früheren Großgrundbesitzes angekauft (besser gesagt enteignet), um darauf Betriebe von ca. 40 ha im Durchschnitt anzusiedeln.
[29] G. KOHHLEPP, a. a. O.

naler Räume, mehr als dies bisher — zumeist wenigstens — geschehen ist, die
jeweils zugehörige Küste in ihren Belangen als eigener Wirtschafts- und Entwicklungsfaktor stärker herauszustellen.

Literaturverzeichnis

Atlas Nacional do Brasil, hrsg. v. Instituto Brasileiro de Geografia e Estatistica (IBGE),
Rio de Janeiro 1966 ff.

BORCHERT, Günter: Die Wirtschaftsräume Angolas. Hamburg 1967.

FREUND, Bodo: Gedanken zur Entwicklung des mediterranen Siedlungsraumes. Im
Druck in: Rhein-Mainische-Forschungen, Frankfurt/M. 1975.

GÖRGEN, Hermann M.: Brasilien, Nürnberg 1971.

GÖTTLICH, Günter: Der Raum Abidjan als Industriestandort. Frankf. Wirtsch. u. Sozialgeogr. Schriften, H. 13, Frankfurt/M. 1973.

JOHNSTON, R. J.: Spatial Structures. London 1973.

KOHLHEPP, Gerd: Junge Entwicklungen im Eisenerzbergbau und Eisenerzexport Brasiliens. Heidelberger Geogr. Arb., H. 34, Heidelberg 1971.

KUDER, Manfred: Angola. Darmstadt 1971.

LEHMANN, Herbert: Standortverlagerung und Funktionswandel der städtischen Zentren
an der Küste der Po-Ebene. Sitzungsber. d. wissenschaftl. Ges. a. d. J. W. Goethe-
Univ. Frankfurt/M., Bd. 2, Nr. 3, Frankfurt/M. 1963.

LINS, Rachel Caldas: Energia Hidroelétrica do Nordeste. In: Ciência & Trópico, Vol. 1,
No. 1, Recife 1973.

MATZNETTER, Josef: Triest — seine Entwicklung und seine Funktion als Hafen. Mitt.
Geogr. Ges. Wien, Bd. 89, Wien 1946.
— Venedig — Stadt und Hafen seit dem Ende der Markusrepublik. Geogr. Studien
(Festschr. SÖLCH), Wien 1951.
— Der Seeverkehr der Kanarischen Inseln. Wiener Geogr. Schriften, hrsg. v. L.
SCHEIDL, H. 3, Wien 1958.
— Gedanken zu einem Vergleich der siedlungs- und wirtschaftsräumlichen Strukturen
der europäischen Kultur- und der tropisch/subtropischen Überseeländer. In: Mitt.
Österr. Geogr. Ges. (Festschr. BOBEK). Wien 1963.
— Triest im Wandel seiner Verkehrssituation. Verkehrsannalen, H. 5/71, Wien 1971.
— Die Siedlungen der Moçambique-Küste und ihr neuzeitlicher Bedeutungswandel.
Geogr. Zschr., Beiheft Ostafrika (Festschr. WEIGT), Wiesbaden 1974.
— The Northern Mediterranean Seaports with Special Regard to the Common Market
Area. Im Druck, Paris 1974.
— Die wirtschaftliche Entwicklung von Angola. Im Druck, Geogr. u. Wirtschaftskunde
IV. Wien 1975.

MECKING, Ludwig: Die Seehäfen in der geographischen Forschung. Petermanns Mitt.,
Erg. Bd. 209 (Gedächtnisschrift H. WAGNER), Gotha.

DE MELO, Mário Lacerda: A colonização e os problemas do Nordeste. Bol. No 10 do
Inst. J. Nabuco de Pesquisas Sociais, Recife 1962.
— Bases geográficas dos problemas do Nordeste. Revista Bras. de Geogr., No 4, Ano
XXIV, Rio de Janeiro 1962.
— Espaços geográficos e politica espacial — o caso do Nordeste. Bol. Economico da
SUDENE Vol. V, No 2, Recife 1972.

MORRIL, R. J.: The Spatial Organization of Society. Belmont/Ca. 1970.

NAGEL, J.: Hafenstädte und Industriehafenentwicklung. Kommunalpolit. Blätter, 2/1954.

OTREMBA, Erich: Allgemeine Geograhie des Welthandels und des Weltverkehrs. Stuttgart 1957.

PASCHINGER, Herbert: Triest als wirtschafts- und verkehrsgeographisches Problem.
Verh. Dt. Geographentag Essen, Wiesbaden 1955.

POPE-HENNESSY, James: Geschäft mit schwarzer Haut. Wien 1970.

RIFFEL, Egon: Der Hafen von Triest — eine verkehrsgeographische Skizze. Beihefte z.
Geogr. Zschr., Beiheft Ostafrika (Festschr. WEIGT), Wiesbaden 1974.

ROTHER, Klaus: Die Kulturlandschaft der tarentischen Golfküste. Bonner Geogr. Abh.,
H. 44, Bonn 1971.

RÜHL, Alfred: Die Typen der Häfen nach ihrer wirtschaftlichen Stellung. Zeitschr. Ges
f. Erdk., Berlin 1920.

SANMANN, Horst: Handbuch der europäischen Seehäfen. Hamburg 1967 ff.

SARGENT, A. J.: Seaports and Hinterlands. London 1938.

SCHACHT, Siegfried: Der Fremdenverkehr im Minho (Portugal) — am Beispiel des
Seebades Vila Praia de Ancora. Aachener Geogr. Arb., H. 6, Wiesbaden 1973.

SENDLER, Gerhard: Angola und seine Seehäfen. Hamburg 1967.

SÖLCH, Johannes: Die Auffassungen der „natürlichen Grenze" in der wissenschaftlichen
Geographie. Innsbruck 1924.

SUDENE — Projetos aprovados (Stand v. 31. 3. 1973), hrsg. v. Ministerio do Interior,
Brasilia 1973).

VALENTIN, Hartmut: Die Küsten der Erde, Petermanns Mitt., Erg. H. 246, Gotha 1952.

VERGER, Pierre: Flux et reflux de la traite des nègres entre le golfe de Benin et
Bahia de todos os santos du dix-septième aux dix-neuvième siecle. Paris/Den
Haag, 1968.

WEBER, Dirk: Die Entwicklung des portugiesischen Luftverkehrs. Approb. Diss., Fb. 2
(Wirtschaftswissenschaften), Univ. Frankfurt/M. 1973, als Diss. gedruckt 1974.

WEBER, Peter: Der Fremdenverkehr im Küstenbereich des Algarve (Portugal). Beiträge
z. Kulturgeogr. d. Mittelmeerländer, hrsg. v. C. SCHOTT, Marburg 1970.

ZAHN, Ulf: Der Fremdenverkehr an der spanischen Mittelmeerküste. Regensburger
Geogr. Schr., H. 2, Regensburg 1973.

Regionalization for Purposes of Development Planning

The Case of Chile under the Frei Government (1964—1969)

Walter B. Stöhr [1], Wien

The present paper is a case study following up on a more general presentation by the author on the Role of Regions for Development Planning in Latin America [2]. This paper analyses the criteria which were used for the delimitation of regions for development planning in Chile during the Frei Government. This delimitation essentially was also kept up under the following government of President Allende, although content and methods of regional policy were altered with the change in government. This paper is not concerned with the latter aspects, however, but concentrates on the question of regional delimitation for development planning.

At first we shall deal with some preconditions for regionalization of a political (part 1) and a socio-economic (part 2) character. Subsequently (part 3), the main criteria of regionalization used by the Chilean Frei government will be analysed, and finally (part 4) some of the problems will be presented which arose from the divergence between historically based political and socio-economic structures and future-oriented criteria for development planning.

Since the start of industrialization in Chile in the thirties, the polarization of population, economic activities and political and administrative power around its capital Santiago has become reinforced [3]. The introduction of an explicit regional development policy, for the first time in 1965 under the Frei government, therefore represents a turning point in an attempt to decentralize this highly polarized structure. The initiation of such a change in the country's spatial structure — however slight the material consequences within the five years of the presidential period may have been — seems to have contributed considerably towards a social and political activation of the population of peripheral areas.

It is interesting to note in this connexion that the electoral victory of President Allende, who succeeded Frei, was based mainly on the population of peripheral areas, whereas the national capital of Santiago strongly supported the conservative candidate Allessandri. The hypothesis of a causal relation between the change in the country's spatial structure (political-administrative,

[1] Walter B. STÖHR recently was Professor of Geography at McMaster University, Hamilton, Ont., Canada, and since 1973 holds a chair in Regional Planning at the School of Economics (Hochschule für Welthandel) at Vienna, Austria. He acted as Senior Regional Planning Advisor of the Ford Foundation in Chile, 1964—1969. The present paper refers to conditions during that period. It was written while the author was abroad and is therefore in English.

[2] STÖHR, W. (1969), „The Role of Regions for Development in Latin America", *Regional Studies*, Vol. 3, pp. 81—90.

[3] STÖHR, W. (1967), „Geographische Aspekte der Planung in Entwicklungsländern", *Festschrift Leopold G. Scheidl*, Bd. 2, Wiener Geographische Schriften 24/29, Wien, pp. 377—393.

STÖHR, W. (1974), *Regional Development in Latin America — Experiences and Prospects.* (Mouton Publishers), Den Haag. Spanish version: (Ediciones SIAP), Buenos Aires (1972).

social and economic) under the Frei government and the succeeding change in national political power conditions evidently requires further study, but by no means seems out of hand. The regionalization of development policy under Frei, apart from increased financial investment outside of Santiago (e. g. the heavy industry complex at Concepción, some 500 km to the South of Santiago), has for the first time given the provinces an opportunity for organized participation in decisions concerning their own affairs (regional planning councils and regional planning offices) and has thereby promoted the articulation of autochthonous objectives on the part of peripheral areas, often at considerable variance from those of the national capital Santiago.

1. Chile, a traditionally unitary state

Chile may serve as the prototype of a highly centralized country.

Its formal administrative and decision-making structure has unitary characteristics and seems to confirm the assertion that in practical terms of policy, Santiago is Chile.

The municipalities play a very minor role, restricted to activities such as garbage collection and street lighting. They dispose of only about 5% of the country's public expenditures which barely covers municipal salaries and maintainance costs. Although mayors in principle are elected, this applies only to the small municipalities, while mayors of the few large urban municipalities are nominated by the President of the Republic.

The provinces, as an intermediate level between the municipalities and the national government, have practically no power related to matters of development. The "Intendentes" or provincial governors are nominated by the President. At the provincial level, there are no elected representative bodies. In 1967 for the first time, the provincial governors or "intendentes" have been granted a small emergency fund of about US$ 20.000 per province; except for this, they dispose of no investment funds whatsoever.

This lack of power at the provincial and municipal level has contributed to the weakness of community organization or pressure groups at all subnational levels. Even Representatives to the national parliament who, like the Senators, are elected on a regional basis become — except for pre-election periods — more identified with the problems and preoccupations of the national capital than with those of their regions.

There seemed, in fact, to be few political pre-conditions for regionalization when the Frei Government came into power in 1964 and made decentralization und public participation a leading national objective.

2. Initial socio-economic conditions: implicit regionalisms

Although formally a highly unitary system, there existed several implicit factors of regionalism in a country of such long extension from North to South (4.200 km.) and great geographic, climatic and cultural differences such as Chile. These implicit forms of regionalism were based on three factors: different settlement patterns, different colonization background and regionally differentiated legislation.

(a) *Settlement patterns* varied between (1) the „metropolitan zones", (2) the „consolidated zone" and (3) the „colonization zone". In general terms, their characteristics were the following: (See accompanying chart)

The „*metropolitan zone*" comprises the national core region of the capital Santiago, its port Valparaiso and the incipient core region in the South at Conception. Their characteristics are high population density, strong in-migration, contiguous and highly urbanized settlement, a diversified economic structure, and the other characteristics given in the enclosed table. For specific programm purposes of metropolitan planning, the well established methods for delimiting metropolitan areas can be applied.

The „consolidated zone" comprises the central portions of Chile from the province of Aconcagua in the North to Llanquihue and Chiloe island in the South. It is a continuously and fairly densely inhabited area. The economic structure is predominatly agricultural including some processing industries and the area disposes of a fairly comprehensive system of transport, communications and urban infrastructure. It has, therefore, been called the „consolidated zone". However, this zone contains some of the most persistent problem areas of Chile in such provinces as Maule, Arauco, and Chiloe in the way of underemployment and low income. Regional consciousness and participation are weak, particulary in the northern part of the zone, closer to the metropolitan centers.

Persistent rural out-migration has debilitated the dynamic elements of the remaining population. The general attitude in the larger part of the area is one of dependency and reliance on the economic potential of the national capital, on central government funds and on the capacity of the national capital to absorb rural migrants. In the larger part of this area, initiatives for development are small and effective community organizations or self-help institutions scarce.

The major cities in the consolidated zone have developed along the main communication line from North to South in the Central Valley at close distances (about 50 km.) from each other, convenient for the stop-over of horse-cart passengers. In the course of time, most of them became provincial capitals for a narrow area stretching laterally from the Cordillera to the Coast. With the construction of the Pan-American highway, this dense system of urban centers became antiquated and a differentiation of their functions became necessary. Introducing efficient regional units for development, therefore, meant imposing regionalism on them and aggregating several provinces into a single regional unit. Along with creating a regional consciousness, it was necessary to find ways for motivating population towards development in an area where semi-feudal structures had existed up to very recently and had not permitted active popular participation in the development process to emerge.

The "*colonization zones*" comprise the two most peripheral parts of Chile and stretch from Llanquihue to the South and from Aconcagua to the North. They have low population density, are not continuously colonized, possess a geographically rather fragmentary infrastructure system and an economy which is almost exclusively oriented towards resource extraction (mining in the North, oil drilling and animal raising in the South) with elaborating processes almost non-existent [4]. This difference in structure is also reflected in popular attitudes towards regionalism: The extreme North and South of Chile have a strong sense of regionalism caused by a different historical background (the extreme North formed part of Peru and Bolivia up to the latter

---

[4] See STÖHR, W. (1967), „Geographische Aspekte der Planung in Entwicklungs-ländern", op. cit.

part of the 19th century, some areas of this zone have special ethnic characteristics such as a strong Yugoslav element in Magallanes), physical isolation
and a feeling of neglect by the center.

There exist effective community organizations at the local and regional
levels, local self-help organizations and a strong initiative towards regional
economic development. Due to the political pressure stemming from this fact
and the great distance from the national capital, these two large areas are
treated by the national government in what Paul YLVISACKER has called the
"courtship phase" in the regional division of powers [5]. National policies are
mainly oriented towards integrating these areas into the national political
system and making this attractive by granting certain economic privileges
and powers of self-administration. Introducing the regional concept here was
more like formalizing and ordering an already existing mental attitude. Moreover, scarce population density makes it readily understandable for local
groups that development units would have to comprise rather large areas.

(b) *A background of common colonization* is the second important factor
of implicit regionalism. This refers to period of colonization, national composition of the settlers and former national affiliation of territories only recently
incorporated into the Chilean state. The "colonization zones" have a markedly
different background from the rest of the country. Their populations have
maintained a high degree of mobility and mix of immigrants from diverse
origins. Specific features are the strong preponderance of Yugoslav settlers
in the far South (Magellanes) and the extreme North. Moreover, the northern
colonization zone — provinces of Tarapaca and Antofagasta — has specific
historical roots with the neighboring countries, Peru and Bolivia, of which
they formed part up to the latter part of the 19th century.

Of the "consolidated zone", the northern parts between Aconcagua and
Bio-Bio were settled in the earliest colonization period from which Spanish
cultural elements are still predominant. The area south of the Bio-Bio was
colonized only after the pacification of the Auraucan Indians (1882), and was
occupied predominantly by German settlers. In the province of Cautín and
Malleco, directly south of the old Indian frontier, compact Indian reservations
are still in existence.

The "metropolitan zone" constitutes a special case in that it combines
early colonization patterns with highly mobile, modern elements. It has been
the main destination point for immigrants and, therefore, shows a greatly
diversified composition of national origins. Also the majority of internal
migration of the country flows there, and it is a melting pot in the North
American sense of the term.

(c) *Regionally differentiated legislation* is the third important factor related
to implicit regionalism. Most of this legislation contains privileges or incentives
for certain parts of the national territory. In many cases it stems from a desire
of the national government to tie peripheral areas more closely to the national
authority, both in political and economic terms. These special laws have been
passed at different occasions and with different orientations, reflecting the
political strength of the respective area at the time the legislation was passed.
The privileges accorded, therefore, are heterogenous and do not correspond

---

[5] YLVISACKER, Paul, „Some Criteria for a ‚Proper Areal Division of Governmental
Powers' ". In: FRIEDMANN, J. and ALONSO, W. (1964), *Regional Development and
Planning, A Reader.* The MIT-Press, Cambridge, p. 519.

to any integrated set of objectives. In some cases, such regional legislation would refer to as much as a third of the entire country, as for instance in the case of the "copper law" channelling a certain part of the returns of Chile's copper exports into public investment in the copper areas in the North. Others are for single provinces, such as the law establishing the Magallanes Corporation in the far South. Still others are for specific Departments, such as the law which created the Junta de Adelanto (Entwicklungsverein) de Arica in the far North. Finally, special laws have been devised for communal development, such as the "Match Law" which grants two municipalities in the Central Zone a portion of the returns for the matches produced in their area. Most of these laws either create specific incentives for the private sector, such as tax or import duty exemptions, or they fix specific criteria or mechanisms for the allocations of national funds to the area.

Regionally differentiated legislation has a self-perpetuating inter-relation with regionalism: regional privileges are being pressed for by local or regional interest groups and are, therefore, a result of regionalism. On the other hand, once established, these privileges create additional regional solidarity and reinforce existing regionalism.

Privileged areas will usually be keen on not having to share planning or decision-making authority with neighboring areas and will, therefore, often resist integration into larger regions or any other change in their delimitation.

Implicit Regionalism: Development Patterns *

Characteristics	Metropolitan zones	Consolidated zone	Colonization zones
Demographic charact.:			
population density	high	medium	low
population dynamics	high; strong in-migration	low; out-migration	high; in-migration
Settlement charact.:			
pattern of occupancy	concentrated	coherent	sporadic
infrastructure system	comprehensive; partly overburdened	comprehensive, but antiquated	geographically fragmentary
structure of urbanization	highly urbanized; centrifugal growth; crammed functions competing for landuse	low urbanization; dispersed; predominant micro-structure lacking central places able to support high-level service functions	sparse; incipient punctiform structure; large distances render inter-urban complementation difficult

* For more detailed data see STÖHR, W. (1967), quoted in footnote 3.

Characteristics	Metropolitan zones	Consolidated zone	Colonization zones
Economic charact.:			
economic struc-ture	diversified: crucial national and in-ternational func-tions	undiversified: tra-ditional agricul-ture; national market oriented	undiversified: non-agricultural natural resources (mining, oil, fish-ery); international market oriented
levels of living	medium to high; great variation in geographic and social terms	low to medium; great variation in social terms	high; variation in geographic terms (dual economy)
Regionalism:			
regional consci-ousness	centered around pragmatic solution of specific metro-politan problems	insignificant; de-pendence on cen-tral government action	strong; backed by common feeling of neglect on part of central govern-ment
community orga-nization	urban-type orga-nization along functional rather than geographic lines	traditional local micro-structure	efficient self-help organizations a-long local and re-gional lines
local attitude to-wards formation of efficient regions	positive, though restricted to area of individual me-tropolitan nucleus	reluctant, local sectarianism resi-sting aggregation into larger regions	positive, meeting with desire to in-stitutionalize exi-sting regional con-sciousness
National policy:			
orientation of na-tional policy	these zones con-stitute major na-tional policy con-cern; concentra-tion of national investment	national policy concern restrai-ned; orientation towards renewal of traditional structure (agricul-tural reform)	granting of special privileges and se-mi-autonomy ("courtship phase")

3. Criteria for the delimitation of regions for integrated development

With these implicit regionalisms existing, Chile has during the Frei ad-ministration defined 10 regions for integrated development, plus a metro-politan zone. The underlying objectives of Chile's regional development policy were those outlined in an earlier paper and were, as for most Latin American countries [6], in particular to reduce inter-regional disparities of income, employ-ment and in the provision of infrastructure and social services; to reduce the dependence from foreign raw material markets (in Chile especially copper) by installing processing industries in the major raw material producing areas;

---

[6] STÖHR, W. (1969), „The Role of Regions for Development in Latin America“, *Regional Studies*, Vol. 3, pp. 81—90.

and finally the fortification of national internal integration in economic and political terms. Beyond this, the development regions were to serve three concrete purposes:

— the regionalization of the national development plan,
— administrative decentralization, and
— the elaboration and execution of regional plans.

A proposition for the delimitation of regions had to be made within the comparatively short time of two months in 1965 by the newly created Regional Planning Department of the National Planning Office. The proposition made by that office was accepted by the President of the Republic and communicated in a special document to all Ministers of State.

Let us now review the main *criteria* which were used for the delimitation of these regions for development planning:

(a) *National coverage:* A coherent system of regions had to be designed covering the entire national territory, neither leaving gaps between them nor permitting overlaps. This requisite was essential for the purpose of regionalizing the national plan and for future administrative decentralization. It signified a compromise on the part of certain regions, however, since the adoption of a more desirable delimitation for one region might have meant that residual areas would remain in other parts, when taking into account the further criteria.

(b) *Usefulness for programming and administration of development:* This refers primarily to number and size of regions. The National Planning Office recommended ten Regions and one Metropolitan Zone. This l i m i t a t i o n i n n u m b e r was to enhance efficiency of planning and administration at the regional level. The twenty-five existing provinces were inefficient from this point of view. A regional planning office was to be established in each one of the regions. Their limited number was also to facilitate guidance and technical assistance to the regional offices from the national level.

However, even for the limited number of regions, it was impossible to provide adequately trained staff from the very beginning, so that regional planning offices had to be opened successively and several regions were initially combined into one planning effort, such as that for the three regions of the North.

As regards their s i z e , they were not to exceed a radius in which existing transport and communication facilities could permit adequate information and accessibility between a regional administrative center and the different parts of the respective region. In the peripheral areas this meant aggregating at the maximum two provinces, while in the "consolidated" central area in some cases as many as five provinces were aggregated into one region.

(c) *Administrative divisions:* It was a given criterion that for political and administrative reasons existing provincial borders should be respected. This meant that provinces could not be divided between two regions. Maintaining the integrity of the provinces aimed at incorporating the Intendentes (provincial governors) and the rest of the public administration at the provincial level as an active element into the new regions in order to maintain administrative continuity. One of the basic functions of the regional planning offices was to unite the provincial Intendentes within a region around a table and help to steer their actions towards common objectives.

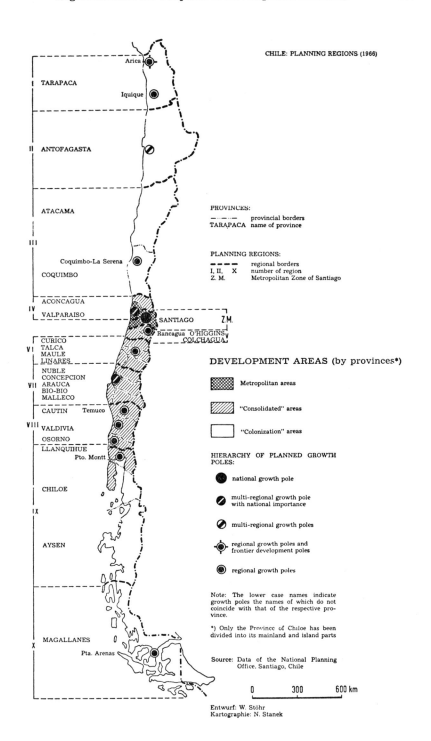

CHILE: PLANNING REGIONS (1966)

PROVINCES:
—·—·—·— provincial borders
TARAPACA name of province

PLANNING REGIONS:
▬ ▬ ▬ ▬ regional borders
I, II, X number of region
Z. M. Metropolitan Zone of Santiago

DEVELOPMENT AREAS (by provinces*)

▨ Metropolitan areas

▧ "Consolidated" areas

☐ "Colonization" areas

HIERARCHY OF PLANNED GROWTH POLES:

● national growth pole

◑ multi-regional growth pole with national importance

⬤ multi-regional growth poles

◈ regional growth poles and frontier development poles

◉ regional growth poles

Note: The lower case names indicate growth poles the names of which do not coincide with that of the respective province.

*) Only the Province of Chiloe has been divided into its mainland and island parts

Source: Data of the National Planning Office. Santiago, Chile

0   300   600 km

Entwurf: W. Stöhr
Kartographie: N. Stanek

Electoral units were not given special weight in this relation, mainly because they would have considerably interferred with the remaining criteria. But this incongruence with electoral units may also reduce the danger that regional administration is bypassed via direct political channels to the national level.

(d) *Existence of at least one growth-pole:* A basic concept of regional policy in Chile was the attempt to activate regions through concentrated investment in growth-poles. Growth-poles are expected to obtain the maximum benefits from investments through economies of scale and to extend their dynamic influence over the rest of their dependent areas. Regions were thus grouped around locations with already incipient growth (in this case existing urban centers) and with strategic transport location to serve as center for the greater part of the region. In all cases, one of the provincial capitals was chosen for this task. In geographical terms, the growth-pole concept meant that regions had predominantly a nodal character.

(e) *Socio-economic complementarity:* Since the regions were to be units of certain economic and administrative autonomy, they should also possess the possibility of internal complementarities. This refers to complementarity between regional production and consumption, between natural resources and urban (human and capital) resources, and between more advanced and backward areas within a region. Adjustment between backward areas and growth-poles and the required redistribution of resources (migration or capital transfer) seemed most appropriate within diversified regional units. This complementarity also refers to more abstract aspects such as potentially common interests of a region due to their close functional inter-relations, which might lead to a "common appreciation of local problems and a common approach to their solution" [7].

(f) *Regional economics of scale:* In order to create self-sustaining growth and a higher degree of regional import substitution in a framework of national comparative advantage, regions had to have sufficient size of internal market to offer economies of scale for regional industries. Also in the not directly productive sectors, such as education, health, banking, etc., the size of the region was to be sufficiently large to permit the development of high level facilities at the regional center in order to promote self-sustained growth of the region. Due to their size and indivisibility, many of these investments require a minimum number of consumers to justify them [8].

It may be worthwhile to examine the e x p e r i e n c e s made with the application of these criteria against the historical background of implicit regionalism. On the whole, the concept of regionalization was responded to enthusiastically in all the provinces. Latent regionalism finally saw a way of institutionalizing its aspirations. In fact, pressure from the regions to have regional planning offices established exceeded by far the speed at which they could be created and staffed.

It may be instructive, however, to also look at some of the *problems* that arose. They were all related to differences between traditional regionalism and the criteria used to delimit future-oriented regions for integrated development.

---

[7] KLAASSEN, Leo H., „Area Economic and Social Redevelopment, Guidelines for Programmes", O.E.C.D., Paris 1965, p. 28.
[8] KLAASSEN, Leo H., op. cit., p. 27.

In the "consolidated", rather densely populated area, problems arose when from amongst various towns of s i m i l a r rank one had to be designated as a growth-pole for a region of sufficient size (criteria b and f). Attributing a leading role to one of these cities or even differentiating their functions has tended to create resistance and difficulties for the integration of the region (e. g. regions VI and VIII in Chile). It was necessary to insist on this change of structure, however, in order to arrive at a more rational central place system based on distances of accessibility by modern transportation rather than by horse-cart.

Resistance was also aroused when areas of extremely d i f f e r e n t levels of development were aggregated into one region (e. g. Concepción and some of its adjoining provinces in Region VII). The backward areas would fear an even more accentuated drain of their resources to a highly developed regional growth-pole and a domination by the latter in the search for national investment funds. However, with regard to the criteria of socio-economic complementarity (e), the best way to activate these backward areas seemed to join them with more dynamic areas supported by a regional growth-pole.

Similar resistance appeared when a r e a s p e r t a i n i n g t o d i f f e r e n t e c o l o g i c a l z o n e s (cf. part 2) were joined into one region. This form of integration seemed necessary in the case of a large colonization area (Aysén) which on its own territory does not yet possess a growth-pole of sufficient strength. This province was, therefore, joined with two provinces of the "consolidated" zone so that their common growth-pole (Puerto Montt) might serve as a bridge-head for the development of Aysén.

Further problems arose in cases where a r e a s f a v o r e d b y s p e c i a l l e g i s l a t i o n were to be aggregated with others into one region, because for themselves they would have been too small to form a region of their own (criteria b and f). These areas were concerned about having to share their privileges with the rest of the region at some stage.

A final issue where implicit regionalism conflicted with the delimitation described was in a case of marked ethnic differentiation due to d i f f e r e n t c o l o n i z a t i o n experience. A province with comparatively strong indigenous elements (Cautin) was joined together with two originally German-colonized provinces to its South (Valdivia, Osorno), instead of forming a new region together with the province to its North (Malleco). Because of the scarce growth potential of these latter two provinces, the insufficient size of such a new region (criterion f) and the limited over-all number of regions in the country (criterion b), it was preferred to incorporate them each into one of the two adjoining large regions, centered around fairly important growth-poles (Concepción and Valdivia, respectively).

Zusammenfassung: Die Abgrenzung von Regionen für Zwecke der Entwicklungsplanung — Der Fall Chiles unter der Regierung Frei (1964—1969)

Der vorliegende Beitrag ist ein Fallstudie, die sich an eine allgemein gehaltene Abhandlung des Autors über die Rolle von Regionen für die Entwicklungsplanung in Lateinamerika anschließt [9]. Es werden die Gesichtspunkte analysiert, die für die Abgrenzung von Regionen für die Entwicklungsplanung in Chile unter der vergangenen Regierung Frei angewandt wurden. Diese Regions-

---

[9] Siehe Fußnote 2.

abgrenzung wurde im wesentlichen auch von der darauf gefolgten Regierung Allende beibehalten, obgleich im Inhalt und in den Methoden der Regional-politik beim Regierungswechsel Änderungen vorgenommen wurden. Dieser Beitrag befaßt sicht jedoch nicht mit letzteren, sondern nur mit der enger umschriebenen Frage der Regionsabgrenzung.

Zunächst werden verschiedene für die Regionsabgrenzung relevante Voraus-setzungen politischer (Abschnitt 1) und sozialökonomischer (Abschnitt 2) Art behandelt. Danach werden die wesentlichen, von der chilenischen Regierung Frei bei der Regionsabgrenzung angewandten Kriterien (Abschnitt 3) analysiert, und schließlich einige der Probleme dargelegt, die sich aus der Divergenz zwischen den Bestimmungsgründen der historisch gewachsenen politischen und sozialökonomischen Struktur einerseits und den auf die Zukunft ausge-richteten Kriterien für die Entwicklungsplanung andererseits ergaben (Ab-schnitt 4).

OZEANIEN

Hawaii und seine Wirtschaft

Berthold Bauer, Wien

Hawaii ist der jüngste Bundesstaat und auch mit ca. 17 000 km² einer der kleinsten der Vereinigten Staaten. Durch seine verhältnismäßig kurze Geschichte und die geographische Lage hebt sich Hawaii genau so wie der kältere Gegenpol Alaska entscheidend von den anderen Bundesstaaten ab. Hawaii liegt als Vorposten des Festlandes der USA ca. 3000 km westlich im Pazifischen Ozean. Diese besondere Lage brachte und bringt für Hawaii Vorteile und Nachteile besonders wirtschaftlicher Art ein.

Dieser Bundesstaat liegt aber nicht nur getrennt vom Mutterland, sondern besteht selbst wieder aus einer Gruppe von über 124 Inseln, Riffen und Atollen, die sich über 2000 km im Pazifik in SE-NW Richtung erstrecken. Die dauernd bewohnten Flächen liegen nur im SE auf den größten und bekanntesten Inseln.

Politisch wird der hawaiianische Bundesstaat in 4 Counties gegliedert und trägt nur auf der Insel Oahu eine SMSA[1] mit Honolulu als Zentrum (siehe Skizze).

Hawaii[2]

	(gerundete Werte)	
Hawai County (Insel: Hawaii)	10 000 km² —	63 000 Ew.
Maui County		
(Inseln: Maui, Kahoolawe, Lanai, Molokai)	3 000 km² —	46 000 Ew.
Honolulu County (Insel: Oahu)	1 500 km² —	630 000 Ew.
Kauai County		
(Inseln: Kauai, Niihau, Lehua, Kaula)	1 500 km² —	30 000 Ew.

Zwei natürliche Gegebenheiten haben das Erscheinungsbild von Hawaii geprägt und den wirtschaftlichen Werdegang beeinflußt: der Vulkanismus und das Klima.

Vulkanismus [3]

Der hawaiianische Archipel sollte eigentlich „Vulkanische Inseln" heißen. Es gibt wenige Beispiele auf der Welt, wo eine politische Einheit so völlig vom Vulkanismus geprägt erscheint wie hier. Ein nördliches Pendant wäre vielleicht Island.

Diese Inseln sind eine Kette von schildförmigen Domen und repräsentieren nur die Gipfel von riesigen Unterwasser-Gebirgszügen. Diese Basaltstrukturen wurden über einer Spalte in der Erdkruste aufgebaut, die sich in über 5000 m unter dem Meeresspiegel erstreckt. Dieser Aufbau erfolgte seit dem Mitteltertiär von NW nach SE fortschreitend. Die Eruptionskanäle förderten immer schon Magma, das wenig Explosivstoffe beinhaltete (weniger als 0,5% des

---

[1] Standard Metropolitan Statistical Area.
[2] Im folgenden wird der Name Hawaii für den ganzen Bundesstaat verwendet und zur Unterscheidung der Insel oder der County Hawaii die betreffende Bezeichnung beigesetzt.
[3] STEARNS, H. T.

Materials ist durch explosive Tätigkeit an die Oberfläche gelangt). Vulkan-
ausbrüche auf Hawaii sind also vom Typ des ruhigen Ausfließens von Lava-
strömen mit Bildung von breiten Domen, deren Neigung zwischen 3°—20° liegt.
Die Lavaströme haben im Durchschnitt 3—10 m Mächtigkeit und sind kaum
durch Bodenbildungen unterbrochen, was von einer raschen Abfolge der Aus-
flüsse zeugt. Grundsätzlich werden zwei Lavatypen unterschieden, die auch
sehr verschieden landschaftlich prägend wirken:

Pahoehoe   — eine dünnflüssige Lava, schnell fließend, die zu polster- und
              zopfartigen Formen erstarrt.

ÁÁ   — eine dickflüssige Lava, die sich langsam wie ein Glutkuchen
              vorschiebt und wie ein Eisstoß übereinandertürmt. Die ÁÁ
              bildet dadurch eine rauhe, schwer begehbare Oberfläche.

Rezenten Vulkanismus kann man nur mehr auf der „großen Insel". der
Insel Hawaii, beobachten. Sie ist die geologisch jüngste Insel und das endogene
Kräftespiel dürfte hier noch nicht seine Ruhe gefunden haben. Von den zwei
mächtigen Domen Mauna Kea und Mauna Loa (beide über 4000 m hoch) ist aber
nur mehr letzterer über seinen Flankenvulkan Kilauea zeitweise tätig. Von
beiden werden aber großartige Ausbrüche aus den letzten zwei Jahrhunderten
beschrieben. Dem Typ des Vulkans zufolge kam es dabei niemals zu großen
Menschenverlusten, doch wurden öfters Siedlungen durch Lavaflüsse zerstört
(Dorf Kapoho 1959). Die eigenartige Kraterlandschaft um den Kilauea und die
verschiedenen Naturdenkmäler, die der Vulkanismus hier geschaffen hat,
stehen unter Naturschutz und bilden den „Hawaii Volcanos National Park".
Dieser Nationalpark wurde ein starker Motor und hat den Fremdenverkehr
auch auf die Insel Hawaii gelockt.

Klima und Vegetation

Da der Hauptteil der Inselgruppe zwischen 19°—23° n. Breite liegt, finden
wir ein abgeschwächtes Tropenklima vor. Inmitten eines warmen Ozeans
gelegen, erreichen sowohl Tages- als auch Jahresschwankungen selten Werte
über 3—4° C, (Honolulu Februarmittel 23° C, Augustmittel 26° C, unter 1800 m
Seehöhe keine Jahresschwankungen über 4,5° C!).

Die größten Kontraste des Klimas liegen in der Niederschlagsverteilung.
Am offenen Ozean in der Nähe der Inseln werden im Mittel 625 mm gemessen,
auf den Inseln im Mittel 1750 mm. Aus den regenbringenden Passaten werden
also ca. 1100 mm Niederschlag in Form von Steigungsregen abgemolken. Daraus
ergibt sich eine große Niederschlagsmenge an den NE-schauenden Gebirgs-
hängen. Es gibt wenige Gebiete auf der Erde, wo der Niederschlagsgradient
so steil ist wie auf Hawai. Im Extrem auf Kauai liegt er bei 2000 mm/km.
Die höchsten Niederschläge liegen in der Zone von 700—1300 m bei den höchsten
Bergen (Domen). Sie werden meist von den feuchten Luftmassen umflossen,
während bei den Bergketten bis ca. 2000 m am meisten Niederschläge in Gipfel-
nähe fallen. Die trockensten Gebiete liegen einerseits in den großen Höhen
der Vulkane und anderseits besonders extrem ausgebildet an den leeseitigen
Küstenstreifen. (Der SW der Insel Hawaii erhält im Süd-Kona-Distrikt nur
250 mm Niederschläge). Aufgrund der hohen Versickerungsraten in den Basalten
und Schlacken dieser Insel (eine Bodenbildung, die zur Verkittung der Klüfte
hätte führen können, hat hier im Lee noch nicht Platz gegriffen) findet man
bis zu 2000 mm Niederschlag das Auftreten von Xerophyten.

Die Vegetation ist dementsprechend üppiger auf allen NE-Seiten und auf den geologisch älteren Inseln (z. B. Kauai = „Garteninsel"), die eine tiefgründigere Bodenbildung aufweisen. Auf den Leeseiten im SW dagegen herrschen oft steppenhafte Züge vor.

Wirtschaftlicher Werdegang

Zur Zeit der Entdeckung der Inselgruppe durch die Europäer (1778 durch Captain Cook, der sie zu Ehren seines Sponsors „Sandwich Inseln" nannte) lebten hier Polynesier, die wahrscheinlich um 750 n. Chr. von Tahiti und den Marquesas eingewandert waren. Sie lebten in einer Steinzeitkultur und hatten als Kultur- und Nutzpflanzen Taro, Kokosnuß, Zuckerrohr, Brotfrucht, Banane und Yam mitgebracht. Andere Pflanzen wie z. B. Ohia lehua (Metrosideros Collina), der Feuergöttin Pele geweiht, waren aus religiösen Gründen eingeführt worden. Die Hawaiianer mußten in nur einer Generation während des 19. Jhdts. die gigantische Aufgabe bewältigen, aus einer Steinzeitkultur in die Europas überzuwechseln. Anfangs war der Übergang sehr langsam. Erst 8 Jahre nach dem Besuch Cooks kam ein anderes europäisches Schiff vorbei und noch Jahrzehnte danach betrachtete man Hawaii nur als Handelsstützpunkt und Auffüllstation für Früchte und Wasser der Walfänger.

Für Europa schien Hawaii zu unbedeutend und zu weit entfernt, um es als Kolonialland in Besitz zu nehmen und auszubeuten. So waren es die Chinesen, die als erste ab 1790 Handelsbeziehungen in größerem Rahmen mit Hawaii aufnahmen. Sie nannten Hawaii früher „Sandelholz Inseln" wegen der großen natürlichen Bestände von Sandelholz. Die Chinesen benötigten Sandelholz als Räucherstäbchen, zum Tempelbau, zur Möbelerzeugung etc. Es war dies die erste ertragreiche Handelsaktivität für Hawaii. Leider sind dadurch fast alle Bestände an Sandelholz geschlägert worden. Die Regierung fördert deshalb die Neuanpflanzung schon seit 1932. 1820 begann die Missionstätigkeit der Boston Kongregationisten. Sie wurden Berater des Königs und der Fürsten und brachten langsam das alte Kapu (Tabudenken) zum Verschwinden. Durch ihre Tätigkeit wurde das Gebiet erst für die Wirtschaft Europas und Amerikas erobert. Erstaunt über das „freizügige" Leben der Eingeborenen warfen sie den Frauen ein loses Kleid über, das sich bis heute gehalten hat (muumuu = Gewand) und einen der typischen Geschenkartikel darstellt, die nicht unbeträchtlich zum Export Hawaiis beitragen (meist jedoch als „unsichtbarer" Export durch Touristen). Um 1850 wurde der Plantagenbau eingeführt und damit begannen die größeren wirtschaftlichen und sozialen Verflechtungen mit Gebieten außerhalb Hawaiis.

Der Plantagenbau war mit Einheimischen nicht durchführbar, da sie es in dieser tropischen Region der „offenen Ressourcen" nicht nötig fanden, auf den Feldern hart zu arbeiten. Außerdem waren von den ca. 300 000 Hawaiianern, die zur Entdeckungszeit die Inseln bewohnten, nur mehr 70—80 000 am Leben. So wie in den meisten anderen Kolonialgebieten hatten Krankheiten (Masern und hauptsächlich Pocken) die nicht immunen Einheimischen dahingerafft. Zur Durchführung der harten Arbeit auf den Plantagen mußten deshalb ausländische Arbeitskräfte ins Land gebracht werden. Dies dauerte über 100 Jahre und änderte stark die rassischen Zusammensetzungen der Bewohner. Es wurden sehr verschiedene Rassen (Portugiesen, Chinesen, Puerto Ricaner, Japaner, Philippinen, Deutsche, Koreaner, etc.) eingeführt (über 400 000 im Laufe der

Zeit) und auf verhältnismäßig engem Raum angesiedelt, ohne daß man sich über die rassische Melange und über soziale Probleme Gedanken machte.

Die Immigranten machten eine ähnliche Entwicklung wie unsere heutigen Gastarbeiter durch, sie arbeiteten zuerst sehr hart und schickten das Ersparte nach Hause. Sie hatten sehr geringe Bedürfnisse und konnten nur wenig Ansprüche an Wohnung, Kleidung etc. stellen. Mit der Zeit paßten sie sich aber an ihre neue Umgebung an und nach einer Generation schon gingen sie in der neuen Kultur auf. Die Immigranten und auch die Hawaiianer mußten sich erst auf die westlichen Spielregeln der Geschäfts- und Wirtschaftsführung einstellen; vieles Altgewohnte galt plötzlich nicht mehr. Die Chinesen, Japaner und Koreaner hatten es wegen der etwas höheren Ausgangskultur, die sie von zuhause mitbrachten, leichter als Puerto Ricaner, Filipinos und Hawaiianer.

Ethnische Gruppen und ihre Bedeutung für die Wirtschaft [4]

Die *Südchinesen* waren die erste Gruppe von ausländischen „Gastarbeitern", die Mitte des 19. Jhdts. zum Zweck des Zuckerrohr- und Reisanbaus mit 3—5jährigen Arbeitskontrakten angeworben worden waren. Sie wußten, daß sie nicht in ein Paradies kamen, doch ging es ihnen in ihrer Heimat noch schlechter. Anfangs wurden sie wie Arbeitstiere in Lagern gehalten, und alles, von der Arbeitszeit und Umwelt über Löhne und Speisen bis zu Schlaf und Erholung, wurde ihnen von den Besitzern vorgeschrieben. Während der folgenden 30 Jahre kam der Großteil der Chinesen (über 50 000). Somit vermehrte sich der Anteil der „haoles" (Fremden) von 2118 im Jahre 1853 um das mehr als Zwanzigfache. Die Chinesen blieben aber nur die unumgänglich notwendige Zeit auf den Plantagen und wechselten danach sofort in die Städte. Während der Jahre 1870—1880 eroberten sie sich schon über 60⁰/o des Groß- und Detailhandels. Sie lagen lange Zeit an erster Stelle im mittleren Familieneinkommen aller ethnischen Gruppen. Da zu wenige chinesische Frauen vom Festland mitgekommen waren, ergaben sich viele Mischehen mit Hawaiianerinnen. Die Chinesen bilden heute noch eine enge, in sich geschlossene ethnische Gruppe mit Zusammenschlüssen von Großfamilien (gleiches Stammgebiet oder gleicher Familienname).

Um nicht von einer Volksgruppe zu stark abhängig zu werden (die Kontrolle über die Arbeitskräfte war ja wichtig), suchten die Plantagenbesitzer nun nach neuen Arbeitskräften. Ab 1888 kam der Großteil der *Japaner* nach Hawaii, genauso als Landarbeiter wie die Chinesen. 1890 waren schon 60 000 auf den Inseln. Wie die Chinesen kamen auch sie meist aus tiefsten sozialen Schichten und hatten oft nicht einmal Familiennamen. 1898 wurde Hawaii zum US-Territorium und 1900 wurden durch Kongreßbeschluß alle Einwohner von Hawaii zu US-Bürgern. Nach den Gesetzen der USA mußte jeder Bürger einen eigenen Familiennamen haben, und so wählten sich viele Japaner Ortsnamen (meist ihrer alten Heimatgemeinde) zu Familiennamen. Nachfolgend kamen auch über 10 000 „Fotobräute", da auch bei dieser Volksgruppe zu wenig Frauen mit ausgewandert waren. Bei den Japanern findet man keine so engen Großbande wie bei den Chinesen, und es ist heute fast ein Fehlen der Identität festzustellen. Die Japaner wanderten auch bald in die Städte ab und widmeten sich dem Handel, doch identifiziert sich trotzdem ein großer Teil mit den umliegenden Plantagen (besonders auf der Insel Hawaii). 1960 waren 47⁰/o der

---

[4] LIND. A., SIMPICH, F.

Einwohner Hilos japanischer Abstammung. Sie stellten auch die führende ethnische Gruppe in Lihue, Lahaina, Wailuku, Waipahu etc. Erst spät nach dem 2. Weltkrieg konnten sie auf der politischen Bühne aktiv werden und da waren schon viele gute Regierungsposten von Chinesen besetzt. Ein Wandel trat in jüngster Zeit ein (1970), wo 3 der 4 (demokratischen) Sitze Hawaiis im Kongreß von Japanern eingenommen werden.

Die *Filipinos* waren zwischen 1907—1931 die jüngste größere asiatische Einwanderungswelle. Sie wechseln erst jetzt in den Status der 2. Generation über. Zum Großteil kamen sie ohne Frauen (Gesetze und Vorurteile verbaten es) und waren in Arbeitslagern noch mehr isoliert als Chinesen und Japaner. Es war ja die Politik der Unternehmer, die Arbeiter nach ethnischen Gruppen gesondert in verschiedenen Camps zu halten, um eine Gruppe gegen die andere ausspielen zu können. Damit wurden wirklich lange Zeit alle gemeinsamen Streiks unterbunden. Ein Großteil der Filipinos ist nun in das Dienstleistungsgewerbe abgewandert. Ein Drittel aller Hotelangestellten sind Filipinos, doch sind sie auch in Krankenhäusern und als Verkaufspersonal anzutreffen. Man findet aber kaum Geschäftsleute unter ihnen, so wie das bei Chinesen und Japanern die Regel ist. Sie brachten auch keine so alte Tradition im Handel mit.

Die *Portugiesen* kamen zwischen 1890—1920 und waren die letzte größere ethnische Gruppe mit Identität. Sie stammen zum Großteil von den Azoren und Madeira und siedelten meist auf Plantagen außerhalb der Orte. Die portugiesische Regierung veranlaßte, daß ganze Familien auswanderten, und diese kamen auch mit der festen Absicht zu siedeln. Sie blieben am längsten auf dem Land und sind zum Teil jetzt noch dort. Meist sind sie auf Viehzucht und Milcherzeugung spezialisiert.

Während also die Chinesen und Japaner nur die absolut nötige Zeit auf den Plantagen verbrachten, blieben die Portugiesen und Puerto Ricaner länger und sind häufig heute noch in der Primärwirtschaft tätig.

Nach der Statistik von 1970 ist ca. $1/3$ der Bevölkerung nicht in Hawaii (oder einem anderen Bundesstaat der USA) geboren oder befindet sich erst in der zweiten Generation von Einwanderern. Davon nehmen die Japaner 14%, die Chinesen 3% und die Kanadier 0,8% ein. Diese verschiedenen ethnischen Gruppen sind in Honolulu (sowie noch mehr in den vielen anderen kleineren Orten) nicht so stark lokal abgrenzbar wie in anderen Städten der USA. Sie gehen vielmehr ineinander über und deshalb gibt es nur mehr ein ganz verschwommenes Chinatown etc.

Um die Jahrhundertwende war dieses Chinesenviertel um den Hafen von Honolulu aber sehr ausgeprägt und 1890 lebten 73% der Chinesen in diesem Stadtteil. Reste davon sind einige Geschäfte entlang Manakea und Restaurants entlang Smith Street. Es leben auch nur mehr 5% der Chinesen in diesem abgewirtschafteten Viertel.

Die Japaner bildeten, auch durch die größere Bevölkerungsmenge gegeben, deutlich abgrenzbare Camps (sie repräsentierten ja 1900—1920 ca. 30% der Bevölkerung von Honolulu). Anfangs bildeten sich zwei Hauptzentren heraus. Eines war eine Fischersiedlung um River Street und Palama und ein zweiter Typ waren Gärtnereien und Schweine- und Geflügelzucht weiter draußen um Kalihi und Waialae. Heute sind die Japaner weit verstreut in der ganzen Stadt, doch zu 70% in Moiliili — Mc Cully nördlich von Waikiki und im besseren Bezirk von Palolo vertreten.

Die Portugiesen siedelten beim Punchbowl Krater und im Kalihi Tal, wo sie mit der ihnen eigenen Verharrungstendenz auch heute noch stark vertreten sind.

Alle „haoles", also die mit höherem sozialen Statut versehenen Fremden, lebten immer schon in den Prestigevierteln entlang der Meeresküste und auf den Hügeln oder im kühleren Nunauu Tal. Ein Negerviertel ist bei der geringen Zahl von Negern unter der Bevölkerung nicht zu erwarten. Honolulu County hat 1,2% Negerbevölkerung, die Stadt selbst nur 0,7%. In den anderen Counties bewegt sich der Prozentsatz zwischen 0,1—0,3%. Große Negerkonzentrationen treten nur in den Zählbezirken auf, wo militärische Installationen vertreten sind; so Pearl Harbour, Hickham Air Force Base, Fort Shafter und Schofield Barracks mit bis zu 16% Negerbevölkerung.

Honolulu und die städtische Bevölkerung

Sobald die Mechanisierung in der Landwirtschaft in größerem Maße aufkam, war die Kontrolle über die ungeschulten Hilfskräfte nicht mehr so stark nötig. Aufstiegschancen wurden eröffnet und es erfolgte die Abwanderung in die Städte. Besonders Honolulu entwickelte sich rasch zur beherrschenden Stadt. Der gute Hafen von Honolulu und die reichen Fischgründe davor hatten schon lange vorher Einheimische und Händler angezogen. 1821 zählte man erst ca. 3000 Bewohner, 1831 bei der 1. Missionszählung schon fast 6000 Ew., davon 180 Fremde (haoles). Bis zum Ende des 19. Jhdts. wird die Stadt zum Kontrollzentrum für alle Plantagen. Besonders das Wachstum dieser Stadt, die heute das Zentrum der einzigen SMSA auf Hawaii darstellt, führte zu dem erstaunlich hohen Prozentsatz der „städtischen Bevölkerung"[5] nach der US-Statistik (siehe Tabelle). Während die Einwohnerzahlen zwischen 1960 und 1970 um 21,5% zugenommen haben, hat der Anteil der sogenannten „städtischen Bevölkerung" über 32% zugenommen. Dabei lag die größte Zunahme bei Orten zwischen 2500 und 25 000 Ew. (120%). Die größte Zunahme erfolgte hier wie auch sonst überall in den USA am Rand der „Central Cities" mit ca. 50%, während innerhalb der Central Cities nur eine Zunahme um 10% zu verzeichnen war. Rein nach Berichten der Statistik zu schließen, wäre Hawai fast eine einzige „Stadtlandschaft", da 86% der Bevölkerung als „städtisch" ausgewiesen werden (US-Durchschnitt ca. 70%). Mehr als 80% der Einwohner leben aber auf einer Insel (Oahu), die nur 10% der Fläche des Bundesstaates ausmacht, und auch hier zum Großteil im SE derselben. Dadurch wird also das Bild wieder etwas klarer, das natürlich durch die US-Definition der „städtischen Bevölkerung" an und für sich schon verzerrt war.

Landbesitz

Eine der wichtigsten Tatsachen auf Inseln ist immer die offensichtliche Begrenztheit des Landes. Es ist für jeden so augenscheinlich, daß dem Besitz von Grund und Boden deshalb hoher sozialer Status eigen ist. Vor den Europäern erfolgte die Landaufteilung nach dem feudalen Prinzip. Die einzelnen Untertanen bekamen vom Lehensherrn meist Landstreifen in Form von Zwickeln, die sich vom höchsten Punkt der Insel bis zum Meer erstreckten, zur Bearbeitung übergeben. Damit hatten sie eine Lebensgrundlage, da von

---

[5] Unter städtischer Bevölkerung wird jene Bevölkerung verstanden, die in Orten mit mehr als 2500 Ew. lebt.

Waldnutzung in den größeren Höhen über Weideland, bewässerbares, flacheres Land und Fischfang vor der Küste alles beinhaltet war. Erst durch den Druck der Weißen wurde das Land ab 1850 anders verteilt:

1/3 ging an die Krone als Unterstützung für die Regierungsausübung,
1/3 persönlich an den König,
1/3 an 240 Häuptlinge und Adelige.

12 000 kleinere Parzellen bis zu 20 ha wurden herausgenommen, und den sie bis dahin bearbeitenden Gemeinen übergeben. Innerhalb von 20 Jahren war aber fast alles davon wieder verkauft. Der König und die Adeligen bekamen für die damaligen Wirtschaftsverhältnisse gutes Land (Weideland, trockenes Ackerland und Fischteiche). Doch die westliche Wirtschaftsstruktur überstürzte alle Werte durch die ihr eigene industrialisierte Landwirtschaft und durch die Verstädterung. (Waikiki war früher ein Sumpfgebiet und nur zur Entenzucht geeignet — heute kostet 1 ha Land über 10 Mill. US-$). Das Land, das der Krone zugesprochen wurde, ging nach der Annexion in den Staatsbesitz über und wurde vielfach zu Militärzwecken verwendet (die zahlreichen Stützpunkte der Marine, Luftwaffe und Armee, bes. auf Oahu). Sehr früh schon (um die Jahrhundertwende) ergaben sich ungefähr die heutigen Grundstückgrenzen.

Eine große Konzentration von Flächen liegt in einigen Händen. Der US-Staat und der Bundesstaat Hawaii sowie 72 Eigentümer haben 96⁰/o des Landes inne, diese 72 Eigentümer aber fast 50⁰/o von Grund und Boden. Dadurch ergeben sich enorme Bodenpreise, sodaß Grundstücke kaum mehr gekauft, sondern nur in Form von „leasing" genützt werden. Die Preise liegen 200—300⁰/o über denen des Festlandes. Eine Bodenspekulation wird in den letzten Jahren auch von vielen Einzelpersonen und Firmen betrieben, die nur ein verzögertes Einkommen wollen. Millionäre und Schauspieler kaufen Land, bauen Macademianüsse oder Papayas etc. an und haben dadurch in den ersten 7—10 Jahren einen sicheren Verlust, den sie von ihrer Steuer abschreiben können. Auf einem kleinen Teil der Fläche richten sie sich schön ein und können so den kometenhaften Anstieg der Bodenpreise in Ruhe erwarten.

Wirtschaftszweige

Die größte Bedeutung für die Staatseinnahmen von Hawaii haben heute immer noch die Ausgaben des US-Staates für militärische Zwecke. Danach folgt sofort der Tourismus, der sich bald an die tragende Stelle der Einnahmen schieben wird. An dritter Stelle liegt die Landwirtschaft und an vierter, weit abgeschlagen, Industrie und Bergbau.

a. Landwirtschaft

Die Landwirtschaft, und hier besonders das *Zuckerrohr*, erbrachte aber lange Zeit die größten Staatseinnahmen. Um 1900 war der Zuckerrohranbau und seine Verwertung der wichtigste Wirtschaftszweig. 90⁰/o aller Beschäftigten hatte damit zu tun. Es waren aber fast 2/3 aller Beschäftigten ungelernte Arbeiter, die man nur zum Schneiden, Hauen und Tragen benötigte. Seit 1930 verliert das Zuckerrohr immer mehr an Wichtigkeit für die Wirtschaft. Die Hauptanbaugebiete liegen auf der Insel Hawaii (ca. 40⁰/o), auf Kauai und Oahu (siehe Skizze). 90⁰/o der Flächen müssen künstlich bewässert und stark gedüngt werden. Fast alle Zuckerrohrfelder liegen unter 200 m Seehöhe (Bewässerung!).

Da man zur Erzeugung von $^1/_2$ kg Zucker aus Zuckerrohr 1 t Wasser benötigt, wird einem klar, warum man auf Hawaii behauptet, daß das (Grund-) Wasser den bedeutendsten „mineralischen" Rohstoff auf den Inseln darstellt. Die Hawaiian Commercial and Sugar Co. verbraucht für eine ca. 30 000 ha große Zuckerplantage auf Maui täglich 18 000 Mill. hl Wasser, das aus Brunnen der Maui- und Lanai-Type gepumpt wird. Das ist so viel, wie San Francisco pro Tag verbraucht!

Ein Feld wird ca. 2—4 Jahre angebaut, bevor es erneut gepflügt und ausgesetzt wird. Da wir uns hier in den Randtropen befinden, benötigt das Zuckerrohr $1^1/_2$—2 Jahre zum Reifen. Die Ernte erstreckt sich über 10—12 Monate, wodurch eine gute Auslastung der Arbeiter und der Zuckerflottille gegeben ist. Die Arbeit auf den Zuckerrohrplantagen ist in höchstem Maße mechanisiert. Vom Traktor zum Raupenfahrzeug, das zum Pflügen benötigt wird, bis zum Kranwagen zum Verladen sind alle technischen Hilfsmittel vorhanden. Das Zuckerrohr wird in den vielen Zuckermühlen auf Hawaii zu Rohzucker verarbeitet und dieser dann als Massenfracht nach Crockett (bei San Francisco) verschifft, wo er raffiniert wird. Nur ca. 5% wird an Ort und Stelle auf Oahu raffiniert.

Eine hohe Mechanisierung ist erstens wegen der hohen Arbeitslöhne auf Hawaii nötig, aber zweitens auch durch die Konkurrenz des Rüben- und Rohrzuckers auf dem Festland gegeben. Durch hohe Rationalisierung ist ein Konkurrenzdruck bis gegen Denver möglich. Schon 1968 haben aber Lousiana und Florida in der Produktion von Rohrzucker mit Hawaii gleichgezogen und der hawaiianische Rohrzucker kommt in den letzten Jahren in immer größere Absatzschwierigkeiten.

USA-Zuckerproduktion in 1000 t

	1950	1960	1971
Rübenzucker	1570	1950	3100
Rohrzucker (Festland: Louisiana, Florida)	470	560	1125
Rohrzucker (Hawaii)	1035	765	990

An der Weltzuckerproduktion von ca. 72 Mill. t hat die USA nur mehr einen Anteil von ca. 8%.

Aus Gründen der weiteren Rationalisierung hält der Trend zu noch größeren Plantagen weiter an. Um die Mühlen und die Zuckerflottille richtig auszulasten, bedarf es einer ständigen Zulieferung von Zuckerrohr und das war bei den kleineren Betrieben, die nicht so effizient arbeiteten, nicht gegeben. Außerdem ist der Erhalt von Bewässerungsanlagen eine teure Angelegenheit genauso wie die hohen Düngergaben, die benötigt werden. Der Pflanzer an sich tritt heute im Wirtschaftsleben in den Hintergrund, denn seit das Zuckergeschäft nach 1900 größere Dimensionen angenommen hatte, haben sich Händlerorganisationen (Faktoreien genannt) eingeschoben, die den Vertrieb besorgten. Heute gibt es noch 5 dieser großen Gesellschaften: Alexander Baldwin, American Factors, Brewer and Co., Castle and Cooke und die Davies Co. Sie kontrollieren 85% des Zuckergeschäfts, große Teile des Ananasgeschäfts (obwohl hier Dole führend ist), die Matson Schiffahrtsgesellschaft, Fremdenverkehrsbetriebe etc.

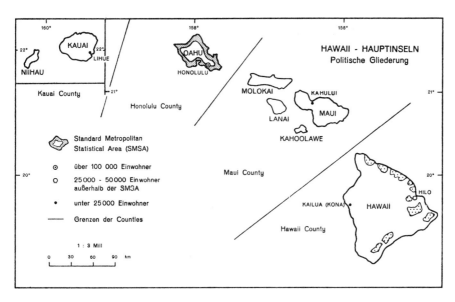

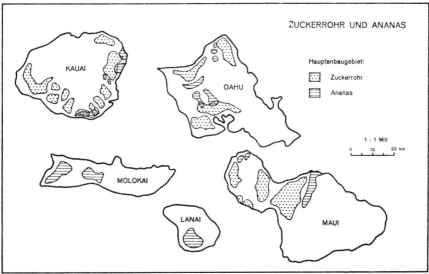

Die *tropische Ananas* ist die zweitwichtigste Frucht der Landwirtschaft Hawaiis. Sie bevorzugt ein wechselfeuchtes Savannenklima und kann auch Trockenzeiten überdauern. Sie ist deshalb die ideale komplementäre Frucht zum Zuckerrohr. Das Zuckerrohr nimmt die tieferen, flacheren, bewässerten Gebiete ein, die Ananas das etwas höhere, hügeligere, nicht bewässerte Land. Es besteht also fast nirgends Konkurrenz um die Anbaufläche (siehe Skizze der Anbaugebiete). Die Insel Hawaii ist die einzige Insel ohne Ananasplantagen.

Als Gründe dafür werden immer angegeben:

(1) Das Klima ist hier stärker differenziert — eine Seite zu feucht, die andere zu trocken.

19

(2) Die Zuckerindustrie, die schon früher hier war, hat schon alle s i n n - v o l l e n Flächen okkupiert — das übrige Land ist Weideland oder Lava.

(3) Die Verarbeitungsindustrie liegt auf Oahu — der Transportweg von Hawaii ist der längste.

(4) Das Arbeitskräfteproblem. — Oahu hat auch Saisonarbeiter (über 50%/o der Arbeit fällt von April — September an), nämlich Hausfrauen und Studenten.

Auch die Arbeit auf den Ananasplantagen ist schon sehr mechanisiert, doch muß hier das Pflücken noch händisch erfolgen. Ein wichtiges Abfall-produkt der Ananasindustrie ist die Ananaskleie, die aus den Schalen und Stengeln der Früchte besteht. Sie wird dringend für die Milchwirtschaft als Futtermittel benötigt.

Milch- und Fleischviehwirtschaft: Trotz der Ananaskleie ist die Milchvieh-wirtschaft zu 60—70%/o auf importierte Futtermittel angewiesen. Diese kommen vorwiegend von den Philippinen und vom US-Festland. Die Milchviehwirt-schaft und Fleischvieherzeugung liegt so wie schon seit Beginn zum über-wiegenden Teil in den Händen der Weißen (meist Portugiesen). Die zweit-größte Fleischviehfarm der ganzen USA liegt auf der Insel Hawaii (NW). Es ist die Parker Ranch; auf ca. 150 000 ha Land produziert sie fast 50 000 Stück Vieh im Jahr.

Der Anbau von *Gemüse, Obst, Kaffee und Blumen* wurde und wird auch heute noch von Orientalen betrieben (oft Japaner, Koreaner). Der *Kaffee* [6] ist die dritte wichtige landwirtschaftliche Frucht. $4/_5$ der Anbauflächen liegen auf der Insel Hawaii und zwar auf der Westseite rund um Kona. Es ist Quali-tätskaffee, der zwischen 300—700 m Seehöhe angebaut wird und keine Schatten-bäume benötigt, da sich im Sommer um Mittag immer eine Wolkenbank um Mauna Loa bildet, die die starke Einstrahlung mildert. Die Betriebe sind klein, im Durchschnitt 2—4 ha, und wenig ergiebig. Zum Großteil als Familienbetriebe geführt (oft auf Pachtland), müssen sogar die Schulferien dem Arbeitsrhythmus angepaßt werden, da die größte Arbeitsintensität zur Erntezeit auftritt.

Blumen, besonders Orchideen, werden in Hawaii mehr gebaut und gekauft als auf dem Festland (im Verhältnis zur Einwohnerzahl). Sie werden als Zim-merschmuck verwendet, in Gestecke gebunden und zu „Leis" (Kränzen) verar-beitet. Der Hawaiianer gibt im Durchschnitt $ 4,50/Jahr für Blumen aus (obwohl sie hier billig sind!) — in Nevada z. B. werden pro Person $ 3,70 und im US-Durchschnitt $ 2,50 ausgegeben.

Makademianuß-Pflanzungen [7] haben heute die stärkste Dynamik in der Landwirtschaft. Der Makademianußbaum wurde 1880 aus Australien einge-führt und 1920 waren erst 13 ha damit bepflanzt; 1938 schon 500 ha, 1959 1600 ha, 1964 2200 ha und 1970 2500 ha. Der Baum trägt zwischen dem 7. und 100. Jahr und kann sich vielen natürlichen Gegebenheiten anpassen. Er gedeiht vom Meeresspiegel bis 800 m Seehöhe, doch liebt er keine allzu trockenen Standorte. Die Grenze des Anbaus dürfte nur durch die Marktnachfrage gegeben sein. Man schätzt, daß man die die Pflanzungen auf über 25.000 ha ausweiten könnte.

Der *Fischfang* ist sehr geringwertig. Allein aus dem Michigan See werden weit mehr Fische gefangen, und auch jeder andere ans Meer grenzende Bundes-staat hat weit größeren Fischfang als Hawaii.

---

[6] HILLINGER, Ch.
[7] Royal Hawaiian Macademia Nut Company.

b. Industrie und Bergbau

Wie schon erwähnt, wird das Wasser als wertvollste der mineralischen Ressourcen angesehen. Wegen der starken Infiltration gibt es nur wenig Oberflächengerinne, damit auch fast keine nennenswerten Hydrokraftwerke.

Dagegen wurde ein ausgetüfteltes Netz von Tunnels und Gräben durch alle Inseln gelegt, um das vorhandene Wasser ohne größere Verluste abzuleiten. Die Hydrogeologie ist an der Universität stark vertreten, und die Kunst der Wassersuche ist schon seit langer Zeit gut ausgebildet.

Im besonderen werden drei Arten des Grundwassers genutzt (siehe Skizze):

DAS GRUNDWASSER AUF HAWAII

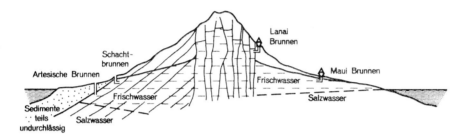

(1) Artesisches Wasser;
(2) Wasser in höheren Gesteinszonen, das durch Brüche abgeblockt ist;
(3) basales Wasser, das auf Meerwasser schwimmt.

Die tiefste Bohrung wurde auf Oahu bei Schofield Barracks (Ausbildungskaserne der Armee) unternommen. Hier steht der Grundwasserspiegel des Frischwassers 100 m über dem Meeresspiegel schon seit Jahren konstant in gleicher Höhe, während eine tägliche Entnahme von 17 Mill. l Wasser erfolgt!

Mit anderen mineralischen Rohstoffen ist Hawaii nicht so reich ausgestattet. Hawaii liegt mit 29 Mill. $ Wertschöpfung aus dem Bergbau an 44. Stelle in den USA! Es werden noch Korallenkalke rund um die Bucht von Pearl Harbour (frühere Meereshochstände) abgebaut und zur Zementerzeugung verwendet. Hier hat sich besonders die Firma Kaiser (US-Westküste) etabliert und den Bauboom, besonders in Honolulu, zu nützen verstanden.

Versuche mit Aluminiumwerken, die groß angelegt waren, sind fast alle gescheitert. Nicht zuletzt, weil ja Hawaii auch keinerlei Energiequellen besitzt und vollkommen auf importiertes Öl angewiesen ist. Es läuft alles auf Ölbasis von den Thermalkraftwerken bis zu den Gaswerken. So ist auch die verarbeitende Industrie auf Hawaii sehr beschränkt. Die Beschäftigten im industriellen Sektor haben seit Beginn der 60er Jahre von 26.000 auf 23.000 1969 abgenommen. Erzeugt werden hauptsächlich Artikel, die im Zusammenhang mit dem Tourismus stehen: Souvenirs in Form von Holzschnitzereien, Parfums aus den vielen Blumenarten und Freizeitbekleidung. Ohne den buntgedruckten Muumuu fährt keine Frau nach Hause. Diese Freizeitbekleidung wird in den letzten Jahren in beträchtlichem Umfang auch auf das Festland ausgeführt und findet speziell in den warmen Gebieten der Pazifikküste und im SE der USA großen Anklang.

c. Bundesausgaben

Die Bundesausgaben sind, durch die Größe des Militärs bedingt, der größte Staatseinnahmeposten von Hawaii. 1971 gab es ca. 26 500 Angestellte des Bundes, davon waren alleine 21 500 Militärangestellte. Man findet zwar auch in vielen anderen Bundesstaaten (Kalifornien, Alabama etc.) bis zu 50% Bundes- angestellte in der Sparte Militärische Dienste, doch ist der Prozentsatz hier der größte in den USA. Es sind über 60 000 Mann aller Waffengattungen plus ca. 60—70 000 Angehörige auf Hawaii stationiert. (Der überwiegende Teil wieder auf Oahu.) Die oberste Führung hat der Admiral der Seestreitkräfte inne. Er führt das Oberkommando Pazifik. Es sollen hier mehr Generäle und Admiräle stationiert sein als irgendwo sonst außerhalb Washingtons.

Dieses Militär lebte und lebt nicht immer in bestem Einverständnis mit den Einheimischen. Es gab Mädchenprobleme, die den Kontakt mit den Ein- heimischen nicht sehr günstig beeinflußten. Aber auch der ewige Wechsel der Führungsschicht verhinderte einen besseren Kontakt mit der Oberschicht Oahus. Da auch 15—20 000 Kinder mit dabei sind, ergibt das auch eine große Belastung für das Schulwesen von Hawaii.

d. Fremdenverkehr

Der Fremdenverkehr [8] ist der Wirtschaftszweig mit der größten Ausweitung in den letzten Jahren.

Ab 1930 versuchte die Matson Schiffahrtslinie mit 3 neuen Schiffen und dem Royal Hawaian Hotel groß in das Touristengeschäft einzusteigen, er- lebte aber anfangs eine große Pleite. Ihr Reklamemanager kurbelte das Ge- schäft dann durch Gratis-Einladungen von höheren Angestellten und Schrift- stellern kräftig an. Die daraufhin erschienenen enthusiastischen Presseberichte brachten Hawaii einer größeren Öffentlichkeit nahe. Aber erst der 2. Welt- krieg machte es zum Massenziel. Millionen Soldaten der US-Armeen gingen hier durch, wurden hier ausgebildet und erholten sich. Nach dem Krieg wurde Hawaii dann oft das Ziel eines zweiten Besuches mit Freunden oder der Frau.

Auch heute noch werden Schriftsteller und Maler eingeladen und das Fremdenverkehrsbüro auf Hawaii ist sehr rührig, um den Namen und die Vorstellungen über Hawaii wachzuhalten oder immer weiter zu verbreiten. Es werden viele Reklamefilme gedreht und Folkloregruppen ausgeschickt (hauptsächlich auf das US Festland), um den Fremdenverkehrsstrom nicht abreißen zu lassen. Haben doch die Einnahmen aus dem Fremdenverkehr soeben jene aus den Bundesausgaben überholt und werden nach dem Abebben des Krieges in Ostasien den wichtigsten Stützpfeiler der Wirtschaft Hawaiis bilden.

Zu Beginn des Massenfremdenverkehrs war wohl die Lage so weit weg von den Nachfragemärkten das Haupthindernis. 1940 setzte die PANAM die ersten Flugboote ein, die 32 Passagiere befördern konnten und 19 Stunden für die Strecke Kalifornien—Hawaii benötigten. Der Flugpreis war noch mit damaligen 280 $ ziemlich hoch. 1946 konnte man mit der DC 4 schon 45 Personen in 9 Stunden um 195 $ befördern, und heute kann Hawaii auch mit Jumbos ange- flogen werden. Die Beförderungsleistung liegt also bei bis zu 400 Personen in 5 Stunden zu einem Preis von ca. 80 US $ pro Passagier.

---

[8] SIMPICH, F.

Besonders Ende der fünfziger und anfangs der sechziger Jahre entwickelte sich unter den *Fluglinien* ein großer Konkurrenzkampf um das Hawaiigeschäft. Von vielen Städten des Festlandes gab es Direktflüge nach Hawaii und nicht nur Honolulu, sondern auch eine Reihe von ziemlich kleinen Orten (Lihue, Kahului, Hilo etc.) wurden angeflogen. Da die meisten Fluglinien heute in finanziellen Schwierigkeiten sind, wurden viele dieser Flüge abgebaut. Hawaii wird nun von 33 Städten aus angeflogen und zwar hauptsächlich durch die United Airlines, die 40% des Hawaiiverkehrs inne hat, dann durch die PANAM mit 25%, Western Airlines mit 12% und noch viele andere Linien, die aber Hawaii oft nur als Zwischenstop benützen.

Es gibt auch zwei innerstaatliche Fluglinen und einige kleinere Chartergesellschaften. Hawaian Airlines and Aloha sind die Hauptträger des Verkehrs für den Bundesstaat Hawaii geworden. Beide fliegen mit teurem Gerät (Boeing 737, DC 9), das zwar die Flugzeit zwischen den Inseln nur um 5—10 Minuten verkürzt hat, aber zur Verwöhnung des Fluggastes den älteren Turbopropmaschinen vorgezogen wurden. Durch die kurzen Intervalle (fast jede Stunde fliegt ein Flugzeug zwischen den Hauptinseln), die geringe Auslastung und das teure Gerät sind natürlich auch diese Gesellschaften in Schwierigkeiten.

Etwas besser geht es den kleineren Chartergesellschaften, die Zubringerdienste versehen. Sie können vom Internationalen Flugplatz Honululu kommend auf den kleineren Feldern der Nachbarinseln landen und verkürzen so die Anfahrtszeit zu den Hotels sowie die Formalitäten der Abfertigung.

Es gibt 23 öffentlich Flugplätze und 35 Privatflugplätze auf den Inseln.

Das *Schiff* hat seine frühere, dominierende Rolle als Personenbeförderungsmittel fast völlig eingebüßt. Von den großen Festen und Empfängen, die beim Eintreffen der großen weißen Passagierdampfer gegeben wurden, kann man nur mehr in älteren Berichten lesen. Man ist von den sporadischen festlichen Begrüßungszeremoniell zur Routine der in kurzen Zeitabständen landenden Flugzeuge übergegangen.

Von 1950—1970 erlebte Hawaii eine ständige Steigerung des Fremdenverkehrs. Von 1960—1970 hat sich der Touristenstrom versechsfacht, doch ist die Aufenhaltsdauer von 20 Tagen auf 10 Tage gesunken. Seit 1970 ist das Wachstum im Fremdenverkehr etwas gebremst. Nicht nur der prozentuelle Jahreszuwachs, sondern auch die totale Zahl der Besuchstage (Übernachtungen) steigt nicht mehr so rasant wie früher (durch den Rückgang der Aufenthaltsdauer).

Ein 16%-Zuwachs an Besuchern brachte nur 2,5% mehr Übernachtungen. Ein Überblick über die Besucherzahlen (mit mindest einer Übernachtung) zeigt uns die starken Wachstumsraten der 50er und 60er Jahre:

1946	—	15 000 Besucher
1950	—	46 000 Besucher
1965	—	600 000 Besucher
1967	—	1 000 000 Besucher
1971	—	1 750 000 Besucher

Prognose:

1975	—	2,6 Mill. Besucher
1980	—	3,5 Mill. Besucher

Die große Bevorzugung von Oahu (City und Country Honululu) erweist sich an den Ausgaben der Touristen, die hier über zehnmal so hoch sind wie in allen anderen Counties.

Die Charakteristik der Besucher hat sich im letzten Jahrzehnt ziemlich geändert. Es kommen nun viele finanzschwächere Gruppen. Das Durchschnittseinkommen des Hawaiibesuchers liegt bei 16 700 US-$ pro Jahr. Sie bleiben kürzer und geben weniger aus als früher. 2/3 der Besucher sind über 40 Jahre alt. Weibliche Besucher sind doppelt so stark vertreten als Männer. Der Großteil kommt aus den US-Pazifikstaaten, worunter wieder Kalifornien fast 50% Anteil hat.

Durch die Lockerung von finanziellen Restriktionen in Japan hat nun in den letzten 2—3 Jahren der Zustrom aus dem asiatischen Raum sehr zugenommen [9]. Während der Sommermonate kamen innerhalb von 4 Tagen über 15 000 Japaner in Hawaii an.

Seit 1970/71 führt die Japan Airlines einen verbilligten Retourflug um nur 250 US-$. Dementsprechend sind die Besucher aus Japan von etwas über 100 000/Jahr auf über 230 000 gestiegen. Man schätzt, daß innerhalb von 5 Jahren jeder 4. Besucher aus Japan kommen wird. Die Japaner haben auch schon sehr viel im Fremdenverkehr investiert.. Man spricht von ca. 250 Millionen US $. Damit haben sie 11 Hotels mit ca. 4000 Zimmern im Besitz (ganz Hawaii ca. 36 000) und bauen gerade an zwei neuen. Viele Hawaiianer fürchten nun, daß sie in Zukunft aus dem guten Fremdenverkehrsgeschäft ausgeschlossen sein werden. Auch ein Regierungsbericht spricht von der „Kontrolle durch Ausländer" des führenden Wirtschaftszwigs innerhalb von 5 Jahren. Fachleute aus der Hawaii Touristikbranche sehen sich einem geschlossenem System gegenüber. Japanische Touristen werden JAL fliegen, Hotels benützen, die in japanischen Händen sind, genauso wie die Autobusse, Restaurants und Fremdenführer.

Momentan kann man noch 4 Gruppen von Hotels unterscheiden. (1) Oft kleinere Hotels von Privateigentümern, die nicht riesig ausbauen wollen. Es sind die besseren Hotels für höhere Einkommensschichten, oft auch „for newly wed or nearly dead" genannt. (2) Nationale Hotelketten (Sheraton, Hilton, Holiday Inn). Diese stehen meist am Strand und sind riesige Betonkästen. (Sheraton und Hilton bauen oft nicht mit eigenem Kapital, sondern stellen nur ihr Fachwissen zur Verfügung und führen dann das Hotel). (3) Kleinere Hotels, wo oft noch ihr Begründer mitarbeitet (z. B. Kelley Kette). (4) Im Besitz von Fluglinien befindliche Hotels (United Airlines verwaltet über 1 500 auf Oahu, Eastern Airlines kaufte 60% von Mauna Kea Beach Hotel auf Hawaii).

Auf den Nachbarinseln sind viele Touristenzentren geplant oder im Bau. Zum Beispiel hat Baise Coscade (Idaho) große Flächen auf der Insel Hawaii aufgekauft und bereits die Verkehrserschließung durchgeführt.

Während der Bau von Hotels auf den Nachbarinseln noch gewinnbringend sein dürfte, ist man in den zwei neuen Touristenzentren auf Oahu (Makaha und Kaanuapali) in der Nähe von Waikiki dazu übergegangen, den Großteil der Gebäude als Eigentumswohnungen auszuführen, da es hier schon zu viele leere Hotelbetten gibt. Es wurde auf Oahu in den letzten Jahren eindeutig „überbaut" und eine Bettenüberkapazität geschaffen.

---

[9] HOSTETLER, H.

Zukunftsaussichten

Wenn man von zwei Annahmen ausgeht, nämlich:

(1) einem stetigen Wirtschaftswachstum (wohl mit einigem Auf und Ab, aber keiner großen Krise) und

(2) bleibenden Spannungen im pazifischen Raum (Amerikaner, Russen, Chinesen)

wird man folgende Wirtschaftsentwicklung erwarten können: Der Tourismus wird ständig, wenn auch langsamer als bisher, weiter ansteigen. Zu den neuen Gästen aus dem pazifischen Raum kommen nun verstärkt auch wieder viele US-Bürger, die durch die Dollarabwertung von einer Europareise abgeschreckt wurden. Infolge der zweiten Annahme wird sicher auch die militärische Präsenz auf Hawaii erhalten bleiben; vielleicht nach dem Vietnam-Krieg wohl um einige tausend Mann gekürzt, wird das Potential aber sicher durch teurere Installationen wieder erhalten bleiben.

Die Landwirtschaft wird bis auf einige Spezialprodukte stagnieren oder zurückgehen, da sie mit den niederen Löhnen anderer tropischer Gebiete auf die Dauer nicht konkurrieren kann und die Mechanisierung bei vielen Produkten nicht möglich ist. Vielleicht wird aber der Landwirtschaft in Zukunft hier eine ähnliche Rolle zufallen, wie sie für die Alpengebiete Österreichs zur Diskussion steht: nämlich als Pflegerin der Landschaft zu fungieren, um so den Fremdenverkehr in Schwung zu halten.

Auch die Industrie wird so wie bis jetzt eher stagnieren oder zurückgehen. Ohne eigene Rohstoffe und besonders durch die fehlende Energiebasis gehemmt, steht sie auf sehr schwachen Füßen.

Nur der Handel und das Geldwesen scheinen gute Aussichten auf Entwicklung zu haben, da Hawaii auch dafür als Sprungbrett für den pazifischen Raum gilt; freilich sind es schon heute keine lokalen, hawaiianischen Banken mehr, sondern Konzerne vom Festland (Bank of America, Wells Fargo etc.).

Literaturverzeichnis

American Automobile Association: Hawaii. Tour Book Series, Washington 1972.

COULTER, J. W.: The Pacific Dependencies of the U.S. New York 1957.

DURAND, L.: The Dairy Industry of the Hawaiian Islands. Econ. Geogr. 35, 1959.

FRANKEL, Ch.: All aboubth Hawaii. 90th Edition, Honolulu 1968.

HILLINGER, Ch.: Since Tourists Came, Hawaii's Valued Coffee doesn't Amount to Beans. Los Angeles Times, Los Angeles 1970.

HOSTETLER, H.: The Japanese Invade Hawaii. Time, Juli 1973.

LIND, A.: Hawaii's People. University of Hawaii Press, Honolulu 1967.

Royal Hawaiian Macademia Nut Company: Geschäftsberichte und Werbematerial 1968 und 1973.

SIMPICH, F.: Anatomy of Hawaii. New York 1971.

SMITH, D.: Interaction within a Fragmented State: The Example of Hawaii. Econ. Geogr. 39, 1963.

STEARNS, H. T.: Geology of the State of Hawaii. Palo Alto 1966.

U. S. Department of Commerce, Bureau of the Census: Hawaii
General Social and Economic Characteristics. Wash. Dec. 1971.
General Population Characteristics. Wash. May 1971.
1969 Census of Agriculture. Wash. June 1972.

U.S. News and World Report: Hawaii: A Boom Brings New Problems to 50th State. Aug. 1966.

Verzeichnis der Karten, Skizzen und Diagramme